篆刻法

增订本

吴颐人 编著

上海书店出版社
SHANGHAI BOOKSTORE PUBLISHING HOUSE

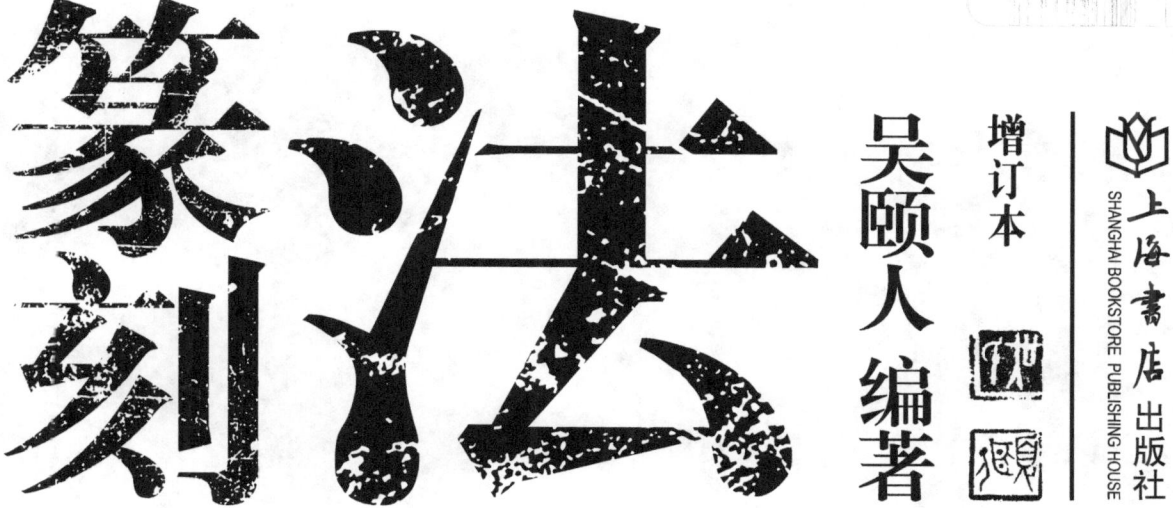

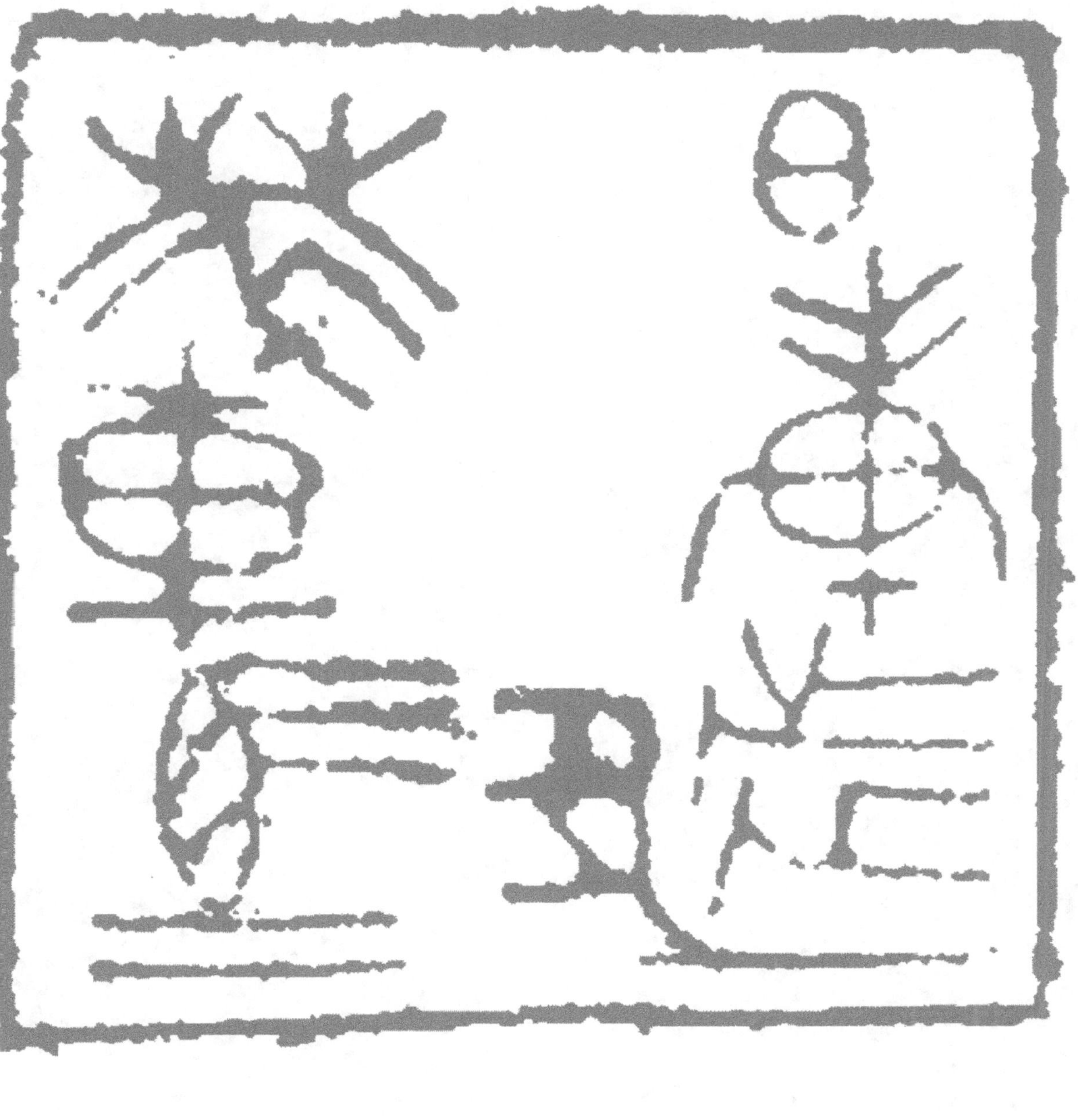

篆刻法

钱君匋年九十

岂能尽如人意
但求无愧我心

序 一

　　颐人老弟的《篆刻法》一书即将与广大读者见面。我想，这本新作一定会和他的《青少年篆刻五十讲》、《中国古今名印欣赏》一样，再次受到广大艺术爱好者的欢迎，成为青少年学习篆刻艺术的向导。

　　我与颐人老弟交往近三十年，故他对艺术之真诚追求，我知之甚详。他早年为生活奔波，备受艰辛，却始终苦学不辍，勇猛精进。他的篆刻由秦汉玺印入手，博涉晚清诸家，又复归于秦汉。多年来，他苦学研习，摹集了大量玺印资料，积稿盈尺，刻印逾万，除出版有《青少年篆刻五十讲》、《中国古今名印欣赏》、《篆刻问答》等著述之外，还创作了《鲁迅作品印谱》、《祝君福寿》、《孙中山名号》、《辛亥革命人物》、《茅盾印谱》(合作)等专集多种。理论与实践相辅相成，终于能在扎实的传统基础上逐渐融入自我的气质修养，显示出他的个人风格。又复以铁笔之功，探索简牍书法，一心神游于秦汉遗墨，故他的书作，能冶篆隶行草于一炉，章法笔意时见金石意趣和计白当墨之功，在书坛独树一帜；近期专攻写意花鸟，也颇有创获。三十年来，他始终满怀对艺术的无比热爱，躬耕于艺术田园，绝弃哗众取宠、急功近利之心，以一分耕耘一分收获的真诚态度，终能渐入佳境，融汇贯通。对此，我是十分赞赏的。

　　我国的篆刻艺术，源远流长，明清以来大家辈出，各领风骚。近年来，我国的印坛呈现出空前繁荣的景象，面临着青少年可贵的学习热情，很需要有一批指导性的书籍来做他们的良师益友。颐人从事教育工作多年，谙熟教学语言及由浅入深的教学手段。自应聘担任上海师大美术系兼职副教授及主持上海师大全国篆刻函授中心教研工作以来，对国内篆刻艺术的教学事宜尤为关注。为教学工作之需，乃以多年苦学实践的心得之言，写成《篆刻法》一书，真是金针度人之举。本书在保留《五十讲》知识性、技巧性、资料性、趣味性特色的基础上，更侧重于创作方法的分析介绍，兼及作品赏析及创作理论。由于作者在书画、音乐、戏剧、舞蹈方面也有较广的涉猎，所以诸多分析见解不仅能切中肯綮，且引譬设喻新鲜贴切，常使读者在联翩浮想中心领神会，确实使人耳目一新。

　　此外，作者考虑到青少年初学篆刻搜求资料的不易，故所选印例不但着意提供各个时代各家各派的精华，且数量甚多，一册在手，则可饱览中国玺印源流的风格递变，足资临摹借鉴之用。这种设身处地为读者着想的写作宗旨，我也是十分赞赏的。

　　颐人老弟正值英年，多才多艺，书法篆刻成绩斐然，前途不可限量。他勤奋创作之余，从事青少年篆刻艺术的普及提高，乐此不疲，可嘉也。因乐而为之序。

1989年5月28日

序 二

处于众人下海的年月，少数人估透自己不具备当商人的品质、谋略，读书之余，买粗石半筐、雕刀一把，仅仅为了充实岁月和心灵，将名利得失成败关在门外，扎扎实实地刻了磨去，认认真真地磨掉再刻。这群人当中必有艺术家的种子，在下个世纪直钩钓知音，给生活节奏加快的社会、环境生态尚待根治的世界添上几丝美感。想先富起来再去潜心创作的人也不少，富后再当大艺术家的却不多。成功群体内，有以阿Q精神为动力，乃至知其不可为而为之者，最好听其自然。

社会分工日趋精细，百科全书式的人物已难出现。大写技法书的人，在创作上较为歉收，并不可笑；大师写不了技法书，尤非缺陷。集理性思考与创作才能于一身，又甘愿从事繁复的文字阐述，为后学提供门径的人不可多得。但艺术所遵循的只能是无法之法，不求捷径，披荆攀登，在观察比较中省悟，逐步积累，乃必由之路。但人生苦短，艺海无涯，积多年之劳解决一个前人在千年前也已解决的难题，意义不大。大师的成功，必有他人未曾体验到的立体环境给以融铸。一种风格的诞生和成熟，又把某些特征推到不容他人再重复再发展的极致。斯人一去，总要留下一镜一绳。想得镜而弃绳，不太现实。大家要研究，还要珍视起点较高却因种种缘故未能臻于巅峰的中小名家，从这些人肩头起步再过河拆桥化为新颜，是可能成材的险途。减少危险，选好笔路刀味相近又富潜力的师承或参考对象，因异成异，去同生异。有学问胆识与经验的明师作用大于名师，前者授徒以道统帅技法，藏大于小，浅处见深，千变不离规律。

颐人兄多思善悟，青年时摹古印千余方，嚼透古代巨匠甘苦。所师二钱老及罗福颐前辈皆明而又名，诱发颐人主观能动性而不求似己，兼重书法、文字学、印史、绘画及著述，不以炫一技障目，先做真人、学者再做艺术家，又以禅理参悟艺理，洞彻人生真谛。去秋，颐人兄以近作书画三十余件义卖得款十多万元，作为家乡特困残疾人子女的助学之资。以出世的精神做入世的事业，淡泊洒脱，尽弃浮华，其境界直可接其师祖弘一法师余绪矣。

言法残难，至人无法生万法，此前仍有法，故必苦苦读书，抱书而行旨在抛书而飞，下刀先想刻某字某笔当用某刀法的人做不了篆刻家。我自知不堪造就，累遇明师而不学，今以反面教员身份撰序于门外，郑重推荐此书与有缘有心有情之同道，写好篆隶刻好印章，为祖国这一门重要艺术多存火种，广孕新机，灌溉希望。祝愿你们做人和作者一样谦淡厚朴，治学同样勤奋。从他头顶跳过去，从前贤头顶飞过去！他将抚掌大笑，共浮大白。

1995年7月于北京

目 录

序一 / 钱君匋
序二 / 柯文辉

上编 印章源流知识

一	篆刻与金石的区别 /2	十三	新莽官印 /21
二	刻字与篆刻的区别 /2	十四	魏晋南北朝官印 /21
三	古代印章的名称 /3	十五	隋唐官印 /22
	1. 玺 /3	十六	宋金元官印 /23
	2. 印 /3	十七	宋元圆朱文 /25
	3. 宝 /3	十八	明清官印 /25
	4. 章 /3	十九	兄弟民族文字的官印 /26
	5. 记 朱记 /4	二十	历代农民起义政权用印 /27
	6. 合同 /4	二十一	关于缪篆 /29
	7. 关防 /4	二十二	鸟虫书印 /30
	8. 符、契、记、信 /4	二十三	肖形印 /30
	9. 押 /4		1. 肖形印 /30
	10. 图书 /4		2. 四灵印 /31
四	最早的印章 /5	二十四	吉语印 /31
五	古代印章的产生和用途 /5	二十五	子母印和六面印 /32
	1. 古代印章的产生 /6		1. 子母印 /32
	2. 古代印章的用途 /6		2. 六面印 /33
六	古代印章的流传 /10	二十六	朱白文相间印 /33
	1. 古代墓葬或遗址中发掘出土 /10	二十七	臣妾印、书简印、收藏印、斋馆印、纪年印 /34
	2. 胜者虏获与殉职遗物 /11		1. 臣妾印 /34
	3. 战败者遗弃物 /11		2. 书简印 /34
七	历代用印的材料及石章治印的开始 /11		3. 收藏印 /34
			4. 斋馆印 /35
八	封泥及其艺术价值 /13		5. 纪年印 /36
九	古玺 /15		
十	秦印 /17	二十八	元押 /37
十一	汉印及其兴盛的原因 /18	二十九	闲章不闲 /38
十二	铸印、凿印与汉玉印 /19	三十	印钮常识 /39

中编 明清篆刻流派及近现代篆刻家

三十一	文何派 /42
	1. 文彭 /42
	2. 何震 /43
三十二	皖派（徽派）/44
	1. 皖派前期代表人物（苏宣、朱简、汪关）/44
	2. 皖派后期代表人物（程邃、巴慰祖、胡唐、汪肇龙）/46
三十三	浙派 /48
	1. 丁敬 /48
	2. 蒋仁 /49
	3. 黄易 /50
	4. 奚冈 /50
	5. 陈豫锺 /51
	6. 陈鸿寿 /51
	7. 赵之琛 /52
	8. 钱松 /52
三十四	其他流派 /53
	1. 云间派 /53
	2. 莆田派 /54
	3. 如皋派 /54
	4. 虞山派 /55
三十五	晚清以来主要篆刻家 /55
	1. 张燕昌 /55
	2. 邓石如 /56
	3. 杨澥 /57
	4. 吴熙载 /57
	5. 吴咨 /58
	6. 胡震 /59
	7. 徐三庚 /59
	8. 赵之谦 /60
	9. 王石经 /61
	10. 胡钁 /61
	11. 吴昌硕 /62
	12. 黄士陵 /63

三十六	近代和现代主要篆刻家 /65
	1. 徐新周 /65
	2. 齐白石 /65
	3. 丁尚庚 /66
	4. 叶为铭 /67
	5. 吴石潜 /67
	6. 王大炘 /68
	7. 易憙 /68
	8. 赵石 /69
	9. 赵叔孺 /69
	10. 童大年 /70
	11. 赵云壑 /70
	12. 陈衡恪 /71
	13. 丁辅之 /72
	14. 李尹桑 /72
	15. 王福厂 /73
	16. 李健 /74
	17. 邓尔疋 /74
	18. 寿铄 /75
	19. 唐醉石 /75
	20. 简经纶 /76
	21. 杨仲子 /77
	22. 马公愚 /77
	23. 乔大壮 /78
	24. 王个簃 /78
	25. 钱瘦铁 /79
	26. 邓散木 /80
	27. 朱复戡 /81
	28. 沙孟海 /81
	29. 冯康侯 /82
	30. 方介堪 /82
	31. 来楚生 /83
	32. 邹梦禅 /84
	33. 马瑞图 /84
	34. 韩登安 /85

	35. 罗福颐 /86		7. 丰子恺 /94
	36. 陈巨来 /86		8. 陈子奋 /95
	37. 朱其石 /87		9. 吴子复 /95
	38. 顿立夫 /88		10. 张大千 /95
	39. 叶潞渊 /88		11. 诸乐三 /96
	40. 钱君匋 /89		12. 傅抱石 /96
	41. 单晓天 /90		13. 唐云 /97
	42. 吴朴堂 /90		14. 陈大羽 /97
三十七	**画家治印** /91		15. 程十髪 /98
	1. 黄宾虹 /91	三十八	**港台印坛简介** /98
	2. 经亨颐 /92		1. 香港友声印社 /98
	3. 李叔同 /92		2. 台湾印坛概况 /100
	4. 吕凤子 /93	三十九	**日本印坛概况** /101
	5. 于非闇 /93	四十	**全国主要篆刻社团简览** /102
	6. 潘天寿 /94		

下编 学刻方法

四十一	**刻印的工具材料** /106		5. 煤精石 /108
	1. 刻刀 /106		6. 大松石 /108
	2. 印石 /106		7. 楚石 /108
	3. 印床 /106		8. 莱石 /108
	4. 印泥 /106		9. 其他 /108
	5. 印箸 /106	四十三	**选石与印石打磨上光** /109
	6. 印规 /106	四十四	**刻印的一般步骤** /110
	7. 笔墨纸砚 /107		1. 磨平印面 /110
	8. 刷子、小镜子 /107		2. 设计印稿 /110
	9. 砂纸、旧砂轮 /107		3. 印稿上石 /110
四十二	**印石知识** /107		4. 动刀刻印 /111
	1. 青田石 /107		5. 刷净石面 /111
	2. 寿山石 /108		6. 检查修改 /111
	3. 昌化石 /108		7. 钤印 /111
	4. 莆田石 /108		8. 刻边款 /111

	9. 拓边款 /111
四十五	**执刀法** /111
四十六	**运刀法** /112
	1. 切刀法 /112
	2. 冲刀法 /113
	3. 兼冲带切法 /113
四十七	**初学者的基本训练** /113
	1. 回文刻法 /113
	2. 篆书填空及画印 /114
	3. 朱文刻法 /115
	4. 白文刻法 /115
四十八	**印章摹刻法** /116
四十九	**临刻后的自我检查** /117
	1. 对照修改 /117
	2. 分析实例 /118
五十	**篆书及其书写与辨识** /119
	1. 篆书的书写 /120
	2. 篆书的辨识 /125
五十一	**书法、绘画与刻印的关系** /129
五十二	**功夫在印外** /129
	1. 书法 /129
	2. 文字学 /130
	3. 金石、考古 /130
	4. 中国历史 /130
	5. 美学 /130
	6. 文学 /131
	7. 绘画、音乐 /131
五十三	**学刻借鉴古文字资料举例** /131
	1. 甲骨 /131
	2. 陶文 /132
	3. 钟鼎 /132
	4. 刻石 /135
	5. 兵符 /138
	6. 秦权量 /138
	7. 诏版 /139
	8. 泉布 /139
	9. 镜鉴 /140
	10. 古兵器 /140
	11. 瓦当 /140
	12. 碑额 /141
	13. 汉简 /142
	14. 北魏造像文字 /143
	15. 名家篆书墨迹 /144
五十四	**常用章法十二种** /155
	1. 平正、匀落 /156
	2. 疏密、统一 /156
	3. 巧拙、粗细 /157
	4. 增减、重复 /158
	5. 挪让、呼应 /159
	6. 盘曲、变化 /160
	7. 穿插、并笔 /161
	8. 留红、空白 /162
	9. 离合、变形 /162
	10. 回文、合文 /163
	11. 加边、界划 /163
	12. 今体字 /164
五十五	**印章的残破与印边处理** /166
五十六	**边款知识** /168
五十七	**刻款与拓款方法** /171
	1. 刻边款的方法 /171
	2. 拓边款方法 /172
	3. 边款临刻参考 /173
五十八	**印泥知识及钤印法** /177
	1. 印泥知识 /177
	2. 钤印方法 /177
五十九	**近现代几位印泥制作名家** /178
	1. 吴石潜 /178
	2. 张鲁盦 /179
	3. 符骥良 /180
六十	**关于印章的欣赏** /181
六十一	**回答青年印友的几个问题** /183
	1. 是否可以不用毛笔写印稿 /183
	2. 如何看待印作发表和获奖 /184
	3. 学习传统到底要多久 /184

	4. 临摹与原作 /185		3. 京剧传统剧目组印 /192
	5. 要重视文化学习 /186		4. 台湾八景组印 /193
	6. 学篆刻的诀窍 /186		5. 北京名胜组印 /195
	7. 关于刀法 /187		6. 李白诗篇名组印 /196
六十二	**印章创作举例 /187**	六十三	**仿画像砖及砖刻拓法 /197**
	1. 鲁迅小说篇名组印 /189		1. 仿画像砖 /197
	2. 杭州名胜组印 /190		2. 砖刻拓法 /198

附　录

六十四	**著名印谱介绍 /202**		25. 黟山人黄牧甫先生印存 /207
	1. 顾氏集古印谱 /202		26. 黄牧甫印存 /207
	2. 学山堂印谱 /202		27. 玺印集林 /207
	3. 飞鸿堂印谱 /203		28. 丁丑劫馀印存 /207
	4. 汉铜印丛 /203		29. 伏庐藏印 /207
	5. 看篆楼古铜印谱 /203		30. 苦铁印选 /207
	6. 簠斋印集 /203		31. 豫堂藏印甲集 /208
	7. 小石山房印谱 /203		32. 豫堂藏印乙集 /208
	8. 二百兰亭斋古铜印存 /203		33. 西泠四家印谱 /208
	9. 二金蝶堂印谱 /204		34. 吴昌硕篆刻选集 /208
	10. 澂秋馆汉印存 /204		35. 赵之谦印谱 /208
	11. 齐鲁古印攈 /204		36. 上海博物馆藏印选 /208
	12. 十锺山房印举 /204		37. 汪关印谱 /208
	13. 十六金符斋印存 /205		38. 吴让之印存 /208
	14. 千玺斋古玺选 /205		39. 古玺汇编 /208
	15. 双虞壶斋印存 /205		40. 故宫博物院藏古玺印选 /209
	16. 滨虹草堂藏古钵印 /205		41. 西泠后四家印谱 /209
	17. 匋斋藏印 /205		42. 黄牧甫印谱 /209
	18. 遯盦秦汉印选 /205		43. 吴让之印谱 /209
	19. 赫连泉馆古印存 /206		44. 吴昌硕印谱 /209
	20. 隋唐以来官印集存 /206		45. 秦汉鸟虫篆印选 /209
	21. 西泠八家印选 /206		46. 湖南省博物馆藏古玺印集 /209
	22. 金薤留真 /206		47. 古玉印精萃 /209
	23. 碧葭精舍印存 /206		48. 古封泥集成 /209
	24. 尊古斋印存 /206		49. 中国肖形印大全 /209

	50. 丛翠堂藏印 /210	七十	明天，你会选择什么样的篆刻风格 /283
六十五	千万莲花院印话 /210		
六十六	学刻参考书目 /215	七十一	作者别号、斋名小引 /286
六十七	学刻参考资料 /219	七十二	逐鹿于方寸之间
	1. 白文刻法资料 /219		——关于《两天晒网斋印跋书法选》的对话 /289
	2. 朱文刻法资料 /250		
六十八	两天晒网斋篆刻（创作参考）/267		初版后记 /291
六十九	长跋序八方 /275		2004 版《篆刻法》后记 /293
			新版后记 /295

上编 印章源流知识

一、篆刻与金石的区别

简单地说，"篆刻"是以篆体为主流的书法与雕刻密切结合的一门艺术。以前的玺印是归属在"金石"范围里的，随着时代的演变，加上篆刻艺术本身的发展，自明清以来，已单独形成一门专门性的艺术，与书法、绘画一样，篆刻是东方特有的一门古老而独特的艺术。

而"金石"的名称，又可分"金"和"石"两大类。"金"是指以钟鼎彝器为主，包括兵器、乐器、度量衡器、符玺、钱币、镜鉴等有铭识和无铭识的以铜为主的古金属器；"石"是指以碑碣墓志为主，包括摩崖、造像、经幢、柱础、石阙、塔铭、浮图，兼及玉器、瓦砖、泥封、甲骨、简牍、陶器等。研究中国夏商周三代以下古器物的名义、形式、制度、沿革、文字的学问总称"金石学"。总之，自钟鼎文以下，在金铜玉石等材料上雕刻的文字、图像，通称为"金石"。

"金石学"的盛衰与地下出土文物的多少有很大关系，它盛于两宋，衰于元明，而在清代又大为复兴。建国以来，随着我国考古事业的发展，地下出土与地上著述相互辉映，金石研究事业达到了一个前所未有的大盛时期。

一般称篆刻家为金石家，实际上是不全面的。前人说"不攻金石，不足以言篆刻"，"金石家不必尽能治印，而以治印名家者，莫不从事金石之探讨"。纵观篆刻史上的著名篆刻大师，无一不是精通金石文字的。今天对我们学习篆刻者来说，虽不能通晓全部金石学，但不可不作为有心人去关心金石学、文字学。因此，严格地说，不懂金石文字，不研究书法（尤其是篆书），是无法提高篆刻水平的。

二、刻字与篆刻的区别

"刻字"艺术是现代兴盛起来的，尤其在日本有众多的爱好者与欣赏者。然而，在我们祖国几千年文明史中，刻字艺术早就积累了丰富的经验，遗留下大量的作品。现今发现的甲骨文，就是我国最早的刻字作品，之后所出现的鼎彝铭识、摩崖石刻、历代碑碣等，都是由刻工按原迹刻制或浇铸出来的。尽管刻制的材料不同，但都是用刀依原迹镌刻而成。它是我国历史上文化传播和文化发展的重要手段，并由此而发展成独立的专供欣赏的艺术。

近年来，我国曾与日本交流过一些刻字作品，其取用材料可谓百花齐放，有石、竹、铜、砖、瓷、有机玻璃等，其作品自有一定的实用性。除了一般的横匾、对联、屏条之外，还有挂盘、铜镜、臂搁、镇纸、扇骨等。至于有的刻字以树根等废料为材料，则真可说是化腐朽为神奇了。刻字艺术需要作者有深厚的书法功力，但书体不限，真、草、隶、篆各显神通，完全由其有利的条件所决定。许多刻手，兼书法、雕刻于一身，自书自刻，飞白渗墨，方圆转折，都力求忠实地得以再现，因而必然能较好地反映作者的审美情趣。所以可以说，包含有刻字艺术的书法领域，已超越了以笔墨纸砚为主要工具的传统概念。而篆刻艺术虽然也是书法与雕刻相结合的艺术，但其书体是以篆书为主体，材料则是以石质为主，表现的范围也局限于石面的方寸之间。

三、古代印章的名称

印章艺术是我国悠久历史文化的一部分。自战国以来,印章的名称几经演变,因时而异,各朝代的称呼各不相同,以下作简要介绍。

1 玺

"玺"是印章最早的名称。秦以前,不论官印、私印都一概称作"玺"。不过,古代的"玺"字写作"鈢"或作"垂"。凡印章用铜质者就从"金",用土质者就从"土"。清代以前许多研究印章的人都还不识此字,一直到清代程瑶田作《看篆楼古铜印谱》序时,才考释出这个"鈢"字就是"玺"。

图 3.1.1 司马信鈢

秦始皇统一六国以后,制定一系列等级制度,在少府设置了专门掌管印章制度的"符节令丞"。当时规定只有皇帝的印才能称"玺"(从这时起,"鈢"字都写作"玺"),其材料用玉。臣民的印章一律称"印",材料不准用玉。

但在遗存的汉印中,不是皇帝也有称"玺"的,如"皇后之玺"、"淮阳王玺"等。这是因为汉代虽然也承袭秦朝制度,但制度已略放宽,所以诸侯王、王太后用的印也可称"玺"。据《汉官仪》说,汉代皇帝有六玺,即皇帝行玺、皇帝之玺、皇帝信玺、天子之玺、天子行玺、天子信玺,都是白玉螭虎钮。诸侯王用玺为黄金制,橐驼钮,称"×王之玺"。

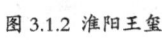

图 3.1.2 淮阳王玺　　图 3.1.3 朔宁王太后玺

2 印

"印"最早见于秦官印中,如"昌武君印"、"宜野乡印"等。昌武是位于山东掖县附近的县名,"君"是封建领主的称号。在郡县制度时代,郡下分别设县、乡、里,这方"乡"印就是从郡县派来的小官吏的用印。按《汉旧仪》的规定:二百石至六百石的官吏印章都称"印",一般姓名印都称为"私印"。在新莽私印中,也有称"印信"或"信印"的。"印"的称呼历经各代一直沿用至今。

图 3.2.1 宜野乡印　　图 3.2.2 北乡之印

图 3.2.3 曼猛信印　　图 3.2.4 李□印信

3 宝

根据《旧唐书·舆服志》的记载,武则天因为讨厌"玺"字与"死"同音,在延载元年(694)就改称为"宝"。据《唐六典》所记,当时天子有八宝:神宝、授命宝、皇帝行宝、皇帝之宝、皇帝信宝、天子行宝、天子之宝、天子信宝。后来唐中宗即位,又沿用旧制称"玺"。唐玄宗时也称"宝"。宋元明清各代,称"玺"、"宝"的都有。

4 章

汉魏的将军印一般称"章"。因军事行动而临时任命将军,在仓促间凿成的印章史称"急就章"。由于它是直接以刀在印面上刻凿而成,不同于铸印,故往往天趣横生、别具神韵。传世的将军印中,发现有的印甚至漏刻笔画,可以想见当时军情紧急、草率刻凿的情景。官印中"太守"、"御史"也有称"章"的。

图 3.4.1 凌江将军章

5　记　朱记

唐宋官印中与"印"同时存在的还有用"记"、"朱记"两个名称的,如罗振玉《隋唐以来官印集存》中介绍的唐官印"大毛村记"就是。还有隶书唐官印"右策宁州留后朱记",宋官印"建炎宿州州院朱记"、"教阅忠节第二十三指挥第三都朱记",楷书印"州南渡税场记"等,都可以说明。

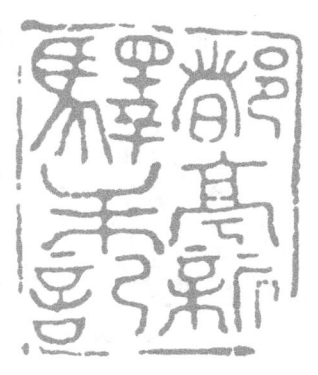

图 3.5.1 都亭新驿朱记

6　合同

在南宋发行的一种纸币(俗称"会子")上,都用"合同"印,传世有一方楷书铜印"壹贯背合同"就是印在纸币背面的。

图 3.6.1 壹贯背合同

7　关防

明代出现一种有"关防"字样的官印,如传世的"前军都督府都督佥事朱关防"、"钦差督理三省织务内官关防"。"关防"大都是任命临时性官员的官印,用长方形半印则是为了勘合行移关防,起防止官吏预用官印在空白纸上作弊的作用。对一般官印仍称为"印"。"关防印"的篆法十分呆板,从篆刻艺术的角度看是不足取法的。

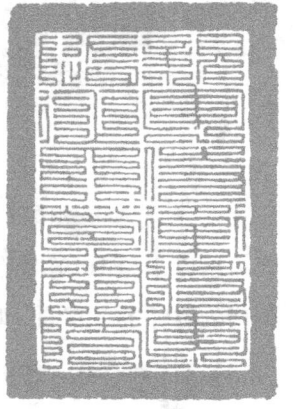

图 3.7.1 亲军侍卫将军随征四营关防

8　符、契、记、信

明末农民起义军领袖李自成于明崇祯十七年(1644)正月即位于西安,国号大顺。他颁发的官印为避父讳"印家",所以把"印"字改为"符"、"契"、"信"、"记"等四种名称。

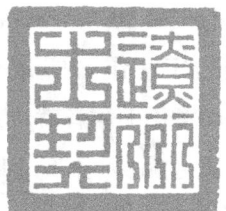

图 3.8.1 辽州之契

9　押

"押"起源于宋代,盛行于元代。它是将个人的名字画出一种类似图案的符号,以起到使人难以模仿的作用。通常称为"押字"。元代盛行押字的原因,是因为很多做官的蒙古人、色目人不识汉字,也不擅执笔画花押,就在象牙或木头上刻上花押来代替签字。因此,"押"也称作"花押"。到明清时,用押的渐渐少了。传世的有一方明崇祯皇帝用的玉押。

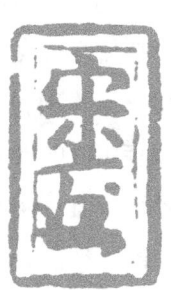

图 3.9.1 宋押

10　图书

这是图画和书籍的总称,在篆刻中相当于现在的藏书印(至今南方还有地方把印章称"图书")。宋代开始流行,专门用来钤盖在自己收藏的图画、书籍上以表示所有权。

除上述名称外,印章还有一些通俗的称呼,如"图章"、"戳记"、"手戳"、"戳子"等,从古到今,因时而异。

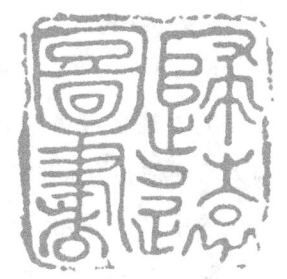
图 3.10.1 归远图书

四、最早的印章

玺印到底起源于什么时候,这要从古代文献资料的记载和遗存的实物结合起来看,不能单凭某一家的论断来决定。

一种说法认为玺印起源于三代,这是根据唐杜佑的《通典》中"三代之制,人臣皆以金玉为印,龙虎为钮"的说法。

另一种说法是根据《左传·襄公二十九年》中的记载:"季武子取卞,使公冶问玺书,追而与之。"襄公二十九年即公元前544年,相当于春秋中叶。这是比较可靠的关于玺印的最早记载。其中的"玺书"就是用印章封发的官府文书。

在汉代人所著的纬书中,如《春秋运斗枢》、《春秋合诚图》等书则把玺印提早到黄帝和尧帝时代。比如《春秋运斗枢》中载:"黄帝时,黄龙负图,中有玺章,文曰天王符玺。"而《春秋合诚图》中则说:"尧坐舟中与太尉舜临观,凤凰负图授尧,图以赤玉为匣,长三尺八寸,厚三寸,黄玉检,白玉绳,封两端,其章曰天赤帝符玺。"说得煞有介事,但这些书都是汉代方士编造的,其中大多为荒诞不经的传说,是不能完全使人相信的。

还有认为玺印是起源于殷代的,一方面认为这与殷代书契的刻制有关(比如其时能刻制出精美的甲骨文)。而且,在黄濬所著的《邺中片羽》中载有三方从河南安阳殷墟中出土的铜玺,这是现在已知最早的印章或可说是类似古玺的古物,但文字古奥,无法释读。有的认为这只是象征血缘集团的记号,就如同族徽一般。也有认为这可能是古代铸铜器铭文用的母范,不一定是玺印。安阳殷墟由于出土了甲骨而举世瞩目,这一地区的考古发掘工作,在建国前搞了十五次,建国后也一直在做,但是在殷商文化层中,至今还不曾出土过一件玺印,以上三玺出土情况不详。由于不是经过科学发掘而获得,不知道原来存在的地层,也无其他可供旁证的共存遗物,难以科学地确定其时代。不过,从其中一方的图案与商代铜器上所铸的族徽相似的情况来看,也有可能是商代或西周的作品。所以,关于印章的起源,到现在还没有定论。但根据历史情况和印章最初的作用,再把古代文献资料和遗存的实物结合起来看,普遍认为,我国的印章最早起源于春秋而盛行于战国,而我们现在可以确知的,最早的遗存玺印,也大多正是战国时期的。

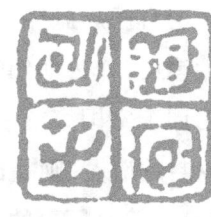
图 4.1 奇字玺

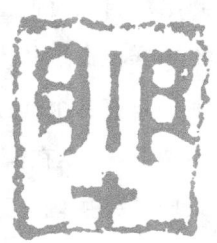
图 4.2 □

图 4.3 亚罗示

五、古代印章的产生和用途

在西周时期,周朝的统治者把全国的土地分

封给有氏族血缘关系的同姓亲属和有功绩的异姓诸侯，作为他们的世袭领地，而且还任命他们为周王室国家统治机构中的高级官吏。而这些受封的诸侯，则在自己的领地内享有独立行使政治、经济和军事的权力，他们也把一部分土地分封给和自己有血缘关系的同姓和异姓的卿大夫，也同样任命这些人担任诸侯王国中的军政要职。他们只有两个任务，一是按时向周天子和本国国君纳贡，二是在需要时出兵保卫周王室或自己所隶属的宗主国。这样，在封建的周王朝，就是依靠这种以氏族血缘的宗法关系来作为联系的政治纽带，一般无这种关系的人，根本无法参与国事。因此，在当时并不需要有一种作为政治联系的凭证信物，也就不可能出现"玺印"这种作为当权者表征权益的法物了。

1　古代印章的产生

随着历史的发展、社会的变化，周王室渐渐没落，下层的士和平民阶层崛起了。所以到了春秋战国之间，无论是阶级关系、社会经济关系、宗法关系等都一一改变。首先，西周的分封制度被废除了，国家的统治者建立的是中央集权的国家机构，军事、政治、经济大权由国君独揽。而那些国家机构中的官吏往往都不是世袭的，与国君也不一定有血缘关系，他们往往是靠军功晋升或由于选拔而获得官职的。他们和国君之间的关系，不再有西周时那种凭氏族血缘来作为政治联系的基础了。那么，国君和臣下之间以什么来表示这种政治上的从属关系，用什么信物来作为这种授与权力的凭证呢？由于春秋战国之间政治关系的这种变化，印章便应运而生，它最初就是作为政治权力凭证信物的需要而出现的。在政治上，就是玺印；在军事上，上级用以调遣下属军队的信物，就是兵符，也称"虎符"，左右两半，行令时只要两相吻合，即可作为验证命令正确性的法物。

随着社会经济的日益发展，以及生产贸易与人事交往各方面的需要，印章不仅作为国家权力机构中必备的凭证，它的这种作用，也逐渐被推广到商业和整个社会生活中作为检验的凭证了。因为当时随着生产力的发展，铁制工具已在民间普遍使用，从而促进了各项生产的发展。在商业上货物交流频繁复杂的情况下，正需要有一种作为取信的凭证，以保证货物的安全转徙或存放，印章就是适应这一需要，由群众创造而产生的，并得到了广泛流行。这在文献中可以查到有关记载，如《周礼》中就有"凡通货贿以玺节出入之"、"货贿用玺节"的话。《周礼》是战国时期的书，书中介绍的周代情况比较可信。这里所说到的"玺"和"玺节"都与"货贿"有联系，确实是有关印章的起源与社会经济有密切关系的早期资料。

2　古代印章的用途

现在我们使用印章，都是用印章蘸上印泥，钤盖在纸上呈现出印文。如果印章上刻的是凸出的文字，印在纸上的红字便称"朱文"或"阳文"；如果印章上刻的是凹入的文字，印在纸上的白字便称"白文"或"阴文"。但在纸张普遍使用以前，用印的方法根本不是这样。那是因为在纸张虽已发明，但还没有为社会广泛使用的魏晋之前，文字多写在长条型薄薄的竹、木片上，并把它编联成册，世称"简牍"。在成捆的简牍外面，再加一块挖有方槽的木块，用绳将简牍一起捆扎起来，把绳子的结放在这方槽内，再

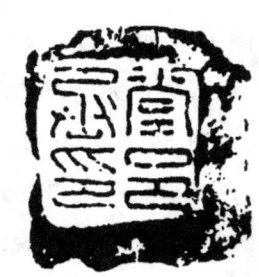

图 5.2.1　封泥·堂邑丞印

在上面加一块软泥，用白文印章在软泥上按捺出凸出的印文，待软泥干燥后，就成了我们今天所看到的坚硬的土块——"封泥"，也叫"泥封"。它可以

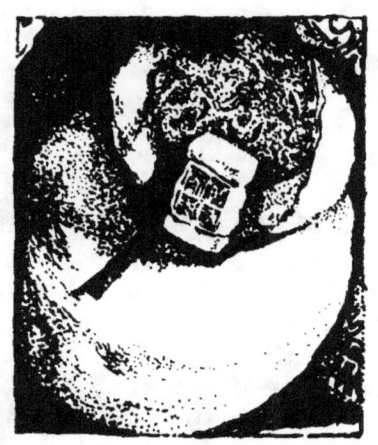

图 5.2.2 长沙马王堆一号汉墓带有封泥盒的硬陶罐出土情况

防止私拆泄密，有点类似后来用火漆封信的方法。这是古代印章的主要用途。从战国到汉魏，这一时期的封泥，都有出土实物遗留下来。

在《礼记·月令篇》中有所谓"物勒工名"，其中主要指在烧制日用陶器之前，趁着黏土柔软时捺盖在上面的印章，包括制造的场所、官衙、工人的名字，个别还有制造年份等。陶器易损常被抛弃，但不会腐烂，因此，陶文残片较之其他文物种类繁多。我国山东、河北等处出土的战国时期陶器中钤有玺印文字者最多。陈介祺《簠斋藏陶》、刘鹗《铁云藏陶》等书著录的战国遗物很多。

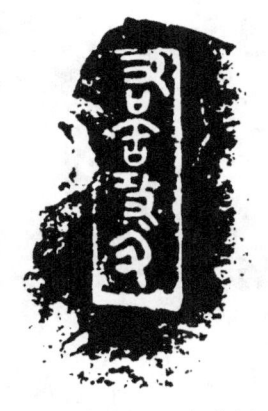

图 5.2.3 古陶文·右匋（陶）攻（工）丑

另外，这一时期的漆器上也有这一类印痕发现，如长沙出土的漆羽觞，在木胎底部有

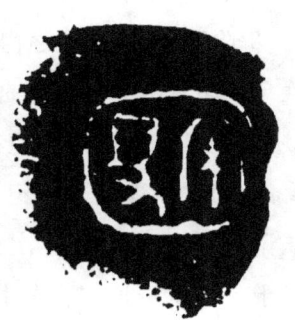

图 5.2.4 古陶文·宋得

方形和长方形相叠的烙印，记着制胎人的姓名。

在一些出土的战国时期文物上，也盖有一种印章，但看来不是制作者的姓名，而是这一器物的名称图记。如北京中国历史博物馆所藏战国时期的量器"右里升"，是大小不同的两器，上面有田字界格的玺印文"右里敀升"（"敀"字旧释"启"）。另一齐国标准量器上盖有"陈华右莫廪□毫釜"的专用玺。

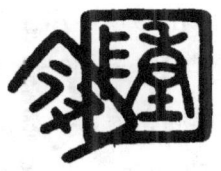

图 5.2.5 长沙出土漆羽觞底部所烙制胎工人的名姓印记

图 5.2.6 战国量器·右里敀鋚

还有一种称为"印子金"的，就是在铸金币时盖上连续的印章图记。出土实物中最为出名的，有战国时期楚国的盖有"陈爰"、"郢爰"等字样的金币六种。"陈"（今河南淮阳）和"郢"（楚都江陵，今湖北荆州市纪南城）都是楚国的地名。"爰"就是"锾"字，"爰"本为黄金的计量标度，不过楚国的"爰"已成为金币的名称，并泛指楚国的金币了。"郢爰"字样的金币出土较多。《战国策·楚策三》中楚怀王自己就夸耀过："黄金、珠玑、犀象出于楚。"说明先秦时期的楚国是盛产黄金的，而留存至今的先秦金币，主要也是楚金。据出土实物看，楚金有版状和饼状两种形态。版状的金币面上钤有四五排方形或圆形的印记，饼状的金币上面印记钤打得较紊乱。

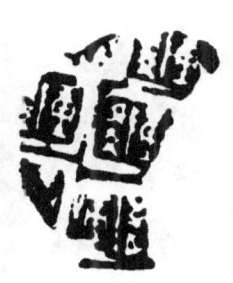

图 5.2.7 印子金·陈爰

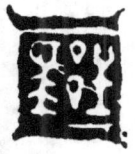

图 5.2.8 印子金·郢爰

篆刻法

在1972年出土的长沙马王堆西汉利仓墓中，"长沙丞相"和"轪侯之印"二印，与《史记》中称利仓为长沙丞相并封轪侯的记载相合。观察这两方印，印文比较草率，乃出于急就，是属于殉葬的"明（冥）器"。按汉官制度，官吏死后，必须上交印绶，但也可按本人生前的官职称呼再刻一方随葬。如有的官爵是世袭的，生前的用印须留给子孙，也只能造一方随葬。在印谱中有一类官职连姓名的多字印，都不是实用之物，而只是表示死者身份的殉葬的明器。随葬这种印的官职都并不高。如只刻官名不附姓名，便有私刻官印之嫌，是犯法的，下边附了姓名，就证明是殉葬品。

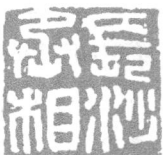
图5.2.9 利仓墓出土·长沙丞相

图5.2.10 利仓墓出土·轪侯之印

《后汉书·舆服志》记载："佩双印，长寸二分，方六分。"《抱朴子·登涉篇》记载："古之人入山者，皆佩黄神越章之印……以封泥著所住之四方各百步，则虎狼不敢近其内也。"各种古印谱

图5.2.11 黄神越章天帝神之印

图5.2.12 大山武帝神仙印

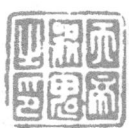
图5.2.13 天帝杀鬼之印

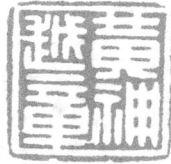
图5.2.14 黄神越章

图5.2.15 皇天上帝制万神章

图5.2.16 黄神越章

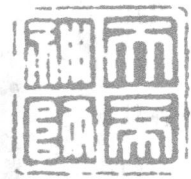
图5.2.17 天帝神师

图5.2.18 黄神越章天帝神之印

图5.2.19 天帝使者

图5.2.20 天符地节之印

图5.2.21 黄神使者印章

图5.2.22 高皇上帝之印

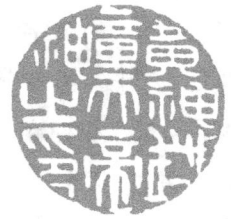
图5.2.23 黄神越章天帝神之印

中，常收录有"黄神之印"、"黄神越章"、"黄神越章天帝神之印"等，这是因为汉代人迷信鬼神，他们在印钮小孔中穿了绳子随身佩戴，作为用来"辟除不祥"的除魔之物。

印章的另一用途是用来烙马。早期的文献记载上还没有看到，但在稍后的史书中有记载。如《北史·魏孝文帝纪》："延兴二年(472)五月，诏军警给玺印传符，次给马印。"在《唐六典》卷十一中也记道："凡外牧进良马，印以三花飞凤之字为志焉。细次马送尚乘局者，于尾侧依左右

间印以三花；其余乘马送尚乘者，以凤字印印右髀。"以上记载，证明战国以来确有烙马印。传世的烙马印不多，形制较大，有七厘米见方的，钮上有方孔，下半中空，方孔中可纳入木柄做烙马时的把手。最出名的有两方，一为战国的"日庚都萃车马"印，另一为汉代的"灵丘骑马"印。前者1892年出土于河北省易县，后被光绪年间著名的山东福山籍古文字学家王懿荣发现，以一百五十两白银购得进行研究。王氏为我国发现和研究甲骨文字第一人，曾任南书房行走，署国子监祭酒。可惜的是，这枚国宝早流失海外，现收藏于日本京都有邻馆。

以上所述是印章在古代的各种用途，其中钤盖封泥是主要用途。

图 5.2.24　日庚都萃车马

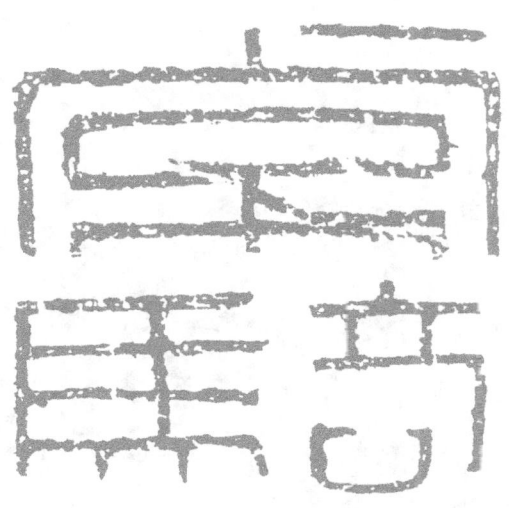

图 5.2.26　常骑

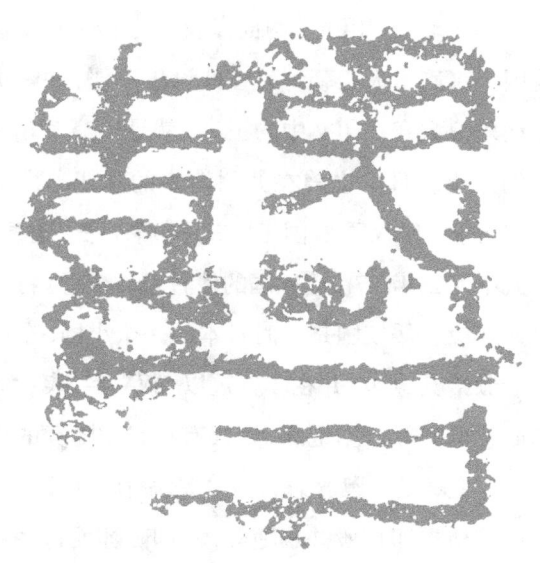

图 5.2.25　魏石

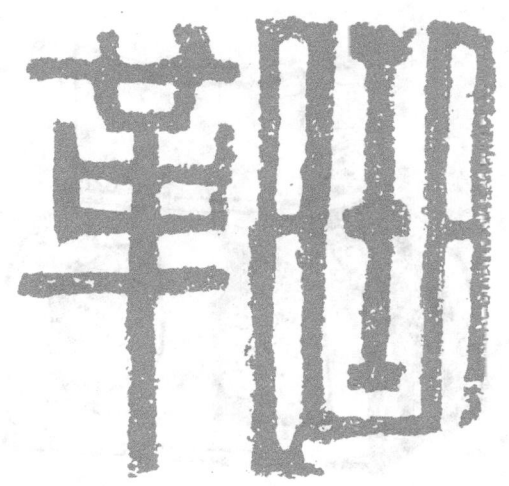

图 5.2.27　曲革

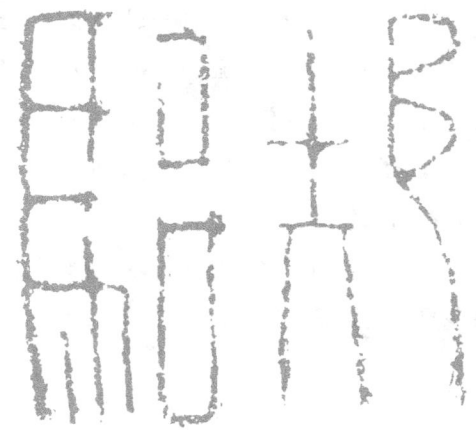

图 5.2.28 郑骀

图 5.2.29 灵丘骑马

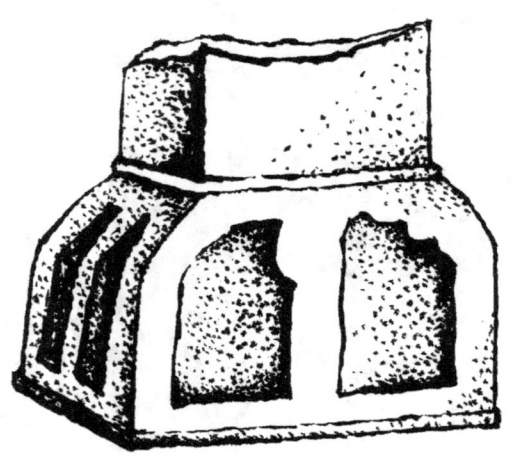

图 5.2.30 方孔中可纳入把柄的烙马印印座

六、古代印章的流传

现今留传于世的古玺印，包括国家博物馆、私人藏印，以及流传到海外的古玺印成千上万。历年来，随着社会主义建设的发展，各地在水利及基本建设中，屡见出土古印。这些战国以来的官印、私印是怎么流传至今的呢？有关学者通过文献记载对照考古发掘成果，发现这些传世的古玺印是通过如下几条途径流传下来的。

1 古代墓葬或遗址中发掘出土

因为前面已有记述，古人有殉葬习俗，在官吏死亡上交印绶后，得以另刻生前官职或官职连姓名印作为殉葬之物，以表示死者的身份。湖南长沙马王堆西汉利仓墓出土的"长沙丞相"和"轪侯之印"、湖北江陵凤凰山十号墓出土的"张偃"和"张伯"印、河北满城汉墓出土的"窦绾"两面印、江苏海州汉墓出土的"侍其繇"印等，都是证明墓主人生前身份和姓名的实物资料。朝鲜平壤西南的贞柏里汉墓也出土了"乐浪太守掾王光之印"、"臣光"两面印及"王光私印"，这是因为汉武帝灭亡朝鲜后在此设乐浪郡，并屡次派任乐浪太守。印文中的王光，就是乐浪太守属下的掾吏。日本也曾在九州博多的志贺岛出土了一方金印"汉委奴国王"。据《后汉书》记载，建武中元二年(57)，倭奴国的使者来贡，朝廷特别颁赐印绶。倭奴国是当时日本的一个小国，东汉政府颁给其金印，并在印首冠以"汉"字，表示颁给归化的异族。据记载，宋代有赐官印随葬的规定。据《宋史·舆服志》载，"是岁十二月诏，自今臣僚所授印亡殁并赐随葬，不即随葬而行用者论如律，中兴仍旧制"。这些墓中的随葬品，都成为历代印章流传至今的来由之一。

2 胜者虏获与殉职遗物

在两军对垒时，胜利者必然要虏获降卒、辎重武器和粮食，另外还必须把战死、生俘的将官的印章登记上交。这在一些史籍上也有所记载，《太平御览》引《后汉书》记"段颎上书曰：掠得羌侯君长金印三十一，银印一枚，皆薄入"。《史记·夏侯婴传》："复常奉车从击赵贲军开封，杨熊军曲遇。婴从捕虏六十八人，降卒八百五十人，得印一匮。"

传世的汉魏下级军官印如"军司马印"、"假司马印"、"军曲候印"、"军假候印"等较多，这是阵亡率较高的下级军官遗弃在沙场上的遗物。宋代沈括著《梦溪笔谈》中介绍："今人于地中得古印章，多是军中官……土中所得，多是没于行阵者。"我们在鉴赏这些汉印时，可以看到，在汉代，就连这样低级官吏的官印，也极尽浑厚质朴，汉印的完美性可想而知。

3 战败者遗弃物

在一些古战场或当年战略要地的遗址或河道中，屡有出土的官印，这是战败者的遗物。所以一些专门收购、贩卖古董器物的商人，过去常在一些古战场遗址一带向当地收藏有古印的百姓收购，据说也为数不少。这些散失的官印，经过漫长的岁月，辗转流传，便为后人所得。

但在绵远的历史长河中，能得以流传至今的古玺印毕竟是凤毛麟角，这也正是古印为世人所珍爱的原因。因为除了战争、火焚等天灾人祸外，历代还有处理废印的习惯。如唐代对上交的废印都集中到礼部员外郎处，在大石上击碎销毁，而清代通行将上交的旧印斩去下角或在印上凿刻一个"销"字。当我们今天面对这些精美的古代玺印艺术珍品时，除了赞叹古代无名工匠们，在小小的印面上制造的多姿多彩的文字之外，对这些经历了无数个世纪的祖国珍贵的历史文物该多么珍惜。

七、历代用印的材料及石章治印的开始

由印章盛行的战国时期一直到清代，历代玺印的材料以铜质为主，而学习者模仿的对象也是以"烂铜印"为宗。如是浇铸的称"铸印"，如是凿制的（例如汉代将军印）称"凿印"。除了铜印以外，还有金印、银印、铁印、玉印、琥珀印、玛瑙印、象牙印、骨角印、瓦印、石印，其他还有水晶印、磁印、紫砂印、黄杨木印、竹根印、瓜蒂果核印等。这些印章，光看印拓是难以区分印材的，唯有看到实物后，才使我们认识到历代玺印所采用的材料是那样的丰富多彩。

谈到采用石章治印是谁首创的问题，总要挂到元末书画家王冕名下。王冕之名声，由于《儒林外史》里介绍过他，不少读书人是知道的。说王冕首创以花乳石（青田石一类的印石）刻印，见诸于一些史籍文章，但一无具体可靠的实物留下，而记载的文字又不具体，往往都是片言只语。我们从他流传下来的墨迹中看到画

图 7.1 王元章

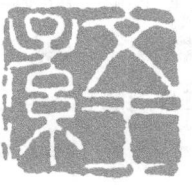

图 7.2 文王子孙

图 7.3 会稽佳山水

家的自用印：如"王冕之章"、"王元章"、"元章"、"文王子孙"、"会稽外史"、"方外司马"、"会稽佳山水"、"竹斋图书"等印，可以看出汉印对他的影响，而且也表现出他个人的风格。王冕之采用的花乳石刻印，无疑倡导了文人自篆自刻的风气，但说他刻石印是"首创"，证据是不足的。

在王冕之前的元初有赵孟頫、吾丘衍两位精通篆学的书画家。赵氏精篆书，他的秀美的细笔朱文印，被后世推重称为"元朱文"。吾丘衍则大名鼎鼎，是撰写我国第一部印学理论名著《学古编》的作者。书中的主要部分《三十五举》，生动地阐述了篆刻艺术的法度，为历代篆刻家的艺术创作确立了理论根据，这是无可非议的。但夏溥为《学古编》所作的序中却只说他写印，而未说他奏刀刻印。

晚于王冕近二百年，被尊为篆刻开山鼻祖的是明代印学家文彭和何震。文彭所作印均为牙章。开始他只篆不刻，交金陵雕刻名手李文甫镌刻，后来无意中得到了几筐灯光冻石（当时用来雕制妇女所用的工艺饰品的原料）作为印材，从此自篆自刻，以汉印为宗，在篆刻史上作出了很大的贡献。

现在我们来谈谈北宋的著名书画家米芾。米芾所处的时代，正值宋代"文人画"兴起的时代。宋代文风、画风很盛，又有了在书画上落款、钤盖印章的风气。米芾在跋唐朝褚遂良摹王羲之《兰亭序》之后创造性地连盖了"米黻之印"、"米姓之印"、"米芾之印"、"米芾"、"祝融之后"等七方印。这些印在刻工上显得非常粗拙，明显地比不上同时代的另几位名书家欧阳修、苏轼等人作品用印的制作工细。米芾精于篆书，专家们于是借此推测这些印是米芾自书自刻的（当然原印已不存，是否确是石章，也无从考证）。这样看来，即使刻制"花乳石"存在着王冕首创的可能性，也不等于说，刻制所有的石质印章都是王冕首创的。

这要从远一点来分析了。因为根据一些史籍记载及历年来出土情况来看，完全可以把石章的出现上溯到更早的年代：

明末朱象贤辑《印典》第六卷记载着，石质是"唐宋私印始用之"。

《印典》中还记载着："唐武德七年，陕州获石玺一钮，文与传国玺同。"

据1959年第6期《考古》记载，南京出土了一方晋代遗印"零陵太守章"是石质的。

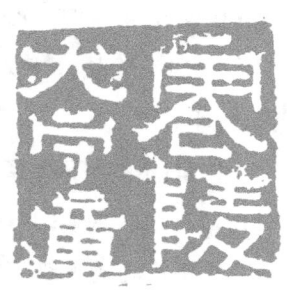

图7.4 [晋] 零陵太守章

1979年第4期《考古》载周世荣的《长沙出土西汉印章及其有关问题的研究》一文说，建国以来，长沙出土的近百枚西汉官私印和无字印中，石质印章竟占半数。如"长沙祝长"等，文字较拙劣，可推知是殉葬之物。

图7.5 长沙祝长

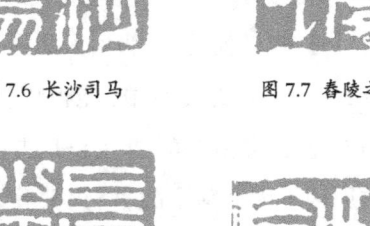

图7.6 长沙司马　　图7.7 春陵之印

图7.8 长沙仆　　图7.9 临湘令印

汲县山彪镇一号墓中发现一枚石玺，经学者鉴定为战国时期的遗物。

据罗福颐先生在《印章概述》一书中介绍，赫连泉馆旧藏有一方黑色石制的"梃中"汉代半通印。

图7.10 梃中

石质印材由于质地松软，易于受刀，为雕刻者提供了方便，但经实践证明，石印又容易磨损、毁坏，不易保存久远，远不及金玉牙骨等印材耐用，故历代较少采用石质作印材。而玺印本身开始仅是作为实用而出现，直至元明清以来，由篆刻家将雕刻与书写合二为一，自篆自刻，又由于文人画的发展需要，使诗、书、画、印四位一体，加上鉴赏家的竞相应用，印章才由实用发展为欣赏的篆刻艺术，并迅速繁荣起来。

古代的学者受交通、见闻等所限，不能客观地分析石章始用于何代，这是可以谅解的。随着科学考古事业的发展，我们期待地下出土的实物，能够有说服力地揭开石章出现的最早年代和首创刻治石章者之谜，以代替以往史籍中的推测和臆想。

但在篆刻艺术史上，不少学者认为王冕、文彭大量地采用石章刻印，开创了篆刻艺术的"石章时代"，认为这是篆刻艺术印材由石替代金玉的重大革命，并由此引出辉煌的明清篆刻的崛起。就这一点来说，王冕也好，文彭也好，他们划时代的功绩是不能抹煞的。

八、封泥及其艺术价值

古籍中最早记载封泥的，见于《后汉书·百官志》。当时少府的属官中有守宫令一人"主御纸笔墨，及尚书财用诸物，及封泥"。卫宏《汉旧仪》中载有"天子信玺皆以武都紫泥封"的记述。由于隋唐以后封泥的方式不再使用，人们对这一古物是十分陌生的。清代道光初年，在四川、山东等地先后出土了古代封泥遗物，连一向善于从各种古器物汲取养料的书画篆刻大家赵之谦在其所著的《寰宇访碑录》中，也将封泥误称为是浇铸铜印的"印范"。真正把封泥制度同古代官制、地理等情况进行综合考察研究，解开封泥之谜的是王国维的《简牍检署考》一书，在当时资料有限的情况下，他取得这一研究成果是十分不简单的。

近百年来，学者们根据封泥的出土地域及其印文内容，对照史籍记载，详加考证，人们对封泥的封缄形式逐步有所了解。

一种是实物封缄。这是在发掘长沙马王堆一号汉墓时发掘简报中介绍的："出土时，硬陶罐的口部用草填塞，草外敷泥，上置封泥盒，封泥文字为'轪侯家丞'，并系有墨书的竹签，标明器内食品的名称。"这是首次让人们看到了汉人使用封泥形式的实物资料。

另一种是文书封缄。1973年甘肃省博物馆在发掘金塔县汉代"肩水金关"遗址时，出土了一个"封泥盒"，封泥上钤盖的印痕为"居延右尉"四个字，这是封存文书的封泥装置。在考古事业日益发展的今天，我们能看到这两种古人使用封泥形式的珍贵实物，这是前人所没有的眼福。

关于文书封缄的情况，这里可以再略加叙述。汉代一般文字及公文的用材是有区别的：普通的文字都记录在竹片（简）上，往来信札、秘密公文都写在木片（牍）上。底板呈"凵"形，称为"斗"；盖板拱起呈桥状，称为"检"。文

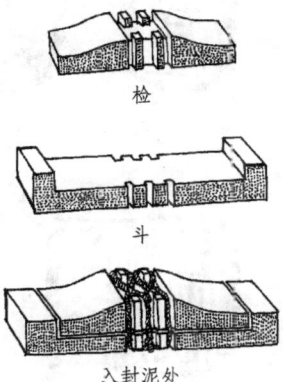

图8.1 封泥盒封缄情况

字就写在斗、检内,写毕将斗、检相合,用绳子沿着刻好的凹槽捆牢,绳结则放在盖板上端预先挖好的方槽内而嵌以软泥,印章就盖在这软泥上以防私拆。我们现在看到的秦汉印几乎全是白文(阴文),就是因为盖在泥上的阴文变阳文,看起来较清晰,而用印色钤盖在纸上,当然是朱文较为清晰了。

封泥"与古玺相表里",它可说是秦汉印章在泥上的"印蜕"实物。近百年来,学者纷纷集辑封泥成谱,比较著名的有:吴式芬、陈介祺《封泥考略》十卷,刘鹗《铁云藏封泥》一卷,罗振玉《齐鲁封泥集存》,陈宝琛《澂秋馆封泥考存》,周明泰《续封泥考略》、《再续封泥考略》,马衡《封泥存真》,王献唐《临淄封泥文字》,吴幼潜《封泥汇编》等。当代学者孙慰祖主编的《古封泥集成》则是至今为止传世封泥的集大成之作。

经近世学者考证,得知现存的秦汉印实物大都是供殉葬用的明器,并非那个时期的实用印

图 8.2 左司马
□□信钵

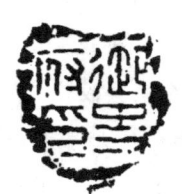
图 8.3 御史府印

图 8.9 临菑左尉

图 8.10 大司空印章

章,因原件在官吏离任或亡故后必须由上级收回给继任者使用,改朝换代时一般都遭销毁。而抑于封泥上的印文,则是货真价实地反映了那个时期由官方郑重颁发的实用印章情况(私印也是实用私印,非明器)。就真实性这一点来看,封泥这一印苑奇葩就值得我们对它刮目相看,它是古代印章文化十分珍贵的遗产之一。

由于施行封泥时,软泥填入槽内有多有少,如是软泥完全填入槽内,则这块泥干后呈方形;如是软泥稍多,填入时超出方槽,则这块泥干后呈不规则的圆形。又由于年代久远,自然剥落破损,以致使封泥的边缘有的边角破残,甚至脱落,有些文字与边栏相粘连或残缺断续,这种宽厚而极富变化的边栏,方劲兼圆转的线条,给人质朴古拙、别具天趣的美感。

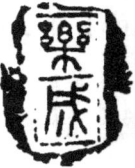
图 8.4 乐成

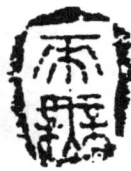
图 8.5 来无

图 8.6 博昌

图 8.11 御史中丞

图 8.12 显美里附城

图 8.7 守节男家丞

图 8.8 修光里附成

图 8.13 丞相之印章

图 8.14 台陵邑印

近代篆刻家从封泥中吸取营养的大有人在，最有成就的首推艺术大师吴昌硕。这从他的印章边跋中，可以看出他对封泥的艺术特征曾作过深刻的总结。他在《聋缶》一印的边跋中说："刀拙而锋锐，貌古而神虚，学封泥者宜守此二语。"还说："方劲处而兼圆转，古封泥时或见之。"这些经验之谈也无不体现在他的那些高古雄浑的篆刻作品中。昌硕先生的艺术实践，也给了赵石、邓散木以极大的影响。

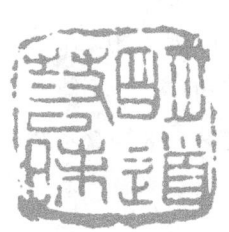
图 8.15 吴昌硕·明道若昧

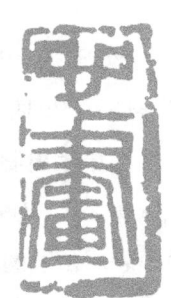
图 8.16 邓散木·心画

图 8.17 赵石·三长两短之斋

图 8.18 赵石·天下为公

封泥不仅是研究古文字和印章文化的宝贵财富，也是考证我国古代地理、历史、官制的重要参考资料，可补充许多文献记载的不足。

九、古 玺

古玺主要就是指战国时期的遗物，这是我们现在所能看到的最早的印章。但人们对古玺的认识是较晚的，主要是由于古玺的文字奇诡难识。明末清初的人们也不知道战国时期不论君臣有一律称玺的习惯。明代顾从德的《顾氏集古印谱》中，就把一方汉代的殉葬九字印认为是最古的印章，而把收集到的一百多方古玺列在最后一卷"未识印"内。明末范大澈的《范氏集古印谱》则把搜集到的战国朱文小玺列入"杂印"一类里。一般集古印谱或遗而不录，或因字体不能辨识，作为附录，附于汉印之后。清乾隆五十二年(1787)程瑶田在为《看篆楼古铜印谱》作序时释出"𨚫朩"即"私钵（玺）"二字，但还不能明确私玺是属于战国时期的遗物。道光十五年(1835)，张廷济在《清仪阁古印偶存》中开始把战国古玺称为"古文印"，有别于秦汉印，但是仍旧未能肯定古玺的时代。直到吴式芬的《双虞壶斋印存》问世，才开始把古玺列在秦汉印之前，在书签上开始分出"古玺官印""古朱文印"字样。同治十二年(1873)陈介祺编的《十钟山房印举》也将战国古玺列在卷首。光绪七年(1881)，高庆龄在《齐鲁古印攈》印谱中首列"三代官私玺"，著名金石学家王懿荣所作序中，指出古玺中的"司徒""司马""司工"等官名出于周秦之际，由此"战国古玺"的说法才最后得到金石学家的一致肯定。之后，吴大澂编《说文古籀补》时，亦将古玺文字收入。罗福颐编成的《古玺文字徵》，则是古玺文字之集大成者。

从内容上分，古玺一般分为官玺和私玺，另外还有"得志"、"安官"、"敬事"、"富生"、"宜有千万"等成语玺和图案玺。大多铜质，鼻钮，其他有兽钮、亭钮等。除了一种特大的古玺之外，一般官玺约为2.5～3厘米见方，以凿制为主，多加边栏，或加有竖界格，其宽窄和笔画差不多。另有一种尺寸较小的铸制朱文官玺。私玺尺寸较小，约1～2厘米见方，白文印也大多加边栏，朱文多作

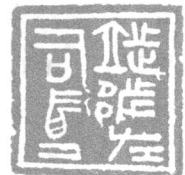
图 9.1 㻊都左司马

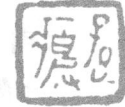
图 9.2 孙瘦

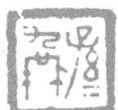
图 9.3 孙九益

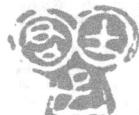
图 9.19 士君子

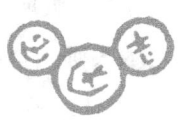
图 9.20 吉宎昌

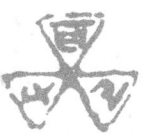
图 9.21 百千万

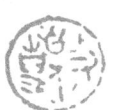
图 9.4 敬事

图 9.5 羊逾

图 9.6 有千万

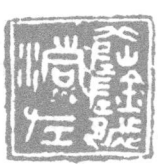
图 9.22 □阴都□左

图 9.23 敬府之钵

宽边细文,多铸造。这种文字,细如毫发,却十分坚挺,俗称"绵里针"。其印文和钮制铸工极精,反映了这一个时期青铜冶铸工艺的高度水平和古代劳动人民的智慧以及艺术创作的才能。

个、三个乃至四个以方、圆、三角的不同形体,组合成连珠式的印章。这些古玺无论在钮制、铸工等方面都显示出制作者高超的技艺,不能不使我们在欣赏之余,对古代手工艺人的智慧和艺术处理手段表示由衷的赞叹。

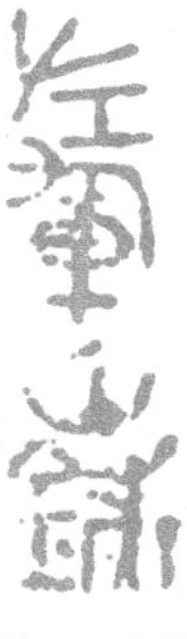

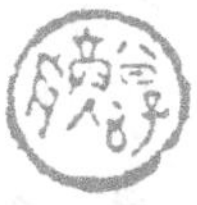

古玺中私玺无定制,大小不等,形状也不统一。除常见的圆形、长方形外,还有凸形、凹形、凹形、心形、盾形、腰子形和附在带钩上的带钩印,以及由两

图 9.7 昜□邑□□盟之钵

图 9.24 □浑都左司马

图 9.25 文相西疆司寇

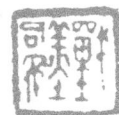
图 9.26 战埃司寇

图 9.27 富昌韩君

图 9.28 事罗

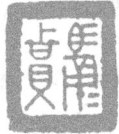
图 9.29 马适□

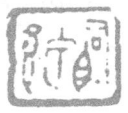
图 9.30 司马饮

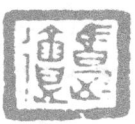
图 9.31 马适□

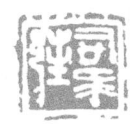
图 9.32 司马邦

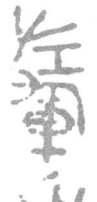
图 9.8 左军丞钵

图 9.9 公孙□

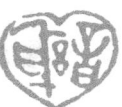
图 9.10 谑

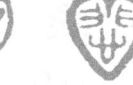
图 9.11 悲

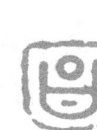
图 9.12 昌

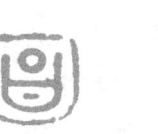
图 9.13 子相

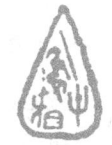
图 9.14 赵

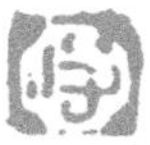

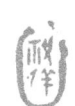
图 9.15 祝伴

图 9.16 公孙

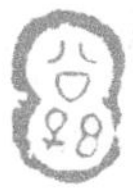

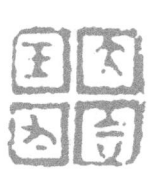
图 9.17 王有大吉

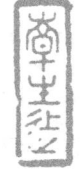
图 9.18 南生徒

古玺的内容最普遍的有司马、司工、司徒等先秦古书上习见的官名,其他还有连尹、相邦、大府、行府、大夫、啬夫、盾军(即将军)、后盾、盾行、五官、计官等官名。这些官名与史书上记载的相符合。

图 9.33 司马绸

古玺的文字奇丽无比。由于战国时群雄割据,各国文字形体、书写风格因国因地各有其特点。总的来看,古玺文字的风格既不同于甲骨文,又不同于秦印,而和当时山东六国(齐、楚、燕、赵、韩、魏)的铜器铭文及陶器、货币、兵器、简帛上的文字较为接近,有的还互相符合,可见都是同一时期的遗物。

图9.34 日敬毋治

图9.35 昌

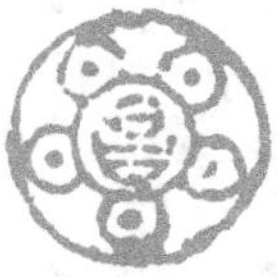

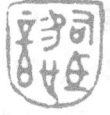
图9.36 司马愚

图9.37 公孙张

图9.38 下池芠

图9.39 公孙鼻

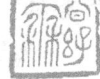
图9.40 公孙秦

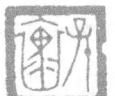
图9.41 孙衰

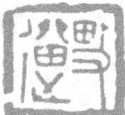
图9.42 畋遰

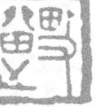

图9.43 佫□左司马

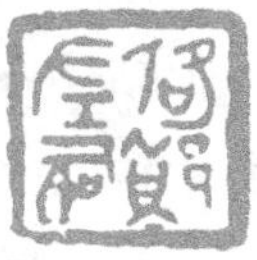

古玺结体参差错落,疏密有致;俯仰欹斜,各具神态(即使是一些小玺,文字布局仍旧是那么舒展自如)。是历代篆刻家从事创作的重要依据,对我国明清篆刻艺术的兴起产生了极大的影响。

十、秦 印

秦始皇统一六国后,下令废除与秦国不同的六国异体文字,而命丞相李斯制定了一套统一的文字在全国通用。这种文字通常称为小篆,而将秦以前的文字统称为大篆。大篆较繁复,结体奇特,小篆则整齐划一,但并不呆板。我们在秦印中看到的就是这类文字。区别秦印比区别战国古玺要稍难一些,这是因为秦王朝历史短,秦印传世本来就少,有些印很容易和西汉时期的印混淆。今天我们判定秦印的标准,主要是看印面上的文字是否和度量衡器所刻秦权量、秦诏版以及琅玡台刻石、泰山刻石上的文字类似。这种文字结体不像古玺那样复杂多变,而是遒劲安详,以小篆笔画略取方势,很容易与战国或战国以前各国文字,特别是各国官私玺文相区别。

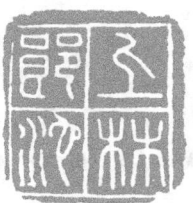
图10.1 上林郎池

图10.2 杜阳左尉

图10.3 法丘左尉

图10.4 右马廄将

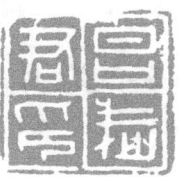
图10.5 昌武君印

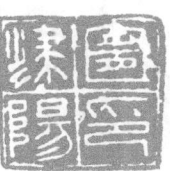
图10.6 宜津阳印

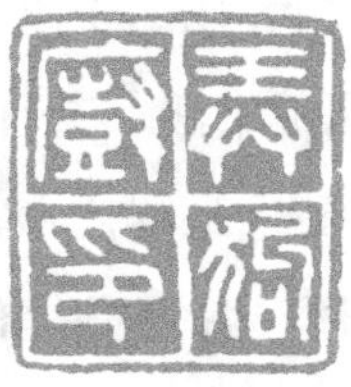

图10.7 弄狗厨印

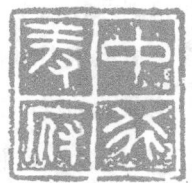
图10.8 中行羞府

卫宏《汉旧仪》卷上说："秦以前民皆佩绶，以金、银、犀、象为方寸玺，各服所好。自秦以来，天子独称玺，又以玉，群臣莫敢用也。"因秦制规定，天子的印称为"玺"，臣民用印一律称"印"，故"印"字之见于印章，也是从秦印开始。而纽制中，龟纽也是在秦代私印中开始出现的。

区别秦印的另一个标准是看其印面风格。秦代一般正方形的官印多用田字格边栏，都是凿款白文。如是长方形的印则作日字格。这是秦汉之间，低级官吏的一种官印，为

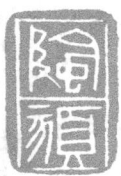
图 10.9 阴颇

图 10.10 段买臣

图 10.11 大夫驷

图 10.12 韩窑

方形官印的一半，名为"半通印"。私印也以凿款为多，长方形的比方形的多，也有椭圆形、圆形的。由于秦王朝的寿命短，一共才十五年（公元前221—前206），所以当时的官吏和百姓还都是战国末期的遗民，他们所用的私印，很可能沿用战国末期的印式。

十一、汉印及其兴盛的原因

印章到了汉代，其兴盛达到了顶点，人们把汉印在我国文化艺术史上的成就，比之于唐代的诗、宋代的词、元代的曲和晋唐的书法、宋元的绘画。影响深远的汉印，一向为历代篆刻艺术家所借鉴，一直到今天我们谈学习篆刻，还是提倡以汉印为宗。

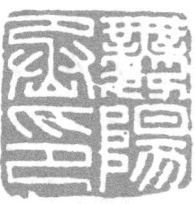
图 11.1 舞阳丞印
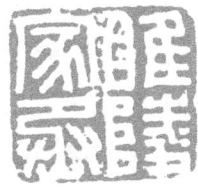
图 11.2 睢陵家丞

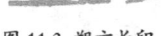
图 11.3 朔方长印

图 11.4 厚丘长印

汉承秦制，西汉初期的官印与秦官印区别不大，也一样有田字格框，如"彭城丞印""旃厨郎丞"等。只是秦印多数为凿制，西汉官印多数采用铸造。东汉传世的官印，铸印较少，尤其是将军印和颁发给兄弟民族的官印，大多是临时凿制，私印则铸造较多。

从书体上来看，汉印中的印文是以白文为主，文字还是小篆，但结体方中带圆，带有隶意，常按六书作增减。总的风格是匀称方正，浑穆

图 11.5 河阳长印

端庄。但实际上，部分的风格也不尽相同，有的粗放雄伟，有的瘦劲峻峭，有的奇崛古朴。从汉印的印谱中可以领略其多姿多彩的风貌。

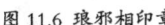
图 11.6 琅邪相印章
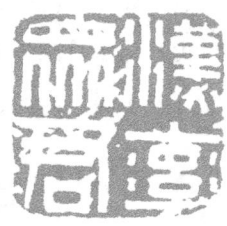
图 11.7 汉率众君

从形式上看，汉官印除了一般的四字印外，还有在名称下加"之印"、"私印"、"印章"、"章"的，如将军印就有"牙门将印章"、"折冲将军章"等。

图 11.8 牙门将印章

图 11.9 许充之印

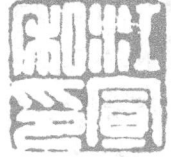

图 11.10 江宣私印

图 11.11 王奉惠印

图 11.12 杨年

图 11.13 王尊印信

私印的形式较多，尺寸也比秦私印略大，是古印中数量最多、形式最丰富的一类印。除了通用的白文外，也有朱文，并且还有一种朱白文相间的。

汉印中的印文，除姓名、吉语外，还出现了以青龙（龙）、白虎（虎）、朱雀（凤）、玄武（龟）为装饰的四灵印，也有以人物、车马、鱼雁、鸟兽等形象入印的，称为生肖印或图画印。还有一种专门用以辟邪驱鬼的道家用印，如"黄神越章"、"黄神之印"等。还有一类印，文字笔画作鸟、虫、鱼、龙状，称为鸟虫书，实际上是当时的一种装饰美术字。

汉印的钮制也很丰富多彩，有鼻钮、瓦钮、龟钮、驼钮、羊钮等，玉印和琉璃印多覆斗钮。汉印除常见的一面印、二面印外，还有三面印、六面印、多面印和带钩印、套印。

那么，为什么印章到了汉代，会出现如此兴盛的景象呢？

这是由于两汉的历史条件所决定的。我们知道，秦王朝的封建暴政，促发了农民起义。汉夺得了秦始皇统一的封建帝国以后，为了缓和阶级矛盾，巩固政权，施行了一系列"休养生息"的政策，如略减赋税劳役，允许农民自由垦荒，首先使农业生产得到了恢复。加上铁制工具的普遍使用，把社会生产力向前推进了一步。尤其到了汉武帝时期，由于上述政策的结果，物质财富也大量增加，一般土地占有者和富有者都是"非遇水旱，则民人给家足"、"众庶街巷有马，阡陌之间成群"（郭沫若《中国史稿》）。这种生产力的恢复和经济的发展，同时也促进了手工业的发展和商业的繁荣，为光辉灿烂的汉代文化艺术的蓬勃发展，创造和奠定了物质基础。同时，由于经济贸易的发达以及公文传递、军中行令的频繁，使用印章的机会增多，都对促进制作工艺的精益求精起了巨大的推动作用。

国运昌盛，文化艺术始能开花结实。在秦代，文字由六国古文统一成小篆要经历一个大的变革时期，汉印文字以小篆为主，只是使其结体方中带圆，参以隶意。当时的实用文字就是篆文，用篆书入印就如同今天我们通用的楷书一样，使用的机会多，使用面普及，增省变化，当自能驾轻就熟。通过两汉四百多年的综合提炼，使汉代成为印章艺术发展成熟的鼎盛时期，从而使汉印的艺术性达到了非常的高度。

冶炼业和手工业的发展，促进了工艺美术的品种增多，并在艺术上、技术上、材料上都有了许多新的创造，取得了较高的成就。这从汉代遗留下来的石雕、玉雕，以及出土的铜镜、漆器、丝绣品、汉代画像砖上都可以看到。因而，汉印的钮制特别多彩多姿，在六面印、套印等形式上也能别出心裁且制作精良。

十二、铸印、凿印与汉玉印

铸印和凿印是制作印章的两种不同方法。元代吾丘衍《学古编》说："汉魏印章皆用白

篆刻法

 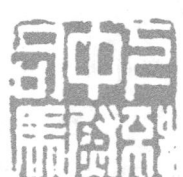

图 12.1 铸印·别部司马　　图 12.2 铸印·下邳中尉司马

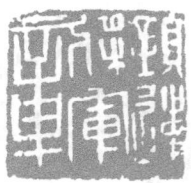 

图 12.9 凿印·镇远将军章　　图 12.10 凿印·鹰扬将军章

文，大不过寸许。朝中印文皆铸，盖官爵封拜，可缓者也。军中印文多凿，盖急于行令，不可缓者也。"

古代印章大多用金属制成，铸印单指制作金属印章的方法，一般有翻砂和拨蜡两种方法。通常在预制好的印模上先雕刻成印文，然后用泥作印范，将溶化了的金属液注入泥范而成。这类印文，端庄工整，为后世篆刻家所取法。

图 12.3 铸印·广睦男家丞　　图 12.4 铸印·河间私长朱宏

凿印原指在预制的金属印坯上击凿印文。这类印章的印文错落自然，锋芒毕露。在汉代，多数用于将军印和颁发给兄弟民族的官印，流行于汉、魏、晋、南北朝之间。究其缘起，是因急于任命军中官职，印章便只能仓促凿成，故又别称为"急就章"，为后世篆刻家齐白石等所仿效，单刀直切，形成了一种独特的刻法。后世篆刻家在石章上追求这两种不同的风格时，往往在边款上刻有"仿铸印"和"仿凿印"的字样。

鉴于汉玉印特殊的艺术风格，这里也给读者作一简略介绍。

战国古玺无论官玺、私玺，质地大都是铜质，也有银和玉的，印材并无严格规定。到了秦代就不同了，帝王用印称"玺"，规定以玉作印材；臣民用印称"印"，不能用玉。汉代官印用玉的，目前仅见"皇后之玺"和"淮阳王玺"。私印中用玉的传世实物不少，宋元明的押字也多用玉。

"佩玉"在古代本是名公巨卿的一种高雅风

图 12.5 凿印·虎奋将军印　　图 12.6 凿印·南乡太守章

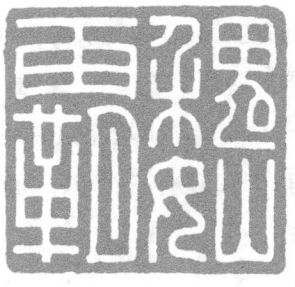 

图 12.11 玉印·魏霸　　图 12.12 玉印·任疆（强）

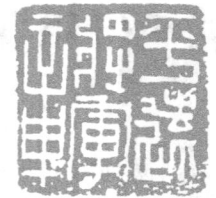 

图 12.7 凿印·平远将军章　　图 12.8 凿印·赤城护军章

图 12.13 玉印·魏嫽　　图 12.14 玉印·异锡

尚，因此对玉质的选择、文字章法及制作的要求都很高。根据传世的玉印来看，它的制作的确非常精良，章法严谨，笔势圆转。由于玉质不易腐蚀受损，故传世的玉印得以较好地保留了它的本来面目。

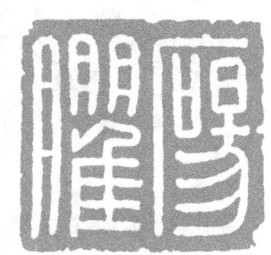

图 12.15 玉印·碭朧

玉质坚硬，难以受刀，白文印不可能刻得非常粗壮。因而产生了特殊的篆刻技法，就是所谓"平刀直下"的"切玉法"，粗看笔画平直规整，但全无板滞之感。有些初学者以为学习古印就要学其破碎、剥蚀的样子，这样就算"古朴"，这是一种误解。其实古人治印，除凿印外，铸印也好，玉印也好，都讲究规整稳妥，只是由于岁月久远，印章受到碰撞锈蚀才显现自然剥蚀的残破美。对于初学者来说，庄重典雅、高古秀丽的玉印实在是很难得的学习范本。

十三、新莽官印

"新莽"指西汉末年王莽篡政后的政权，其寿不长，与秦王朝差不多，一共才十五年。因为王莽标榜复古，新莽时的官印尺寸要比西汉的略小一些，印文多是五字或六字。这时的官印上还反映出把县令改为"宰"，如"蒙阴宰之印"。新莽官印中还有如"马丞"、"徒丞"、"空丞"等特有的官

图 13.1 新保塞乌桓灵犁邑率众侯印

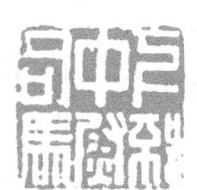

图 13.2 下邳中尉司马

图 13.3 棘阳县宰印

图 13.4 新西河左佰长

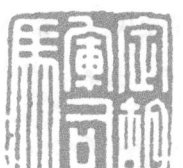

图 13.5 定胡军司马

图 13.6 弘睦子则相

图 13.7 宁陈男家丞

图 13.8 广汉大将军章

名。爵称中有"子"、"男"，如"光符子家丞"、"昌威德男家丞"。由于王莽篡政的西汉末期正是汉代手工业最发达的时候，这使所铸造的官私印章以及印钮，连同当时通用的泉布、铜镜等工艺品都十分精美生动。区别新莽印和西汉印比较困难，一般也就从官名、铸造的工艺水平等方面来鉴定。

十四、魏晋南北朝官印

魏晋时的官印大致和汉官印相同，但铸造上不及汉印精美，文字不同于汉印那种典重浑厚的风格，而是比较瘦劲，布局随意，舒放自然。在颁

图 14.1 魏率善羌佰长

图 14.2 魏率善羌仟长

图 14.3 晋鲜卑率善佰长　　图 14.4 晋蛮夷率善仟长

发的所属少数民族官印中为了使民族怀柔归顺，都在印首冠以"魏"、"晋"字样，很容易为我们识别。

图 14.5 建昌令印　　图 14.6 清河王厩牧长

图 14.7 殄难将军印　　图 14.8 校尉之印章

汉印中无论官印、私印都以白文为主，朱文则较少见。魏晋以后，有一种"××印信"之类的私印多朱文，尺寸较一般私印为大，还有六面印中的悬针篆也十分别致。

图 14.9 中左偏将军　　图 14.10 武勇司马

南北朝时的官印，文字一般为凿制，刻工草率，传世不多。

十五、隋唐官印

隋唐官印传世者较少，到唐代更由于制度规定上缴废印，一律送至礼部员外郎，先在厅前的大石上碎其字然后再销废（见宋代宋敏求《春明退朝录》），故传世稀少。所以对隋唐及隋唐以后的官印，清代以前的谱录都未收，清以后有少数印谱开始有零星著录，到瞿中溶的《集古官印考》收了唐以来的官印一百多方，但光有考证，不附印文。至1916年罗振玉著《隋唐以来官印集存》录了280多方，有关隋唐以来的官印方始有专书著录。

隋唐官印的一个特点是尺寸明显增大，一般在五六厘米左右见方。另一特点是改用朱文。这是因为南北朝后纸张代替了竹木简，废除了泥封之制，开始用印色直接钤盖在纸上，这样，朱文印自然比较清晰。出土的一些唐印，大多为殉葬明器，瓦制无钮。第三个特点是印背多凿有铸造的年月，给后世学者断定年代提供了依据。私印在当时使用不普遍，留传极少。

由于官印的尺寸扩大，细朱文篆体布置在印面上往往易失之于散，所以隋唐官印逐渐丧失了汉篆的风貌。为了追求章法上的匀称整齐，对一些笔画少的字，采取屈曲盘绕的方法以铺满印面，出现了早期的九叠文萌芽。这种九叠文基本上以小篆为基本形状，只是将某些笔画反复折叠，达到布局上的平满匀称，个别笔画有叠至十叠以上的。古人以"九"为数的终极，并非字字划划都要九叠。从艺术角度来讲，这种文字的艺术性并不强。

比较有代表性的隋官印有"广纳府印"、"观阳县印"，唐官印有"鸡林道经略史之印"、"蒲类州之印"、"淳化县之印"、"归顺州印"等。从印文字句上看，似乎隋官印多不加"之"字，而在唐官印中很多出现"之印"字样。唐官印多鼻钮，而且从唐印开始，印文中还有一种称为"记"的。

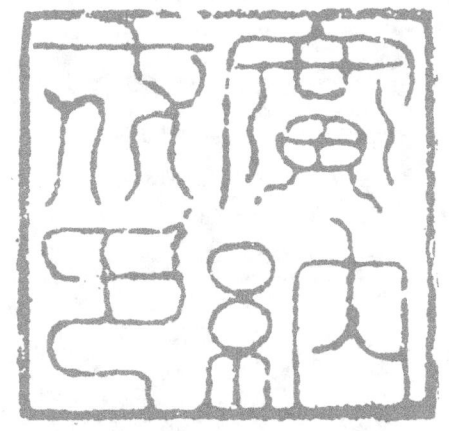

图15.1 隋官印·广纳府印

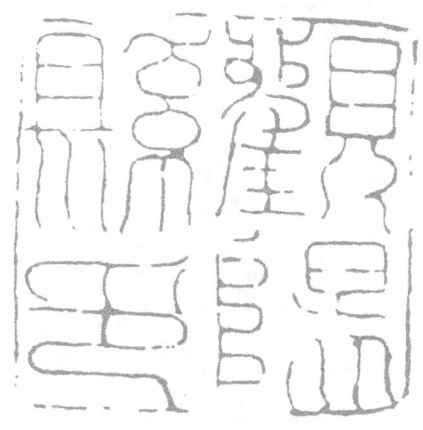

图15.2 隋官印·观阳县印

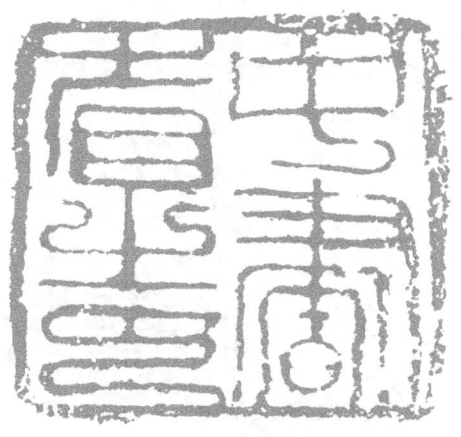

图15.3 唐官印·中书省之印

图15.4 唐官印·唐安县之印

十六、宋金元官印

宋代官印的尺寸也较大，这是隋唐以来官印的特点。为了在较大面积的印面上达到均匀饱满，多半采用四环重叠的"九叠文"。还有以楷书入印的，如著名的"州南渡税场记"、"壹贯背合同"等印就是以楷书出之。宋代官印的另一个明显标志，是在印背上凿上年款及铸造机关的名称。在近代对宋墓的发掘中，还未听说出土宋官印，而一般传世的宋印都是当时实用品，非殉葬物。宋官印流传较多，但私印传世极少，仅在宋代名人书画墨迹上得见一斑。1960年湖南长沙

图16.1 宋官印·宜州管下羁縻都黎县印

杨家山出土南宋王趯墓时，得一木质"趯"单字印，之后又在江苏江浦县、浙江新昌县等处出土过几方私印，可作为宋代私印的标准实物。

图 16.2 宋官印·平定县印

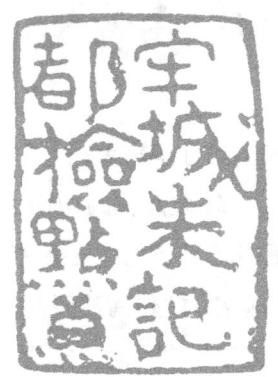

图 16.3 宋官印·都检点兼牢城朱记

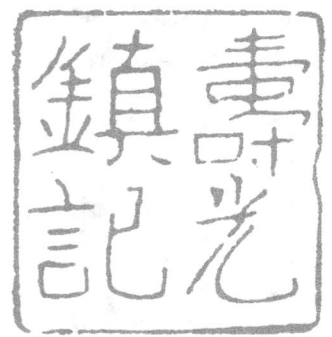

图 16.4 宋官印·寿光镇记

金官印传世也不少，形式同宋官印，还可见到少量的金国书篆体文字（女真文）入印。

元代官印中，除了用汉文篆书外，还采用八思巴文篆书入印。据考证，元官印大都为实用品遗物，非出自墓葬。

图 16.5 金官印·越王府文学印

图 16.6 金官印·易县尉印

图 16.7 元国书官印（八思巴文）

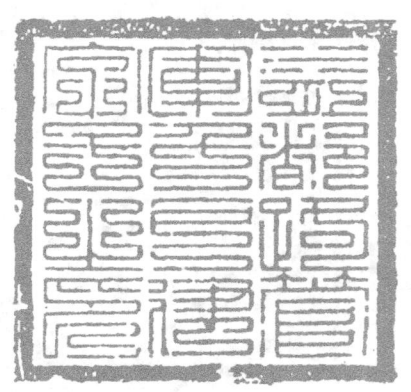

图 16.8 元官印·益都路管军千户建字号之印

由于宋金元官印几乎是清一色的铜印鼻钮和朱文方印,文字又大多采用九叠文,完全丧失了秦汉玺印的那种浑朴奇丽之美,故其艺术价值是不高的。

十七、宋元圆朱文

宋代只有少数书画家如米芾有"楚国米芾"、"祝融之后"、"米姓之印"等鉴藏印。按书画品位的高低上下,而分别使用不同的印章。从其他宋人名迹里,还可以看到另一些士大夫的印章,如欧阳修的"六一居士"、文与可的"东蜀文氏"等。一般书画家还没有形成在作品上盖印章的习惯,人们对私印也并不重视。所谓宋元圆朱文,实际上以元代的吾丘衍、赵孟頫倡导最力。吾丘衍著有《学古编》,对古印的篆法、格式等作了论述。其中"三十五举",不仅叙列汉印篆体与印式纲要,还附录了不少与篆刻有关的参考书,是一本内容丰富的学习篆刻的最初入门书。赵孟頫则对古印进行了谱录,编成《印史》一书。此书现在虽已失传,但根据残存的一篇序文,知道《印史》摹刻了汉魏印三百四十方。就当时的历史条件来看,不失为一部很好的集古印资料。

图 17.1 大雅

图 17.2 赵氏子昂

从赵孟頫遗留下来的篆书手迹,对照他的书画作品所用印章的文字可以看到,这类印章的篆文书体,与古玺、汉印不同,明显受到唐代李阳冰篆书

图 17.4 赵孟頫印

风格的影响。其笔势圆转流畅,线条工细但不疲软,印文布置匀整妥帖,雅静娟秀,一洗唐宋以来九叠文的旧习。这一种独特的风格,为后世篆刻家所取法,并称这种风格为"圆朱文",也叫"元朱文"。这些文字秀丽的印章蘸上朱红色的印泥,钤盖在书画作品上,与书法、绘画相映衬,产生了极为鲜艳的艺术效果。但据考证,赵氏用印也只是他篆写印稿后交印工制模浇铸的,这是据"赵氏子昂"印的"子"字上面那条边线判断的。凡早期钤盖的都较挺直,后期钤盖的则略向内侧凹进,此乃铜印受到碰撞后的现象。

图 17.3 赵氏书印

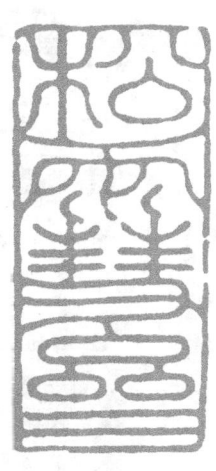
图 17.5 松雪斋

图 17.6 天水郡图书印

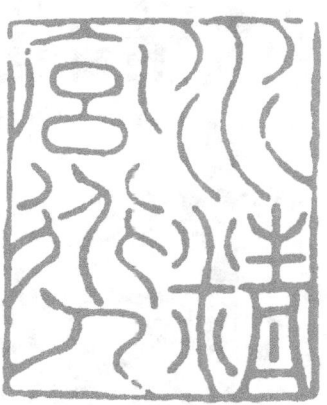
图 17.7 水精宫道人

十八、明清官印

明清官印对汉印来说,已是强弩之末,印边越来越宽,九叠文为主的印文越来越方整呆

篆刻法

图 18.1 明官印·灵山卫中千户所百户印

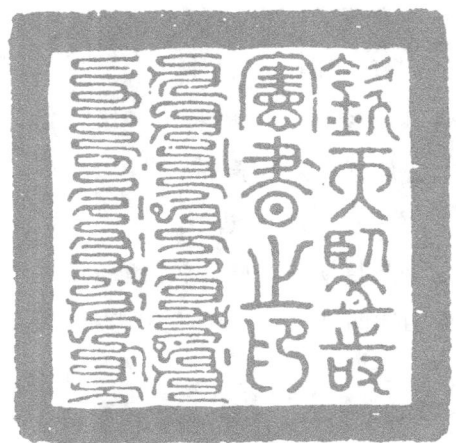

图 18.2 清官印·钦天监时宪书之印

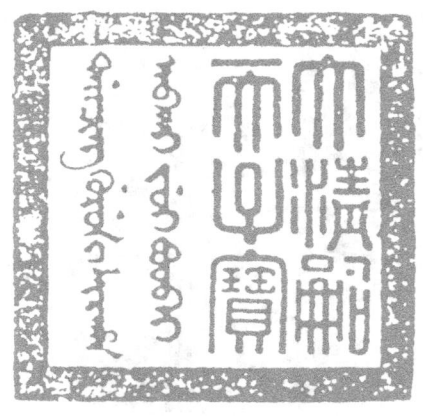

图 18.3 清官印·大清嗣天子宝

板，如同宫廷书法家乌黑规整的馆阁体书法。明代官印中有一种长方的"关防"印，而清代官印最大的特色是在一方印中同时兼用满汉两种文字。

明清官印的钮是直钮。明代椭圆形的直钮叫"把钮"；清代改为正圆形的，其长度正好为手之一握，称作"印把子"。

十九、兄弟民族文字的官印

历代印章始终以汉文篆书为主体，但中华民族是一个多民族的大国，在传世的历代印章中还遗留有一小部分的官印是以兄弟民族的文字入印。比较有代表性的有这样几种：

金代官印，印文多采用汉文，偶然也有以金国书篆体入印的。这种金国书是金国初期创造的，又称"女真文"，是女真族文字。

图 19.1 金官印（女真文）

西夏官印，印文采用西夏国书篆体入印。这种文字过去从未有人能认识它。中国最早研究西夏文字的，为著名金石家罗振玉的儿子罗福成、罗福苌。1914年，罗福成写成了中国第一部研究西夏文的专著《西夏国书类编》，罗福苌写成了《西夏国书略说》。1927年罗振玉编辑成《西夏官印集存》。罗氏父子研究西夏文的这些专著，使人们对西夏文有了进一步的认识。而过去由于西夏文字不为人认识,致使一些谱录家都不能将西夏官印收入印谱。西夏官印风格独特,较易识别,一般总是圆角加边,文字在二字至六字之间,常用西夏文字在印背刻款。

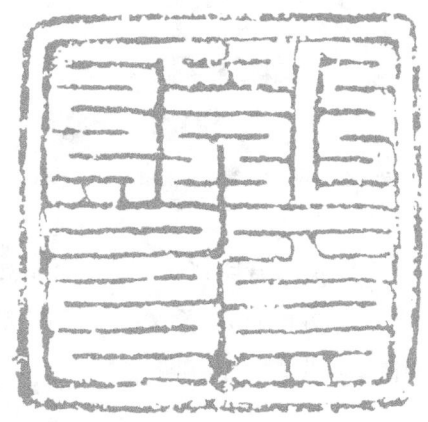

图 19.2 首领(西夏文)

元代官印,在汉文之外采用一种元国书篆文入印,这种书体又称"八思巴文"。据罗福颐先生分析,大约一般文职官印用汉文篆书,其他如国公、国师、太尉以及武官中的百户、千户、管军总把、都指挥使等,大多采用八思巴文。印背的年款及铸印机构是用汉文刻出的。在私印中的长方印"元押"上,也有上面书八思巴文下面画押字的。

图 19.3 元官印·中书兵部主事厅印(八思巴文)

清代官印的印文除了汉文篆书,还有满文汉文合用于一印的特点。经过"篆体化"的满文,能同时与汉文篆书统一于一方印中,不能不说是一种高明的手法,就这一点来说,也有其一定的艺术性。据考证,在乾隆以前,官印上全部以满文楷书入印,乾隆十三年(1748)制定了一种篆体化的满文,入印时就比较协调一些了。至同治初,因国内动乱,官印往往散失,于是有的官印印面在满文和汉文篆书中间,又加了一行满文的楷书,以示区别。

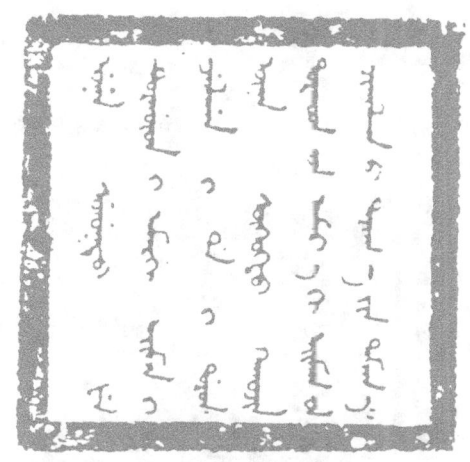

图 19.4 清官印·旧土尔扈特北部盟长之印(满文)

二十、历代农民起义政权用印

元明清时期,由于阶级矛盾激化,爆发了多次农民起义。有的势孤力单,起义不久即被镇压;有的人多势众,在一定时期一定范围内建立起农民政权,也曾铸造过许多代表农民政权的官印,用以发布命令。比较有代表性的有元末徐寿辉、韩林儿的官印,明末李自成、张献忠的官印,清末太平天国的玉玺等。

徐寿辉的官印印文为"统军元帅府印",圆形宽边,饰以回文连续图案,中为方形宽边细文九叠文篆书官名,印背有官名及"中书礼部造"及"治平四年"(1354)字样,原件13厘米见方。

图 20.1 元末起义军徐寿辉颁发官印·统军元帅府印

图 20.2 元末起义军韩林儿颁发官印·管军总管府印

韩林儿的官印印文为"管军总管府印",特别宽大的边内为九叠文官名,印背也有官名及"龙凤四年六月"(1358)字样,原件8.5厘米见方。

李自成颁发的官印因避父亲的名字"印家"之讳,"印"字改为"契"、"符"、"信"、"记"等。故宫博物院藏有一方他所建立的"大顺"政权颁发的"辽州之契",原件8.3厘米见方。此外还遗留有"通政司右参议之记",原件6.2厘米×10.3厘米,是一长方形的宽边官印。"商洛防御使信",原件8厘米见方。"夔州防御使符",原件11厘米×6厘米,也是长方形官印,这四方均为凿印。

图 20.3 明末起义军李自成颁发官印·商洛防御使信

张献忠颁发的官印仅见一方"西充县印",原件7.3厘米见方,宽边九叠文,背款有大顺元年(1644)的铸印年月。

图 20.4 明末起义军张献忠颁发官印·西充县印

太平天国为洪秀全领导的农民起义政权,曾在天京(今江苏南京)建都。遗留的太平天国玉玺有两方,原件十分大,为19.9厘米×19.4厘米,四周饰以龙凤云水纹,文字一扫九叠文旧习,而全部以端正的楷书出现,这在印章的文字上,是一次革命。但太平天国并不全盘否定篆书,只是在玉玺上并未采用而已。

以上介绍的这些农民起义军的官印,遗留至今的极为稀少,已经成了珍贵的历史文物。

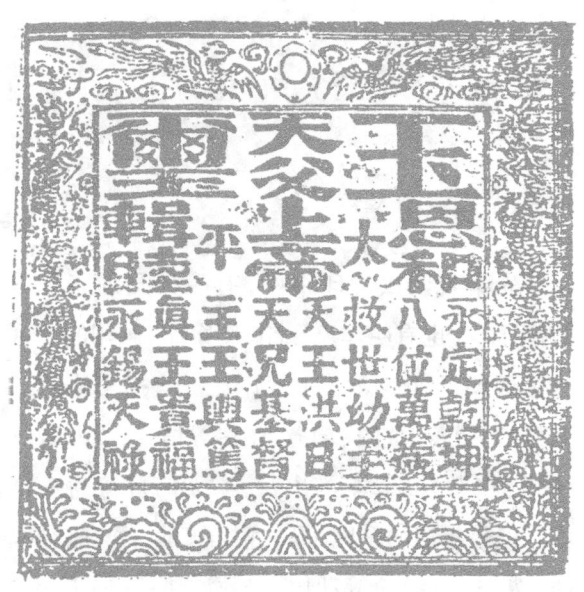

图 20.5 清末太平天国洪秀全玉玺

二十一、关于缪篆

汉代的史学家班固在他所著《汉书·艺文志》中谈到缪篆时说："太史试学童,能讽书九千字以上,乃得为史。又以六体试之,……六体者,古文、奇字、篆书、隶书、缪篆、虫书,皆所以通知古今文字,摹印章,书幡信也。"说明当时太史用来试学童的六体之中就有缪篆。著名的文字学家许慎,在《说文解字》"叙"中也说到王莽篡政后,曾派大司空甄丰等改定古文,"时有六书:一曰古文,孔子壁中书也;二曰奇字,即古文而异者也;三曰篆书,即小篆,秦始皇帝使下杜人程邈所作也;四曰左书,即秦隶书;五曰缪篆,所以摹印也;六曰鸟虫书,所以书幡信也。"

这两位汉代的学者都说到了缪篆是汉代的摹印文字,但缪篆的形体,由于没有讲明,当时又没有举例附图,所以缪篆究竟是怎么样的一种书体,成了一道一直为后人所探讨争议的难题。关于缪篆,最有代表性的有两种意见。

罗福颐先生认为,按《说文解字》中对"缪"字的解释是说:"一曰绸缪。从系,翏声。"绸缪说是纠缠或束缚重叠,像一根绳子缠绕在一起就可叫绸缪;形容一种曲折回绕的字体,也可叫绸缪,或者省称缪。因此他认为缪篆就是汉魏私印中那种形状曲折回绕,用来刻印的书体。这种书体正符合许慎所说的缪篆的意思,属于当时的一种美术字。

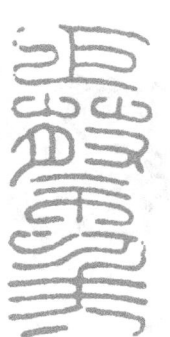

图 21.2 谢相私印　　图 21.3 笔望私印

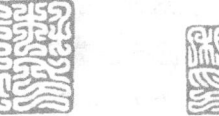

图 21.1 巨蔡千万　　图 21.4 杜子沙印　　图 21.5 李豐私印

还有一种意见认为"缪"字除了解释绸缪,含有缠绕、束缚的意思外,还有另一种含义,即认为古文中"谬"、"缪"通用,具有不合情理、错误、违反、假装的意思。按这一种意思,缪篆是汉印中大量摹印文字的通称。这种字体在结构上有谬误,不大规范,往往对字体的笔画加以增减,或作回曲折叠,以适应印章布局变化之需要。这种字体,笔画粗壮方折,外形方整平直。故认为汉代统治者就是根据其不

图 21.6 侯志

图 21.7 祭睢

图 21.8 辟疆　　图 21.9 婕伃妾娟

属规范化篆体这一特点,把这些印中的文字,名之为"缪篆"。

"缪篆"的含义究竟是什么?这还有待学者们作进一步探讨。

二十二、鸟虫书印

在汉私印中,我们可以见到一类富有装饰性的文字,其印文笔画都变化作虫、鸟、鱼、龙等形态。这种文字产生于春秋、战国而流行于秦汉。这种文字被称为"鸟虫书",这在汉代许慎《说文解字》"叙"中已提到:"自尔秦书有八体,一曰大篆,二曰小篆,三曰刻符,四曰虫书,五曰摹印,六曰署书,七曰殳书,八曰隶书。"这种文字见之于春秋、战国以来的乐器和兵器上,如春秋越国的"越王者旨于赐矛"、吴国的"吴季子之子逞之剑"、蔡国的"蔡侯产剑"等,以及满城出土的西汉铜壶上的错金鸟篆铭文等。

图 22.1 武意

图 22.2 苏意

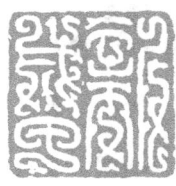

图 22.3 新成甲

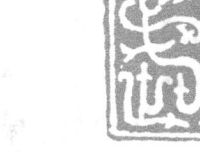

图 22.4 王武

鸟虫书文字是一种经过美化和艺术化了的文字,可说是汉代的美术字。它的点画、形体自有其独特的美感。这种文字屈曲盘绕,可以想象,在黝黑的器面上,嵌以金丝,这是一种多么美好的装饰效果。

二十三、肖形印

1 肖形印

先秦及两汉的印章中,有一类图画印称为"肖形印",也有叫作象形印、图案印、画印的。这些肖形印反映的内容十分广泛。有描写当时人们狩猎、搏兽、战骑、饲禽、牛耕等情景,以及鼓瑟弹琴、歌舞伎乐、车马出行、乘龙跨虎等生动场面。但最常见的是虎、马、鹿、羊、熊、龙、兔、驼、鹤、鹭、鸡、鱼、龟等动物,少数如鸵鸟、犀牛等罕见的外来珍禽异兽也时有所见。

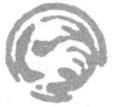 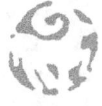 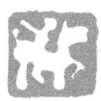

图 23.1.1 鸡　　图 23.1.2 羊　　图 23.1.3 骑士

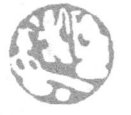  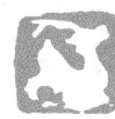

图 23.1.4 吹弹舞伎　图 23.1.5 吹弹舞伎　图 23.1.6 鹿

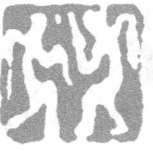 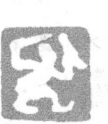 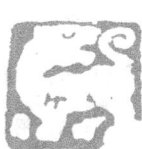

图 23.1.7 对舞　　图 23.1.8 武士　　图 23.1.9 虎

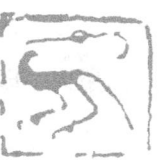  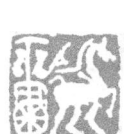

图 23.1.10 鹤　　图 23.1.11 凤鸟　　图 23.1.12 车马

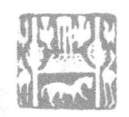 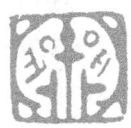 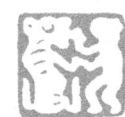

图 23.1.13 六鸟一马　图 23.1.14 双鱼　图 23.1.15 斗虎

在肖形印中，还能看到以谐音来表达人们美好的愿望，如以"羊"为"祥"，以"鹭"谐"多"，以"鱼"谐"余"，所以"双鹭食鱼"也就是"多多十余"和"有多有余"之意。通过欣赏这些生动、简练的肖形印，使我们不能不惊叹古代无名工匠那非凡的艺术创造力。

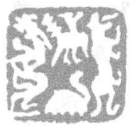
图 23.1.16 四灵

图 23.1.17 徐成郃 徐仁

图 23.1.18 赵多

图 23.1.19 张春

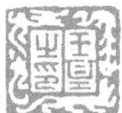
图 23.1.20 王昌之印

图 23.1.21 闵喜

图 23.1.22 徐乐

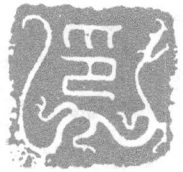
图 23.1.23 印

图 23.1.24 弁弘之印

图 23.1.25 冷平

2　四灵印

四灵印是一种图文结合的特殊形式，就是在文字之外，饰以龙（苍龙）、虎（白虎）、凤（朱雀）、龟（玄武）四种形象。这在古代是被认为代表东、南、西、北四个方位，象征祥瑞的生灵。不过，有的印上不一定四灵齐全，却仍被纳入"四灵印"范围。这些简洁、生动的形象在汉画像砖、瓦当上也能看到。需要说明的是，"四灵"之一的凤鸟也有"凤"、"鸾"、"朱雀"、"朱鸟"等不同称呼，是一种古代劳动人民想象出来的，兼有孔雀、雉鸡、绶带鸟一类飞禽的综合优点的珍禽。

二十四、吉语印

古人做事拜天信神，多尚吉祥。早在战国以来传世的印章中，有一种印文内容并非官名、私人姓名，而用一些古代带有吉祥意义的祝词、成语入印，世称"吉语印"。后世又发现有不少文字较多、专为死者殉葬用的祝词印，一般因内容都带有吉祥色彩，也泛称为"吉语印"，这实际上也开了后世"闲章"印的先河。

吉语印的文字由简渐繁，各朝代的内容也各有其特色。战国时的吉语印多出现三个字以内的，如"昌"、"正行"、"得志"、"行吉"、"有千金"等。秦印中的吉语印多为"和众"、"敬事"、"相思得志"、"思言敬事"、"一心慎事"、"宜民和众"等。汉代的吉语印文字增多，最多的有二十字，如"日利"、"利行"、"大利"、"长幸"、"日利长幸"、"今日利行"、"日入千万"、"永寿康宁"、"长贵富、乐毋事"、"宜官秩、长乐吉、贵有日"、"建明德、子千亿、保万年、治无极"、"绥统承祖、子孙慈仁、永葆二亲、福禄未央、万岁无疆"等。在有些吉语印中，还饰以龙、虎、双鲤等吉祥图案，表达古代劳动人民对幸福生活的美好愿望。

图 24.1 昌

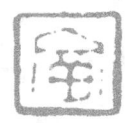
图 24.2 富

  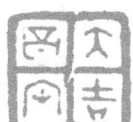

图 24.3 敬事　　图 24.4 善寿　　图 24.5 大吉昌富

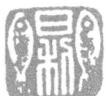  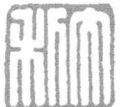

图 24.6 日利　　图 24.7 利行　　图 24.8 大利

 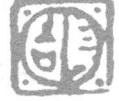 

图 24.9 长幸　　图 24.10 长吉　　图 24.11 大幸

 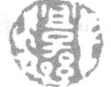

图 24.12 万年　　图 24.13 长寿　　图 24.14 宜子孙

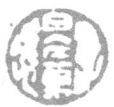 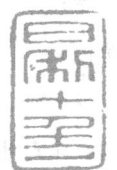

图 24.15 日入千万　图 24.16 出入大吉　图 24.17 日利十千万

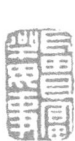  

图 24.18 长贵富乐　图 24.19 王长嫖日利　图 24.20 宜官秩长乐
毋事　　　　千万　　　　　　吉贵有日

 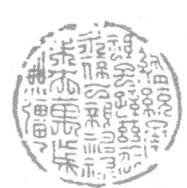

图 24.21 建明德子千亿保　图 24.22 绥统承祖
万年治无极　　　子孙慈仁永葆二亲
　　　　　　　　福禄未央万岁无疆

二十五、子母印和六面印

1 子母印

子母印是一种巧妙的印章形式，始于汉代，盛行于魏晋六朝。大印为母兽钮，正好嵌合进一方子兽印钮，成母怀子的形状，又称"套印"。以二套印为多见，还有三套印、四套印的。

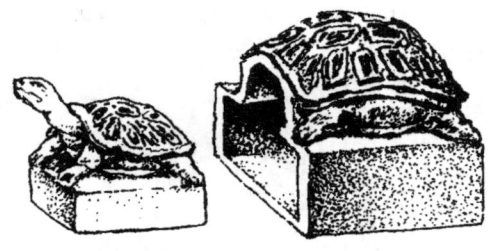

图 25.1.1 子母印（套印）

 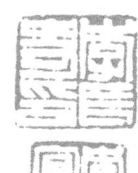

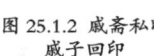

图 25.1.2 威斋私印　　图 25.1.3 李长史印
威子回印　　　　　李宽心印

子母印的印文内容除姓名、别号外，还有"印信"、"白记"等书简印的印文，以白文为主。在一方印的体积里，同时容纳下几方印，既美观又经济方便，古代劳动人民的智慧不能不使我们叹服。

图 25.1.4 刘龙印信
刘龙
顺承

2 六面印

在古玺中有一种五面印,印面加四侧均刻。到魏晋六朝就有了一种六面印,它的形状是在一正方形的五面印顶端再连一方形小钮,中间开孔以穿上绶带佩用,小钮顶端再制一小印。印文内容除姓名印外,还有臣妾印、书简印。印文书体很有特色,一般一字一行,密其上部而疏其下部,遇有竖笔喜伸长下垂成悬针的形状,称为"悬针篆"。这是晋代六面印的特殊风格。这种悬针篆,大约是受到新莽时嘉量铭文书体或魏正始石经上篆书的影响。这种六面印体积不大,使用方便,也颇受人欢迎。

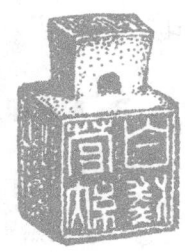

图 25.2.1 六面印

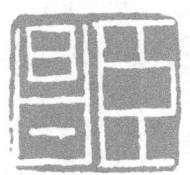

图 25.2.2
白记
臣昌
刘昌白事　刘昌　刘昌印信
刘昌言事

二十六、朱白文相间印

朱文印又叫"阳文印",就是把写在印石上的墨线保留下来,将其余部分刻去,用朱文印章钤出的印文是白地红字。白文印又叫"阴文印",就是把写在印石上的墨线刻去,用白文印章钤出的印文是红地白字;如果线条粗得几乎使笔画与笔画相粘连,则叫"满白文"。学习篆刻宜从满白文的临摹入手。

有一类印,在一方印章中,有的朱白文各一半,有的一朱三白,有的采用对角朱白的呼应,这种起源于汉代的印叫"朱白文相间印"。刻这种印的一般规律是朱文笔画较少,刻好后的效果是朱如白、白如朱,全印显得十分协调。

图 26.1 李推印

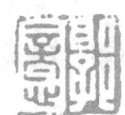

图 26.2 郭意

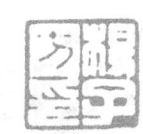

图 26.3 杨子方印

 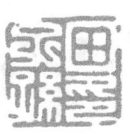 

图 26.4 徐子公印　图 26.5 田子孙印　图 26.6 董猜

图 26.7 公孙舒印　图 26.8 郭博德印　图 26.9 田破石子

图 26.10 田长卿印　图 26.11 左遂之印　图 26.12 霸成印信

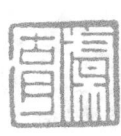 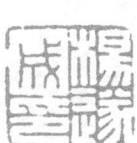 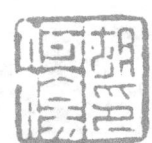

图 26.13 虞古月　图 26.14 杨遂成印　图 26.15 胡何伤印

 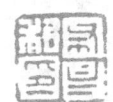

图 26.16 郭纵之印　图 26.17 布昌私印

二十七、臣妾印、书简印、收藏印、斋馆印、纪年印

1 臣妾印

古代以"臣"为男子的谦称,"妾"为女子的谦称,故在汉代两面印中,有时会见到一种印,一面刻姓名,另一面刻"臣××"或"妾××",这种印就称为"臣妾印"。

图 27.1.1 臣止　　图 27.1.2 臣尊　　图 27.1.3 臣延寿

 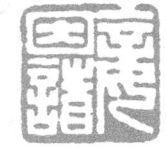

图 27.1.4 妾缟　　　　图 27.1.5 妾因诸

2 书简印

还有一类"书简印",开始时古代人用自己的姓名印钤盖于封发简牍的封泥上,后来又在自己的名下附加"启事"、"白笺"、"白事"、"言事"、"信印"、"言疏"等词句,或纯用"封完"、"白记"、"白方"、"印完"等两个字。最长的印文有多至二十字的,在魏晋时的六面印或套印中可以见到。这种专门用于书简上的印,称为"书简印"。

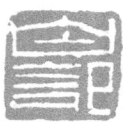  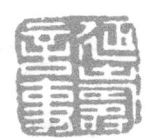

图 27.2.1 白记　　图 27.2.2 完封　　图 27.2.3 延寿言事

图 27.2.4 延寿白笺　　图 27.2.5 壬子□印宜身佚前迫事毋间愿君自发印信封完

3 收藏印

在书画作品上钤盖收藏印(也称"鉴藏印"),据说始于唐而盛于宋。唐太宗曾自书"贞观"二字的联珠朱文印,命玉工刻成后,专门盖在内府珍藏的书画典籍上。之后,唐玄宗有"开元"长方印,专门用作鉴藏名迹的记号。宋徽宗有"大观"、"政和"、"宣和"等小玺印和双龙印,宋高宗也有"绍兴"、"御书之宝"等印。此风一直承延至今,国家或个人藏品,总要请精于此道的鉴赏专家题词、钤印。这种专门印记,除传统的文辞内容如"××珍藏"、"××珍秘"、"××审定"、"××过目"、"××鉴赏"外,从一些近代印家的

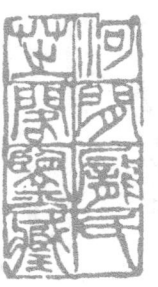 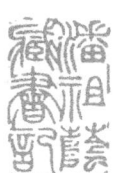

图 27.3.1 [清]吴昌硕·河间庞氏芝阁鉴藏　　图 27.3.2 [清]赵之谦·潘祖荫藏书记

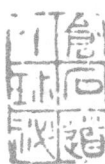

图 27.3.3 [清]吴昌硕·仓石道人珍秘

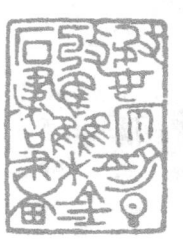 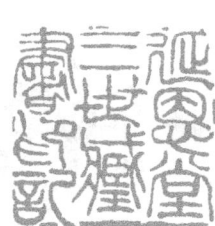

图 27.3.4 [清]黄士陵·婺源俞旦收集金石书画　　图 27.3.5 [清]吴昌硕·延恩堂三世藏书印记

图 27.3.6 赵石·
虞山丁初我所藏善本

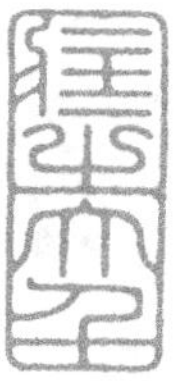

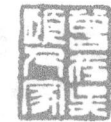

图 27.3.7 陈巨来·
藏之大千

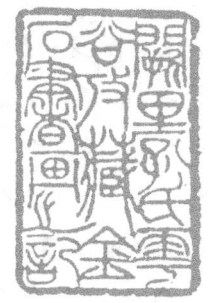

图 27.3.8 苦茗·
曾在吴颐人家

图 27.3.9 [清]邓石如·阙里孔氏雪谷考藏金石书画之记

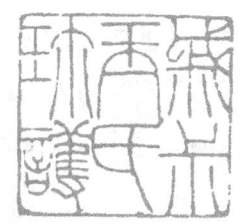

图 27.3.10 钱君匋·戚叔玉氏珍护

印谱中，还可以发现收藏印印文有了丰富的新内容，如"曾归××"、"曾在××家"、"曾经×氏××珍护"、"××平生珍赏"、"××秘籍"、"××铭心绝品"，甚至有"××宝此过于明珠骏马"之类的话，反映了主人对所藏珍品的痴迷程度。在一些古代书画名迹上，我们也看到一些封建皇帝滥施天子的淫威，随心所欲地在自己喜爱的文物上滥题辞句，乱钤印章，起到的只是破坏名迹的作用。收藏印首先要考虑红色印泥不污损原件，故宜小不宜大，宜朱不宜白。一般多刻成较为工整一点的圆朱文。当然，这得根据各人爱好及具体情况而定，有些鉴赏家是按原迹品位的高低，钤盖上不同内容、不同形式印章的。

4　斋馆印

斋馆印据传始于唐相李泌，有他留下的一方白文玉印"端居室"为证。历代文人墨客纷纷仿效，留下各种雅致的斋馆名。他们不仅给自己的书斋拟了不同的斋名，如"××斋"、"××馆"、"××堂"、"××轩"、"××庐"、"××楼"、"××阁"、"××院"、"××巢"等，还据个人的爱好、个性抱负、籍贯等为自己拟了不少别号。如吴昌硕的"缶庐"，是因为他的友人金俯将送给他一个从古墓中出土的古陶罐，即"缶"，虽然上面朴陋无华，不着一字，但昌硕先生十分喜爱，因此以"缶"为庐，并在一首诗中写道："以缶为庐庐即缶，庐中岁月缶为寿。"现代著名金石书画家钱君匋先生收藏赵之谦（无闷）、黄士陵（倦叟）、吴昌硕（苦铁）三家印作甚多，固在三家名

图 27.4.1 [唐]端居室

图 27.4.2 [清]陈鸿寿·江郎山馆

图 27.4.3 [清]吴昌硕·缶庐

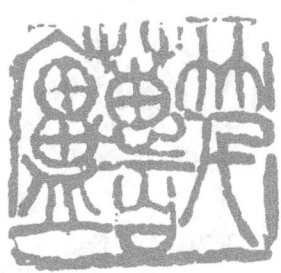

图 27.4.4 [清]吴昌硕·竹千葱百庐

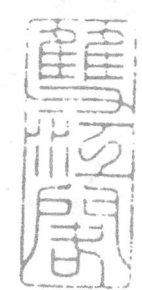

图 27.4.5 陈巨来·双江阁

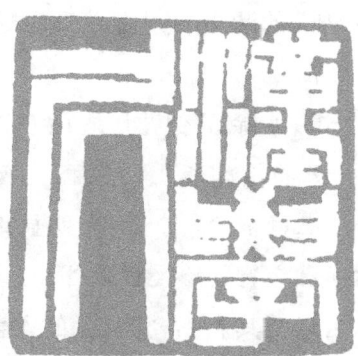

图 27.4.6 [清]赵之谦·汉学居

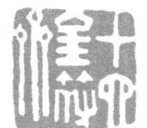
图27.4.7 [清]黄士陵·十六金符斋

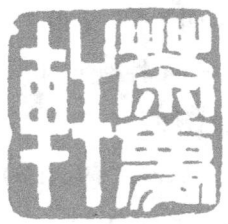
图27.4.8 [清]赵之谦·茶梦轩

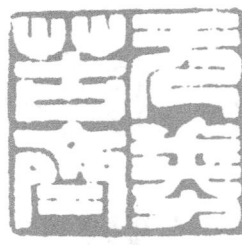
图27.4.14 钱君匋·无倦苦斋

图27.4.15 五百图书之室

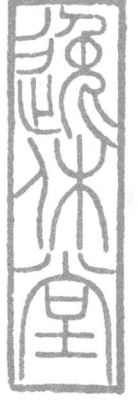
图27.4.9 [清]黄士陵·逸休堂

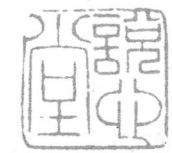
图27.4.10 [清]赵之谦·说心堂

图27.4.11 来楚生·矢壹斋

享受的献身精神，以"师牛堂"颜其居室；陈师曾崇拜吴昌硕（仓石）的艺术才华，给自己的书斋起名为"染仓室"；谢稚柳的"壮暮堂"，显然是从曹操的名句"烈士暮年，壮心不已"中来的。一些青

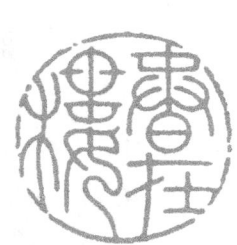
图27.4.16 叶潞渊·春在楼

年人，也爱给自己起一个斋名，如"勉斋"、"谦庐"等表达为人宗旨，也没有什么不好，只要不是起得太陈旧、太迂腐就可。至于年纪轻轻，自称"居士"、"道人"，老气横秋，就与时代不那么合拍了。

图27.4.12 [清]黄士陵·晋唐镜馆

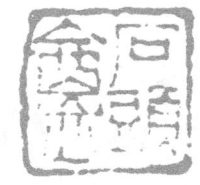
图27.4.13 [清]钱松·石头盦

下各取一字，把自己的书斋称为"无倦苦斋"，也包含为了艺术不知倦苦之意。不料十年浩劫中，"造反派"忽然"灵感"触发，发现此四字乃上海话"无权可抓"的谐音，老先生为此也横遭审查。这是小插曲了。

斋馆印中，除了像"十锺山房"、"万印楼"、"二十八将军印斋"、"二百兰亭斋"、"双虞壶斋"、"二弩精舍"等斋名，明显地告诉我们主人对所藏宝物的珍爱程度外，更多的则是通过斋馆名以明其志，寄托自己的人生抱负与艺术的追求目标。如画家李可染崇尚牛不尚

5 纪年印

纪年印，是用我国传统的干支纪年法，即用"甲、乙、丙、丁、戊、己、庚、辛、壬、癸"十个天干和"子、丑、寅、卯、辰、巳、午、未、申、酉、戌、亥"十二个地支循环相配来纪年，如"甲子、乙丑、丙寅、丁卯……"可成

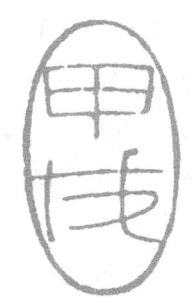
图27.5.1 赵叔孺·甲戌

六十组，一般叫作"六十花甲子"，如此周而复始，循环使用。传统的书法、绘画、篆刻边款上，大都用干支纪年法，而一些篆刻家也喜欢在年初自刻一方纪年印，用于书画作品上。这里略举赵叔孺与齐白石的几方纪年印。

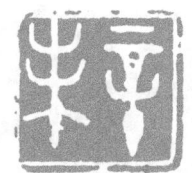
图 27.5.2 赵叔孺·辛未

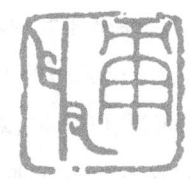
图 27.5.3 赵叔孺·庚申

图 27.5.4 赵叔孺·戊午

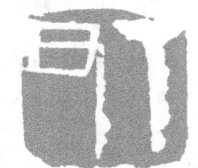
图 27.5.5 齐白石·丁丑

二十八、元 押

"押"在宋元明清各代都有。它是将姓名画写成一种符号以代替汉字入印，实际上是个人专用的一种记号，称为"押"，又称"花押"。"押"始于宋而盛于元，故有"元押"之称。因为元时的蒙古族、色目族等兄弟民族官吏，很多是不认识汉字的，就只能画一种符号来使人难以仿效，以达到防奸辨伪的目的。

花押印有的仅一个汉字，有的仅刻花押，多的是在长方形的印面上，上刻楷书姓氏，下部兼刻花押。这上部的文字无论用楷书、隶书甚至篆书，都有一种古拙凝重的风格，是后世创作今体字印章的很好的借鉴资料。

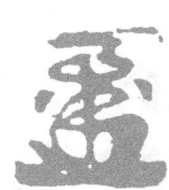   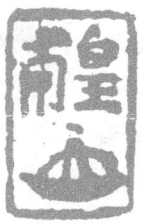   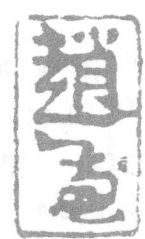
图 28.6 花押　　图 28.7 皇甫押　　图 28.8 赵押

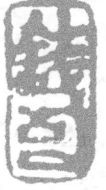   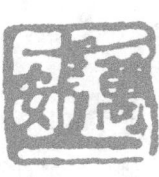   
图 28.9 钱押　　图 28.10 万安　　图 28.11 花押

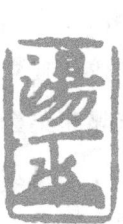   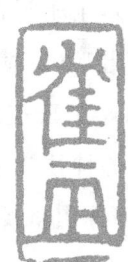   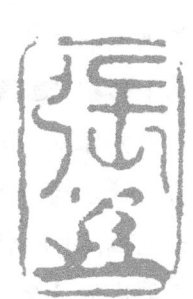
图 28.1 汤押　　图 28.2 崔押　　图 28.3 张押

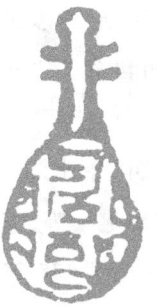   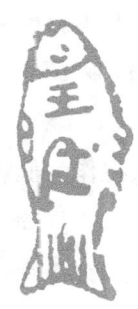
图 28.12 琵琶形　　图 28.13 鱼形

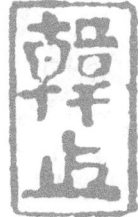   
图 28.4 韩押　　图 28.5 大吉

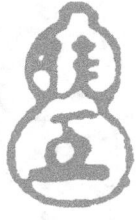   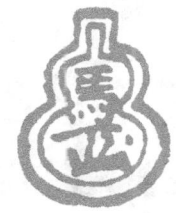
图 28.14 葫芦形　　图 28.15 双葫芦形

二十九、闲章不闲

汉代的吉语印如"日利千万"、"出入大利",实际上就是闲章的起源。明清以来,人们把镌刻诗词、成语警句的印章就正式名为闲章了。钤盖在书画作品上的也有称为"引首章"(起首章)"押脚章"(押角章)的。除方形外,还有长方形、椭圆形等。郑板桥的"七品官耳"、"二十年前旧板桥",赵之谦的"为五斗米折腰",吴昌硕的"壹月安东令"等,表达了封建社会失意文人的郁勃之气,对自己不幸的遭遇采取一种幽默、调侃的态度。

图29.1 [清]郑燮·七品官耳

图29.2 [清]吴昌硕·壹月安东令

木匠出身的兼诗书画印四绝的杰出艺术家齐白石,以收藏佳石之多而自命为"三百石印富翁",其所刻闲章中,有不少表明了自己那为一般人视作低贱的出身,如"鲁班门下"、"木人"、"阿芝"(学木匠时的小名)等,还有"寻常百姓人家"、"星塘白屋不出公卿"等则表白了他不与统治阶级同流合污的心迹。他还刻了"吾幼挂书牛角"、"故里山花此时开也",寄托了他对童年、对故乡美好的回忆和无尽的乡思。他一生勤奋,作画数以万计,只在母丧和大病不起时才三次停笔。我们从他的"精于勤"、"痴思长绳系日"等印上,可看出他在艺术事业上的踏实、勤奋的态度。

图29.5 齐白石·痴思长绳系日

当代书画家的自用闲章,也有不少妙趣横生的作品。著名画家张大千有一方"下里巴人",表明自己是四川籍人。他晚年在台湾眷恋着家乡故人,常在画上钤一方"无限离情,无穷江山,无边山色"。人民大会堂巨画"江山如此多娇"的作者之一,已故画家傅抱石先生家中有一联"左壁观图,右壁观史,无酒学佛,有酒学仙",说明他十分好酒,美酒落肚,画兴勃发,许多佳作便这样趁着酒兴诞生了,故他有一方印为"往往醉后"。艺术大师刘海粟爱在描绘他擅长的云阵狂涛时钤用"兴风作浪"一印。擅长画鹰的李苦禅,则喜在他所画威猛雄健的苍鹰上钤盖"远瞻山河壮"与"搏击万里",表达了老画家对"展羽翱翔于云霄之间,驻足独立于天峰之巅"的雄鹰的神往。名画家郭味蕖勤于艺事,对花鸟画创新作出重要贡献,正当他步入创作的黄金时期,却因"四凶"肆虐,横遭迫害。晚年他在病中仍潜心著述,篆刻家钱瘦铁

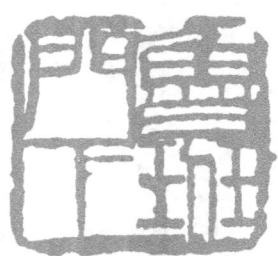

图29.3 齐白石·鲁班门下

图29.4 齐白石·吾幼挂书牛角

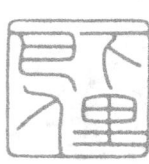

图29.6 陈巨来·下里巴人

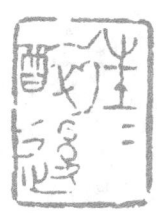

图29.7 傅抱石·往往醉后

为他刻有"壮志不随华发改"一印，成为他心迹的真实写照。上海已故名画家吴湖帆有一方印为"一窍不通"。有人还以为是他自谦之辞，当了解到原来是他患有鼻炎，一个鼻孔经常窒塞之故，就不禁要为老画家的幽默莞尔而笑了。女画家周炼霞则毫

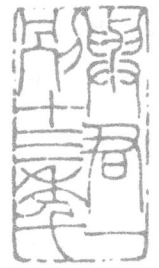

图 29.8 钱君匋·与君一别十三年

不谦虚地请人刻过一方"一目了然"。原来，这也并非自夸凡事都了然于胸，而是因为她晚年时患白内障致使一目失明。著名书画篆刻家钱君匋，因姓"钱"，故刻过一方"嫌其铜臭"。他说过："我姓了钱，也的确爱钱，我一分一分地挣，成万成万地花。"原来，他把节衣缩食下来的钱都用以收集文物字画，最后，还是把价值上亿元的文物，全部捐献给了故乡。浙江桐乡专门造了一幢"君匋艺术院"存放他献出的珍贵文物。他的出生地浙江海宁，也在1998年建造了"钱君匋艺术研究馆"，收藏他的部分作品和藏品。他对文物感情之深难于言表，怪不得在十年动乱后，在发还的文物上要钤上一方"与君一别十三年"的印，以寄托对这些"老朋友"的苦思之情。

由此看出，闲章实在"不闲"，一方含蓄的闲章，倒有画龙点睛的妙用。它可与画幅相辉映，并能增强作品的诗情画意。

图 29.9 王福厂·愿得黄金三百万
交尽美人名士更结尽燕邯侠子

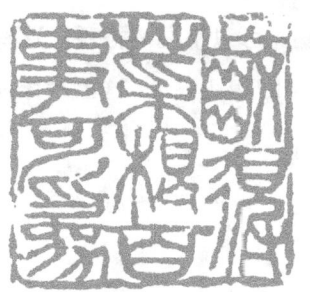

图 29.10 钱瘦铁·咬得菜根百事可为

三十、印钮常识

现在看来，印钮只是一方印章上的装饰品，而在古代，钮制还反映出一朝一代的制度，同时还可通过钮制的形式，看到这一时期冶炼铸造等工艺水平。古印中常见的印钮有几十种之多。

印钮的制度也取决于印的材料和官职。秦及战国古玺大多以鼻钮为主，其他也有兽钮、亭钮、龟钮、台钮等。汉代则规定诸侯王用金质台钮、驼钮，文字也可称玺，列侯王印用金质龟钮，丞相、太尉及将军也是金质龟钮。在御史中，俸禄二千石的是银印龟钮，千石以下是铜印鼻钮。给一些兄弟民族颁发的官印中，大多是蛇钮或驼钮等。宋元以后，由于官印越来越大，不再穿孔佩

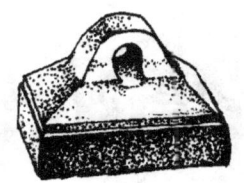

图 30.1 鼻钮

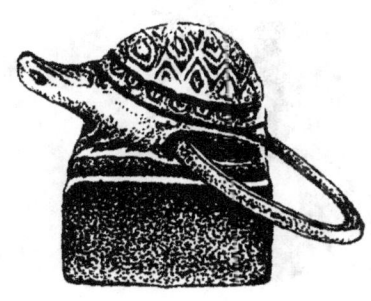

图 30.2 龟钮

带了，钮也变成可以手握的把手。这些历代按官职的高低而定的印钮制度，这里只作如上的简单介绍。

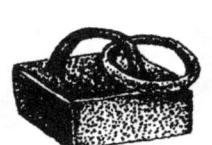
图 30.3 环钮

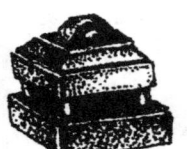
图 30.4 亭钮

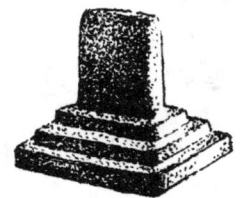
图 30.5 台钮

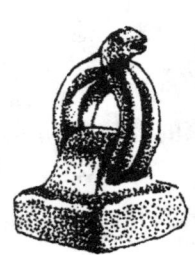
图 30.6 蛇钮

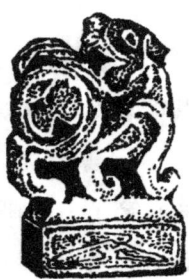
图 30.7 兽钮

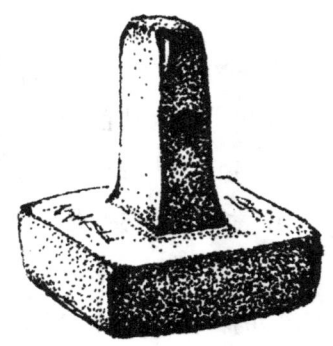
图 30.8 柱钮

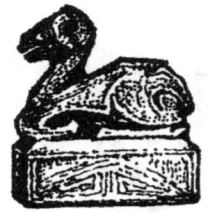
图 30.9 羊钮

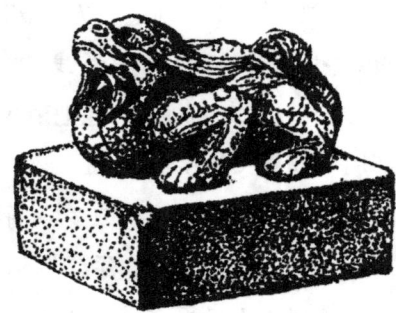
图 30.10 龙钮

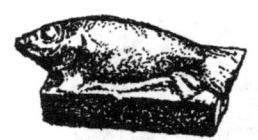
图 30.11 鱼钮

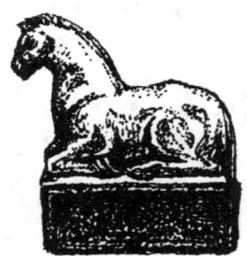
图 30.12 马钮

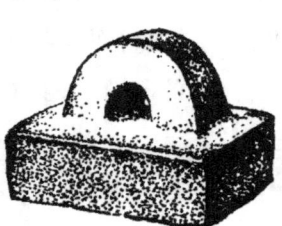
图 30.13 桥钮

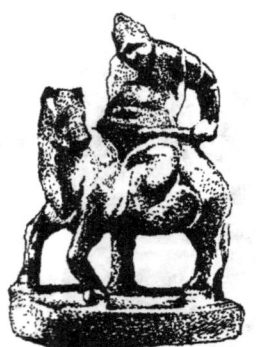
图 30.14 骑士钮

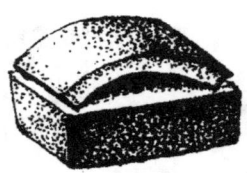
图 30.15 瓦钮

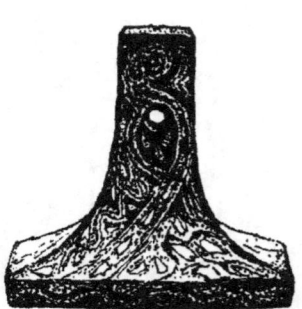
图 30.16 弋钮

中编 明清篆刻流派及近现代篆刻家

三十一、文何派

从隋唐到宋元,在书法和绘画方面达到了一个绚烂的境地,而印章艺术却处于灰暗的阶段。从唐代起,由于简牍制度的淘汰,已不需要用印章来封检简牍,私印愈趋俗流,官印也逐渐增大,印文僵化,时见谬误,以屈曲折叠填塞印面为尚,越来越远离秦汉玺印的优良传统。一直到明初的王冕和明代中期的文彭倡用石章刻印,印章材料实现了根本性改革,为篆刻家自篆自刻创造了良好的条件,大大促进了篆刻艺术的发展,从而揭开了以文彭、何震为首的明清流派篆刻艺术高潮的序幕。

1 文彭

文彭(1498—1573)字寿承,号三桥,长洲(今江苏苏州)人。明代著名书画家文徵明的长子,与弟弟文嘉一起称誉艺坛。曾担任两京国子监博士,故有的印史著作中称他为文国博。在印章流派艺术的历史上,他堪称开山祖师。在周亮工的《印人传》中,记载着这样一段故事:文彭早期在书画上用的印都是牙章,当时还没有开文人刻印的风气,他的牙章大多是自己篆印后请金陵人李文甫镌刻的。他在南京国子监时,一次经过南京西郊桥,高价购得四筐当时用以雕制妇女装饰品用的灯光冻石。从此,文彭就不再以牙章刻印。而灯光冻石之能刻印,也渐为人知,方把这种石头视为珍宝。文彭得到的这批冻石剖为印材后,被他的友人汪䱅中要了一百方去,一半委托给文彭,一半则请文彭落墨篆印后再交给何震镌刻。从此,按明代著名篆刻家朱简的描述是:"自三桥而下,无不人人斯、籀,字字秦汉,猗欤盛哉!"一些专门学习文彭的人,形成了"吴门派",也称"三桥派"。据朱简《印经·缵绪篇》所列,"三桥派"的主要篆刻家有璩之璞、陈万言、李流芳、徐象梅、归昌世等人,其他还有顾苓、顾听等。

文彭的治印真品传世极少,伪作很多,即使本文所附的名作中,也有人考证为伪作的。他的印作秀润有余,离汉印古朴浑穆的风貌还有很远的距离,但在"力变元人旧习"这一方面,其勇气及对后世的启发作用还是很大的。而在探索

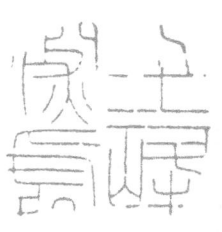

图31.1.1 七十二峰深处

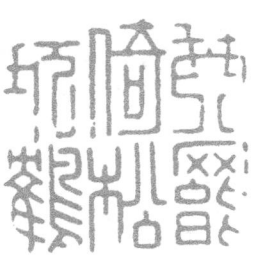

图31.1.2 琴罢倚松玩鹤

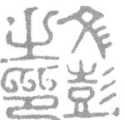

图31.1.3 文彭之印

图31.1.4 文彭之印

过程中,出现的这种不完美也并不奇怪。据传,文彭为了追求汉印残破古朴的金石味,刻好石章后还有意识地"置之椟中,令童子尽日摇之"。他遗留下来的朱文印,不管是自篆自刻,还是自篆后请别人奏刀刻制的,多为细边,字体多为小篆,圆劲

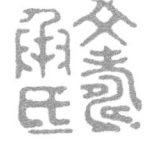

图31.1.5 文寿承氏

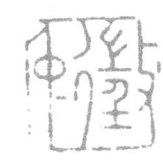

图31.1.6 徵仲

中见秀丽。他以行书刻制的双刀边款,一直受到后人的高度评价。此外,在印文里,除了刻姓名字号外,还选刻风雅的诗句,并在边款中撰写即兴短文,这种审美情趣也是始自文彭。所以,文彭在篆刻史上,的确是做出了继往开来的贡献。

2 何震

何震(约1530—1604)字主臣、长卿,号雪渔,徽州婺源(今属江西)人。久居南京,与文彭情在师友之间,在篆刻艺术上与文彭齐名。受他们两人影响而形成的流派,世称"文何派",是"皖派"(也称"徽派")的先驱者。宗何震一派的印人主要有梁袠、胡正言、吴迥、吴良止、金光先及程原、程朴父子等。

何震对待篆刻艺术的创作态度十分严谨,在篆刻领域里倾注了毕生的精力。他深知印外功夫对于篆刻的重要,因此精研六书、文字学。他与文彭一样,主张篆刻应以六书为准则,他们有时讨论六书竟至夜以继日。何震曾经说:"六书不精义入神,而能驱刀如笔,吾不信也。"强调了篆刻家精通文字学的重要性。所以后人称赞他"主臣印无一讹笔"。这种信赖来自他精湛的修养。

正当何震中年时期,顾从德编集的我国第一部《顾氏集古印谱》出版了,这对当时的印学家复兴篆刻艺术起了推波助澜的作用。何震除了接受文彭对他的影响外,又受《顾氏集古印谱》的启发,加上他的广见博闻和大胆的探索精神,使他的印作逐渐脱离流派印章草创时期某些平庸陋俗的风气。他模仿秦汉玺印中多彩多姿的风貌,什么风格都勇于尝试,故何震刻印最多,风格也多变。他的运刀以猛利泼辣著称。他的边款也不同于文彭,而是以单刀法切之,给后来浙派的丁敬以直接的启发。周亮工在《印人传》中把文彭以后的印家分成"猛利"、"和平"两大派,而何震则是猛利派的代表,汪关是和平派的代表。自此,何震名声大振,"片石与金同价","吾郡何主臣氏追秦汉

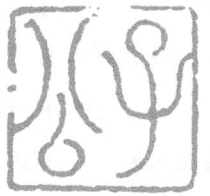

图 31.2.2 子公

图 31.2.3 云中白鹤

图 31.2.4 沽酒听渔歌

图 31.2.5 俞安期印

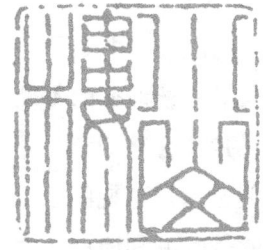

图 31.2.6 小山楼

图 31.2.7 兰雪堂

图 31.2.1 何长卿

而为篆刻,盖有千余年一人焉"。更由于当时官居南京司马的好友汪䄉中的介绍,使他得以遍游边塞,结交了不少将官。周亮工说他"大将军以下皆得一印为荣,橐金且满"。可见何震在当时的影响是很大的。流风所及,时人都以摹仿他的风格为能事。他著有《续学古编》二卷。何震去世二十多年后,程原征集了何氏遗刻五千多方,精选了其中的一千五百方,嘱他的儿子程朴摹成《印选》(又名《忍草堂印选》)四卷。文、何在"力变元人旧习"这一点上,有其不可磨灭的功绩。尽管何震的"猛利"过甚,有时有一种"锋芒毕露"、失之"生硬"的新弊,致使这些摹刻的印不可避免地带有一定的局限性,但毕竟能使何震的印艺得以传世,使我们今天还能辨察明代中叶篆刻流派艺术初生期中,这些开路先锋的足迹。

由于文彭的引进石章,使大批有较高艺术修养的文人雅士得以握石奏刀,进而由何震高举学习秦汉印的旗帜,并且身体力行,以他大量的作品影响着整个印坛。文彭、何震为复兴篆刻艺术立下了汗马功劳。韩天衡兄有一个比喻:"如果说,明清流派印章由文彭叩开山门,那末却是由何震首先进山得宝的。"这个比喻是很恰当的。

三十二、皖派(徽派)

在文何派崛起之后大约四个世纪中,篆刻艺术已不是如早先那样只限于印信之用,也不只是附属于书画艺术。随着众多的篆刻家的不断创造,随着考古、鉴赏、古玩的发达,篆刻竟与书画并驾齐驱,单独形成了一门艺术。这期间名家辈出,流派纷呈,影响最大的是皖派和浙派两大流派。

皖派也称"黄山派"、"徽派",顾名思义应是属于安徽黄山地区的印派,但是由于它的风行,从后来的事实说明,其作者构成已远远超出了黄山地区。对于皖派、徽派的划分,历来也有多种说法,其中有一种说法是把前期以何震为代表的印派称为皖派,而到了明末清初,则把以程邃为代表的"歙四家"(也称"歙中四子")称为徽派,也有把邓石如开创的"邓派"称为徽派的。这种按地域分,而不是按作者的艺术风格分的传统分法,很容易使人们的认识模糊、概念混乱。实际上,凡有流派,都是指以一个代表人物为中心,随着影响的扩大,而逐渐形成的一派。一般来说,这中心人物原先并未有意识要开宗立派。比如"皖派"(或称"徽派"),就是前期以何震为代表,后期以歙四家为代表的两个不同时期的"皖派"(或称"徽派")。它的真正形成在后期。沙孟海先生把前后期"皖派"、"徽派"都统归于"新安印派"。

1 皖派前期代表人物(苏宣、朱简、汪关)

前期的代表人物,除何震外,这里重点介绍苏宣、朱简、汪关三人。

苏宣(1553—1626以后)字尔宣,又字啸民、朗公,号泗水,歙县(今属安徽)人。篆刻曾得文彭传授,受何震的影响很大,在当时颇有名声,仅次于文、何,后人称他与文、何鼎足称雄。

为了扩大眼界,他曾寓居松江顾从德、嘉兴项元汴两位大收藏家家中,"出秦、汉以下八代印章纵观之,而知世不相沿,人自为政"。他采取冲刀、切刀并用的方法,作品比何震更接近汉印,有一种浑朴、雄健的风格。他开创的这一派名为"泗水派",学他的主要有程远、何通、姚淑仪、顾奇云、程孝直等。他著有《印略》三卷传世。

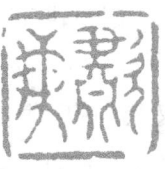
图 32.1.1 啸民

图 32.1.2 张灏私印

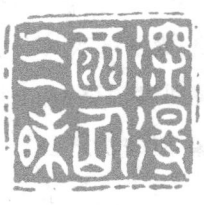
图 32.1.3 深得酒仙三昧

图 32.1.4 汉留侯裔

图 32.1.5 映雪读书处

图 32.1.6 王瑞庭印

图 32.1.7 沈灌之印

图 32.1.8 苏宣之印

朱简（约1570—1630）字修能，号畸臣，后改名闻，休宁（今属安徽）人。工诗文，精研古代篆体，师事陈继儒。他从友人处看到了大量的古印原打本，花了两年时间，精心摹刻，编成《印品》二集，对于后人辨别印章的真伪、玺印的考证、章法的探讨很有好处。由于他的广见博闻，在印学理论上的造诣特别深。他著有《印章要论》一卷和《印经》一卷。在阐述印章的古今流变之余，同时考证了金石碑版法帖之间的关系，颇有卓见。此外，他还著有《印书》、《印图》、《印学丛说》、《集汉摹印字》等书，以及《菌阁藏印》、《修能印谱》等。他的印学理论对后世的贡献不下于他的篆刻作品，如他提出了以"神品"、"妙品"、"能品"、"逸品"、"外道"、"庸工"六项篆刻批评的标准，又指出了"篆病"、"笔病"、"刀病"、"章病"、"意病"五种篆刻创作上的常见病。最了不起的是他在《印品》一书中开列"谬印"一章，敢于对他所崇敬的一些篆刻名家如何震、梁袠、陈万言的部分不合章法、篆法的印章不顾情面地——提出批评，开创了篆刻史上印学批评的先河。

从朱简遗存的印作"米万锺印"等印来分析，可以看出使用的是笔笔钝拙而不光洁的短刀碎切的技法，这种刀法无疑对后来浙派的丁敬有一定的影响。朱简在篆刻创作及理论上的深邃造诣，使周亮工也禁不住在《印人传》卷三"书汪宗周印章前"里发出赞叹："自何主臣兴，印章一道，遂属黄山。继主臣起者，不乏其人，予独醉心于朱修能。自修能外，吾见亦寥寥矣。"对朱简的评价可谓很高了。

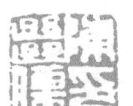
图 32.1.9 陈继儒印

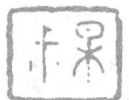
图 32.1.10 杲叔

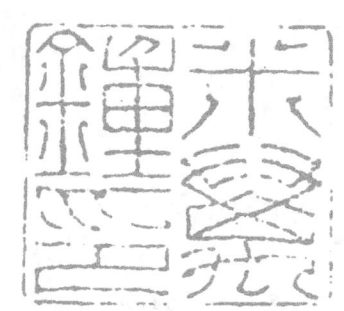
图 32.1.11 米万锺印

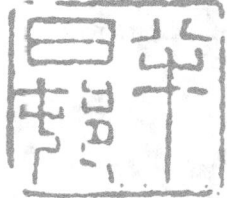
图 32.1.12 半日村

图 32.1.13 汪道昆印

图 32.1.14 钱谦益印

图 32.1.15 杨文骢印

图 32.1.16 王稺登印

汪关（约1575—1628）原名东阳，字杲叔，歙县（今属安徽）人，久居娄东（今江苏太仓）。后因获得一枚"汪关"汉铜印，遂改名汪关，并将自己的书斋名为"宝印斋"。李流芳为其取字为"尹子"。与其子汪泓，均精于篆刻，有"大痴"和"小痴"的绰号。他的家境贫困，但能在艰苦环境中奋斗而取得相当的成就。他一变何震之法，直追秦汉铸印，以冲刀法开创了一种与何震大不相同的工整雅

图 32.1.17 寒翁

妍的面目。据说将他的作品杂诸汉印中，很难辨别真伪，而他的圆朱文更有独到的妙处。前面曾说过，周亮工把文彭以后的篆刻家分为"猛利"和"和平"两派，推何震

图 32.1.18 董其昌印

为猛利派的代表人物，推汪关为和平派的代表人物，可谓名重一时。当时一些著名的书画家和士大夫如董其昌、王时敏、文震孟、恽本初、归昌世、李流芳、钱谦益、赵文俶等人的用印，大都出自汪关之手。在明末印坛上，他与朱简是影响较大的两家，以汪关父子为代表的印派，称为"娄东派"。其遗留下来的主要作品是《宝印斋印式》二卷。

图 32.1.19 朱谭印信　　图 32.1.20 归昌世印

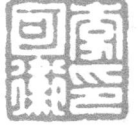 

图 32.1.21 李可卫印　　图 32.1.22 沈连祖印

图 32.1.23 戴裹　　图 32.1.24 陈元素印

2　皖派后期代表人物（程邃、巴慰祖、胡唐、汪肇龙）

作为后期皖派（徽派）的杰出代表人物是程邃、巴慰祖、胡唐、汪肇龙，世称"歙中四子"或"歙四家"，也有称"歙派"的。明代印章流派艺术到他们为止，才真正形成了徽派。他们从正反两个方面着手，矫正了前期皖派中离奇乖谬、粗俗怪异的陋习，又继承了何震、苏宣、朱简、汪关等印家的长处，并继续从秦汉玺印中吸取新的养料，从而开创了皖派（徽派）的崭新局面。

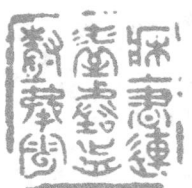 

图 32.2.1 床上书连屋　　图 32.2.2 一身诗酒债
　　　阶前树拂云　　　　　　千里水云情

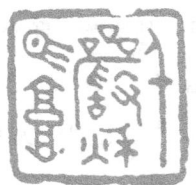 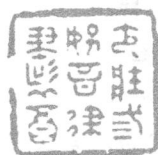

图 32.2.3 千岩秋阳高　　图 32.2.4 少壮三好
　　　　　　　　　　　　　　音律书酒

图 32.2.5 谷口农　　图 32.2.6 郑簠之印

程邃（约1605—1691）字穆倩、朽民，号垢区、垢道人、青溪朽民、野全道者、江东布衣，歙县（今属安徽）人。久居南京，明亡后晚年居江都（今江苏扬州）。他是明代诸生，是一位有民族气节的有多方面修养的诗书画印四绝的文学艺术家。平生嫉恶如仇，爱结交仁义之士为友。他精于金石考证之学，又长于铜玉器的鉴

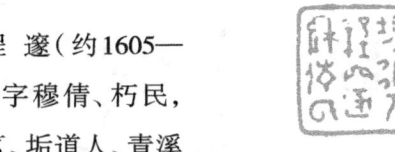

图 32.2.7 垢道人
程邃穆倩氏

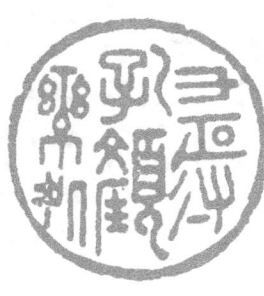

图 32.2.8 寻孔颜乐处

别,富于收藏,作山水画爱用枯笔干皴。篆刻白文印得汉铸印淳厚朴茂的风格,朱文喜用大篆入印,取法周秦小玺,在当时来说属别开新面。周亮工在《印人传》中对程邃的评价甚高,说:"黄山程穆倩邃,以诗文书画奔走天下,偶然作印,乃力变文、何旧习,世翕然称之。"他的作品已失传,只有他的乡人程芝华摹刻了程邃的作品五十九方,编在《古蜗篆居印述》第一册中,藉此总算可以看到一些程邃篆刻的面目。其他印作散见于他的书画作品上。当时名重一时的梁清标、周亮工等人的用印都出自程邃之手。他的作品确实已远远地超过了皖派前期的文彭、何震的水平,成为一代宗匠。

程邃的次子程以辛,字万斯,也工于篆刻。

巴慰祖(1744—1793)字隽堂、晋唐,号予籍、子安、莲舫等,安徽歙县渔梁人。工隶书,擅山水花鸟画,对书画古器的收藏极富,所仿青铜器几能乱真。他的篆刻章法多巧思,风格不与程邃相

 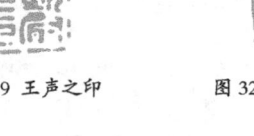

图 32.2.9 王声之印　　图 32.2.10 胡唐之印信

图 32.2.11 董洵私印　　图 32.2.12 山阴董洵章

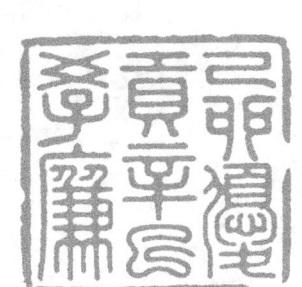 

图 32.2.13 巴氏　　图 32.2.14 己卯优贡辛巳学廉

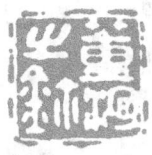 

图 32.2.15 董洵之钤　　图 32.2.16 栎阳张氏

同,形式多样,直追秦汉,在当时的影响较大,可惜流传的作品极少。

胡唐(1759—1826)又名长庚,字子西,号瞬翁、咏陶、城东居士、木雁居士,安徽歙县人,是巴慰祖的外甥。篆刻长于仿秦汉玺印,其小字款识更为清秀绝俗,与巴慰祖并称为"巴胡"。赵之谦对巴、胡的作品特别赞赏,并受到他们的影响。巴、胡的作品传世极少,只在程芝华摹刻的《古蜗篆居印述》和《董巴胡王合刻印谱》中收录了一些印作。但两谱所收胡唐的印作风格竟截然不同,已引起专家们的注意(据说,《董巴胡王合刻印谱》经考证,乃出自一人的伪托)。

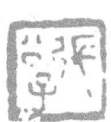 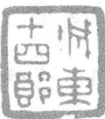

图 32.2.17 张公子　　图 32.2.18 城东十四郎

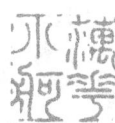  

图 32.2.19 藕花小舸　　图 32.2.20 树毂　　图 32.2.21 树毂

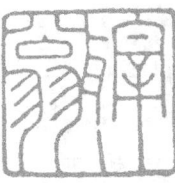 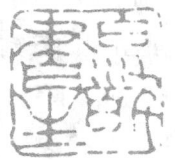

图 32.2.22 瞬翁　　图 32.2.23 白发书生

汪肇龙(生卒年不详)亦名肇漋,字稚川。关于他的资料很少,附图从略。《篆刻入门》只评他的篆刻古致,得汉印之神者。作品流传极少,只在程芝华摹刻的《古蜗篆居印述》中可见其大

概。这本印谱分四册，摹刻了程、巴、胡、汪四家的印，每家一册，由胡唐亲为印谱作序。

三十三、浙 派

清初，皖派在印坛上余风未尽，随着金石学的勃兴，出现了不少卓有成就的金石学家，如钱大昕、毕沅、翁方纲、桂馥等。地下的发见日多，印谱的编集、传播也渐广。印人们所见到的印谱，已不同于一个世纪前流行的那种木版摹刻的毫无趣味的印谱了。于是印人们又纷纷掀起一阵不大不小的学习汉印的高潮。正当这种没有个性、以临摹为目的的篆刻，使印坛盛行着专事摹拟，以临摹代替创作的"泥古"习气风靡一时之时，在清代文化最辉煌的乾隆年间，浙江杭州的丁敬异军突起，称雄于印坛，开创了"浙派"。随之而起的是蒋仁、黄易、奚冈，合称为"西泠四家"，也称"杭郡四家"。继而又有陈鸿寿、陈豫锺、赵之琛、钱松出来，后世就把浙派这八位有代表性的篆刻家合称为"西泠八家"，也有称前四人为"西泠前四家"，后四人为"西泠后四家"。

皖派与浙派是明清印坛上的两大主要流派，他们承前启后，对于继承发扬秦汉玺印的优良传统、发展祖国的篆刻艺术，其卓越的历史功绩是不可泯灭的。下面，我们介绍一下由丁敬领衔的浙派中最有代表性的八位篆刻家（即"西泠八家"）的简况：

1 丁敬

丁敬（1695—1765）字敬身，号钝丁，又号砚林、梅农、清梦生、玩茶翁、玩茶叟、丁居士、龙泓山人、砚林外史、胜怠老人、孤云石叟、独游杖者等，浙江钱塘（今杭州）人。自幼家贫，以卖酒为业，终身淡泊功名，不愿仕宦。博学好古，精于鉴赏，对秦汉铜器、宋元名迹、珍本秘籍，能辨识其真赝。只要有能力，他都倾囊而收之。据说他乱头粗服，也从不整理书斋，收藏书籍任其堆积，但对考证金石文字则丝毫细节都不肯放过。他曾与友人一起翻山越岭，甚至攀上悬崖绝壁访求与考证前人石刻名迹，著成《武林金石录》。诗文集有《砚林诗集》《龙泓山人集》。他的居处与金农为近邻，两人经常往来唱和，又和汪启淑结为西湖吟社盟友，两人交游达三十多年之久。书法工篆隶，善画梅花，是一个有多方面修养的艺术家。

丁敬的年代，浙江正风行林皋（鹤田）的印风，崇尚刀法妍丽的格调。丁敬在创作中已认识到这种印风必须革新，他在一方印的边跋中说："此印仿汉人刀法。近来作印，工细如林鹤田，秀媚如顾少清，皆不免明人习气，余不为

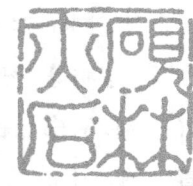

图 33.1.1 砚林亦石

图 33.1.2 下调无人采高心又被瞒不知时俗意教我若为人

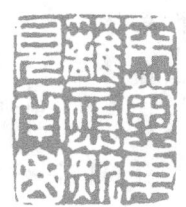 

图 33.1.3 采菊东篱下
悠然见南山 　　图 33.1.4 梅竹吾庐主人

图 33.1.5 竹町老人 　　图 33.1.6 两湖三竺
万壑千岩

图 33.1.7 九溪外史 　　图 33.1.8 梁同书印

2 蒋仁

蒋仁（1743—1795）本名泰，字阶平，后来因得到古铜印"蒋仁"，遂改名蒋仁，号山堂，别号吉罗居士、女床山民，浙江仁和（今杭州）人。他家境贫穷，一生都住在两间祖传的连风雨都不能遮挡的破旧小屋里，与妻女过着超然世俗的简朴生活。书法家颜真卿、孙

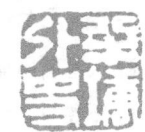

图 33.2.1 半塘外史

图 33.2.2 作渠

 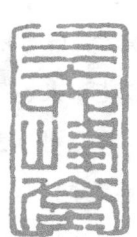

图 33.2.3 真水无香 　　图 33.2.4 三十六峰堂

图 33.2.5 三摩 　　图 33.2.6 邵志纯字曰
怀粹印信

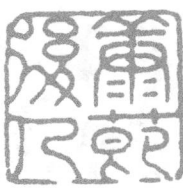 

图 33.2.7 康节后人 　　图 33.2.8 蒋山堂印

也。"丁敬的革新精神是他创作的灵魂，他决意创新（离群），不肯做一个安于守旧而无创意的泥古不化者。从他年轻时写的一首论印诗中可以看到他的这一抱负："古人篆刻思离群，舒卷浑同岭上云。看到六朝唐宋妙，何曾墨守汉家文。"这种反对以临摹代替创作，及限制作者个性的"离群"精神，使丁敬的篆刻创作，不拘泥于汉印，也不拘泥于某一家，而是在学习汉印的基础上，借鉴了明代诸家如朱简、梁袠、苏宣、吴迥等人的长处，自辟蹊径，从而创造出的一种雄健、高古的新印风。后来的赵之谦、吴昌硕、齐白石等学习秦汉印传统而又能自立新意，都是与丁敬的这种创造精神一脉相承的。魏锡曾在《绩语堂论印汇录》中对丁敬的艺术风格作了极为精当的总结："健胜何长卿（雪渔），古胜吾子行（丘衍）；寸铁三千年，秦汉兼元明。"

丁敬生性耿介，即使是达官贵人来求印，也不轻易答应。晚年，丁敬的家境更趋贫穷，每日借醉驱愁，一生布衣而终，仅留下了自编的《龙泓山人印谱》。在《西泠四家印谱》、《西泠六家印谱》和丁辅之手拓的《西泠八家印选》里都集有他的作品。

过庭、杨凝式诸家,诗与山水画都具有清雅脱俗的幽趣。篆刻取法丁敬而又有发展,在苍劲之中甚得古意。典型的浙派风格,无论是那种笔画稍粗、白多朱少、以细碎切刀徐徐挺进的浙派白文,还是细文细边、为减少笔画光滑呆板、刀棱交错成颤笔的浙派朱文,到了蒋仁时,已基本固定,徽派影响已基本脱尽。可惜的是他不轻易为人作印,身后又无子孙,作品大都散失,传世极少。在西泠八家中,蒋仁的遗作最少。《吉罗居士印谱》中只收录了二十六方,后来的《西泠四家印谱》、《西泠八家印选》中所收录的也只是重复的印作。

3 黄易

黄易(1744—1802)字大易,因其父黄树谷精于篆隶,世称松石先生,故取号小松,又以家乡有秋影庵,自号秋庵,别署秋影庵主、散花滩人、莲宗弟子等,浙江仁和(今杭州)人。幼承家学,历官山东兖州府济宁运河同知。为人笃直,喜游历名山大川,搜访残碑古碣。擅于金石考证,又双钩汉石经、范式碑、三公山等碑广布于世,尤以对汉魏碑碣的研究成就最大。著有《小蓬莱阁金石文字》、《小

图 33.3.1 石墨楼

图 33.3.2 小松所得金石　　图 33.3.3 陈氏八分

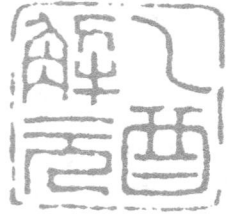 

图 33.3.4 乙酉解元　　图 33.3.5 戊子经元

蓬莱阁金石目》、《嵩洛访碑日记》等。他精于诗文山水画,篆刻得丁敬亲授,对秦汉玺印极有研究,又能兼及宋元诸家,从汉魏

图 33.3.6 尊古斋

六朝的金石碑刻中也吸收了营养,自创一种雄浑朴雅的面貌。那种用刀短碎、波磔成棱、刀刀可数的典型浙派风格,到了黄易,比之蒋仁更加定型了。这一点比之丁敬有过之而无不及,使得丁敬见了他的作品大为赞叹地说:将来能继我而起的,一定是小松。后来果真如此。黄易有一句刻印心得"小心落墨、大胆奏刀",向为篆刻界奉为篆刻名言。他的作品,收到何梦华所编的《丁黄印谱》(与丁敬合为一集)中,另有《秋影庵主印谱》行世,《西泠四家印谱》、《西泠八家印选》中均有他的作品。

 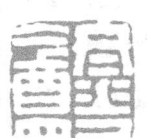

图 33.3.7 一笑百虑忘　　图 33.3.8 冬花盦

4 奚冈

奚冈(1746—1803)初名钢,字纯章,后字铁生,号萝龛,别署鹤渚生、蒙泉外史、蒙道士、散木居士、冬花庵主等,寓浙江杭州。九岁就能写隶书,是一个早慧的人。山水学董其昌、王时敏,花卉法恽寿平,画名远扬海外。他与诗书画都绝妙的方薰诗酒交游,世称"方奚"。篆刻师法丁敬而有所发展,风格疏逸清丽,与丁敬、黄易、蒋仁并称"杭郡四家",乃西泠八家之一。奚冈生性旷达耿介,与世无争,闭门谢客。爱喝酒,每遇醉后必怒骂同席者,人称"酒狂"。他晚年境遇凄惨,屡遭灾难,旬日之内连丧四子,继而又逢火灾及丧母,不久他也病死乡里。著作有《冬花庵烬余

稿》、《蒙泉外史印谱》。西泠各家印谱,大都收录有他的作品。

图 33.4.1 梁玉绳印

33.4.2 蒙泉外史

图 33.4.3 奚冈私印

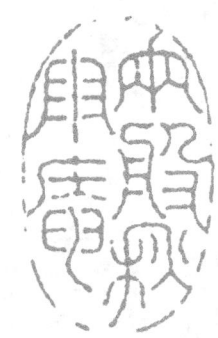
图 33.4.4 两般秋雨庵

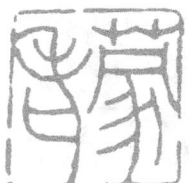
图 33.4.5 蒙老

图 33.4.6 奚冈之印

图 33.4.7 金石癖

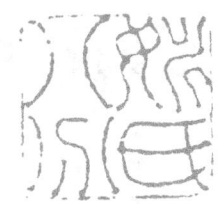
图 33.4.8 姚氏八分

5　陈豫锺

陈豫锺(1762—1806)字浚仪,号秋堂,浙江钱塘(今杭州)人。对文字学深有研究,工篆隶,绘画方面长于以篆法画松竹。收藏碑帖拓本、名画、佳砚不惜高价,甚至典当衣物购买。篆刻专师丁敬,兼及秦汉。当时与陈鸿寿齐名,世称"二

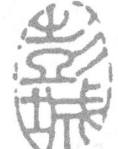
图 33.5.1 彭城

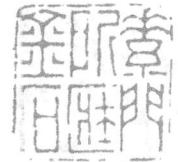
图 33.5.2 素门所藏金石

图 33.5.3 最爱热肠人

图 33.5.4 书带草堂

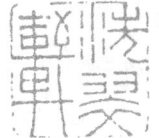
图 33.5.5 洗翠轩

图 33.5.6 素情自处

图 33.5.7 文章有神交有道

图 33.5.8 希濂之印

陈"。他的篆刻风格秀丽工致。著作主要有《明画姓氏韵篇》、《求是斋集》、《古今画人传》、《求是斋印谱》等。

6　陈鸿寿

陈鸿寿(1768—1822)字子恭,号曼生,又号老曼、曼寿、曼公、曼龚、种榆道人、夹谷亭长等,浙江钱塘(今杭州)人。曾出任江苏溧阳知县,又转南河海防同知。诗文及篆隶行草都有自己的特色,隶书最为俊秀,绘画主攻花卉兰竹。他常与宜兴茶具制作名家杨彭年合作,仿龚春、时大彬二家之法用澄泥做茶具,再由他为茶具题识,世称"曼生壶",深为识者珍爱,至今还被人们

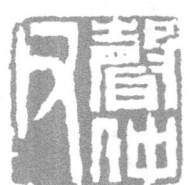
图 33.6.1 声仲父

图 33.6.2 问梅消息

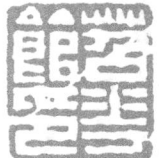
图 33.6.3 茗花馆印

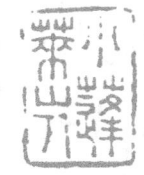
图 33.6.4 小蓬莱山人

图 33.6.5 陈希濂印

图 33.6.6 南芗书画

图 33.6.7 雪莲道人

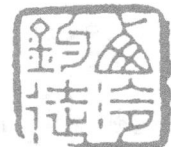
图 33.6.8 西泠钓徒

视同珍璧。陈鸿寿在西泠八家之中，是一个能创新、具有自己面貌的篆刻家。他刀法爽利，纵恣英迈，浙派的面目为之一新。他与赵之琛由于都具有强烈的浙派面目，常被后世学者引为学习浙派的主要对象。

7 赵之琛

赵之琛（1781—1860）字次闲，号献父，亦作献甫，又号宝月山人，浙江钱塘（今杭州）人。他工四体书，善山水花卉，长于金石文字之学。阮元著《积古斋钟鼎彝器款识》时，就由赵之琛代笔摹写古器。篆刻师事陈豫钟，所刻之印数量极多，浙派的章法、刀法到了他和陈鸿寿时，已基本

定型。而到了晚年，其作品注重形式，过多修饰，这种定型一无变化而流于刻板僵化。他的行楷书边款刻得十分精致。赵之琛生性好静，常闭门谢客，爱摹写佛像，名其庐为"补罗迦室"。据说晚年，他行踪不明，或许客死他乡。著有《补罗迦室集》，《补罗迦室印谱》。

图 33.7.1 补罗迦室

图 33.7.2 湖村花隐

图 33.7.3 蔷薇一研雨催诗

图 33.7.4 泰顺潘鼎彝长书画记

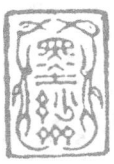
图 33.7.5 墨妙斋

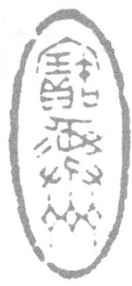
图 33.7.6 宝彝斋

图 33.7.7 臣书刷字

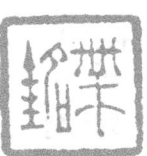
图 33.7.8 带铭

8 钱松

钱松（1818—1860）字叔盖，号耐青，因住于吴山之铁厓，故又号铁庐，又有未道士、西郭外

史、云和山人、未虚室等别号,浙江钱塘(今杭州)人。书法尤长篆隶,绘画专攻山水花卉。篆刻受过丁敬的影响,但主要得力于汉印,曾经摹刻汉印二千方,可见其基本功之扎实。所以,当赵之琛见到他的作品时惊叹不已:"此丁黄后一人,前明文何诸家不及也。"可见钱松的确可称是皖、浙派以后与吴熙载、赵之谦、吴昌硕、黄士陵等同样成就卓著的篆刻家。他传世的篆刻作品无论章法、刀法都不落前人窠臼,故作品别有一种韵味。由于他是杭州人,因而列入西泠八家。实际上他的风格与其他七家的风格明显不同。可以说,他另外开

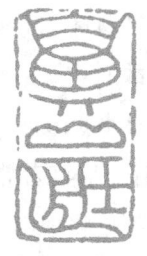

图 33.8.1 鼻山藏

图 33.8.2 胡鼻山人胡震之章

图 33.8.3 字予曰恐

图 33.8.4 吴际元印

图 33.8.5 任熊印

图 33.8.6 胡不恐

图 33.8.7 一病身心归寂寞 半生遇合感因缘

图 33.8.8 声远草堂

创了一种新流派,影响了后来的吴昌硕。广东严荄将他与胡震(鼻山)两人的作品辑成《钱叔盖胡鼻山两家刻印》,高邕也辑有《未虚室印赏》,也有人将他的个人作品编为《铁庐印谱》。

三十四、其他流派

除了皖、浙两大派之外,在篆刻艺术比较繁荣的安徽和江苏等地,还有一些较小的流派,今择主要的几个介绍于下。

1 云间派

上海市的松江,古称"松江府",又称为"华亭"或"云间",是历代文人荟萃之地。明代大书画家董其昌、陈继儒都生于松江。另外,康熙年间《耦耕园印谱》的作者孙铉及方大礼、《扶青阁印谱》的作者徐浩、乾隆初年《醉爱居印谱》的作者王睿章等都是云间俊秀。在篆刻上,较有成就的是《坤皋铁笔》的作者鞠履厚和《研山印草》的作者王声振,以这两人为首的印派就以松江的古名称为"云间派"。云间派的风格工丽有余,古意不足。

鞠履厚(1723—1786)字坤皋,又字樵霞,号一草主人,江苏松江(今属上海市)人。由于体弱多病,无精力从事社会活动,故而潜心钻研六书,遍读经史子集。他与表兄王声振,同为云间篆刻名手。他的作品工致清丽,摹仿前人的作品

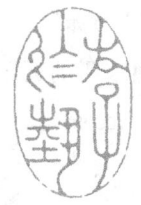

图 34.1.1 游于艺

图 34.1.2 不朽盛事

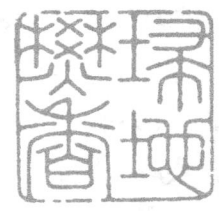 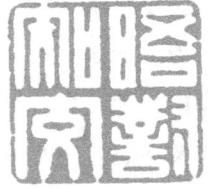

图 34.1.3 扫地焚香　　　图 34.1.4 晤对知交

颇见功力；个人的创作较少古朴之致，比较做作，带有习气。编有《坤皋铁笔》、《印文考略》等。

王声振（？—1751）字玉如，号研山，江苏松江（今属上海市）人。从小就爱好古文奇字，好摹仿刻印，他受教于堂叔王曾麓，才学益广，见闻益博，篆刻的水平也越来越高，终于与鞠履厚、王曾麓等人成为云间派的名家。著有《澄怀堂印谱》、《研山印草》。

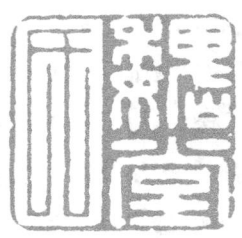 

图 34.1.5 魏堂氏　　　图 34.1.6 蝶庵

2　莆田派

在一般的篆刻书籍中，都认为莆田派是福建莆田人宋珏开创的，也有称林皋为莆田派的。这种按地区、籍贯的分类法自是缺乏科学根据，给后人探讨艺术风格、师承关系等造成了混乱。这里，就宋珏和林皋两人作一些简单的介绍：

宋珏（1576—1632）也作宋瑴（珏之古字），字比玉，号荔枝仙等，莆田（今属福建）人，客居南京。传说他创莆田派（也称"闽派"）。以八分入印，别创一格。但至今看到宋珏的近十方仿汉篆文印，并未发现他的隶书印章，而且，隶书入印，唐宋以来古已有之。海宁周春《论印诗》中道："闻说莆田宋比玉，创将汉隶入图书。爱奇竟道翻新样，古法终嫌尽扫除。"诗中也只说"闻说"，故对这一点，还有待专家进行考证。

林皋（1658—？）字鹤田，又字鹤颠，福建莆田人，后迁居江苏常熟。有的因他是莆田人，便名正言顺地将他归入莆田派；有人则认为他不应归莆田派，而将他另立为"林派"。他的篆刻古雅清丽，简繁疏密，处理得当，文字以汉篆为主，很有点汪关的影响。当时书画名家王翚、恽寿平、吴历、高士奇、杨晋、徐乾学等的用印，多请他刻。也有将他和汪关、沈世和并称。著有《宝砚斋印谱》。

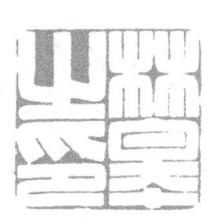 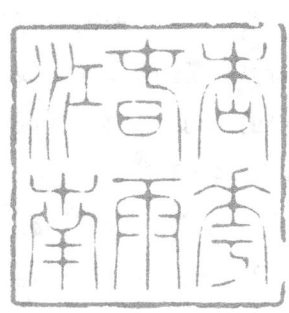

图 34.2.1 林皋之印　　　图 34.2.2 杏花春雨江南

3　如皋派

如皋派的代表人物有许容。

许容（1635—1696）字实夫，号默公，江苏如皋人。他的书室名"韫光楼"。工山水画，篆刻师事邵潜父，取法秦汉，功力很深。爱用多种字体刻多字印，只是习气较深，过于追求形式技巧。擅长印章学，著有《说篆》、《印略》、《印鉴》等论述多种，并留有《谷园印谱》、《韫光楼印谱》。

 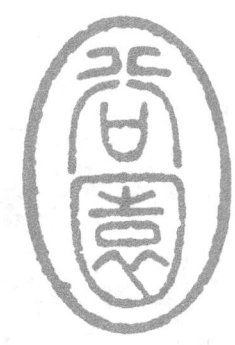

图 34.3.1 若邪耶溪上人家　　　图 34.3.2 谷园

如皋派的其他主要印人有乔墨壮、黄楚桥等。

4 虞山派

虞山派是形成于江南历史文化名城常熟的一个流派。早于元明时期常熟篆刻就已有名家出现，至清代而大盛。在清代郭伟绩《松筠阴馆印谱》序中，就有介绍虞山派篆刻的记载；在娄东张氏《学山堂印谱》和常熟顾氏《小石山房印谱》中，可以见到虞山派印人的印迹。其主要人物有：

沈世和（生卒年不详）字石民，江苏常熟人，久居苏州。工书画，篆刻师法文彭，但不为所拘，而有自己面目。他治印刀法恬静沉着，与汪关相似，名重一时。与汪士慎、徐乾学、王鸿绪等交往甚笃。著有《八咏山房印谱》、《虚白斋印谱》。

图 34.4.1 石阑斜点笔桐叶坐题诗

图 34.4.2 家在菱湖橘社之间

林皋虽系福建莆田人，但侨居常熟，其印风与沈世和极相似，对虞山派的形成影响较大。

虞山派的其他主要印人有翁仓封、杨沂孙、殷用霖、赵石等。

三十五、晚清以来主要篆刻家

1 张燕昌

张燕昌（1738—1814）字芑堂，因手上有鱼纹，故号文鱼，亦作文渔，别号金粟山人，浙江海盐人。自幼家贫，海盐地处偏僻，学篆刻苦无名师指点，又无家传，他就利用家乡极少的碑刻资料，精心临摹、揣摩，吸收消化。他的这种好学精神，使丁敬这位性情孤独、轻易不为人刻印的六十多岁的老人也感动了。

他从小天资聪颖，读书日记千言，过目不忘。只要知道什么地方有名碑石刻，或谁家藏有珍本资料，都不遗余力尽心搜罗。他听说宁波范氏天一阁藏书楼藏有北宋本《石鼓文》，便克服了种种困难，在当时交通极不方便的情况下，渡海到宁波，直到把《石鼓文》和《瘗鹤铭》的神韵都基

图 35.1.1 梦禅居士

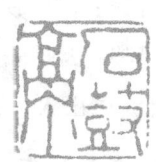
图 35.1.2 石鼓亭

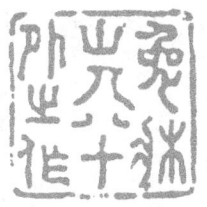
图 35.1.3 兔床山人八十外之作

图 35.1.4 趣在有无间

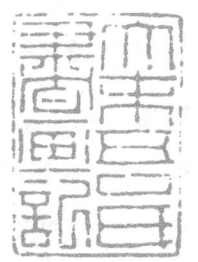
图 35.1.5 大末吾氏书画记

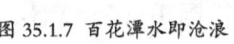
图 35.1.6 金石契　　图 35.1.7 百花潭水即沧浪

本掌握了才回乡。他不仅仿制了十个秦代石鼓,还把自己的书斋取名为"石鼓亭"。后来他将所见到的数百种资料辑成《金石契》一书。他善画兰,曾以擅长的飞白书入印。因其见多识广,篆刻作品的取法能不为一家所囿。有《飞白书录》、《石鼓文释存》、《苣堂印谱》等传世。

2 邓石如

邓石如(1743—1805)初名琰,字石如,清仁宗颙琰当了皇帝后,为避"琰"字讳,就以字行,改以石如为名,字顽伯,这是为了表示他"不贪赃,不低头,不阿谀逢迎,人如顽石,一尘不染"的崇高品格;因是安徽怀宁人,故取"皖"字,自号完白、完白山人、完白山民;又取幼年时常砍柴、钓鱼的家乡地名大龙山和凤凰桥,自号龙山樵长、凤水渔长、游笈道人、古浣子、叔华等。从小家贫,十七岁后,长期一笈横肩,浪迹天涯。曾寄居南京梅镠家,遍览梅氏家藏的秦汉以来的历代金石善本。

图 35.2.1 豁斋审存

图 35.2.2 邓石如字顽伯

邓氏的刻苦好学常人难及,喜用羊毫写篆书,为学习篆法,手抄《说文解字》二十本。单把书中所收九千三百五十三字抄二十遍,就要抄近二十万个篆字,但他只化半年时间就抄毕。为学习隶书,他三年之内把《史晨碑》、《曹全碑》、《华山庙碑》、《白石神君碑》、《张迁碑》、《孔羡碑》等十来种汉代名碑各临习五十本,还把李斯的《峄山碑》、《泰山刻石》汉代的《开母石阙》、《禅国山碑》、《天发神谶碑》李阳冰的《城隍庙碑》、《三坟记》等每种各临摹一百本,可见其四体书功力之深。所以包世臣认为,清代四体书的作者中,应推邓石如为第一。他也被公认为清朝第一篆隶名家。后来他陆续结识了一些当时极有名望的学者、画家如程瑶田、叶天赐、毕兰泉、罗聘、黄钺、袁枚、曹文埴等人。魏稼孙评他的书法篆刻为"其书由印入,其印由书出"。由于他在书法上的深厚造诣,尤其吸收了汉碑中的《祀三公山碑》与《禅国山碑》里的篆体结构,完全不受传统汉印文字的约束,把篆书的书写功力直接运用到刻刀上,使书法与篆刻有机地结合起来。因此,他的篆刻在明清流行的皖、浙两派之外,独树

图 35.2.3 家在四灵山水间

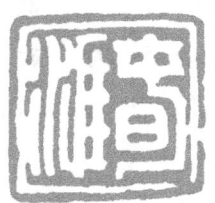
图 35.2.4 春涯

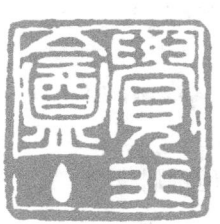
图 35.2.5 觉非盦主

图 35.2.6 我书意造本无法

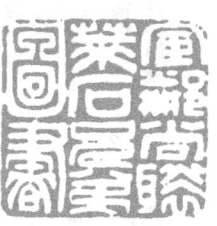
图 35.2.7 宜邻尚纲(絜)菜石兄弟图书

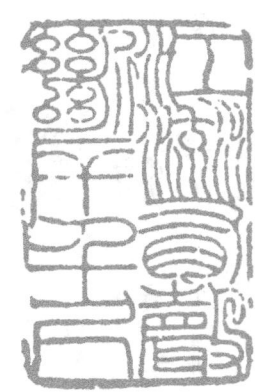
图 35.2.8 江流有声断岸千尺

一帜，世人称为"邓派"（也有因他是安徽人而把他称为"皖派"的）。自文、何以来包括浙、皖两派的篆刻家，无不谨守汉印法度，而邓石如却大胆地参用小篆和碑额等体势和笔意入印。这种首创精神使篆刻艺术增添了新鲜血液，拓宽了它的参考范围和知识领域，从而为后来的吴熙载、吴咨、徐三庚、赵之谦、黄士陵、吴昌硕等的创新提供了可贵的范例。他的篆刻，将汉印文字由方折转为圆劲。他自评个人篆刻风格为"刚健婀娜"，当非自负之词。他的朱文在赵孟頫的圆朱文基础上有所发展，并由圆朱文发展为一种面目鲜明的圆白文，可称独创一格。四十岁以后，他的作品完全形成了个人的独特风貌，给清末的篆刻界以极大影响。他的印作有《完白山人篆刻偶存》、《完白山人印谱》、《邓石如印存》。

3　杨澥

杨澥（1781—1850）原名海，字竹唐，号龙石，晚号野航，又号石公、石公山人，江苏吴江人。长于书法和金石考证之学，书法上尤爱摹仿《天发神谶碑》，亦善刻竹，对人物仕女刻得十分传神。篆刻初学浙派，后专师秦汉印。从他的作品来看，浙派的痕迹还很多，略有自己的特点。在当时来说，他已颇有名声，号称江南第一名手。

图 35.3.1　秦汉十三印斋

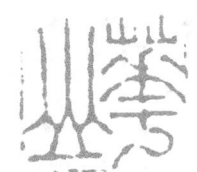
图 35.3.2　华山

图 35.3.3　结撰至思兰芳假

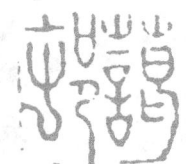
图 35.3.4　蒿村

图 35.3.5　昭文张约轩鉴定

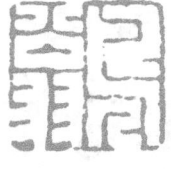
图 35.3.6　兔翁

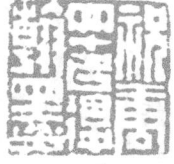
图 35.3.7　祝唐四十以后翰墨

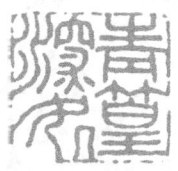
图 35.3.8　青草深处

传说宋人米芾有石癖，而杨澥独有爱龟的奇癖，他常把龟藏在衣袖里，有空就摆弄。据说后来获得一块很大的龟甲，他竟不顾旁人嘲笑，在此龟甲上自刻铭辞，端坐其上。著有《杨龙石印存》二卷。

4　吴熙载

吴熙载（1799—1870）原名廷飏，字让之，亦作攘之，自称让翁，号晚学居士、晚学生；晚年得一截当时罕见的方竹，制成一柱拐杖，又取一截方竹刻成四面印，因又自号方竹丈人，江苏仪征人。他是邓石如的得意弟子包世臣的门生，故也是邓石如的再传弟子。包世臣是名重一时的

图 35.4.1　盖平姚氏秘笈之印

图 35.4.2　观海者难为水

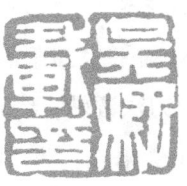
图 35.4.3　吴熙载印

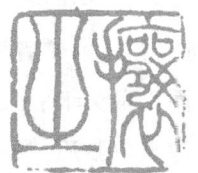
图 35.4.4　攘之

图 35.4.5 砚山鉴藏石墨

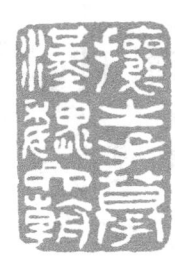

图 35.4.6 攘之手摹汉魏六朝

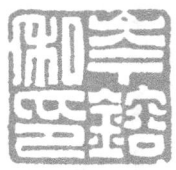

图 35.4.7 岑镕私印

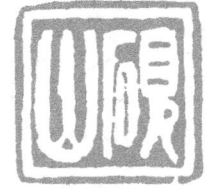

图 35.4.8 砚山

书家和书法理论家，提倡北碑，对后来书风的改革极有影响，著有《艺舟双楫》等书。吴让之得到这样的老师指点，使他在书法功力上，尤其是篆隶书的功力上得以深化，这对于一个篆刻家来说，是极为重要的。

他从小喜爱印章，初学只是摹仿汉印及当时流行的名家作品，及至三十岁左右才见到了邓石如的篆刻作品。邓石如以汉碑额的生动笔意改变了汉印中带有隶意的文字，使他的作品面目强烈，于是使吴熙载惊叹不已而为之倾倒，便参合邓石如的汉篆法，发挥自己四体书的深厚功力，将自己稳健流畅的小篆姿态通过刻刀表现在印章中，故他的印章初看十分平稳，但稳中有奇。他信手落刀，使转自然，在不经意中见功力，充分表达其书法舒展、流动的笔意，尤其在每字的转折与接续处，极充分地表现了他书法的风格，进一步发展了邓石如的流派。所以后来学习邓石如的，多舍邓学吴，通过学吴让之来体会邓石如的特点。吴昌硕曾评论说："让翁平生固服膺完白，而于秦汉印玺探讨极深，故刀法圆转，无纤曼之习，气象骏迈，质而不滞。余尝语人：学完白，不若取径于让翁。"他的篆刻的确影响了比他稍

后的吴昌硕、黄士陵。他的边款很多是以单刀草体出之，十分生动，如同毛笔写的一般。他的刻印数以万计，留传至今的也不少。当太平天国起义军挥师北伐时，仪征在南京与扬州之间，是清军负隅顽抗的据点。于是吴让之避乱至泰州，先后寓于泰州契友姚正镛、岑仲陶、陈守吾、朱筑轩、徐东园、刘麓樵家，并为他们留下了大量的诗文、印作。为姚正镛治印达一百二十方，是他为友人刻得最多的一位；为刘麓樵治印也达八十八方，所以在《吴让之印谱》中可见到他反复为几个人治印，实有这一段原因。

吴让之也善画，以陈白阳法作写意花卉，风格同其书法一样潇洒中兼浑朴，功力深厚。当然，其书法、篆刻给后世的影响最大。有《师慎轩印谱》、《吴让之印谱》以及和赵之谦合辑的《吴赵印存》。

5 吴咨

吴咨（1813—1858）字圣俞，号哂予，江苏武进（今属常州）人。曾从李兆洛学。精通六书及书画，书法中尤长于篆隶，画得恽寿平的神

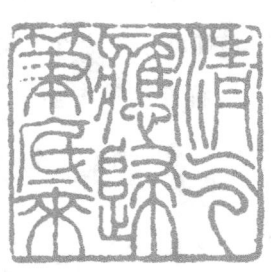

图 35.5.1 清气应归笔底来

图 35.5.2 蓉江

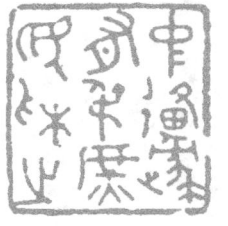

图 35.5.3 中原有菽庶民采之

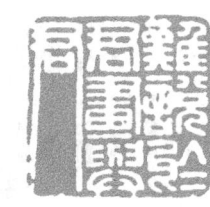

图 35.5.4 难说于君画与君

趣。篆刻的成就最大。他的创作态度极严谨,每设计一方印,无论从字的点画姿态、偏旁组合或屈折垂缩等都细加推敲,特别讲究多字印的文字布局,不管字怎么多,笔画怎么繁复,总力求处理得妥帖舒畅。他是个早慧的艺术家,可惜逝世过早,故流传的作品不多。著有《续三十五举》、《适园印印》四卷和《适园印存》二卷。

6 胡震

胡震(1814—1862)字不恐,号鼻山,别号胡鼻山人、富春大岭长,浙江富阳人。他对于古文及篆籀八分之学都有很深的研究。他的摹印功夫很深,后来见到了钱松的作品,大为叹服,从此就专心学习钱松的风格,并与钱松建立了极为亲密的友谊。他是浙派中仅次于西泠八家的名手,后死于瘟疫。广东严荄曾将他和钱松两人的作品辑为《钱叔盖胡鼻山两家刻印》。

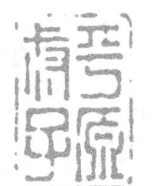 

图 35.6.1 平原叔子　　图 35.6.2 长寿公寿

图 35.6.3 公寿长寿　　图 35.6.4 江东老剑

 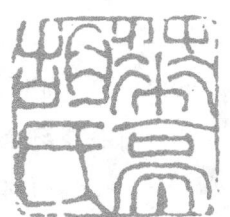

图 35.6.5 韵初所得金石文字　　图 35.6.6 华亭胡氏

7 徐三庚

徐三庚(1826—1890)字辛穀,又字诜郭,号井罍,又号袖海,别号金罍山民、金罍道士、金罍道人、似鱼室主、馀粮生等,浙江上虞人。工篆隶书法,取《天发神谶碑》的碑意入印,同时采用金冬心的侧笔用法,有一定创获。在晚清时期,他的声望在江浙一带是很高的。他是一位颇有大胆创新气派的篆刻家,他从刻的年代,浙派正渐趋衰微,要创新,就要将自己写篆的风格入印。他的书体飘逸多姿,特别在笔画的延长伸展上,增加曲线,尽其夸张,是一种对篆体的创造。在章法的虚实处理上,密者任其密,疏者任其疏,刀法上也十分挺劲,故能自成一家。边款也刻得生辣遒劲。当时一些名画家如张熊、任薰、任颐、黄山寿、蒲华等人的用印,大都出自徐三庚的手笔。他的作品风靡一时,就连日本的园山大迂、秋山白岩等篆刻家,也远涉重洋前来投师门下,从而对整个日本的篆刻界产生了一定的影响。

图 35.7.1 滋畬

图 35.7.2 作年长寿

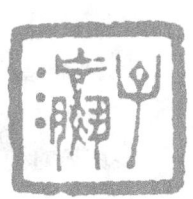

图 35.7.3 子瀞

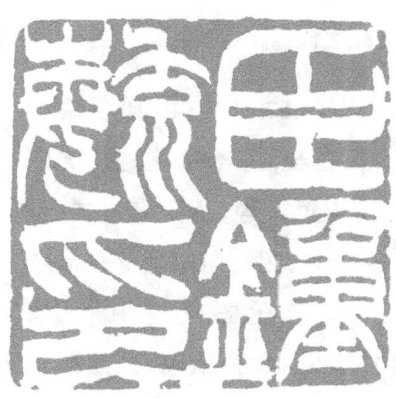

图 35.7.4 臣锺毓印

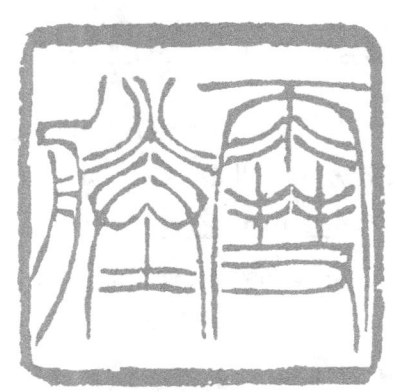

图 35.7.5 雪塍

图 35.7.6 若泉

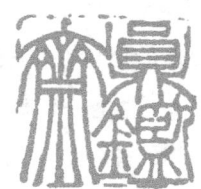

图 35.7.7 圆鉴斋

篆刻界对他的作品毁誉不一，有的认为他的作品"吴带当风"婀娜多姿，有的认为"让头伸脚"妖冶媚人，这两种说法都带有偏见。尽管他的作品，尤其到了晚年，确有其牵强做作、缺乏浑厚的习气，但他在篆法上大胆改革、刀法上锐意求活的创新精神还是难能可贵的。而他又正处在邓石如、丁敬等大家之后，所以，总的看，他在篆刻上的成就，虽然前不能胜赵之谦，后不能过黄士陵，但仍不失为一代名家。他的作品集子有《金罍山民印存》、《似鱼室印谱》、《金罍山人印谱》、《金罍印摭》等。

8　赵之谦

赵之谦（1829—1884）初字铁三、支自，后改为益甫、㧑叔，号冷君、悲盦、无闷、子欠、憨寮、坎寮、笑道人等，斋室名有二金蝶堂、仰视千七百一十九鹤斋、苦兼室等，浙江会稽（今绍兴）人。在晚清，他是一位学识渊博，具有多方面才能的杰出的艺术家，在诗文、绘画、书法、篆刻、碑版考证等方面，都有杰出的成就。

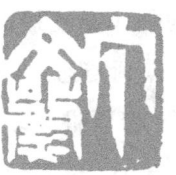

图 35.8.1 丁文蔚

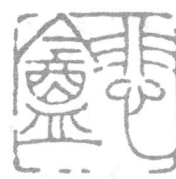

图 35.8.2 悲盦

赵之谦曾在《章安杂记》中说："今必排字为算子，令不得疏密，必律字无破碎，令不得增减，不惟此，即一字中亦不得疏密，上下左右笔画不平均，反取排挤为安置，务迁就为调停。"从中可看出他对当时读书人进仕必修的程式化的馆阁体书法与八股文的厌恶之感。由于他在书法上的深厚功力，

图 35.8.3 长陵旧学

图 35.8.4 赵之谦印

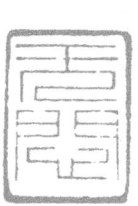

图 35.8.5 无闷

图 35.8.6 㧑叔居京师时所买者

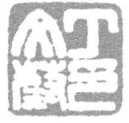

图 35.8.7 丁文蔚印

使得他的绘画也十分出众，尤其是花卉画，舍宋人而走"扬州八怪"的路子。无论在经营位置、笔墨技巧，还是意境、取材、设色上，都独具胜处，显示出敢于创新脱俗的精神。其成就甚至超出了同时代的专业画家，在祖国绘画史上占有一席之地，影响了后来的吴昌硕、齐白石。

赵之谦在篆刻上的成就是最杰出的。早年从浙派入手，继而对秦汉玺印、宋元朱文以至皖派篆刻都曾有深入的研究，特别是邓石如以

悦俗创新的小篆和碑额入印的形式启发了他，使他发展了邓石如的有益经验，把篆刻艺术取资的范围扩大到秦汉玺印以外的钱币、诏版、汉灯、汉镜、汉砖、封泥，以及魏晋南北朝的碑版造像。凡有文字可以取法的，无不兼收并蓄、融会贯通，从来没有一位篆刻家的作品能像他那样多姿多彩、美不胜收。就这一点来说，在邓石如之后，他又作出了划时代的重大贡献，为六百年来的印家，另辟了一条宽广的道路，对我国传统艺术的发展起了极大的推动作用。无论是有笔有墨的白文或朱文，其成就都超越了他之前的大家丁敬、邓石如。

自明清以来的印坛，印家辈出，但赵之谦是最富有创造性的大家。这还表现在他对款识艺术作了前无古人的创造，其成就甚至超过了他在印面上的创造。他的印章款识不但用单刀刻一般常见的阴文楷书，还用《龙门二十品》中《始平公造像》的方法来刻阳文款识。除了在边款上再现北魏造像文字雄伟奇宕的风貌，还以拙朴、夸张、变形的手法将佛龛造像、马戏杂耍、走兽等图像入款，从而使以往只是用以记事作文的印章边款骤然变得丰富多彩。这给后起篆刻家的题款形式提供了崭新的途径。赵之谦对边款艺术具有开拓性的贡献确为篆刻史上的创举，是值得后人敬仰的。著有《补寰宇访碑录》、《六朝别字记》、《赵㧑叔印谱》、《悲盦印賸》、《吴赵印存》（和吴熙载合辑）等。

9 王石经

王石经（1833—1918）字君都，号西泉，山东潍县人。他的同里就是名满海内外，有"十鍾山房"、"万印楼"之称的陈介祺。据著名画家郭味蕖的夫人（陈介祺的玄孙女）介绍，王石经在陈府一度担任家庭教师，曾教过郭夫人。在陈介祺

图 35.9.1 海滨病史　　图 35.9.2 文章司马

那里得以尽览其丰富的藏品，使他的金石学识、鉴别水平、篆刻技巧更加精进。

秦汉玺印中素有铸印和凿印两大类，王石经所取法的是铸印的风格，宁静平稳，十分雅致。虽然他没有什么创新，但所刻作品极合规范，偶尔也采用大篆和《天发神谶碑》笔意入印。他所刻的古玺文字，犹如未经剔刷的三代铜器的款识。当时的名公巨卿、著名收藏家潘祖荫及吴大澂、以收甲骨而闻名于世的王懿荣、古铜器收藏家吴云等，都请他刻过不少印。其著作有辑古印的《集古印隽》、自编印集《甄古斋印谱》和与人合编的《古印偶存》。

图 35.9.3 张儁私印　　图 35.9.4 半生林下田间

图 35.9.5 王石经印字为君都　　图 35.9.6 张儁之印

图 35.9.7 万印楼　　图 35.9.8 簠斋

10 胡钁

胡钁（1840—1910）字匊邻，号老匊、废鞠、不枯，又号晚翠亭长，浙江崇德（今桐乡）人。工

图35.10.1 石门胡钁长生安乐

图35.10.2 晚翠亭长

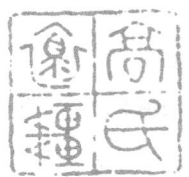
图35.10.3 高氏裹轩

图35.10.4 潜庐珍赏

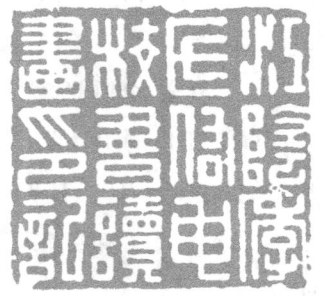
图35.10.5 江阴季氏佑申校书读画印记

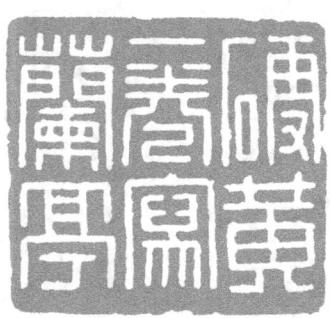
图35.10.6 硬黄一卷写兰亭

于诗文书法,是画家胡震烈的孙子。擅画兰菊。除最精的篆刻外,还长于刻竹刻碑,并喜用竹根刻印,是当时的刻竹名手。他对碑帖的摹刻也相当有功力,曾逼真地摹刻过宋拓《圣教序》、《麻姑仙坛记》、《九成宫醴泉铭》等。他的篆刻得力于汉玉印及秦诏版,所以作品中白文胜于朱文,又以细白文的成就最高。对印章中笔画悬殊的文字,能独运匠心,有机地组合在一起,是晚清比较有影响的篆刻家。著作有《不波小泊吟草》、《晚翠亭长印储》、《胡钁印存》。

11 吴昌硕

吴昌硕(1844—1927)初名俊,又名俊卿,字仓石,又字昌硕,号缶庐、苦铁、破荷、大聋、老缶、缶道人、酸寒尉、芜青亭长等,七十岁以后以字昌硕行,浙江安吉人。曾任安东县县令,仅一个月就辞职了。吴昌硕的诗文书画都超绝古今,是晚清有巨大影响的杰出艺术家。他出身贫穷,青少年时饱受饥寒之苦。篆刻从小得父母的支持,刻苦自学,中年旅居苏州时,从熟识的大鉴赏家吴大澂、吴云等处见到了大量古代文物,从此见识大开,艺事日进。

他在书法上的深湛造诣,使他的画与篆刻起点比别人高。行草书遒劲凝炼,毫不做作,虽尺幅小品也气势逼人。隶书带篆意,而且变前人惯用的扁体为长体,雄厚拙朴,可惜留传的隶书墨迹较少。吴昌硕的篆书是成就最大的,数十年浸淫于《石鼓文》,再参以《琅台》、《泰山刻石》的体势笔意而自出新意。他在六十五岁所记《石鼓》临本中自述:"余学篆好临《石鼓》,数十载从事于此,一日有一日之境界。"他用《石鼓》和《散氏盘》等钟鼎篆籀的笔法作画,恣肆烂漫,大气磅礴,简直分不清是画还是书,增加了画面的金石气。所作花卉、瓜果、山水、人物都外貌粗疏而内蕴浑厚,缘物寄情,突出地表现了对象的神韵,加上他在诗文上的深厚功力,使画面充满了诗意。吴昌硕绘画的设色艳而不俗,浓重典雅。他的诗文有的古朴隽永,有的活泼自然、接近口语。由于他在诗文、金石、书画方面都博采众长而熔为一炉,又能独辟蹊径自出新意,因而形成了重要的艺术流派,给后世以重大的影响。

吴昌硕的篆刻初学浙派,又受到邓石如、吴

让之、赵之谦的启发，继而寻本求源直师秦汉而不为秦汉所囿。他精于书法，把独特的书法中的圆熟精悍、刚柔并济、醇雅古朴等特点运用到刻印中去，故其篆刻中的篆法、章法、刀法均不同于众。而又能将绘画中的"虚实相生、疏密有致"等画理运用到篆刻中去，更丰富了他篆刻的艺术性。由于受邓石如、赵之谦印外求印、扩大篆刻文字取资范围的启发，在继承秦汉玺印及皖、浙两派精华的同时，更从周秦金石、两汉碑刻、六朝文字、砖文钱币、封泥瓦甓中开辟新境地，从而使他的篆刻作品富有新的意趣和生命力。他的白文印仿汉凿印，古朴淳厚，有刀有墨，深得"将军印"的意趣；朱文印往往以封泥法出之，前无古人。尤其是到了晚年，所作更是炉火纯青，入于神化之境。所作边款以楷书为主，刀锋直切入石，落刀处钝，收刃处锐，款字错落攲斜，自然天趣，引人入胜。

图 35.11.1 十亩园丁五湖印丐

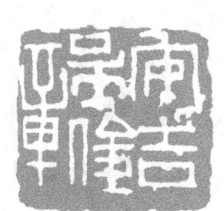
图 35.11.2 安吉吴俊章

图 35.11.3 安吉吴俊卿之章

图 35.11.4 一月安东令

图 35.11.5 能亦丑

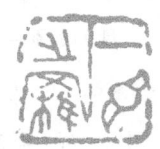
图 35.11.6 一目之罗

吴昌硕过人的胆识和敢于创新的精神，还表现在他对刻刀的改革和对刀法的改进上。为便于刻印时运转自如、刻得淳朴古拙，他将常人所用的锐角小刀改制成出锋钝角的圆杆刻刀，并将早年所用的浙派切刀，中年后所用的吴熙载冲刀以及钱松切中带削的刀法，综合成一种新的钝刀硬入的刀法来治印。所以，吴昌硕独创一格的篆刻艺术，为印坛开创了一个新的境地，从而成为中外人民崇敬的艺术大师，他的书、画、篆刻作品成为我国文化遗产中的瑰宝。

他的著作较多，诗文书画篆刻集有《苦铁碎金》、《缶庐近墨》以及《削觚庐印存》、《缶庐印存》、《缶庐集》、《缶庐别存》等，近年西泠印社分别出版了他的书画篆刻集。

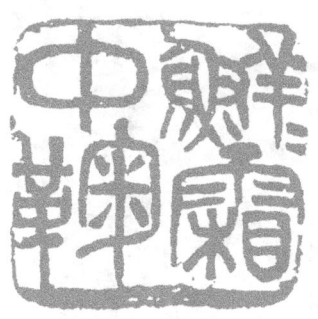
图 35.11.7 鲜鲜霜中鞠（菊）

图 35.11.8 吴俊卿

12 黄士陵

黄士陵（1849—1908）字牧甫，亦作穆甫，别号黟山人、倦叟、倦游窠主，青年时书斋名"蜗篆居"，中年曾称"延清芬室"，后也称"古槐邻屋"，安徽黟县人。是晚清与吴昌硕同时的有很大成就的书画篆刻大家。只是他于五十多岁即退隐回乡，其影响远远没有吴昌硕深广。由于他寓居广州的时间较长，其风格影响粤中至今不衰，故也有称他的流派为"粤派"的。

黄士陵从小受父亲影响，对篆学很有兴趣，书法治印名闻乡里。十四岁以后，父母相继亡故，生活的担子迫使他离乡去找在南昌开设澄秋轩照相馆、以这种从海外传入的新技术为生的从兄（一说是胞弟）厚甫，生活了十来

篆刻法

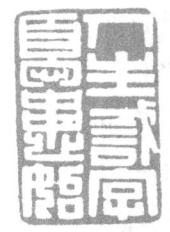
图 35.12.1 人生识字忧患始

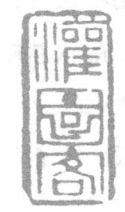
图 35.12.2 灌园客

图 35.12.3 凌兆熊印

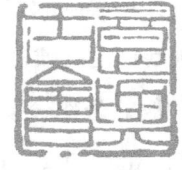
图 35.12.4 意与古会

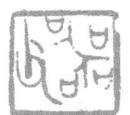
图 35.12.5 器父

图 35.12.6 牧父游戏之墨

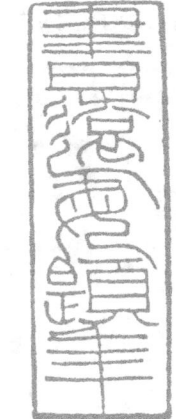
图 35.12.7 书远每题年

年，得到了江西学政汪鸣銮的赏识，在南昌出版了《般若波罗蜜多心经印谱》。三十三岁后南迁至在经济、文化等方面比南昌先进的广州，住了三年，结识了梁肇煌、沈泽棠、刘庆嵩等学者，看到了许多文物，学识大进。后又经汪鸣銮的推荐，介绍到当时全国最高学府国子监南学肄业，并从当时的大收藏家吴大澂和甲骨文发现者王懿荣等人游。在北京得见三代遗文、秦汉金石，扩大了眼界，使他此后的印外求印有新的创获。三年后应当时的两广总督张之洞、广东巡抚吴大澂之邀，到他们在广州设立的专门从事经史校刻的广雅书局，在书局校书堂工作，并与尹伯圜合作，为吴大澂完成《十六金符斋印存》的钤拓工作。校书之余鬻书画卖印，留下了大量印作。十四年后，他曾短期应当时的大官湖北巡抚、湖广总督端方之邀，去武昌协助他辑《陶斋吉金录》等书。之后就老归故里隐居，不再复出。

黄士陵的书画都有自己的风格，书法中尤以笔力犀利的大篆见长，所作工笔花卉或古代钟鼎彝器博古图，往往区分出阴阳向背，近乎摄影效果。但其最突出的成就是篆刻。他的篆刻初学浙派，继学邓石如、吴熙载和赵之谦。因游学期间得见大量的三代遗文、秦汉金石，加之自身深厚的金石学修养，使得他开始弃几百年来印家以切刀法摹仿烂铜印追求古拙残破美的传统习惯，自立新意。他的篆刻主张不敲边、不击角、不加修饰，专以薄刃冲刀去追求汉印光洁妍美的本来面目，表现完整如新的汉印所具有的锋锐挺劲的精神，从而形成了他平正中见流动、挺劲中寓秀雅的刻印风格。他的刻印章法上极讲究疏密、穿插、变化，不少印作都显得匠心独运、意趣横溢。他同赵之谦一样，扩大了篆刻取资的范围，不论鼎彝、权量、诏版、泉币、镜铭、古匋、砖瓦、石刻都能熔铸到自己的印章中去。他的学生李尹桑说："悲盦（赵之谦）之学在贞石，黟山（黄士陵）之学在吉金；悲盦之功在秦汉以下，黟山之功在三代以上。"说得是很有道理的。他的不少作品带有鼎彝、镜铭等文字的风味，看似平常而变化无穷，能于皖、浙两派衰竭之时独树一帜，卓然成家，影响了后来的齐白石、李尹桑、邓尔疋、易熹等人。他的边款也独具一格，以单刀拟六朝碑刻的楷书，文辞隽永，翰墨味很浓。有《黄穆甫先生印存》、《黟山人黄牧甫先生印存》等行世。

图 35.12.8 金庆慈印

三十六、近代和现代主要篆刻家

1　徐新周

徐新周（1853—1925）号星舟，也作星州、星洲、星周，江苏吴县（今苏州）人。他是吴昌硕的嫡传弟子，最得昌硕精髓。据说昌硕晚年的应酬之作，有一些即是他代刀。后来定居上海，居室名陶制庐、㵎华龛。其印作很为当时日本人所爱好，纷纷出重金相求，故其作品在日本流传较多。其流传印谱有《徐星洲印集》十册、《㵎华龛印存》四册。

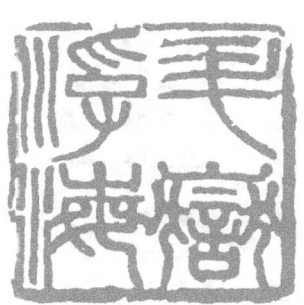

图 36.1.1　升岳浮海

图 36.1.2　唾面自乾（干）

图 36.1.3　游山泽观鱼鸟

图 36.1.4　臣仁友印

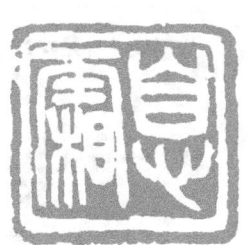

图 36.1.5　息霜

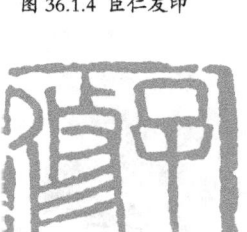

图 36.1.6　子修

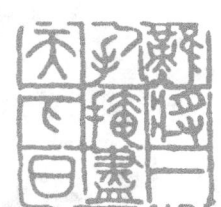

图 36.1.7　难将一人手
掩尽天下目

2　齐白石

齐白石（1864—1957）原名璜，因出生在湖南湘潭的白石庄，所以取字白石，号濒生、阿芝，别号白石山人、杏子坞老民、三百石印富翁、寄萍堂主人、老萍、借山吟馆主者，又因年轻时当过木工，还有别号木人、木居士等。白石是劳动人民出身的艺术家，从小家贫。他当过牧童、木工、雕花匠，曾以画像为业。二十七岁时

图 36.2.1　白石翁

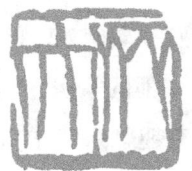

图 36.2.2　齐大

图 36.2.3　平翁

图 36.2.4　寄萍吟屋

图 36.2.5　古潭州人

结识了当地的一些文人、画师，开始研习诗文，正式学画；直到三十多岁时才正式研究刻印。"印见丁黄始入门"，他看到了浙派丁敬、黄易的印谱十分钦佩，通过十年的苦学，篆刻方面才获得了显著的成就，因此有"姓名人识鬓如丝"的诗句。四十岁后，白石曾五次游历名山大川，画了很多山水画稿。由于军阀混战，五十岁以后避难至北京，六十岁后定居北京，以书画、篆刻为生。好友陈师曾、徐悲鸿在画理上给他的影响很大。在将近一个世纪的时间里，白石老人创作了大量的书画、篆刻作品。白石的一生，是艺术创造的一生。

他的画继承了我国传统的绘画技法，兼有民间艺术的纯朴和文人画洗练的笔墨，构图新

颖，扩大了前人取材的范围，作画主张"妙在似与不似之间"。书法上综合了《麓山寺碑》、《三公山碑》、《天发神谶碑》、《爨宝子碑》和金农、吴昌硕等家之长，无论篆书、楷书都有一种结体峻整、笔势刚健古拙的特点，行书也挥洒自如、奔放奇纵。白石的诗作有浓厚的生活气息，题材信手拈来，有时又充满了诙谐幽默的情趣。在白石擅长的各项艺术中，他自己的评价是篆刻第一，诗词第二，书法第三，绘画第四。

白石的刻印初以浙派入手，后师赵之谦、吴昌硕、黄士陵等，又学《天发神谶碑》改变了他的刀法，学《三公山碑》改变了他的篆法，并把秦权量章法舒展、气势纵横的意趣融入印中，汉代将军印斜欹跌宕、乱头粗服、直往直来的作风也对他启发很大。他刻印最反对"摹、作、削、蚀"，而在章法上重视疏密的安排，整个作品具有一种气雄力厚、痛快淋漓的独特风格，开辟了篆刻艺术的新境界。他的作品国内外印行很多，有《借山吟馆诗草》、《白石诗草》、《齐白石画集》、《白石印存》、《白石老人自述》等。

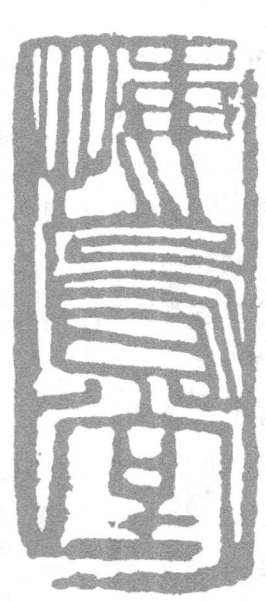

图 36.2.6 梅乌堂

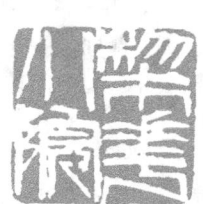

图 36.2.7 梨花小院

图 36.2.8 寻常百姓人家

3　丁尚庚

丁尚庚（1865—1935）字二仲，号潞河，后以字行，别署十七树梅花馆主人，祖籍浙江绍兴，出生于通州（今江苏南通）。少年时居北京，以画鼻烟壶谋生。后定居南京，曾在南京高等师范学校讲授金石学，有他人为之编集的《宾园藏印》二册、《熙园集印》八册出版。

丁尚庚幼年即好篆刻，每日在砖上摹古印数方。中年起留意古铜器凿款，摹古玺时常参以《散氏盘》、《毛公鼎》法，篆刻取法邓石如、吴让之、赵之谦、吴昌硕诸家。以切刀法仿汉印，也常结合大篆书体治印，破碎一任自然，不事修饰，印

图 36.3.1 棋枰诗卷小生涯

图 36.3.2 孟梅私印

图 36.3.3 味蔬园主

图 36.3.4 竹盒

图 36.3.5 养气壹性

图 36.3.6 生气远出

图 36.3.7 江南杨瀚

图 36.3.8 孟梅之印

坛对其毁誉不一。所作印有秦汉遗韵，有时也不拘成法，朱文当白文刻，白文当朱文刻，以求印章上的创新。邓散木评丁尚庚的印说："近代篆刻家除吴缶老（昌硕）、泥道人（赵石）而外，我最佩服的有两人，一个是通州丁尚庚二仲，一个是湘潭齐璜白石。"并认为丁尚庚与齐白石是"一时瑜亮，各有千秋"。

4　叶为铭

叶为铭（1866—1948）原名铭，字盘新，又字品三，号叶舟，原籍安徽歙县，世居杭州。善篆隶，能镌碑，尤精于篆刻。宗法秦汉，融会浙派，作品为时所重。与丁辅之、王福厂、吴石潜四人历数年苦心经营布置，终于创立了名扬海内外的印学团体——西泠印社。印社成立后，叶氏手篆"西泠印社社志"。著述有《广印人传》、《金石家传略》、《叶氏印谱存目》、《歙县金石志》、《叶氏手橅周秦钵印谱》、《列仙印玩》等。

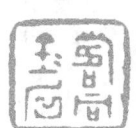　　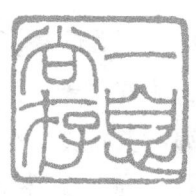

图 36.4.1 寿同金石　　图 36.4.2 一息尚存

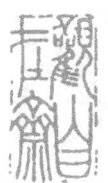　　

图 36.4.3 观自在斋　　图 36.4.4 小孩儿口没遮阑（拦）

　　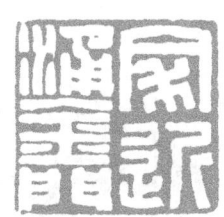

图 36.4.5 游丝牵惹桃花片　　图 36.4.6 家近涌金门

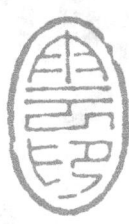　　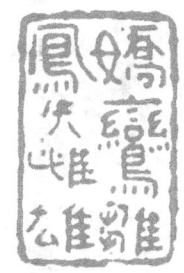

图 36.4.7 云印　　图 36.4.8 娇莺雏凤失雌雄

5　吴石潜

吴石潜（1867—1922）名隐，字石潜，号遯盦，又号潜泉，浙江绍兴人。是西泠印社四位创始人之一。"潜泉"就是西泠建社后，他在印社左壑所凿一穴泉涌如沸的小池，命名为"潜泉"，并以此为号。善书、画、刻印，尤以精制印泥著名。在上海广东路设店也名西泠印社，出售自制"潜泉印泥"，兼售篆刻用品。他爱好收集古印，精于

图 36.5.1 吴隐石潜丙辰　　图 36.5.2 双研山房
五十更号潜泉　　　　　高氏书画记

图 36.5.3 那桐之印　　图 36.5.4 生长西湖籍鉴湖

　　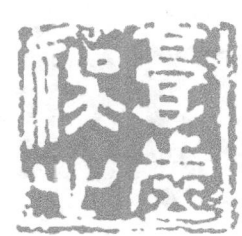

图 36.5.5 潜泉辛酉所作　　图 36.5.6 高处娱心

图 36.5.7 鄂州徐氏　　图 36.5.8 丁辅之钵

碑版。曾集古今名人楹帖缩刻于石，名《古今楹联汇刻》，又编《遯盦秦汉印选》、《西泠八家印谱》、《遯盦集古印存》、《遯盦印话》、《铁书》、《古陶存》、《泉存》、《博存》、《遯盦金石丛书》等多种。夫人孙织云也擅治印，尤长拓古代铜器款识及印章边款。吴氏手编印谱中的边款，即由其夫人手拓。

6　王大炘

王大炘（1869—1924）字灌山，亦作冠山，号冰铁，别署巏山民、南齐石室、食苦斋、冰铁戡，江苏吴县（今苏州）人。二十多岁后移居上海，以行医为业。特别癖好金石之学，得吴昌硕指授，

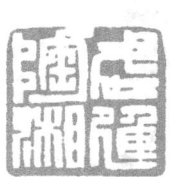 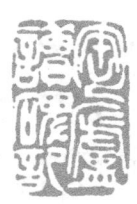

图 36.6.1 武进陶湘　　图 36.6.2 匋庐读碑记

 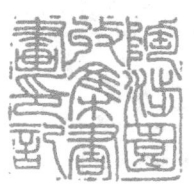

图 36.6.3 陶涉园　　图 36.6.4 陶涉园
收集碑志之记　　收集书画印记

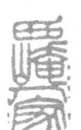 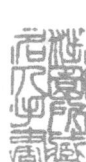

图 36.6.5 西崦人家　　图 36.6.6 涉园所藏名人手书

 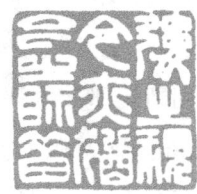

图 36.6.7 范家驹印　　图 36.6.8 后之视今亦犹今之视昔

对古玺印、封泥、钟鼎、镜铭、砖瓦、汉魏石刻文字以及皖、浙两派都有深湛的研究。其作品出入皖、浙两派间，变化甚多，尤其得吴让之、吴昌硕两家的精华。刻印速度较快，善对客奏刀，边闲谈边作印，一时名流都纷纷求刻。其作品深得艺坛赞许，与吴昌硕（苦铁）、钱瘦铁并称"江南三铁"。其著作有《匋斋吉金考释》五卷、《金石文字综》一百零五卷、《缪篆分韵补》五卷、《印话》二卷、《冰铁戡印印》五册、《王冰铁印存》二册及《石鼓文丛释》、《说玺》等。

7　易憙

易憙（1873—1941）原名廷熹、孺，字季复，号大厂，别署孺斋、念翁、肿翁、外斋、屯老、大厂居士、大岸居士等，广东鹤山人。早年肄业于广雅书院，又东渡日本留学，后居北京、上海，辛亥革命后长期居住上海，曾在暨南大学、国立音专

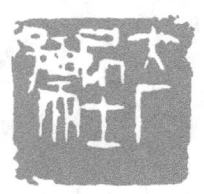 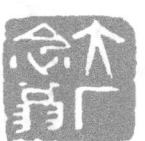

图 36.7.1 大厂居士孺　　图 36.7.2 大厂念翁

图 36.7.3 妙法莲花经　　图 36.7.4 大厂居士孺
浮图专宣

图 36.7.5 大厂居士诗书画记

图 36.7.6 易戚

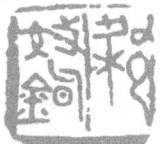
图 36.7.7 梁效钧

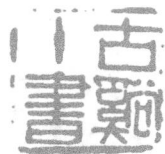
图 36.7.8 古谿主书

任教。在音乐、诗文、书画、篆刻方面都有很高的造诣。篆刻初学黄士陵，后专师古玺，以六朝造像法刻边款，别具情趣。著有《双清池馆集》、《大厂词稿》、《大厂画集》、《玦亭印谱》、《孺斋印存》等。

8　赵石

赵石（1874—1933）字石农，号古泥，自号泥道人，江苏常熟人。出身清寒，从小酷爱书法、篆刻，每天夜半即临池苦练。在一家药铺当学徒时，经其同乡启蒙老师李虞章介绍，在常熟拜吴昌硕为师。昌硕先生由于自己也是穷苦人出身，对贫苦的青年人学艺最能同情又乐于掖助。当见到赵石的篆刻作品后，觉得他颇有才气，不仅授以刻印要诀，还把他介绍到收藏金石书画十分丰富的老友沈石友家中去学艺。赵石在沈家住

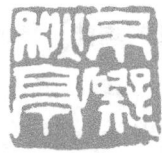
图 36.8.1 不碍秋亭

图 36.8.2 石道人

图 36.8.3 雨苍

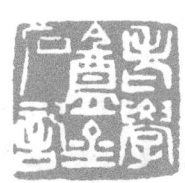
图 36.8.4 老学盦金石记

图 36.8.5 赵石私印

了几年，见识既广，艺术上进步极大，经过长时期的刻苦钻研，终于成为一位知名的篆刻家。他的篆刻变吴昌硕的圆笔为方笔，以奔放苍浑见胜，作品数量也多。沈石友喜藏砚石，砚铭多请老友吴昌硕落笔，均由赵石精心镌刻，拓为《沈氏砚林》四卷，艺林视为珍品。书法以颜体见长，苍老朴厚，与同里翁同龢晚年所书，难分轩轾。著作有《赵古泥印存》、《泥道人印存》及《泥道人诗草》等。

9　赵叔孺

赵叔孺（1874—1945）原名桐，初字献忱；后易名时㭎，字叔孺，号纫长，别署蠖斋、娱予室等，浙江鄞县（今宁波）人。因珍藏有汉延熹、魏景耀二弩机而自号二弩老人；辛亥革命后寓居上海，因滨河而居，早晚时闻舢船摇橹之声，故名书斋为"橹声宧"；因宝爱南朝佛像题名，又以"南碧龛"名其室。他书画、篆刻无一不精。好收藏，有商周秦汉铜器数百件，其中以"叔氏宝林钟"、

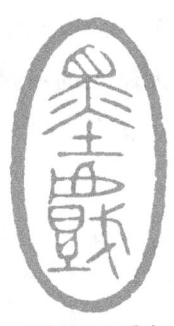
图 36.9.1 墨戏

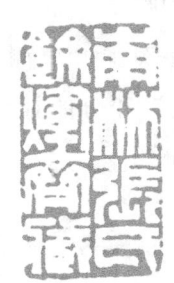
图 36.9.2 南林张氏徐辉斋藏

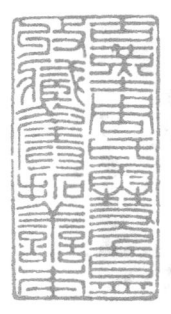

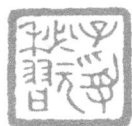

图 36.9.4 子受秘玩

图 36.9.5 秦淦私印

图 36.9.3 古菫周氏雪盦收藏旧拓善本

图 36.10.1 钧衡长寿

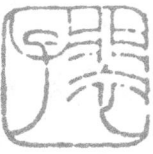

图 36.10.2 裴子

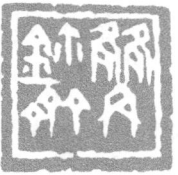

图 36.10.3 双铢斋

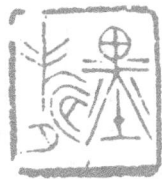

图 36.10.4 墨寿

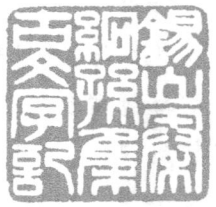

图 36.9.7 锡山秦绸孙集古文字记

图 36.9.6 蛟川方氏半闲庐珍藏书画之印

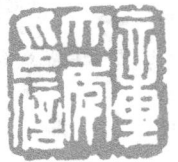

图 36.10.5 童大年印信

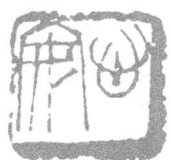

图 36.10.6 心安

图 36.9.8 毗陵汤涤定之

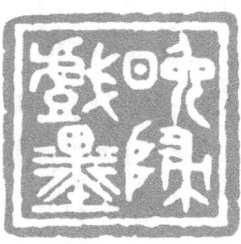

图 36.10.7 晚归戏墨

图 36.10.8 曾蹇之印

"师虎簋盖"、"虢叔簠"、"中王父敦盖"、"魏景初元年帐铜钩"等为精品。所画花鸟草虫名重一时,尤擅画马,传说十岁就能当众挥毫画马。书法工四体书,受赵孟頫、赵之谦影响颇深。

他的篆刻影响最大,初学浙派,后学邓石如、赵之谦,取法秦汉玺印又兼及宋元圆朱文,仿汉印之作秀雅中见雄劲朴茂,刻圆朱文章法匀整、刀法流畅,全无板滞疲软之病。当时的书画家和收藏家都以得到他的印章为乐事。现代著名篆刻家叶潞渊、陈巨来都为赵氏的高足。著有《汉印分韵补》、《二弩精舍印谱》、《赵叔孺画册》。

10　童大年

童大年(1874—1955)原名暠,字心安,又字醒盦,亦作心庵,恂谐,号性涵,惺堪、心龛,因排行第五,其父字松君,故又号金鳌十二峰松下第五童子,上海市崇明人。西泠印社社员。抗日战争后,移居上海沪西。书画、篆刻均能。精研六书,能作四体书;画以花卉为主,秀逸有致;篆刻以汉为宗,兼及浙、邓各派,喜用大篆入印。其作品有《依古庐篆痕》、《童子雕篆》等。

11　赵云壑

赵云壑(1874—1956)名起,字子云,号云壑、铁汉、老壑、壑道人、壑山樵子、云壑子,晚年号半秃壑、半秃樵人、泉梅老人,江苏苏州人。从

图 36.11.1 鋆公无咎

图 36.11.2 鋆山遗民

图 36.11.3 子云长寿

图 36.11.4 赵氏云鋆长年

图 36.11.5 人书俱老

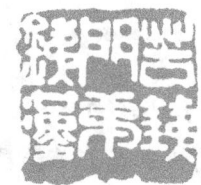
图 36.11.6 苦铁门弟（第）铁汉

图 36.11.7 子云长寿

图 36.11.8 鹤寿

小爱好书画，曾从秦子卿、李农如、任立凡诸家学艺，三十岁以后受教于吴昌硕，绘画以花卉、山水为长，取法青藤、石涛、石豁、八大以及吴昌硕，汲其神髓而不袭其貌。吴昌硕评他的画说："子云作画信笔疾书，如素师作草，如公孙大娘舞剑器，一本性情，不加修饰。"工四体书，楷学颜真卿、柳公权，行学米芾、王铎，草学怀素、祝允明，隶学《张迁》、郑簠，篆书得力于《石鼓》、《泰山刻石》、《琅玡台刻石》。篆刻宗法吴昌硕，又力追秦汉，古朴渊雅。其书画、篆刻之名于中年起即闻名于海内外。

12　陈衡恪

陈衡恪（1876—1923）原名衡，字师曾，号槐堂，别署朽道人、朽者、唐石簃、染仓室等，江西义宁（今修水）人。为近代著名诗人陈三立（散原）之长子，

图 36.12.1 陈衡恪印

图 36.12.2 朽者

图 36.12.3 陈衡恪

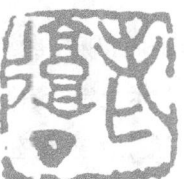
图 36.12.4 老复丁

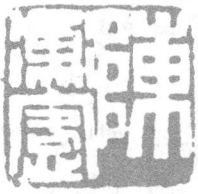
图 36.12.5 陈衡恪

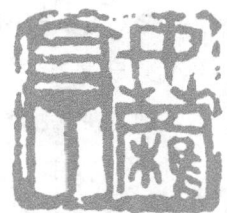
图 36.12.6 女萝亭

是吴昌硕的得意弟子。与齐白石的交谊很深，在艺术上互相影响，齐白石曾有"君无我不进，我无君则退"的诗句。留学日本时，与鲁迅同在弘文学院学

图 36.12.7 蔡以镜

习。归国后，任北洋政府教育部编审和北京高级师范、北京美专教授。与鲁迅同在教育部社会教育司任职时，由于对金石文物有共同的爱好，公余常一起到琉璃厂搜集各种碑刻拓片等。后来鲁迅将搜集到的两汉和六朝碑版、砖文、画像等拓本数百种，编成《俟堂专文杂集》。之后，他们也常互赠金石拓片。

陈衡恪还为鲁迅刻印数方,鲁迅翻译出版的《域外小说集》,封面上的五个篆字书名即是陈衡恪手笔。

陈衡恪在诗文、书画、篆刻方面都有很高的造诣。他的篆刻虽取法吴昌硕(因昌硕亦名仓石,故取书斋名为"染仓室"),但他只学其神而不袭其貌。他以冲刀刻印,生辣而含蓄,章法疏密有致而时有巧思。

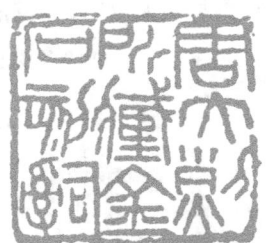

图 36.12.8 周大烈所藏金石刻辞

无论金石书画,都显示其非凡的才气。1922年因奔母丧而得病,次年不治而殁。他中年夭逝,否则在艺术上定会有更大的成就。著有《槐堂集》、《不朽集》、《染仓室印存》六卷。

13 丁辅之

丁辅之(1879—1949)原名仁友,改名仁,字辅之,号鹤庐、守寒巢主,杭州"八千卷楼"丁氏之后人。精鉴别,富收藏,能书善画,亦工篆刻。他篆刻用刀劲健,布局安详,得浙派之趣。对甲骨文极有研究,喜书写甲骨文集联。1904年与叶为铭、王福厂、吴石潜四人联名发起组织"保存金石、研究印术"为宗旨的西泠印社,公推金石书画家吴昌硕为

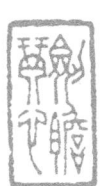  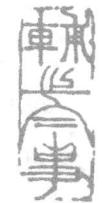

图 36.13.1 剑　　图 36.13.2 张　　图 36.13.3 辅
胆琴心　　　　宗祥印　　　　之白事

 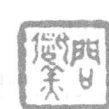 

图 36.13.4 止安　图 36.13.5 问夔　图 36.13.6 宗成之钵

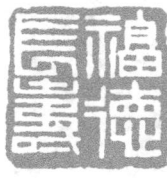 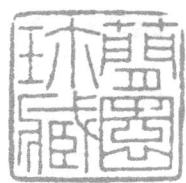

图 36.13.7 福德长寿　　图 36.13.8 简园珍藏

社长。毕生以极大的精力、财力收集珍藏西泠八家的印章作品。尽管印章昂贵,每闻有出让者,必亲临之,以家中珍藏的古董字画交换,甚至变卖家中财物购取,然后编选成谱。有《西泠八家印选》行世,还参加了大型丛书《四部备要》的出版工作。

14 李尹桑

李尹桑(1880—1945)原名茗柯,号铩斋,又号壶甫,原籍江苏吴县(今苏州),客寓广州。是黄士陵的学生。他书画、篆刻兼擅。画以花卉为主,书法工篆、隶书。篆刻作品基本取法老师黄士陵的作风,只是不及老师刻得平直、生辣、错落。著作有《大同石佛龛印存》等。

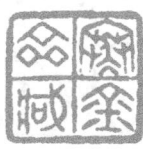 

图 36.14.1 寒金斋藏　　图 36.14.2 赤堇赵氏之钵

图 36.14.3 延阁长寿

图 36.14.4 先黄石斋一日后唐伯虎四日生

三十六、近代和现代主要篆刻家

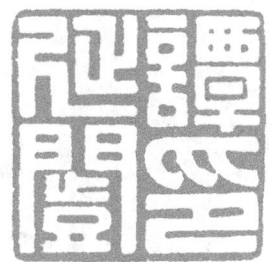

图 36.14.5 谭延闿印

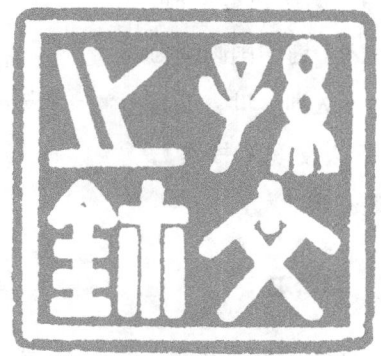

图 36.14.6 孙文之钵

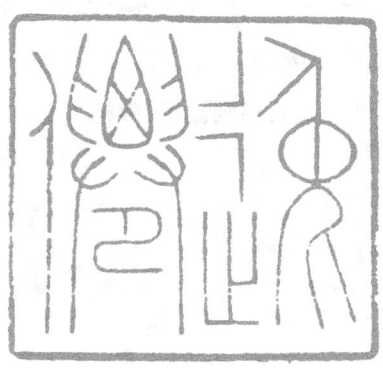

图 36.14.7 逸仙

15 王福厂

王福厂（1880—1960）原名寿祺，号维季，后更名褆，字福厂，别号罗刹江民、印傭，晚号持默老人，书斋名麋砚斋，浙江杭州人。是西泠印社的主要创始人之一。他出生在书香门第，幼承庭训，耳濡目染，从小在金石书画方面打下了坚实的基础。他的书法以篆、隶脍炙人口，广泛从金文、石鼓文、秦权诏版、汉碑额、玉箸铁线篆中吸取优良传统，而融化发展成自己独特的典雅、恬穆、圆劲的风格。他的玉箸铁线篆得《泰山》、《琅琊》、《峄山》等石刻的神韵，所书《说文部首》至今仍是初学篆书的范本。

图 36.15.1 千载笔法
留阳冰

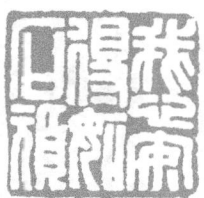
图 36.15.2 我心安得
如石顽

图 36.15.3 束云作笔海为砚

图 36.15.4 苦被微官缚低头
愧野人

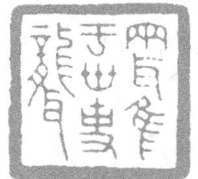
图 36.15.5 两耳唯于世事聋

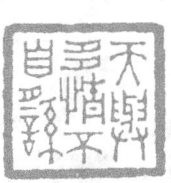
图 36.15.6 天与多情不自由

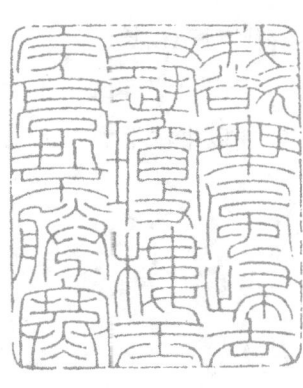
图 36.15.7 我欲乘风归去又
恐琼楼玉宇高处不胜寒

王福厂的篆刻从秦汉入手，后兼及皖、浙两派及吴熙载、赵之谦诸家。他的白文印把汉铸印浑厚庄穆的风格，结合在浙派的切刀中，其细朱文刀法使转自如，章法周密精巧，秀逸雅静。他常教海学生刻印必须从谨严入手，务求稳妥，待有了一定的基础后再求奔放。他还要求学刻一定要重视书法："知书善写治印之本，若徒见刀石而无笔墨，格终不高。"王福厂的刻款无论行、楷、篆、隶,都十分工稳秀美。著有《福庵藏印》、《麋砚斋印存》。

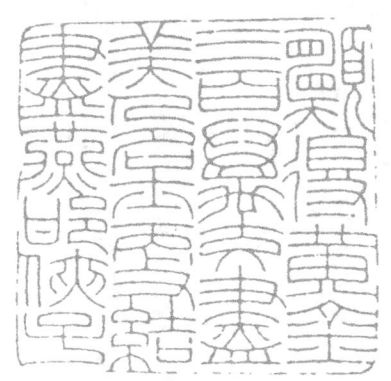

图 36.15.8 愿得黄金三百万交尽美人名士更结尽燕邯侠子

16 李健

李健(1881—1956)字仲乾,别署崔然居士,江西临川人,寄居上海。为著名书画家清道人(李瑞清)之侄。清末毕业于两江优级师范图画手工科,是清末的拔贡,曾做过内阁中书的小官。后主要从事艺术教育事业。在游南洋期间,曾任槟榔屿师范校长。

李氏于艺事无所不窥,能真、草、隶、篆四体书,偶以书法笔意作人物,花卉、山水均饶有佳

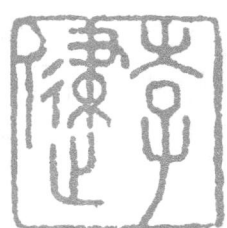   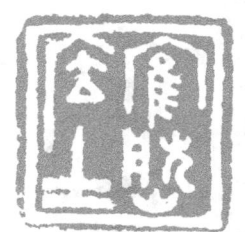

图 36.16.1 李健　　　图 36.16.2 崔然居士

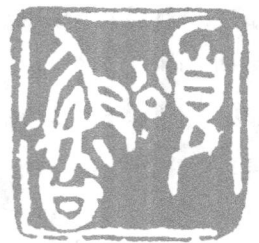   

图 36.16.3 颂鲁　　　图 36.16.4 生欢喜心

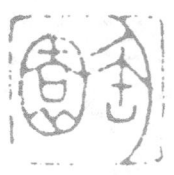   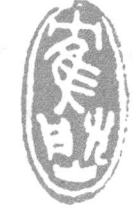

图 36.16.5 匋圃　　　图 36.16.6 崔然

趣。通金石、擅治印,所作谦和纯正,蔼然长者之风。建国后,入上海中国画院为画师,后不久即去世。著有《中国书法史》、《书通》、《金石篆刻研究》等。

图 36.16.7 中乾写意

17 邓尔疋

邓尔疋(1884—1954)原名溥,后改名万岁,字季雨,号尔疋,广东东莞人。曾留学日本攻读美术,归国后在北京任职,不久辞职回广东。作为一个广东人,他能操一口流利的北京话,颇为少见。他家中收藏金石书画甚富,故精于鉴赏考证,并致

图 36.17.1 邹寿祺印　　　图 36.17.2 不若与刘君为寿

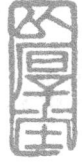      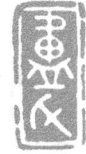

图 36.17.3 以厚堂　　图 36.17.4 彤管室　　图 36.17.5 卢氏

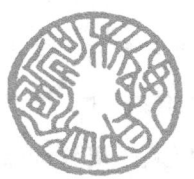   

图 36.17.6 花好月圆人寿　　图 36.17.7 交尽美人名士

力于文字训诂之学。他最服膺黄士陵,对黄士陵的篆刻在广东的发展,起了很大的作用。他在南方印坛有一定的影响,不管刻古玺、汉印、元押、图案印,还是学邓石如、赵之谦,皆用黄士陵的冲刀法出之。邓尔疋晚年居香港,鬻书治印自给。著有《文字源流》、《邓斋笔记》、《艺觚草稿》等。

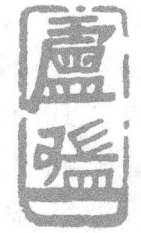

图 36.17.8 卢瑞

18 寿钵

寿钵(1885—1950)字石工,号印丐,斋名有辟支堂、容镂、蝶芜斋(取赵之谦"二金蝶堂"和吴昌硕"饭青芜室"之意)、冷荷亭长、绿天精舍、石尊者等,浙江绍兴人。他博闻强记,在父亲的指导下,从小即熟诵经史,才思敏捷,精于填词。毕业于山西大学,与著名学者徐森玉为同窗好友。辛亥革命前,曾参加老同盟会,后参加南社,与柳亚子先生为挚友。曾与陈师曾等一同筹创北京美术专门学校,先后在北京女子文理学院、师范大学、艺术学院等教授古文、篆刻等课。书法以欧阳询为基础,参以金石文字及玺印的章法。所作长短句格律谨严,功力深厚。他本人对长短句也十分自负,曾于遗嘱中要求在墓碑上刻"词人寿钵之墓"。其篆刻初师浙派与赵之谦、吴昌硕,五十岁后专师黄士陵,是位多才多艺的艺术家。

图 36.18.7 土厚水深醉气重

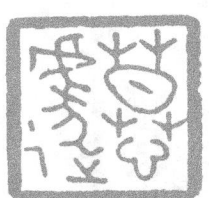

图 36.18.1 慕遽

图 36.18.2 石尊者

图 36.18.3 凤庭

图 36.18.4 印丐所作

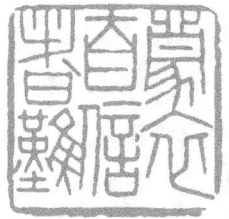

图 36.18.5 蒙衣自信者难

图 36.18.6 熊正瑗印

19 唐醉石

唐醉石(1886—1969)名源邺,字季侯,号醉龙,别署醉石山农、醉翁,书斋名休景斋、醉石山房,湖南长沙人。自幼父母早逝,随外祖父在杭州谋

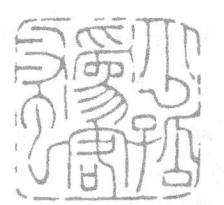

图 36.19.1 少孤为客蚤(早)

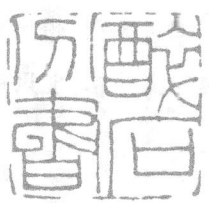

图 36.19.2 醉石分书

图 36.19.3 节厂印泥

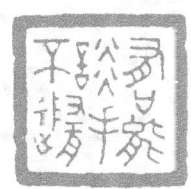

图 36.19.4 有口能谈手不随

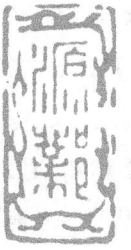

图 36.19.5 源邺

图 36.19.6 长沙唐源邺醉石印信

生。其外祖父为学识渊博的前清翰林，擅长汉隶，尤精于金石书画。唐醉石从小在外祖父的熏陶影响下，与金石书画结下了不解之缘。因他酷爱书法、篆刻，不仅自号醉石，还以醉石山房为斋名。1904年左右，丁辅之、王福厂、吴石潜、叶为铭在杭州发起创建西泠印社时，仅十九岁的唐醉石也热心参加建社活动，由王福厂介绍加入了印社，并得到其外祖父的支持，将其西湖孤山上的一别墅赠给印社做社址。他后来北上在故宫担任文物鉴定的工作，常得以与当时的一些学者名流交流探讨艺术。建国后担任湖北省文物管理委员会主任之职，并创办湖北省第一个书法篆刻组织——东湖印社。

唐醉石的篆刻受浙派影响较大，并以汉印中的铸印为宗，规矩而不板滞，严谨而生动。他曾经说过："世人皆以汉铜印斑驳为美。其实汉铜印的妙处在于浑厚，看似平平，而内美其中，韵味无穷。年轻人血气方刚，病在外露，我年轻时也是霸悍过人，慢慢才领悟到大巧若拙、大智若愚的道理。"可惜，他只有极少数的文章行于世。

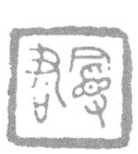 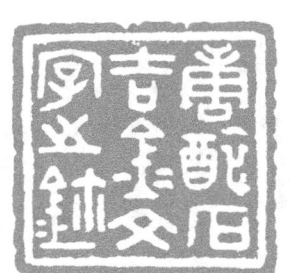

图 36.19.7 曼君　　　图 36.19.8 唐醉石吉金文字之钵

20　简经纶

简经纶（1888—1950）字琴斋，别署琴石、一琴，斋名千石楼、千万石居等，广东番禺人。他致力于书法、篆刻数十年，对甲骨、金文、汉隶、章草、六朝碑刻、玺印、元押等无不精熟，且致力于书刻之间的相互渗透提高。为得古拙之趣，喜以宿羊毫及麻笔书写他擅长的甲骨文。其甲骨文入印最为人称道。民国初年以甲骨文入印者有易憙、杨仲子和简经纶三人。易憙偶尔为之；杨仲子以金文笔意融入甲骨，所作古拙朴厚；简经纶所刻甲骨文，刀笔挺健，传达了甲骨文的神韵，其边款有时也喜以甲骨文出之。他的印一般文字不太多，也不刻皖、浙两派的风格，常于三五字内错落参差，不事修饰，故有一种自然雅逸之美。

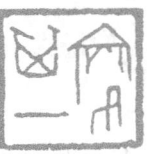　　

图 36.20.1 处其一　　图 36.20.2 颐居千万

　　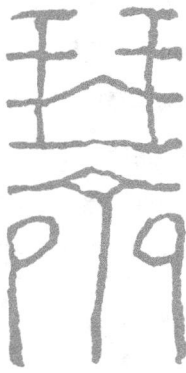

图 36.20.3 至乎以弗解之

图 36.20.4 游乎万物之祖　　图 36.20.5 琴斋

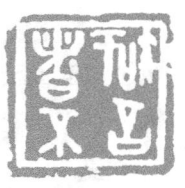　　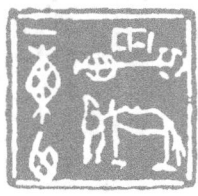

图 36.20.6 知者不言　　图 36.20.7 车马一东西

作品有《千石楼印识》、《琴斋印留》二集、《甲骨文集古诗联》、《琴斋书画印集》等。其中《千石楼印识》全书一卷不收篆刻作品，仅是在石上以刀代笔，临摹各类书体，使书法篆刻熔于一炉，实属创新之作。他在上海居留甚久，与易憙、吴湖帆、郑午昌、马公愚、溥心畬、张大千等时有往还，兴到时，也能画松石山水。抗日战争胜利后,移居香港,课徒为生,1950年在香港病逝。

21 杨仲子

杨仲子（1888—1962）别号一粟斋道人,江苏南京人。清末在格致书院毕业后,曾留学法国及瑞士,学习化学与音乐,成为著名音乐家。学成回国后,先后在北京大学、北平艺术学院、重庆女子师范学院、南京戏剧专科学校等处教授音乐。建国后任南京市文物保管委员会主任。

他是个多才多艺的艺术家,除了音乐,还长于文学及篆刻,喜以金文入印,章法错落有致,颇得齐白石的称道,著名画家徐悲鸿所用印章,大多出自其手。但其刀法较木,致气韵不能生动。作品集有《漂泊西南印集》、《怀沙集》等,惜未出版。

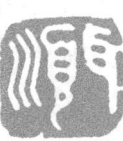

图 36.21.1 耳顺

图 36.21.2 无限江山　　图 36.21.3 相见时难别亦难

图 36.21.4 多情自古伤离别　　图 36.21.5 福慧双修

图 36.21.6 哀吾生之须臾　　图 36.21.7 是知其不可而为之者

22 马公愚

马公愚（1889—1969）原名范,号冷翁,书斋名石簃,浙江永嘉（今温州）人。他有一方自刻印"书画传家二百年",因永嘉马氏自清乾嘉以来,以诗文书画传家历二百年。自幼接受其父的训导,十五六岁时书法在乡里已小有名声,后得书画名家张宗祥赏识,颇受教益。他具有深厚的碑帖功底,篆、隶、真、草无一不精。篆刻最得小玺与汉印神韵,又参以秦权量、诏版文字,使其作品风格为之一变。喜用劲健的马毫作书,能用多种笔法临写各种碑帖。

图 36.22.1 子安　　图 36.22.2 黄立钧　　图 36.22.3 李公朴

图 36.22.4 宜滋审定　　图 36.22.5 洪士豪印

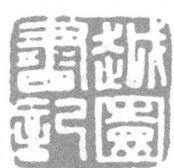 

图 36.22.6 越园书记　　图 36.22.7 漫郎

马公愚早年曾创办永嘉启明女学、东瓯美术会及中国美术专科学校,热心于美术教育事业。居上海期间,在大夏大学、上海美专任教。曾任上海美术会理事、中国画会理事、中华艺术教育社常务理事、书法家协会会员、文史馆馆员、西泠印社社员、上海中国画院画师等职。著有《书法讲话》、《书法史》、《公愚印谱》、《畊石簃杂著》等行世。

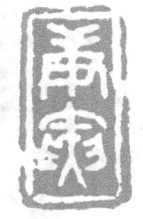

图 36.22.8 庚寅

23 乔大壮

乔大壮（1892—1948）名曾劬，字大壮，别署壮殹、波外翁，四川华阳（今双流）人。精通诸子百家，有很深厚的文学修养，对小学、金石、碑刻也素有研究。篆刻并无师承，初师皖、浙两派，三十岁以后潜心学习黄士陵平正劲挺的作风，在取资广博、章法结构、冲刀刻法方面都受到黄士陵的极大影响，故而他的篆刻作品也有工整稳健的面目，喜以大篆文字入印。他平生不爱刻名章而爱刻闲章，所选文句完全可以表达他的思想、心境和意趣，这是与他具有深湛的文学修养以及他重视篆刻的艺术价值分不开的。

图 36.23.1 沈尹默印

在北京鲁迅故居那间著名的"老虎尾巴"里，挂着一副集《离骚》的对联"望崦嵫而勿迫，恐鹈鴂之先鸣"，就是当年鲁迅先生请乔大壮写的。他年轻时在教育部任图书审定处审定专员，与鲁迅先生对桌办公达四年之久，两人关系十分密切。他曾为鲁迅先生治过数印，之后又有书信来往。抗日战争胜利后，曾执教于台湾大学，后逝世于苏州。著作有《波外楼诗》二卷及《波外乐章》二卷，友人集其篆刻作品辑为《乔大壮印蜕》二卷。

24 王个簃

王个簃（1896—1989）名贤，字启之，号个簃，别署霜荼阁，江苏海门人。自幼即好诗、书、

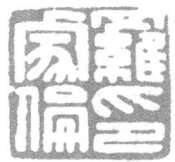

图 36.23.2 罗家伦印

图 36.23.3 沈尹默

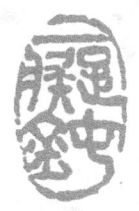

图 36.24.1 痴钝

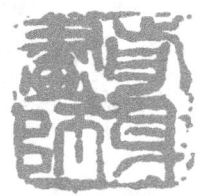

图 36.24.2 前身画师

图 36.23.4 树人六十以后作

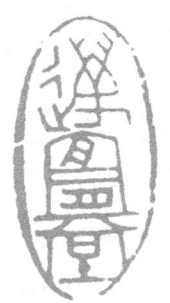

图 36.23.6 迈宜堂

图 36.24.3 偶然拾得

图 36.24.4 不修边幅

图 36.23.5 尹默

图 36.24.5 味道之腴

图 36.24.6 急就

图 36.23.7 潘伯鹰印

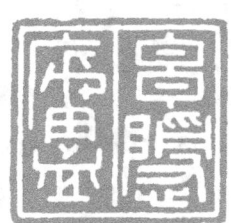

图 36.23.8 玄隐庐

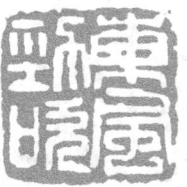

图 36.24.7 东风劲吹

图 36.24.8 百年七万二千饭

画、印。后得诸宗元、李苦李引荐，拜吴昌硕先生为老师，并入吴寓担任家庭教师，朝夕与昌硕先生相处，是吴派艺术的传人。他的书法以金文、石鼓为基础，所书富有浓厚的金石气息。他以篆籀笔法入画。尤擅藤本花果。精于诗文，早年常与昌硕先生唱和。他才思敏捷，往往画成诗到。刻印从汉印入手并继承了昌硕先生的风格，乱头粗服，富于天趣。

王个簃也是一位著名的艺术教育家，曾在新华艺术大学、中华艺术大学、东吴大学、昌明艺专、上海美专任教授。曾为上海中国画院副院长、上海美协副主席、西泠印社副社长、交通大学美术顾问等。著作有《个簃画集》、《个簃印指》、《王个簃画集》、《个簃印存》、《霜茶阁诗抄》、《个簃题画诗选》等。

图 36.25.1 味菓墨戏

图 36.25.2 雪压冬云白絮飞

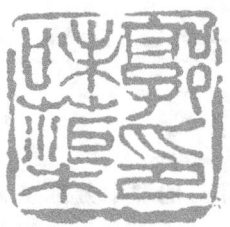
图 36.25.3 郭味蕖印

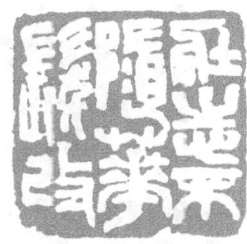
图 36.25.4 壮志不随华发改

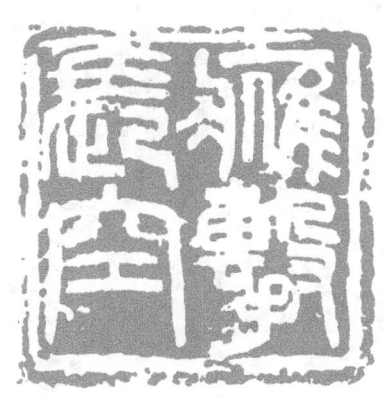
图 36.24.9 鹰击长空

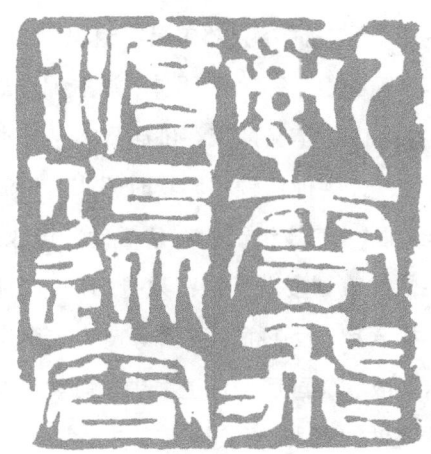
图 36.25.5 乱云飞渡仍从容

25　钱瘦铁

钱瘦铁（1897—1967）名崖，字叔厓，号瘦铁，斋馆名瘦铁宧、梅花书屋、峰青馆、磅礴轩、契石堂、一席吾庐、煮墨盦、临江观日楼、芋香宧、宝董室、翦淞阁、天池龙泓砚斋等，江苏无锡人。早年清贫，十四岁时到当时苏州的刻碑能手唐仁斋所开设的汉贞阁碑帖铺当学徒，耳闻目睹，使他自小学得了一套鉴别碑帖的知识，并由此得识大崔山人郑文焯和俞语霜，向他们学书画、篆刻，又由郑文焯介绍认识了当时寓居在苏州的吴昌硕。经吴昌硕先生悉心指导，艺事大进。十九岁至上海鬻艺为生，其篆刻已颇有名声，当时将他和吴昌硕（苦铁）、王大炘（冰铁）并称为"江南三铁"。

图 36.25.6 梁谿钱氏图书

1921年他应日本名画家桥本关雪之邀，去日本京都举行个人书画篆刻展览。他的艺术备受日本人士的赞赏，如西泠印社日本籍社员、日本

图 36.25.7 无限风光在险峰

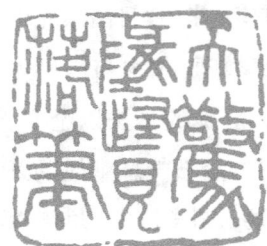

图 36.26.1 天惊地怪见落笔

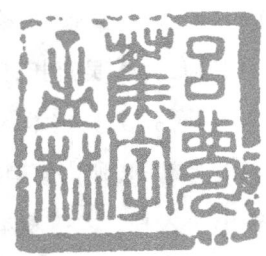

图 36.26.2 吕梦蕉字孟椒

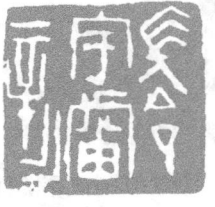

图 36.26.3 长令宇宙新

图 36.26.4 春賸（剩）手墨

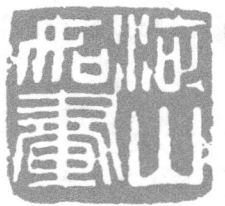

图 36.26.5 河山如画

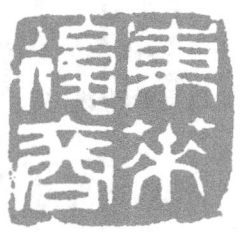

图 36.26.6 东莱后裔

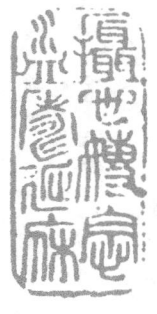

图 36.26.7 摄心专念益寿延庥

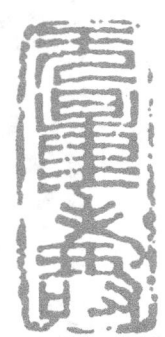

图 36.26.8 无量寿

著名篆刻家长尾甲、河井仙郎对他都十分推重。在日期间与桥本关雪等共同组织了"解衣社"书画会。回国后应刘海粟先生之聘，任上海美专国画系主任，又与孙雪泥、郑午昌等组织了"蜜蜂画社"、"中国画会"等美术团体，并主编《美术生活》画报。1935年又携家眷侨居日本。日本创办《书苑》杂志，聘他任顾问。其时郭沫若正流亡日本，也参加《书苑》组织的一些活动。抗战爆发，郭老在他的策划资助下秘密只身归国，而他却因此被拘捕入狱，后在桥本关雪等友人的奔走下始得提前释放。建国后他任上海中国画院画师。

钱瘦铁的草书学孙过庭；篆书学石鼓及秦诏版，参以草书笔意；隶书取法《张迁碑》、《石门颂》和汉简。山水、花卉画宗石涛、石豁（髡残）、青藤（徐渭）。他的篆刻初看毫不经意，似信手刻来，其实他每刻一印必反复拟稿，故方寸间总能气势夺人。刻印最初从汉印入手，后受吴昌硕影响较大，但并不以形似为满足。在此基础上，他又摄取周秦金石文字的神韵，使自己的作品有一种不拘成法、恣肆多变的新面目。著有《瘦铁印存》二卷。

26 邓散木

邓散木（1898—1963）原名铁，字钝铁，号粪翁，晚年因病腿而截去一足，故又号一足、夔，上海人。因其长于书法、篆刻、作诗，短于绘画、填词，故名其书斋为三长两短斋，又曾用厕简楼作斋名。他是一个勤奋多产的艺术家，晚年即使因病腿而截去一足，仍以顽强的毅力从事书法、篆刻与著述。由于他熟谙六书，了解文字的演变由来，故他的篆刻结体与章法能反复变化，自出新意。无论对金文、石鼓，还是历代名家墨迹，他都无不心追手摹。工四体书，行草书学"二王"，篆书初学萧蜕盦、吴昌硕，后融合甲骨、金文、小篆与竹木简，形成自己的风格。篆刻取法赵石，结体章法变化莫测，而又合乎传统，气魄宏大，极尽朱白穿插之能事。他的印以险中取胜为长，刀法苍劲有力。对印边的处理能融入封泥、匋甓，能结合印文的虚实疏密而作出独到的合理安排。其著作有《篆刻学》等。一生留下五十多本印谱、五千多方印拓。

27 朱复戡

朱复戡（1900—1989）名起，五十岁以前名义方，字百行，号静龛，浙江人。从小即好书法，当年吴昌硕在他常去的怡春堂笺扇庄，看到了他七岁时写的一幅正在装裱中的八尺五言石鼓集联，即大加赞赏，并当面称他为了不起的神童。十几岁时参加以吴昌硕为名誉会长的"题襟馆"，是该社最年轻的会员。十九岁时，经昌硕先生推荐，出版了第一部印谱《静龛印存》。早年留学法国，学成后曾应刘海粟先生之聘，任上海美专教授。建国后从事美术设计工作，因工作而留在山东济南。曾任山东省书法家协会常务理事、西泠印社理事、山东省泰安市政协委员。

他的书法曾得沈曾植、康有为等指点，尤以厚重拙朴的篆籀见长。篆刻初师吴昌硕，能得其神。后来接受了昌硕先生的指导，取法秦汉印，并广泛临摹三代金石文字，融会贯通，创出新路。所以他的书法、篆刻都能食古而化，具有自己的面目。他的作品除早年所出《静龛印存》外，还有《复戡印存》、《大篆字帖》等。公元前219年所刻的有二百二十三字的《泰山刻石》，后仅存九个半字，由他应请按原样重书修复。

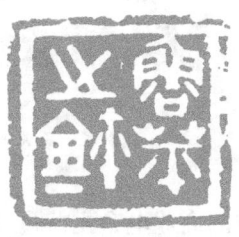
图 36.27.1 鲁萃之钵

图 36.27.2 和为贵

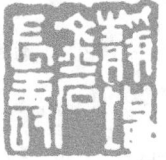
图 36.27.3 静堪金石长寿

图 36.27.4 静堪

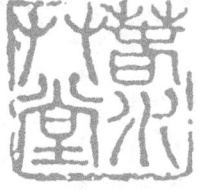
图 36.27.5 春水草堂
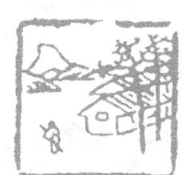
图 36.27.6 画印

图 36.27.7 陶一清

图 36.27.8 雪涛周甲后画

28 沙孟海

沙孟海（1900—1992）原名文若，以字行，别署石荒、沙村、兰沙等，斋名兰沙馆，浙江鄞县（今宁波）人。是著名艺术大师吴昌硕的弟子，早年从同里冯开（君木）学习诗文。书法上功力极深，结构严密，笔力苍劲。他的篆刻，早年无论章法、刀法都取法老师吴昌硕，后来又从玺印中吸取营养，使作品更具神采。生前为中国书法家协会副主席、书协浙江省分会主席、西泠印社社长、浙江省博物馆名誉馆长、浙江美术学院教授等。作品有《印学概论》、《兰沙馆印式》、《沙孟海书法集》、《文物镏说》、《近三百年的书学》、《中国书法史图录》、《印学史》、《沙村印话》等。

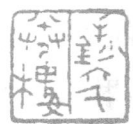
图36.28.1 手钞六千卷楼

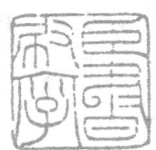
图36.28.2 臣书刷字

图36.28.3 沙文若钵

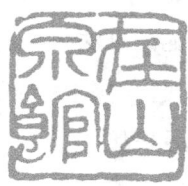
图36.28.4 在山泉馆

图36.28.5 大司农印

图36.28.6 凿山骨

图36.29.1 季明私印

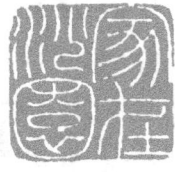
图36.29.2 家在沙园

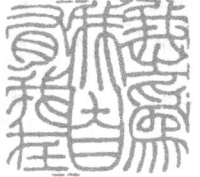
图36.29.3 我之为我自有我在

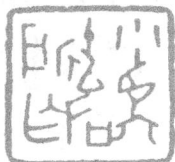
图36.29.4 少昂六十以后所作

图36.29.5 定陵侯印

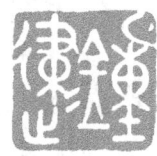
图36.29.6 锺建

图36.29.7 戴戟

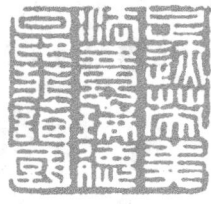
图36.29.8 足迹英美法意瑞德日印菲诸国

29　冯康侯

冯康侯（1901—1983）名彊，后以字行，别署老冯、老康、康翁、可叵居主人，嗜甜食，因号糖斋，晚年病目，自号眇叟，斋馆名咫尺蓬莱馆、意在斯楼、可叵居，广东番禺人。少小聪慧，十岁左右即从长辈学花鸟画，十二岁随叔父东渡日本进初中，继入东京美术专科学校攻实用美术，并习篆刻，风格私淑晚清篆刻大家黄士陵，后师事刘庆嵩习六书及金石、篆刻之学。返国后一度为京剧表演大师梅兰芳设计舞台布景，大受观众欢迎。京中名士对他的篆刻艺术也推崇备至，誉为"广东青年印人"。二十余岁时受聘于北京印铸局。当时，篆刻家唐醉石任印信科科长，王褆任篆刻课课长，相处十分融洽。之后辗转于广州、澳门、九龙、香港之间，并多次举办展览。抗战胜利后，在广州担任中华书局编辑，并历任香港联合书院、德明、香江、华侨、经纬等大专院校训诂学、文字学教授，并在香港商业电台主持过"写正字读正音"和"成语讲座"的节目主持人，为传播、普及汉语、文字学作出了贡献。

他曾创办"南天印社"，连不少日本篆刻爱好者也慕名远道而来投师门下。他的治印融汇皖、浙两派并博采诸家之长，遒逸朴茂，独树一帜。所作圆朱文，娟好如美女子。有《冯康侯书画印集》、《冯康侯印集》、《冯康侯书画篆刻》等作品集行世。

30　方介堪

方介堪（1901—1987）名岩，字介堪，书斋名玉篆楼,浙江温州人。擅长书法、篆刻及古物鉴赏。篆刻初师吴让之,继而专攻秦汉玺印。他的仿汉玉印作品,浑厚稳重,功力极深。他对古代玉印作品一直有深湛的研究,曾搜集各种印谱中稀见之玉印,钩摹而辑《古玉印汇》一书。鸟虫书作品也深得古意。另外,他还花费多年精力钩摹古玺印文字编成《玺印文综》。著名画家张大千的用印,早年为他自己所刻,中年为陈巨来所刻,居北京西山时,大半为方介堪所刻。

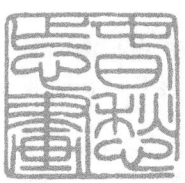
图 36.30.1 春愁怠画

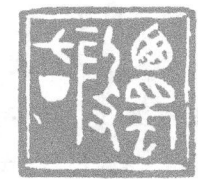
图 36.30.2 西蜀段七丁

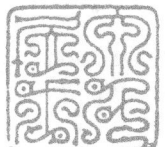
图 36.30.3 大千居士

图 36.30.4 张大千氏

图 36.30.5 叔通有金石文字之好

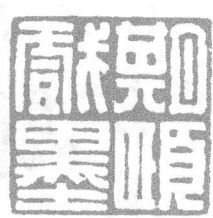
图 36.30.6 期颐戏墨

图 36.30.7 张爰私印

图 36.30.8 云璈锦瑟争为寿

31 来楚生

来楚生(1903—1975)原名稷勋,字楚凫,号然犀、负翁、一枝、木人、非叶等,别署安处、安处先生、安处楼、然犀室,晚年改字初生,亦作初雨(升),浙江萧山(今属杭州)人。毕业于上海美专,抗日战争后一直在上海美专和新华艺专靠教学和鬻艺自给。他是位对书画、篆刻都有精深造诣的艺术家。绘画以传统花鸟最为人称道,其作品布局奇峭、格调清新、笔墨简练,无论一花一木,还是禽鸟鱼虫,无不生机勃勃,惹人喜爱。擅四体书,成就极高,初宗黄道周,后融六朝碑刻、造像、汉木简,使他的篆、隶、行、草都有自己鲜明的风格。书法上的成就使他的绘画、篆刻也格调高雅,不同凡响。篆刻初宗

图 36.31.1 长毋相忘

图 36.31.2 大处落墨

图 36.31.3 惜墨如金

图 36.31.4 处厚

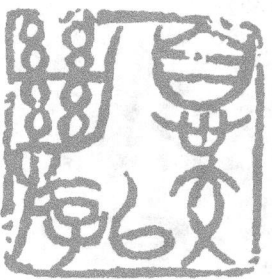
图 36.31.5 息交以绝游

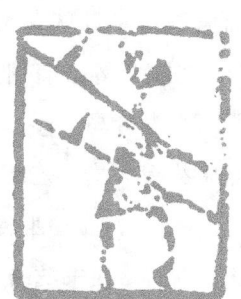
图 36.31.6 人形

二吴(吴熙载、吴昌硕),后努
力继承、发展秦汉印章的优良
传统,七十岁前后所刻风格突
变,朴质老辣、雄劲苍古,在当
代印坛上显示出新的境界。所

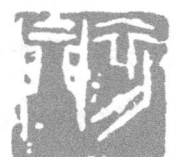

图 36.31.7 初升

作肖形印无可匹敌,创以秦汉
刻石的刀法,将收集的新民歌
刻成特饶新意的石刻版画,更
是独树一帜地开创了石刻画的
新生面。他在章法上的处理十
分高明,他曾经说:"余以为印
文之有章法,亦犹室内家具物
件之有布置也。何物置何处,

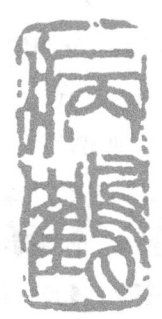

图 36.31.8 病鹤

全恃布置得宜,譬诸橱宜靠壁,桌可当窗,否则,零
乱杂陈,令人一望生憎,虽有精美家具而不美也。
印文章法亦然,何字宜逼边,何字宜独立,何处宜
疏,何处宜密,何处当伸展,何处应紧缩,何处肥,何
处瘦,何笔长,何笔短,亦全赖布置之得宜耳。"这
可说是他一生致力于篆刻的经验总结。

来楚生为人耿直,潜心艺事,不谋荣利。曾
为西泠印社社员、中国美术家协会上海分会理
事、中国书法家协会会员、上海中国画院画师。
著作有《然犀室肖形印存》、《来楚生画辑》、《来
楚生画集》、《来楚生法书集》等。

32 邹梦禅

邹梦禅(1903—1987)名敬栻,号今适、大
斋、斛庵,浙江瑞安人。自幼爱好篆刻,对金石考
证、文字学等素有研究。曾
得著名学者马一浮、马叙伦、
张宗祥等人指导。后又得丁
辅之介绍,加入西泠印社。
工四体书,在书法方面有深
厚的功底。篆刻以玺印为

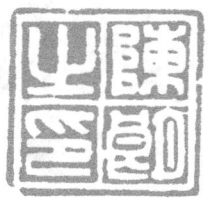

图 36.32.1 陈朗之印

图 36.32.2 海曲将军章

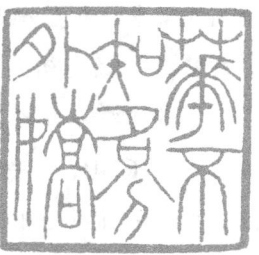

图 36.32.3 花不知名分外娇

宗,兼及明清各家。他的作品不拘一格,手法多
样,汉印的平正、古玺的灵动,他都心领神会地在
创作中体现出来。

十年浩劫中他
曾流落西北多年,落
实政策后,又回到
了老家浙江。日本
的有关刊物都曾专
题介绍过他的作品。
著有《吕氏春秋集
解》、《关于颜体之
研究》、《邹梦禅印
存》等。

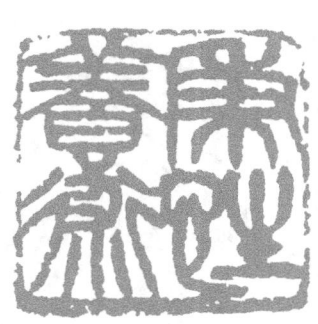

图 36.32.4 秉性养术

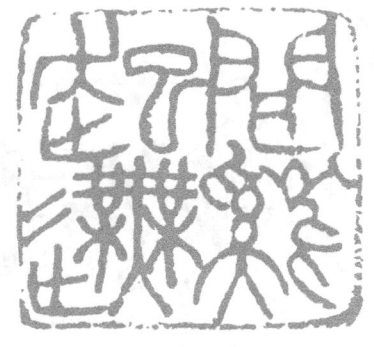

图 36.32.5 闻鸡起舞

33 马瑞图

马瑞图(1904—1979)原名允甫,字万里,号
曼庐、曼福堂主、拏云阁主,晚号大年,斋名有去
住随缘室、九百石印精舍等,江苏常州人。1924
年毕业于南京美术专科学校,留校任教,后在上

海美专等校任教。1934年去广西创办桂林美术专科学校,任校长兼国画系主任。建国后被聘为广西文史研究馆副馆长。他兼擅绘画、书法、篆刻,一生从事教学,故流传作品不多。

图 36.33.1 悲鸿

图 36.33.2 浅予

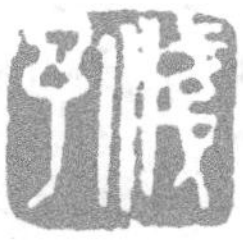

图 36.33.3 徐悲鸿印

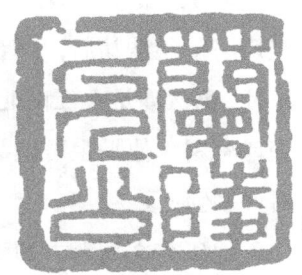
图 36.33.4 兰陵允公

图 36.33.5 饮马长城

图 36.33.6 海客

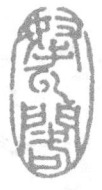
图 36.33.7 挐云阁

图 36.33.8 赵少昂印

其篆刻选字入印极严,务必使体制纯正,大篆、小篆、封泥、瓦甓等文字不相杂厕,不任意拼凑。尤其重视印章的章法,亦重视印外的修养功夫。他曾在《小中见大说治印》一文中认为:篆刻虽属雕虫小技,其内容则包涵极大,试看古文字之存于今者,唯金石为最久,既能考见数千年中国文字之流变,亦足以反映历史文化之盛衰,所关非细。故有志于金石之学者,非有极大智慧与坚强之毅力,积数十年钻研不懈之精神,决不能臻于大成。

34 韩登安

韩登安(1905—1976)原名竞,字仲铮,别署耿斋、容膝楼,浙江萧山(今属杭州)人。少年时代在父亲指导下即熟习《说文解字》,后得张释如

图 36.34.1 文泉

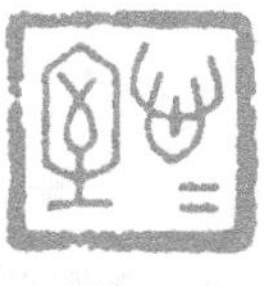

图 36.34.2 心心室

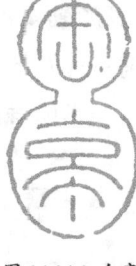
图 36.34.3 缶亭

图 36.34.4 缶庐

图 36.34.5 规印庐

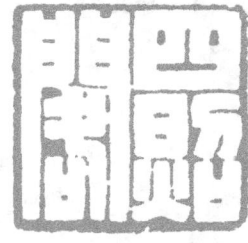
图 36.34.6 四照阁

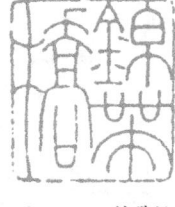
图 36.34.7 锦带桥

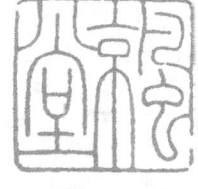
图 36.34.8 凉堂

先生启蒙,对金石、书画发生兴趣。在十分艰苦的情况下习字摹印,先后得周佚生、叶叶舟、高野侯等著名书画家指点。二十四岁时师从著名书

法篆刻家王福厂,二十七岁加入西泠印社,从此艺事大进。他的书法以篆、隶为长,其刚健婀娜的玉箸篆写来令人叹服。

他的篆刻早期追求婉丽多姿的徐三庚风格,后专攻浙派,对秦汉印及明清各派直至黄士陵、吴昌硕、齐白石等名家无不深入研究,在自己的作品中融入各家之长。尤擅作数十字乃至上百字的多字印与小字印,所刻细朱文印,人称绝艺。他是位多产勤奋的篆刻家,一生治印不下三万方,积稿一百五十余部。成集作品有《西泠胜迹留痕》、《毛主席诗词刻石》等。

35 罗福颐

罗福颐(1905—1981)字子期,又署紫溪、梓溪,七十岁后自号偻翁,浙江上虞人。其父是近代著名的金石学家罗振玉。他从小没有入学,一直接受家庭教育,全由父亲及兄长为他教授"四书五经"并写字、刻印、摹集玺印文字。与他父亲的学生、著名学者容庚、商承祚是青年时的学友。在容、商出版了《金文编》、《殷墟书契类编》之后,他十八岁时也出版了《古玺汉印文字徵》。他的刻印完全宗法秦汉铸印,所作汉铸白文印,极尽浑厚端严之致;仿朱文小玺也挺秀自然,杂诸秦汉古印中可以无分彼此;偶作圆朱文也典雅可观。他自认为边款还未过关,故刻印不喜作边款,偶然只署"小乙"单款。

罗福颐先生是位勤奋的有真才实学的学者,为人耿介忠厚,不善交际,一生只知学问。为了不使学识"黄土埋幽,与生俱灭",他努力笔耕。经历了十年浩劫后,尽管他已经年迈力衰,行走不便,仍然涉足大江南北,到各省博物馆搜集古玺印资料。他平生著述甚富,有二百余种,而且有许多创见。

他研究文物考古的面很广,除了玺印、古文字外,对清廷史料、古代官制、甲骨、汉简(1972年在临沂出土的竹简,最初二年即是由他入手整理,并发现其内容是《孙子兵法》的)、古尺度、古量器、镜鉴、银锭、石刻、墓志、汉魏石经、古代医书及西夏、辽、金、元少数民族文字等都有著述。

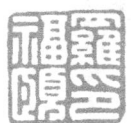
图 36.35.1 罗福颐印

图 36.35.2 罗子期

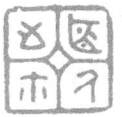
图 36.35.3 颐人之钵

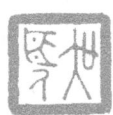
图 36.35.4 吴颐人

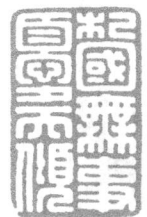
图 36.35.5 杞国无事忧天倾

图 36.35.6 樱花红陌上柳叶绿池边

图 36.35.7 浩气长存

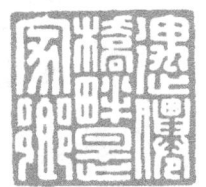
图 36.35.8 遇仙桥畔是家乡

他曾任故宫博物院研究员、国家文物局咨议委员、中国科学院考古协会理事、中国古文字学会理事、西泠印社理事等职。他的著作《汉印文字徵》、《古玺文编》、《古玺汇编》、《古玺印概论》等,考证严谨,对篆刻艺术的影响极大。

36 陈巨来

陈巨来(1905—1984)名斝,以字行,号塙斋,别署安持、安持老人,斋名安持精舍,浙江平湖人。幼承家学,篆刻初从嘉兴陶惕若,后得赵叔孺为师,又由叔孺介绍认识吴湖帆,见识既广,艺事猛进。从吴湖帆处借得汪关《宝印斋印式》十二册,潜心研究七个寒暑,使他的治印炉火纯青、工稳老当。后又得见平湖葛书徵辑《元明清三代象牙犀角印存》,便专攻元朱文。赵叔孺赞他"刻印浑厚,元朱文为近代第一"。

浙、皖、粤、京、沪等博物馆、图书馆都请他刻制圆朱文考藏印。他一生治印不下三万方,当代书画家张大千、溥心畬、吴湖帆、叶恭绰、张伯驹、谢稚柳等用印,大多出自陈巨来之手。著作有《安持精舍印话》、《古印举式》、《安持精舍印存》、《安持精舍印冣》等。

37 朱其石

朱其石(1906—1965)名宣,号桂毵,别署秀水老农、雁来红馆主人、括苍山民、葛窗居士、抱冰居士,浙江嘉兴人。擅书法、篆刻,书法以篆书为长,所书石鼓深得苍劲、挺秀之致;擅山水、花

图 36.36.1 巨来

图 36.36.2 安持

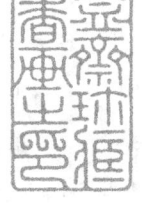

图 36.36.3 盍斋珍藏书画之印

图 36.36.4 读了唐诗读半山

图 36.36.5 吴湖帆潘静淑珍藏印

图 36.36.6 极目青郊外

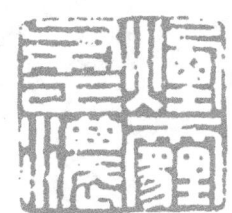

图 36.36.7 烟霞布正浓

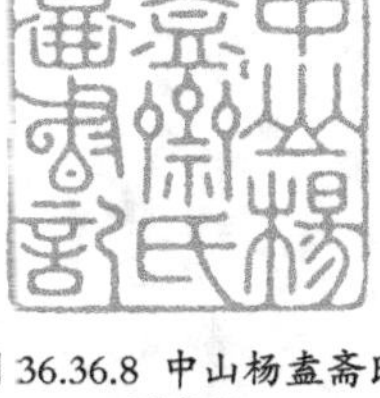

图 36.36.8 中山杨盍斋氏图书记

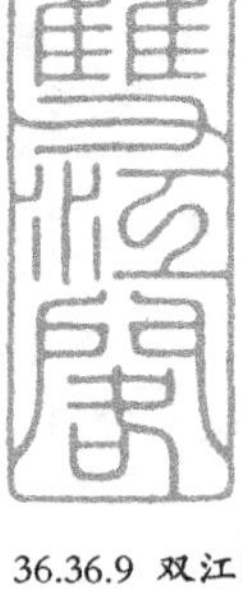

图 36.36.9 双江阁

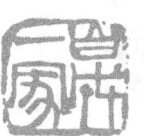

图 36.37.1 自成一家

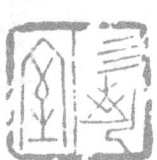

图 36.37.2 四艺室

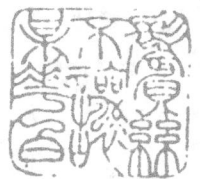

图 36.37.3 冀丝不让梅花白

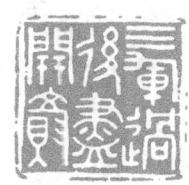

图 36.37.4 三军过后尽开颜

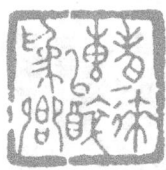

图 36.37.5 老来专以醉为乡

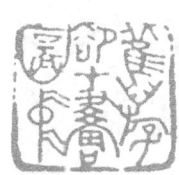

图 36.37.6 旧游却在画图中

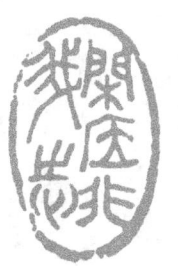

图 36.37.7 闲居非我志

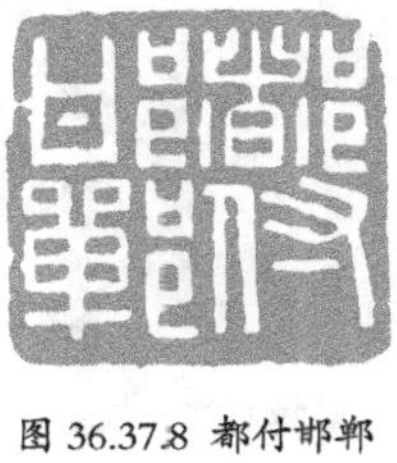

图 36.37.8 都付邯郸

卉，山水宗石涛，以宋人法画梅花，清新雅致。他少年时即爱好篆刻，摹仿吴昌硕，无论朱文、白文都颇神似。后受同里陈淡如的影响和指点，知道刻印应从工整入手，并重视对秦汉玺印的学习，作品更趋平稳。中晚年的作品，能使刀如笔，自具一格。作品集有《朱其石印存》、《抱冰庐印存》，曾搜集明清篆刻家作品辑为《名印拾遗》。惜享年不高，未能有更大的建树。

38　顿立夫

顿立夫（1906—1988）名群，字立夫，又字历夫，七十岁后自号惬叟，别署范阳野老，居室取名三不庵，祖籍山东，流寓北京，自称涿州（今属河北）人。其少时家贫，曾在某王府打工。后给当时领导官印篆制工作的北京印铸局技正王福厂拉黄包车。王氏居家治艺时，顿氏必恭侍其侧，逐渐对书法、篆刻发生兴趣，一面苦学文化，一面搜集王福厂先生丢弃的片纸只字、修印钤稿。后跟随王氏返沪，一次偶然的机会，他竟指出主人印稿上的毛病，才得以重视。王福厂是位惜才的前辈，遂命脱离服役，以弟子对待，教其六书之要、运刀之法，又助其在上海西泠印社接刻石印牙章。建国后，又介绍其代替自己回北京主持中央政府及所属各级机关印鉴的制作。

顿氏治印于王福厂樊篱之外，吸收汉印及赵之谦、黄士陵诸家韵趣，不论朱白文都工稳精严，深于法度。曾是西泠印社社员、中国书法家协会会员、书协北京分会理事。有《顿立夫治印》二集及《顿立夫篆书唐诗六十首》出版。

图 36.38.1 小事糊涂

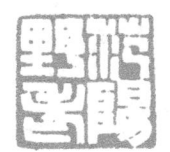
图 36.38.2 范阳野老

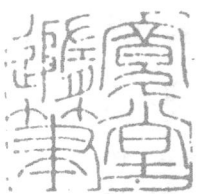
图 36.38.3 宽堂随笔

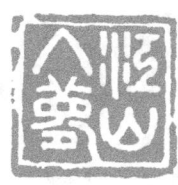
图 36.38.4 江山入梦

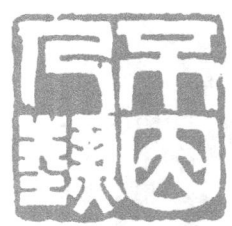
图 36.38.5 不因人热

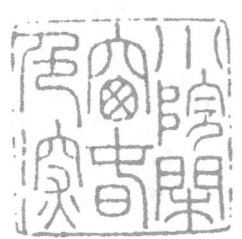
图 36.38.6 小院闲窗春色深

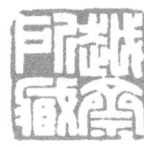
图 36.38.7 越斋所藏

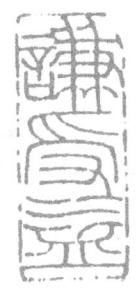
图 36.38.8 谦受益

39　叶潞渊

叶潞渊（1907—1994）名丰，字露园，后改字潞渊，斋名静乐簃，江苏吴县（今苏州）洞庭东山

图 36.39.1 洛羊

图 36.39.2 苏人

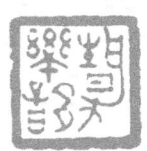
图 36.39.3 静乐簃

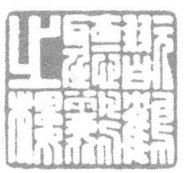
图 36.39.4 玩鹤听鹂之楼

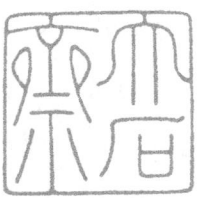
图 36.39.5 大石斋

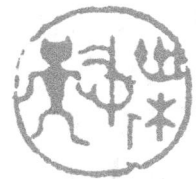
图 36.39.6 叶仲子

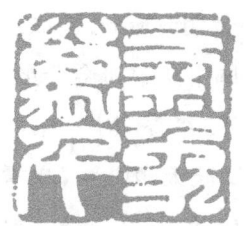
图 36.39.7 气象万千

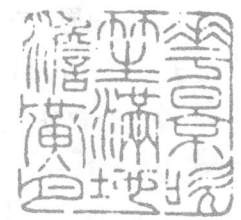
图 36.39.8 花景（影）吹笙满地淡黄月

人。擅长书画、篆刻，师事著名鉴赏家、书画篆刻家赵叔孺先生。他记忆力极好，以鉴定篆刻作品而名闻海上。他的篆刻初师西泠八家之一陈鸿寿，后专攻秦汉印。他的刻印，创作态度严谨，一丝不苟，章法上刻意求精。1979年上海、大阪建立友好城市五周年，他作为上海书法代表团成员访问日本，其作品深受友邦人士欢迎。曾为中国书法家协会会员、书协上海分会名誉理事、西泠印社理事、上海中国画院画师。作品有《静乐簃印存》，曾与钱君匋合编《中国玺印源流》。

40 钱君匋

钱君匋（1907—1998）原名玉堂，以字行，号豫堂，别署君陶、冰壶、冰壶词客，斋馆名有海月盦、新罗山馆、午斋等，因其藏有赵之谦（无闷）、黄士陵（倦叟）、吴昌硕（苦铁）三家印章，取名

图 36.40.1 赵友兰

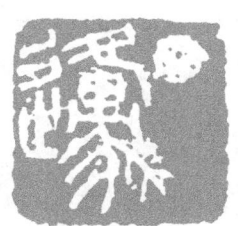
图 36.40.2 丁原

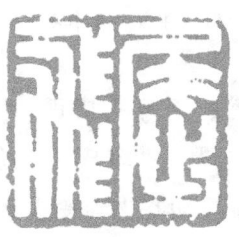
图 36.40.3 屈飞

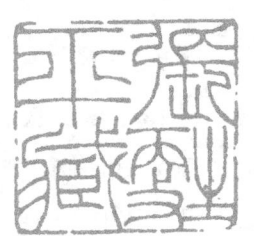
图 36.40.4 张甦平藏

无倦苦斋，浙江桐乡屠甸人。是一位文学、书法、绘画、篆刻、书籍装帧、音乐等多方面均擅长的艺术家。早年他受同学陶元庆的影响而走上书籍装帧的道路，曾为当时商务印书馆出版的《小说月报》、《东方杂志》、《教育杂志》、《学生杂志》、《妇女杂志》五种全国最大的杂志设计封面。"五四"以来不少名作家如鲁迅、茅盾、巴金、叶圣陶、刘半农、胡也频、柔石等的作品，也都由他设计过封面。

其楷书从柳字入手兼及北碑，草书学《十七帖》，篆书师石鼓文以及赵之谦、吴熙载等的墨迹，隶书宗《礼器》，参以汉简笔意。绘画取八大、青藤、赵之谦、吴昌硕诸家之长，以写意花卉为主。由于他在书法和文学上的精深修养，使他的画卓荦不凡。其篆刻以秦汉为宗，出入赵之谦、吴熙载、黄士陵、吴昌硕之间，尤善巨印，所作往往气魄过人。其款识或楷或草，或篆或隶，常在边款上镌刻自题诗文，有时以四面长跋出之，令人叹为观止。

图 36.40.5 寄弟写意

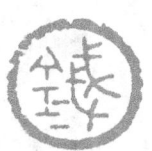
图 36.40.6 钱

图 36.40.7 望湖楼

图 36.40.8 门外汉

君先生曾是中国书法家协会会员、美协上海分会常务理事、书协上海分会名誉理事、上海市出版工作者协会理事、西泠印社副社长、华东师范大学艺术教育系教授。他的出版物较多，建国后出版的篆刻集有《长征印谱》、《鲁迅印谱》（两

种版本）、《钱刻文艺家印谱》、《钱君匋刻长跋巨印选》、《钱君匋作品集》，以及香港书画屋图书公司出版的《君匋印选》、《中国玺印源流》（与叶潞渊合编）等，另有《钱君匋画集》等多种书画集行世。

41　单晓天

单晓天（1921—1987）原名孝天，字琴宰，别署春满楼，浙江绍兴人。自幼定居上海，酷爱书法、篆刻，后受业于著名书法篆刻家邓散木先生，尽得邓氏艺术之奥秘。书法上能兼擅各体，尤工小楷，常以画兰自娱。治印在师承的基础上，以汉印为宗，上窥周秦古玺，下及明清流派，撷取众长，冶于一炉。单氏曾为中国书法家协会会员、书协上海分会常务理事。1983年曾随中国书法家代表团东渡访日。出版有《晓天印稿》、《单孝天临钟王小楷八种》、《选唐诗廿八首小楷》、《鲁迅诗歌选隶书》、《青年唐诗习字帖》、《鲁迅诗印谱》以及与人合作的《养猪印谱》、《古巴谚语印谱》、《瞿秋白笔名印谱》、《来楚生篆刻艺术》等多种著作。

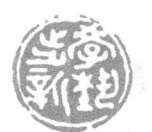　　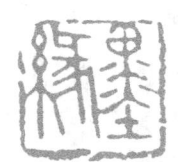

图 36.41.1 学艺步新　　图 36.41.2 墨缘

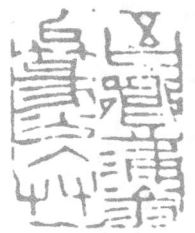　　

图 36.41.3 吾乡蒲翁以篆分入草　　图 36.41.4 鸳湖赵冷月章

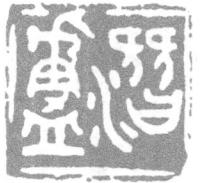　　

图 36.41.5 潜庐　　图 36.41.6 赵朴初

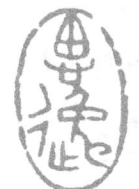　　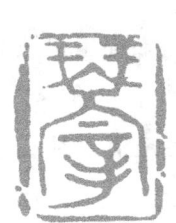

图 36.41.7 思逸　　图 36.41.8 琴宰

42　吴朴堂

吴朴堂（1922—1966）原名得天，后改名朴，字朴堂，号厚盦，浙江绍兴人。系西泠印社创始人之一吴石潜之侄孙。从小即喜弄刀玩石，二十岁又入王福厂门下，后因战争逃难，以治印鬻艺于杭州。其印师古玺、秦汉，深悟西泠八家之奥，所作得浙宗神髓，又精于印款。为陈叔通、黄宾虹、吴待秋、吴湖帆、丁辅之、叶叶舟、高野侯等诸前贤交相称誉，名噪一时。

图 36.42.1 慕熙　　图 36.42.2 温饱逍遥八十馀

　　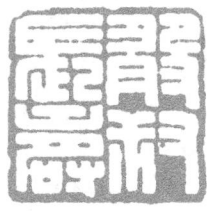

图 36.42.3 徐子为考藏江乡文物　　图 36.42.4 敢叔长寿

1946年冬吴氏曾任南京印铸局技正，当时之重要官印、篆书常出自其手，蒋氏之"总统"印亦其中之一。建国后，初在上海鬻艺为生，后经陈叔通先生向陈毅市长推荐，应聘为上海文物保管委员会（上海博物馆前身）征集组组长，参与文物精审整理工作。十年动乱中因不堪辱扰而被迫自尽，年仅四十五。其生平治印逾万。遗作《小玺汇存摹古》为罗福颐先生所重视，选纳于《古玺汇编》中；尚有《篆刻的起源和流派》、《朴堂印稿》、《宾虹草堂玺印释文》等刊行于世。吴氏曾为西泠印社老社员，建国初系筹组中国金石篆刻研究社及上海书刻研究会成员，夫人王智珠乃王福厂之侄孙女。

图 36.42.5 不孤盦书画记

图 36.42.6 二灯精舍

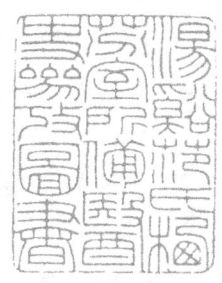

图 36.42.7 汤豁范氏栖芬室所备医史参考图书

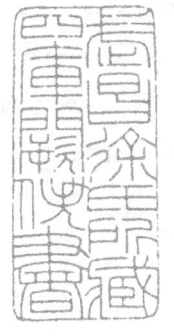

图 36.42.8 武昌徐氏所藏四库阙佚书

三十七、画家治印

在以上介绍的篆刻家中，兼书、画、印三艺于一身的可说是大多数。赵之谦、吴昌硕、齐白石等本来就是画坛大师。但也有这样一些原因，如由于画名大，印名逐渐被画名所掩；或因健康等原因，晚年不常作印；或因绘事繁忙，无力应酬众多的印事，以至对于一些画家来说，人们甚至还不知道他会刻印。下面介绍一些擅刻印的画家。由于资料搜集上的困难，还有很多擅长篆刻的知名画家未能列入介绍，且待日后有机会补充。

1 黄宾虹

黄宾虹（1864—1955）名质，字朴存，又作朴人，别署予向、虹叟，中年以后号宾虹，以号行，书斋名宾虹草堂、虹庐，祖籍安徽歙县，生于浙江金华。他的山水画境界超逸，笔墨奇崛厚重，在近代画坛有很大的影响。绘画上的成就，得力于他在文学、书法上的修养，几十年搜集并精研玺印，使他的画幅充满了金石气息。他的书法用笔遒劲，所书古籀文如百年老藤，古趣横生。据说他每遇有好友来叙，总要出示腰间挂着的累累古印与友人共赏，常用的书画印也是从不离身。他爱去古董店里觅集古玺印，认为古玺印文字奇特、结构精妙，"一印虽微，可与寻丈摩崖、千钧重器同其精妙"。他出于珍爱古玺印，还做了两件好事：一是把陈介祺珍藏的罕见的战国秦汉玺印二厚册，交商务印书馆影印出版；二是精心临摹古玺文一册。这些很难辨识的春秋战国时的遗文，都由他逐字注释、精审考定。

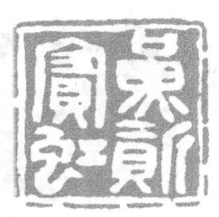

图 37.1.1 黄质宾虹

图 37.1.2 黄宾虹印

图 37.1.3 虹庐

篆刻法

黄宾虹的刻印初学巴慰祖，后出秦入汉。由于书法及古文字学等方面的修养，使他的印作苍劲淳朴、凝练安详，但他不轻易奏刀，故作品留传较少。他主张学篆刻要师造化、师古人和今人，而且要多看古今名迹，扩大艺术视野。他的著作有《陶玺文字合证》、《古印概论》、《冰厂杂录》、《宾虹藏印》、《宾虹草堂玺印释文》等。

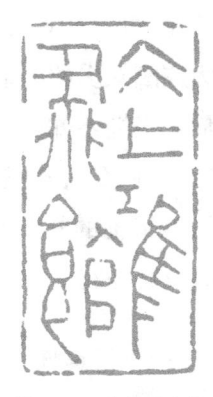

图 37.1.4 冰上鸿飞馆

2　经亨颐

经亨颐（1877—1939）字子渊，号石禅，别署听秋，晚号颐渊，斋名长松山房、大松堂，浙江上虞人。早年拥护维新变法，曾被下狱，后东渡日本，专攻教育。回国后，任浙江省立两级师范学堂（后改名浙江省立第一师范学校）教务长，又曾赴京任国立高等师范学校总务长，在浙江白马湖滨创立春晖学校及春晖图书馆。从事教育近二十年，建树良多。

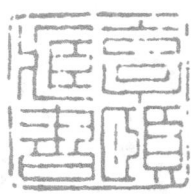 

图 37.2.1　亨颐藏书　　图 37.2.2　寒之友

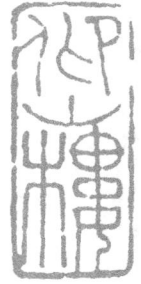 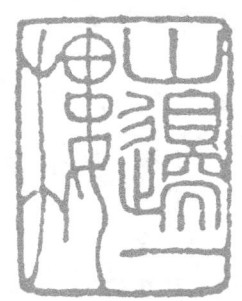

图 37.2.3　仰山楼　　图 37.2.4　山边一楼

经氏绘画，以松、竹、梅、菊为多，笔墨之间，流露个性。书法甚得《爨宝子碑》神趣，篆刻取意高迈，别见妙造，多用汉篆之笔而略参隶意。出版有《颐渊印集》、《颐渊书画集》、《颐渊诗集》、《颐渊篆刻诗书画集》（三册）。

3　李叔同

李叔同（1880—1942）初名文涛，改名岩、岸、息、哀、婴、倾，号息霜、圹庐老人，浙江平湖人。三十九岁时在杭州虎跑寺出家，法名演音，号弘一，人称弘一法师。早年留学日本东京美术学校，归国后当过《太平洋报》编辑、南京高等师范及浙江两级师范音乐和美术教师等。他在艺术上是个全才，美术、音乐、戏剧、文学、书法、金石等无所不精。他是中国第一个话剧团——春柳剧社的创办人，曾男扮女装主演过"茶花女"，又是中国第一个研究西洋画的人。出家前，每日鸡鸣而起，执笔临池。他的书法出尘绝俗，造诣很高，表现一种"平淡、恬静、冲逸"的风致。他从十二三岁起就用很大的精力钻研篆法，之后，又广临北碑和历代名家书法帖。他认为写字最好由篆入手，每天至少要写五百个篆字，再学隶、楷、草书。

他的篆刻得力于书法上的深厚功力，特别重视章法布局。他的好友吴昌硕自创的钝刀，重压硬入，形成一种苍老古朴的风格。而弘一法师则另创一种刀尾扁尖平齐如椎状的椎刀，刻出的线条圆劲灵动、丰神跌宕，别树一帜。削发为僧后，他潜心佛法，诸艺俱疏，唯有书法未弃，但写字的内容只限于佛经、佛号、法语。他把《华严经》的偈句集成楹联三百，有人请他写字，总写这些联语和偈句。法师出家前是西泠印社社员，出家后仍不忘印社，于四十四岁时特写《弥陀经》一卷赠与西泠印社刻石。出家前夕，将他平生所刻印

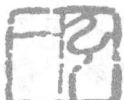

图 37.3.1 弘一

图 37.3.2 李息

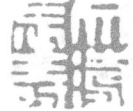

图 37.3.3 文涛长寿

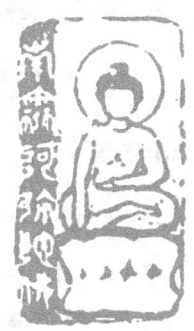

图 37.3.4 佛像　　图 37.3.5 佛像

章及友人所赠印章赠给印社，由印社封于石壁之中，题为"印藏"。现已全部起出，将这些完好的印章另行珍藏。

4　吕凤子

吕凤子（1885—1959）名，号凤痴，别署凤先生，江苏丹阳人。是我国著名的美术教育家。清末毕业于两江优级师范图画手工科，历任中大艺术科教授、国立艺专校长、正则艺专校长、江苏师范学院艺术系教授。

图 37.4.1 凤先生

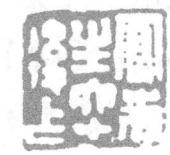

图 37.4.2 凤先生六十后作

图 37.4.3 老凤

图 37.4.4 老子写神

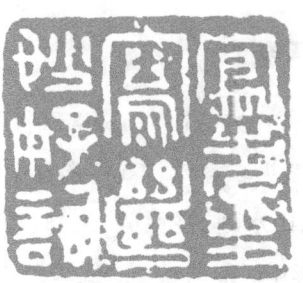

图 37.4.5 凤先生写绝妙好词

吕氏擅画人物、山水，工隶书，以篆隶笔法作行、草，古雅奇肆。偶作印章，也颇具个性，然流传作品极少。晚年虽多有病痛，仍不废笔墨。著有《中国画技法研究》、《吕凤子画集》等多种。

5　于非闇

于非闇（1888—1959）名照，字非厂，别署非闇，又号闲人，山东蓬莱人，久居北京。于氏为清末贡生，曾为华北名记者。作画从宋人勾勒入手，雕青嵌绿，富丽绚烂，所作白描花卉，尤为清逸。书法以瘦金体名世，兼擅治印，可惜作印不多，流传甚少。

于氏建国后曾任北京中国画院副院长、中国画研究会副会长，著有《非闇漫墨》、《都门钓鱼记》、《艺兰记》、《豢鸽记》、《中国画颜料研究》、《我怎样画工笔花鸟画》等。

图 37.5.1 湘桂印象

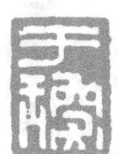

图 37.5.2 于琛

图 37.5.3 诗情画意

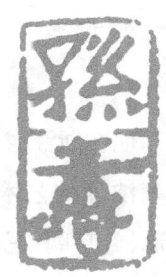

图 37.5.4 孙押（其峰）

6 潘天寿

潘天寿（1897—1971）原名天授，字大颐，自署阿寿、雷婆头峰寿者、寿者，浙江宁海人。精于写意花鸟与山水画，受徐渭、朱耷、原济（石涛）、吴昌硕等影响，布局善于"造险"、"破险"。画幅气势雄奇，笔墨有浓厚的金石味。他的书法受黄道周、倪元璐、沈寐叟诸家影响，评价极高。擅长篆刻。他非常强调画家要懂点金石、篆刻知识，最好还能动手刻印。他曾说："画家不必三绝，而须四全。四全者，诗书画印是也。"他的绘画作品往往能熔诗、书、画、印于一炉，有强烈的个人面目。

图 37.6.2 天寿

图 37.6.3 天寿

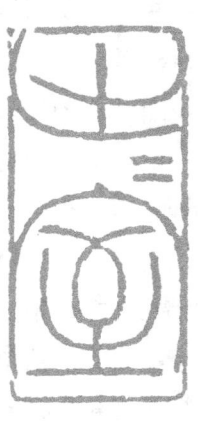

图 37.6.1 止止室

图 37.6.4 潘大

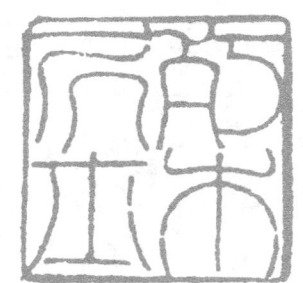

图 37.6.5 朽木居士

当他在浙江省立第一师范学校学习时，就受到该校浓烈的艺术气氛的熏陶。当时一些名流如鲁迅、经亨颐、马叙伦、李叔同、姜丹书、陈望道等都先后在此执教。潘天寿在校时曾参加过该校学生篆刻组织"寄社"（前身为"乐石社"）的篆刻活动。一直到抗战以后，才集中精力研究绘画，二十九岁时出版《中国绘画史》。他的篆刻追踪秦汉，出入西泠八家之间。他长期从事艺术教育事业，建国后担任中国美术家协会副主席、浙江美术学院院长。著有《中国绘画史》、《治印谈丛》等。

7 丰子恺

丰子恺（1898—1975）原名仁，字子颛，后以字子恺行，斋名缘缘堂、日月楼等，浙江桐乡石门人。在杭州浙江省立第一师范学校读书时，认识了刚从日本留学归国的李叔同先生，对他一生的事业产生了很大影响。为发挥自己在绘画、

图 37.7.1 启臣之印

图 37.7.2 姚江舜五

音乐、文学、书法等各方面的艺术才能，他于1921年也去日本进修。回国后基本上从事教师职业。业余创作甚丰，是我国漫画的创始人。

丰子恺在绘画、音乐、书法、文学、翻译等方面的成绩口碑载道，但很少有人知道他也会刻印。其实，早在他就读于杭州浙一师时，就积极参加同学们的课余组织"桐阴画会"和"乐石社"。"乐石社"是学生的金石篆刻组织，后改为"寄社"。他的老师李叔同也是一位多面手，擅长书法、篆刻之道。只是由于丰子恺的主要精力不在篆刻上，故留传作品极少。几年前，曾发现两方他在二十岁左右为同学刻的印章，有汉印和邓石如篆刻的风貌。他那有强烈艺术个性的书法得力于《张黑女墓志》、《张猛龙碑》、《爨宝子碑》、《索靖月仪帖》等碑帖，写来潇洒浑朴，独具一格。

生前他是中国美术家协会上海分会主席、上

海中国画院院长。著作较多,除发表有大量的漫画、散文、诗词作品外,还有《音乐入门》、《西洋画派十二讲》、《缘缘堂随笔》等,译作有《源氏物语》、《猎人笔记》。

8 陈子奋

陈子奋(1898—1976)字意芗,号无寐,别署水叟、凤叟,书斋名颐缓楼,福建长乐人。是著名的花卉画家,生前为中国美术家协会福建分会副主席。在毕生从事花卉画创作之余,他也醉心于书法、篆刻。徐悲鸿得到他相赠的印章"游于艺"、"长颅颔而何伤"、"天下为公"后,曾称赞他的印"雄奇遒劲,腕力横绝,盱衡此世,罕得其匹也"。日本汉学博士久保天随称他"翰墨场中独称雄,好事未必陋雕虫;虽将血性寄寸铁,秦朱汉白媲其工"。他对秦汉玺印及皖、浙诸家的刻印都有很深的研究。著有《甲骨文集联》、《籀文集联》、《古钱币文字类纂》、《三代文边旁释例》、《颐缓楼印话》等。

图37.8.1 力争上游

图37.8.2 诗中画

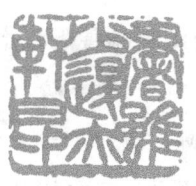
图37.8.3 书虽少退亦轩昂

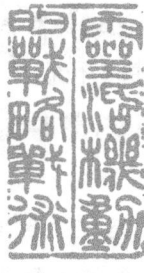
图37.8.4 灵活机动的战略战术

9 吴子复

吴子复(1899—1979)原名琬,字子复,五十

图37.9.1 泷缘轩

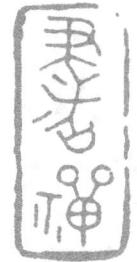
图37.9.2 书禅

图37.9.3 宁斋六十后书

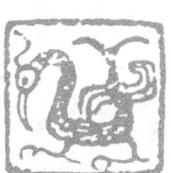
图37.9.4 肖形

岁以后以字行,别署伏叟、宁斋,斋馆名泷缘轩、麝瓶斋、野意楼,广东四会人。幼时苦习汉隶及六朝碑刻,后入广州美专学西画,毕业后留校任

图37.9.5 怀冰堂

教。曾参加北伐军,从事宣传工作。其后仍返校授西画,对马蒂斯有特别之爱好,同时继续研习汉隶。五十岁以后,终于以书法名世。

吴氏治印自中年开始,与篆刻家冯康侯交往甚密。晚年刻印,能以书入印,得沉厚古朴之气。他不轻易为人动刀,偶有应酬,也常命其子代刀。有《野意楼印赏》行世。

10 张大千

张大千(1899—1983)原名正权,改名爰,以号行,别署大千居士、爰皤等,书斋名大风堂,居巴西时名摩诘山园、八德园,自巴西迁居美国时名可以居、环荜庵,在台湾名摩耶精舍、昵宴(燕)楼,四川内江人。他是擅长诗、书、画、印的著名艺术家,以山水、人物、花鸟画的成就最大。他的

篆刻法

图 37.10.1 峰村北山

图 37.10.2 许氏有墨楼墨宝

图 37.10.3 张泽印

图 37.10.4 峰村陆印

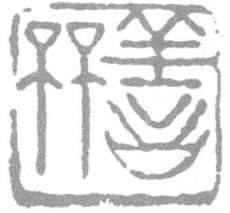
图 37.10.5 善孖

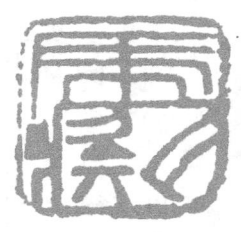
图 37.10.6 虎痴

图 37.10.7 张泽印信

用印早年多为自制，中年多为陈巨来、方介堪所刻（陈刻总数70余方，方刻总数40余方）。为张大千刻印的篆刻家很多，以陈、方两先生刻得最多。他本人早年刻的印，能发挥笔趣、刀趣，属于颖秀一路，在日本时刻得较多。六十岁以后，居海外求刻不便，又自刻了十来方，但风格老辣，与早期的大不相同。有《张大千画集》等行于世。

11 诸乐三

诸乐三（1902—1984）原名文萱，以字行，号希斋，别署南屿山人，浙江孝丰（今安吉）人。从小受父亲影响，酷爱书画、篆刻，其兄诸闻韵为吴昌硕入室弟子。他三十九岁入上海中医学校，课余从昌硕攻习书画、篆刻，又从曹拙巢学诗文，后弃医在刘海粟的上海美专教授中国画，又先后在上海新华艺校、昌明艺校、中华艺大等任教。曾与诸闻韵、朱屺瞻、潘天寿、张书旗等组织"白社"研求画艺。抗战胜利后，先后任杭州国立艺专教授、浙江美术学院教授、西泠印社副社长等职。

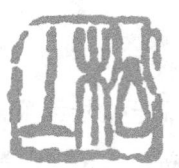
图 37.11.1 松上

图 37.11.2 和为贵

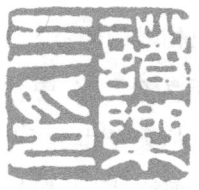
图 37.11.3 诸乐三印

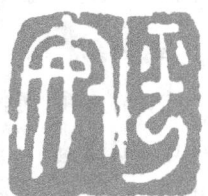
图 37.11.4 平安

其书法由锺繇入手，遍攻魏晋碑刻兼及倪元璐、黄道周，于石鼓文用力最深。擅长写意花鸟。篆刻师吴昌硕，广涉古玺、汉印，所作朴茂沉雄，自成面目。作品有《希斋印存》、《诸乐三先生画集》、《希斋题画诗选》、《希斋诗抄》等问世。

12 傅抱石

傅抱石（1904—1965）原名长生、瑞麟，十八岁后自号抱石斋主人，江西新余人。出身贫寒，小时候当过瓷器店学徒、修伞匠，也当过中小学教师，是一位在金石、书画等方面有高深修养的现代画家、美术教育家。他的山水画善于将水、墨、彩色融合一体，注重意境、章法的表现，在传统技法基础上自出新意，自成一格。曾与关山月合作绘制人民大会堂巨幅国画《江山如此多娇》。他的书法从传统的甲骨、籀文、小篆、隶、草、楷、行中涉猎殆遍，形成一种遒劲挺拔、丰神隽逸的风格。他以作画的笔法写字，以写字的笔法作画，融字画为一体，他从小酷爱篆刻，钻研过钟鼎、石鼓、小篆，其爱好篆刻的程度不亚于爱好绘画。日本的美术史家金原省吾称赞他为"丰于艺术才能，绘画、雕刻、篆刻俱秀"，尤以篆刻为"特技"。他年轻时仿刻赵之谦的印章，几可乱真，托人出售，并为人刻印以解救失业的贫困。二十世纪四十年代他在重庆撰写过一册十万字的《摹印学》，可见其篆刻上的造诣。他的篆刻作品熔秦汉玺印和皖、浙诸家为一炉，有一种朴质大方的风度。他早在三十岁时，就在日本东京举办过书画篆刻个人展览。

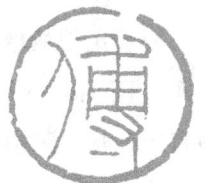

图 37.12.1 傅

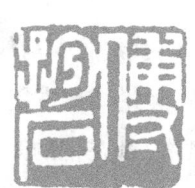

图 37.12.2 傅抱石

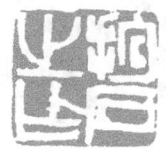

图 37.12.3 抱石之作

图 37.12.4 抱石得心之作

图 37.12.5 抱石山斋

图 37.12.6 郭沫若印

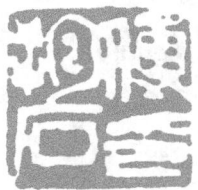

图 37.12.7 傅抱石印

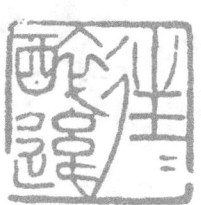

图 37.12.8 往往醉后

傅抱石先生自1932年东渡日本专攻美术史及雕塑，归国后一直从事祖国的美术教育事业，任中央大学艺术系教授，建国后任中国美术家协会副主席、江苏省国画院院长、江苏省书法篆刻研究会主席。著作有《中国绘画理论》、《中国山水人物画技法》、《中国绘画之研究》、《傅抱石画集》、《罗马尼亚写生集》等。

13　唐云

唐云（1910—1993）字药城，亦作侠尘，别号大石、药翁、老药、大石翁、大石居士，画室名大石斋、山雷轩，浙江杭州人。青年时曾任教于上海美专、新华艺专。擅画花鸟，尤以兰竹著称，取法八大、石涛、冬心、新罗诸家。山水自元四家入手，兼涉明代沈周、清代石涛。其书法另辟蹊径，自成一格，耐人寻味。早年也曾刻印，是西泠印

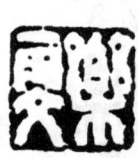

图 37.13.1 乐雯

图 37.13.2 玉泉鱼乐

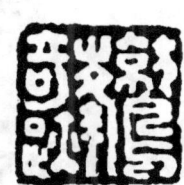

图 37.13.3 鹫峰奇迹

社社员，曾参加社员集体创作《西湖胜迹印谱》的刻制。唐云曾为上海中国画院名誉院长、中国美术家协会理事、中国美术家协会上海分会副主席、中国书法家协会上海分会名誉理事、中国画研究院院务委员、西泠印社理事、上海市文物保管委员会委员。其作品出版有《唐云花鸟画集》、《革命纪念地写生选》等多种。

14　陈大羽

陈大羽（1912—2001）名翱，原名汉卿，广东潮阳人。早年家贫，自学绘画。后入上海美专中国画系，主攻山水、花鸟。所作笔墨苍秀，气势阔

大。书法从《石鼓文》、《三公山碑》入手,真、草、隶、篆无所不长。书画、篆刻俱得齐白石指授。其篆刻单刀直入,奇肆朴茂,有白石遗韵。

图 37.14.1 看今朝

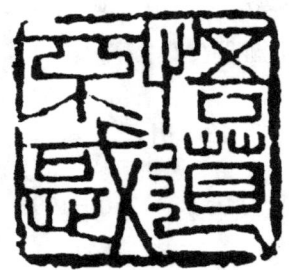
图 37.14.2 悟道不惑

陈氏曾任南京艺术学院美术系教授及名誉系主任、南京画院副院长、中国美术家协会江苏分会副主席、江苏书法家协会副主席、南京印社社长。

图 37.14.3 宁朴勿华

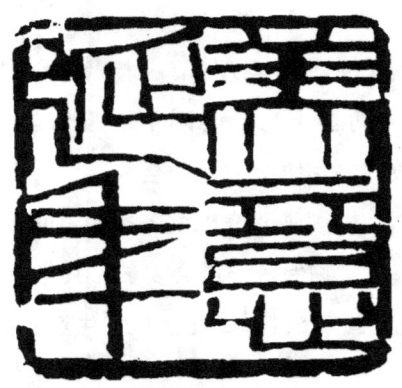
图 37.14.4 美意延年

15 程十髪

程十髪(1921—2007)名潼,以字行,斋名步鲸楼,上海市松江人。松江古称云间,故他的落款常爱署"云间程潼"或"云间十髪"。毕业于上海美术专门学校。几十年来,一直潜心于中国画的创新,所作山水、人物、花鸟都有强烈的个人风格,是当代著名的国画家。

他的书法熔真、草、隶、篆于一炉,结体与章法都很奇特,刻意追求一种线条的韵律和古拙的精神。这种耐看的所谓"画家字",反映了画家的审美情趣。他主张艺术要有个性,他说:"我觉得艺术一定要力避雷同,百花齐放,不能大家都学一种字。"篆刻在他的创作中只属偶尔为之,但从他手刻的少量作品中,已可以看出他的取法极高,无论周秦古玺、汉印、封泥、肖形印、将军印等风格,都在他的篆刻作品中有所反映,堪称诗、书、画、印四绝的画坛高手。

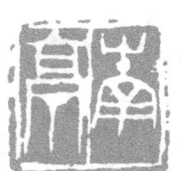
图 37.15.1 山南亭

图 37.15.2 关山外月

图 37.15.3 十髪心赏

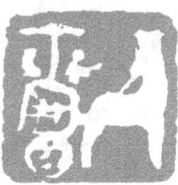
图 37.15.4 车马

三十八、港台印坛简介

1 香港友声印社

"友声印社",是当今香港唯一研究金石篆刻艺术的组织。社名取自《诗经·小雅·伐木》"嘤其鸣矣,求其友声",有"声气相求"之意。1975年初,年轻印人襗绍灿、邓昌成、许文正、陈树宜、许晴野、李怀谦、陈岳钦、黄植江等,常于博雅斋聚首,研讨印艺,后决定仿效西泠印社,在1978年1月1日正式成立友声印社。初创时仅十一人,至今已有社员四十余人。首任社长为著名篆刻家邓昌成,主要社员有陈秉昌、陈树宜、许晴野、襗绍灿、邓昌成、林章松、何继贤、孔平孙、梁秋白、陈礼源、茅大容、彭植良、区大为等。印社有社刊《友声》,创刊时为黑白印制,自第5期起改为黑红双色套印。从此,印社有了自己的园地,可以定期切磋印艺,发表自己的作品,以印会友。并印有《香港四家印谱》、《中国十大风景名胜》、《印谱快讯》月刊、《友声通讯》、《香港篆刻报》,及社员个人印谱等。

图 38.1.1 彭植良·寿石斋　　图 38.1.2 襗绍灿·吕硕庭

 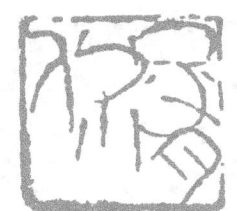

图 38.1.3 邓昌成·沉默不是懦弱忍耐不是麻木　　图 38.1.4 梁秋白·只有你

友声印社的印人们各有师承,流派纷纭,但印社同仁并无门户之见。相反,由于他们并非共事一师、共宗一派,反而使众人的作品珠玉纷陈,各放异彩,这种良好的风气是很值得赞扬的。

印社于1979年首次参加香港旅游协会举办的"首届香港工艺展览"。之后,相继参加广州"广东省篆刻展览"、西安"当代篆刻邀请展"、广州市国际性的"纪念孙中山先生诞辰一百二十周年中外书法家作品展",复应邀远赴西安参加终南印社筹办的"首届长安国际书法年会",部分社员作品则入选河南郑州首届"国际书法篆刻展"。1982年8月,福州方宗珪、陈石、林寿煁等到香港作寿山石展,印社代安排了"采石雕钮"的专题讲座,参观及听讲者十分踊跃。

印社与国内知名篆刻家保持着广泛的联系,相互交流印艺,传播篆刻讯息,并多次接待到港的国内篆刻名家。1983年、1988年,印社先后组团赴杭州出席祝贺西泠印社建社八十周年、八十五周年大会,并参观了浙江桐乡的"君匋艺术院"。

友声印社不仅推动了香港的篆刻活动,并开展了国际性的印艺交流,尤其在中国大陆、香港地区、台湾地区、韩国、日本等地的印坛之间,起到了桥梁作用。他们搜集国内篆刻家的生平资料及作品,相继在台湾《印林》杂志发表,国内的篆刻青年也经"友声"向《印林》的"竞刻园地"投稿。1988年南京举办的"全国首届篆刻艺术展",由印社出面,邀请了台湾篆刻名家参展。

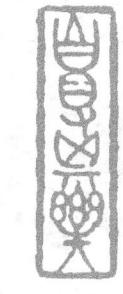

图 38.1.5 陈秉昌·自得其乐

1984年韩国的"韩国篆刻学研究会"会长郑文卿到香港邀聘邓昌成等资深社员为该会终身名誉理事,并邀参与8月在汉城举办的"第一届国际篆刻艺术大展"。1988年9月奥运会期间,在汉城举办的"第二届国际艺术大展"中,由友声印社出面,向国内三十多位篆刻名家发出邀请函,与韩、台、日、港、澳、新、美、加印人同时参展,具有相当的历史意义。

香港是一个生活节奏紧张、充满竞争的商业社会,"友声"印人能放弃业余的享乐时间用于钻研印学,发展友谊,全凭印人自筹资金,自己安排时间来开展艺术交流活动，能取得目前这样的成就，是值得我们钦佩的。

2 台湾印坛概况

台湾的篆刻界经历了一个初由个人的"自斟自酌"而逐步发展到结社的过程。早在1950年，就有陶寿伯、戴比南、孙静子、俞兆年、梁乃予、张心白等发起组织过"台湾印学会"，由于当时社会条件的限制，仅止于同仁观摩研究而已，曾集刻过岳飞《满江红》词和文天祥《正气歌》。1981年，由著名篆刻家王北岳、王壮为、曾绍杰、李大木等在台北发起筹组"海峤印社"。由王北岳综理社务，每月聚会一次，团结了高拜石、陶寿伯、李猷、吴平、江兆申、张直厂、梁乃予、刘源沂、陈丹诚、张慕渔、陈昭贰、李光启、傅申等三十三位印人。曾二度在历史博物馆举办展览，并出版印集两辑。篆刻之道在台湾就此兴起了。

到1975年，以海峤印社为主体，吸收少壮派印人，在台北成立了全台唯一的"篆刻研究会"，并与台湾书法学会、台湾画学会等学术团体并驾齐驱，担负起在全台湾推动篆刻艺术的任务。学会有会员一百多人，1979年还创办了纯篆刻性的《印林》杂志。近年来，还不断介绍大陆印人的作品。学会成立以来，曾出版专刊五期和《大有为》、《十年有成》专辑。举办多次会员作品展、印石展，并在全省有巡回展出，和韩国等联合举办国际性篆刻大展。由于台湾印人的不懈努力，在全省及市、县等艺文比赛中，均列有"篆刻"一项，而一般大专院校大多将篆刻列为必修或选修课程并成立有篆刻社团，一些中、小学的美术劳作课中，也有进行篆刻教学的。篆刻界新人辈出，有些年轻印人因热爱篆刻艺术而竟有辞去高薪工作的。而且，在篆刻展出中，为了探索篆刻艺术展出时良好的视觉效果，有将原作放大精印，兼有版画之美。

台湾印坛有今日之盛况，与几位卓有成就、极具影响的篆刻家的努力是分不开的，其中，最著名的有王北岳、王壮为、曾绍杰、梁乃予等。他们本身都学养赅博、艺高胆大，或设帐课徒，或著书立说、出版印谱，或创办杂志，为了弘扬中华的篆刻艺术，真可说不遗余力，故目前台湾印坛年轻印人中，出于这些先生的门下最多。

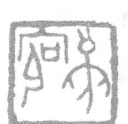

图 38.2.1 王壮为·燕客

图 38.2.2 黄尝铭·黄淑真

图 38.2.3 曾绍杰·黄君璧印

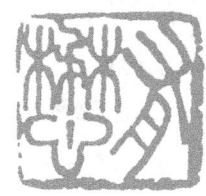

图 38.2.4 苏友泉·有懋

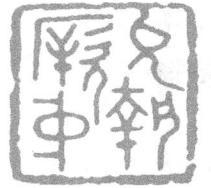

图 38.2.5 王北岳·允执厥中

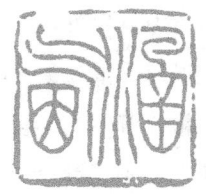

图 38.2.6 薛平南·涵氤

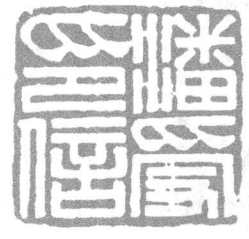

图 38.2.7 陶寿伯·潘受印信

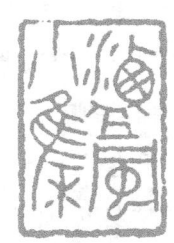

图 38.2.8 梁乃予·盐风小集

图 38.2.9 陈正隆·不应取法

近年来,随着海峡两岸文化、贸易接触的开始,内蒙古新发掘的巴林石以及泰国石、朝鲜石等的大量廉价石章进入台湾市场,改变了过去只仰赖由香港转进口寿山石与青田石而造成取材不易又价格昂贵的局面,也促进了台湾篆刻艺术的发展。

三十九、日本印坛概况

日本有很多脉承中国的文化而发展起来的艺术,源于我国的篆刻艺术即是其中之一。它作为一门独特的、与书画有密切关系的古老艺术,丰富了日本的文化。

日本的篆刻是十七世纪中叶,在由于明朝灭亡而东渡日本的黄檗禅僧等人的教化下,开始流行于文人学者之中的。直到被尊为印圣的高芙蓉(1722—1784)出现后,篆刻艺术才得以更广泛地发展起来。从此后,日本的许多篆刻家学习了中国明清篆刻家的优秀风格和理论,并吸收、学习了秦汉古印,不断涌现出一些篆刻名家。

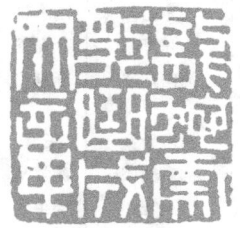

图 39.1 小林斗盦·龙蛇虎豹曲成文章

近代日本印坛大致分为两派:一派是主张学习中国的传统古典,在追求传统古典的过程中,尝试创造现代篆刻的"传统至上主义";另一派是以自我感性为基础,竞相寻求崭新表现的"感觉主义"。这两派的产生,可能是由于日本的地区差别造成的。大体上说,以首都东京为中心的关东地区的团体属于前者,以大阪为中心的关西地区的团体则属于后者。

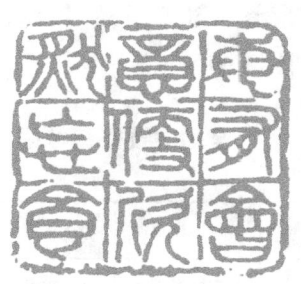

图 39.2 梅舒适·每有会意便欣然忘食

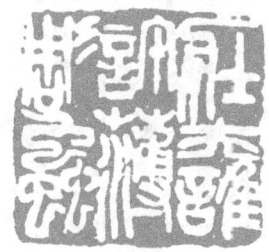

图 39.3 关正人·壮夫谁许薄雕虫

据不完全统计,目前全日本约有二三十个篆刻团体。关东地区有代表性的团体是以著名篆刻家小林斗盦先生领导的"北斗文会"人员为主的"谦慎印会"。该会创建于1970年,共有人员百余名。关西团体中有由著名篆刻家梅舒适先生领导的"篆社"。该社创建于二十世纪六十年代,有人员六十余名。这两位先生是当今日本印坛的权威,他们与蓟田浩和今井凌雪,均先后被我国的西泠印社吸收为社员。

"谦慎印会"每年举办一次会员作品展览和古文物的特别展览,会员们常出示印谱、古印材等参考资料,并召开研究会交流印艺。1986年,"篆社"第一次以公开募集的形式举办全国性展览,此外,每年出两期名为《篆美》的社刊。

四十、全国主要篆刻社团简览

全国主要篆刻社团名称、地点、负责人、人数、成立日期如下表所示。

全国主要篆刻社团

社团名称	地　点	社　长	人数	成立日期
西泠印社	浙江杭州	沙孟海	142	1913
芙蓉印社	浙江平湖	陈金彪	19	1984.6.12
印友会	浙江杭州	曹所生	170	1986
元畅印社	浙江金华	廖达敏	32	1986.2
青桐印社	浙江桐乡	袁道厚	50	1986.7.21
石榴印社	浙江玉环	陈继民	26	1987.2
庚社	浙江美院	来一石	7	1987.3
南屏印社	浙江杭州	王海言	30	1987.5.17
舟山印社	浙江定海	杨积顺	24	1987.10
南湖印社	浙江嘉兴	傅其伦	34	1988
朴存印社	浙江金华	吴文胜	21	1988.5
少年浙江印社	浙江绍兴	张凌	22	1988.5.30
碧浪印社	浙江湖州	白廉	22	1988.7.29
紫微印社	浙江海宁	陈浩	37	1988.11
明州印社	浙江宁波	陆天波	15	1989.1.7
求是印社	浙江大学	汪永江	13	1989.1.25
东瓯印社	浙江温州	张如元	30	1989.4.26
昌硕印社	浙江安吉	洪亮	21	1989.7
江山印社	浙江杭州	程逯鹏	64	1989.11.18
汇泉印社	北京	张雅琳	30	1986.5
京华印社	北京	宋致中	26	1987.9
北京印社	北京	康殷	27	1988.8
海河印社	天津	孙其峰	66	1984.7.6
海河青年印社	天津	葛鸿程	20	1987.11.10
海墨画社书法篆刻部	上海	符骥良	110	1980
秋石印社	上海	唐之鸣	100	1985
三原色印社	上海	李兴亚	16	1986.9
上海县书法篆刻协会	上海	舒文扬	70	1987
邓散木艺术研究社	上海	叶隐谷	15	1987.10.24
东隅印社	黑龙江鸡西	石生金	49	1984.3.4
协风印社	黑龙江哈尔滨	邢衍	53	1985.1.20
大庆印社	黑龙江大庆	安德祥	37	1985.4
拓荒印社	黑龙江牡丹江	何德元	20	1985.8.4
黑龙印社	黑龙江哈尔滨	王兆卿	60	1985.10
散木印社	黑龙江哈尔滨	于光亚	28	1986.9.6
苏通海印社	黑龙江海伦县	赵春爽	18	1987.11
红豆印社	黑龙江齐齐哈尔	张玉杰	8	1988

（续　表）

社团名称	地　点	社　长	人数	成立日期
白山印社	吉林长春	金意庵	32	1985.6.28
通化印社	吉林通化	奚韫	34	1989.8
辽宁印社	辽宁抚顺	朱寿友	33	1984.4.16
碣石印社	辽宁锦州	李晓棣	29	1985.2
辽东印社	辽宁抚顺	张子明	12	1986.1.5
求索印社	辽宁阜新	王玺铭	12	1988.3.18
龙泉印社	辽宁鞍山	赫承大	24	1989.7.21
西城印社	新疆石河子	王乃东	18	1989.5.20
大漠印社	新疆乌鲁木齐	赵彦良	19	1989.11.4
北疆印社	内蒙古	杨鲁安	25	1989.8.2
兰山印社	甘肃兰州	骆石河	62	1986.10.25
西峰印社	甘肃西峰	杨永成	90	1989.6
长城印社	河北唐山	古泥	107	1985
沧海印社	河北沧州	韩焕峰	59	1985.4.28
耕石印社	河北石家庄	王克勤	65	1985.11.24
赵都印社	河北邯郸	朱伯华	58	1986.6.10
百泉印社	河北邢台	薛英杰	32	1987.1
四方印社	河北涿州	金文和	12	1987.1.17
河北省篆刻研究会	河北石家庄	董川	46	1987.9.15
海岳印社	河北秦皇岛	李瑞卿	13	1988.7
燕山印社	河北廊坊	穆咏	8	1988.9.7
终南印社	陕西西安	傅嘉仪	50	1979.3
岐阳印社	陕西宝鸡	曹宇	10	1985
石门印社	陕西汉中	何挺警	14	1987.1.10
宝鸡印社	陕西宝鸡	张凤彩	31	1987.8.23
贺兰社	宁夏银川	柴建方	41	1988.5.1
青海印社	青海西宁	金成山	8	1983.12.18
漱玉印社	山东济南	陈左黄	8	1986
渤海印社	山东庆云	王征远	22	1987.1.1
芝罘印社	山东烟台	衣石竟	37	1989.2.26
洗砚池印社	山东临沂	冯文镐	24	1989.3
火天印社	山东滨州	老善	36	1989.5.12
德州印社	山东德州	刘志耕	39	1989.5.30
青檀印社	山东枣庄	燕守谷	33	1989.6.2
河南省篆刻创作委员会	河南郑州	李刚田	10	1986.5
嵩晖印社	河南新乡	王海	50	1987.3.2
殷契印社	河南安阳	徐学军	28	1987.3.31
石淙印社	河南郑州	侯宇台	48	1987.4.5
三川印社	河南周口	李大庆	22	1987.9
天中印社	河南驻马店	彭勃	10	1987.12.5
卧龙印社	河南南阳	张兼维	31	1988.1
金谷印社	河南洛阳	郭西河	33	1988.2.7
河南印社	河南群艺馆	牛济普	67	1988.11.22
淡远印社	江苏南通	王树堂	51	1984.10.15
东吴印社	江苏苏州	周玛和	57	1984.12.23
愚池印社	江苏金坛	邵仲炎	14	1985
灵杰印社	江苏宿迁	刘云鹏	39	1985.10.12

（续 表）

社团名称	地点	社长	人数	成立日期
金陵印社	江苏南京	许炯	297	1986.5
常州印社	江苏常州	胡一飞	40	1986.7.8
南通印社	江苏南通	丘石	21	1986.10
苍梧印社	江苏连云港	许厚文	51	1986.10.12
西神印社	江苏无锡	刘守成	54	1986.12
南京印社	江苏南京	武中奇	56	1987.2.22
竹西印社	江苏扬州	蒋永义	52	1987.7.25
中冷印社	江苏镇江	姜挹秋	120	1987.7.25
野草印社	江苏淮阴	马丁	29	1987.8.2
虞山印社	江苏常熟	蔡绍心	41	1988.10
西山印社	江苏无锡	吴卫东	16	1988.11
彭城印社	江苏徐州	邵泽芬	30	1989.2
江东印社	安徽马鞍山	王斌	45	1984.6.23
芜湖篆刻研究会	安徽芜湖	葛文德	30	1984.10
完白印社	安徽淮北	徐立	31	1986.11.4
金泉印社	安徽马鞍山	徐明发	18	1987.5.30
黟山印社	安徽芜湖	华骏	26	1987.12
琅琊印社	安徽滁州	戴武	30	1988.3
颍淮印社	安徽阜南	程春风	10	1989
鸠兹印社	安徽芜湖	潘友红	14	1989.1
楚锋印社	安徽寿县	李晓龙	23	1989.5.1
淮南印社	安徽淮南	朱庆亮	23	1989.8.2
东湖印社	湖北武汉	杨白匋	44	1961
南纪印社	湖北江陵	汪新士	31	1986
涵芬印社	湖北武汉	黎伏生	26	1987
铁魂印社	湖北武汉	李玉柱	24	1989.7.8
襄阳印社	湖北襄樊	柴有炜	18	1989.8.11
开明印社	四川成都	游铁堂	30	1981.4
重庆篆刻学会	四川重庆	青晓	82	1985.7.25
四川省青年篆刻研究会	四川成都	陈复澄	80	1986.12
九龙印社	四川重庆	辛华	9	1987.1.26
紫光印社	四川乐山	周积强	21	1987.4.29
金粟青少年业余篆刻学校	四川仪陇	毛一裕	23	1988.4.26
春台印社	江西宜春	黄勇萍	11	1989.6.1
信江印社	江西弋阳	翁石	19	1989.8.1
天心印社	湖南长沙	谭石光	17	1985.10
益州印社	湖南益阳	易德甫	38	1986.5.5
石鼓印社	湖南衡阳	杨宝琳	17	1986.10.8
南楚印社	湖南株洲	杨志达	10	1988.6.18
洞庭印社	湖南津市	刘泽荣	22	1989.5.1
闽东印社	福建宁德	陈远	12	1988.6.30
闽海印社	福建石狮	康耀仁	15	1989.5.4
遵义印社	贵州遵义	叶位琛	19	1985.10.8

（续 表）

社团名称	地点	社长	人数	成立日期
岭南篆刻学会	广东广州	黄文宽	33	1988.9.28
深圳印社	广东深圳	黄开稼	19	1988.10.22
邕江印社	广西南宁	范清涛	47	1986.1.14
神漓印社	广西桂林	欧阳希君	107	1987.5.1
滇云印社	云南昆明	孙太初	52	1987.5.20
友声印社	香港	邓昌成	36	1978.1.1
台湾印学会	台湾	陶寿伯	33	1950.12
海峤印社	台湾	王北岳	23	1961.10.13
玄朱印集	台湾	赖信贤	26	1975.10
台湾篆刻研究会	台湾	王壮为	228	1975.11.2
玄修书法篆刻研究会	台湾	陈约	12	1987.2
玄心印社	台湾	卓播道	17	1989.7.22

（38—40部分资料截止于1990年12月）

下编 学刻方法

四十一、刻印的工具材料

1 刻刀

刻石章的刻刀一般用平口单面刀,而不像刻木、象牙、牛角、有机玻璃等其他材料要用斜口刀、双面刀等。如能备大、中、小三种刻刀以适应大小不同的石章更好。也可用旧锉刀改制,另一头磨成不方不圆的形状,作为研磨印面追求残破时的辅助工具。刻刀中段宜夹以两截竹片或木片,再缠以牢度较高又粗糙一点的绳子如麻绳等,可以防止滑手和勒痛手指。要保护好刀角,如刀钝了,可在油石上磨,磨时刀杆平放胸前,将刀刃上下方向推磨。

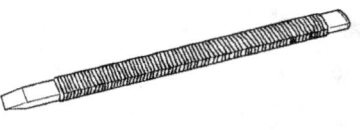

图 41.1.1 刻刀

2 印石

篆刻要使用印石才能显示出艺术效果,犹如画国画用宣纸才能表现水墨的情趣一样。印石的种类以产地划分,后面将详细介绍,初学者只要挑选价廉、不裂又能受刀的印石即可。

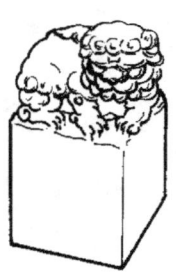

41.2.1 印石

3 印床

这是用以固定印石的工具。印床种类一般有三种。最常见的一种是木质凹形,中间是一排木榫按印石大小随意增删加塞;另一种是金属或胶木制成的单枚螺丝夹;最价廉物美的一种只要备一副元宝螺丝,配上两块钻有小洞的木块即可。初学使用印床可以防止刀刃伤手,熟练后

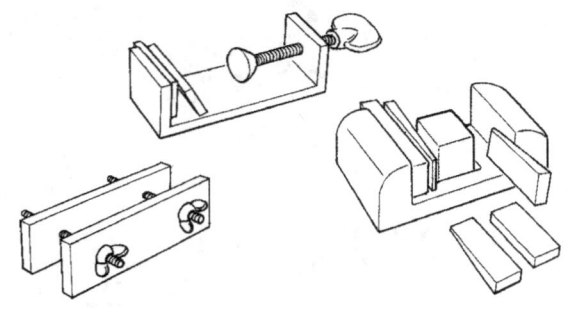

图 41.3.1 印床

不用印床,则右手执刀,左手执石,迎刃受刀,反能灵活方便。刻带有印钮的石章时,特别要注意的是别夹坏了印钮,不妨在印石的夹面各衬以橡皮块。

4 印泥

印章的艺术效果常借助印泥的优劣得以表现。印泥的优劣价格相差极大,上海、苏州、杭州、漳州等地都产印泥,具体情况后面将介绍。商店里铁盒印泥初学时可勉强一用,但泡沫印泥则不可用。

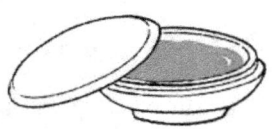

图 41.4.1 印泥

5 印箸

印泥不可盛放在金属器皿内,而宜置于瓷缸内,印泥搁置日久就会泛油,此时宜在一月左右用印箸翻调一次。市上有骨质印箸出售,但自己也可用旧牙刷柄锉制。

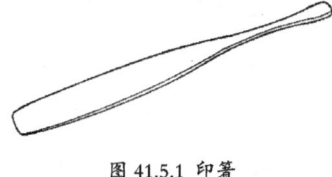

图 41.5.1 印箸

6 印规

印规的作用是钤印后如觉不够清晰,可将印章紧贴印规再钤一次,是一种直角形的定位用具,也可以自制。

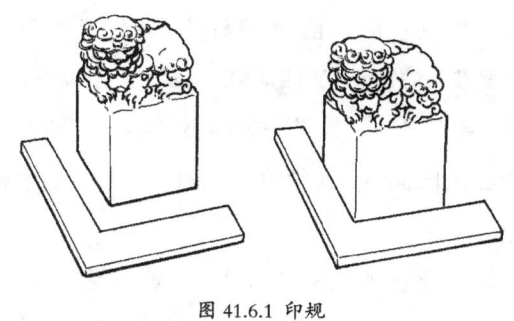

图 41.6.1 印规

7 笔墨纸砚

写印稿一般用硬毫（五号或六号狼毫描笔、叶筋、衣纹笔都可用）。水印印稿时，宜以油烟墨磨出的浓墨写稿以保证水印清晰，如直接在石上写稿，也可用墨汁。水印印稿以吸水的土纸，如毛边纸、元书纸、毛太纸、蜡纸坯或薄宣纸为最宜。钤印用纸以薄而洁白的连史纸最为理想，如用宣纸，也以薄而纯净者为好。砚台以石砚为佳，橡皮砚、方便墨等使用时行笔不爽，不可取。市上出售的廉价的学生用小墨，质劣，磨出来似泥浆，不可采用。

8 刷子、小镜子

印章刻制完毕，在使用印泥前，为防止石屑污损印泥，必须用刷子清除刻面，一般用旧牙刷，或旧油画笔等代替，也可用棕丝自扎。小镜子以方形为佳，临印时置于印拓侧面用以反照印文，也可用以检查反字印文的正面效果。

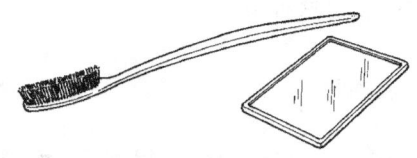

图 41.8.1 刷子 小镜子

9 砂纸、旧砂轮

磨去旧印文，如在旧砂轮上磨可加快速度，一般备铁砂纸、水砂纸粗细两种即可。为使石面磨平，砂纸宜平铺玻璃板上，不平整的砂纸上往往磨不好石面的边角。两张用过的砂纸宜砂面相合放置，以保持砂纸反面的清洁并备作最后的细磨使用。

四十二、印石知识

印石易于受刀，能随心所欲地表达作者的刀法和笔意，故篆刻家都乐于采用。印石的种类很多，名称主要以印石产地命名，著名的有浙江青田石、福建寿山石、浙江昌化石，以及宁波大松石、山东莱石、内蒙古内蒙石、湖南楚石、新疆伊宁石等。各省都可找到一些宜于受刀的印材或代用品，下面简单介绍几种主要印石的知识。

1 青田石

在矿物学上是一种含氧化铝、氧化硅、氧化铁等多种成分的硅酸盐矿物，属于叶蜡石科。由于各种成分含量的不同，形成的石纹、色彩也不同，有青、红、黄、紫、黑、淡红、淡黄、淡紫、黑青等。产于浙江青田县城南郊二十余里的山口至方山一带。方山一带所出石料较名贵。近年在邻近各县也发现新石源。

青田石之佳者，通体无杂质，在灯光映照下，晶莹透明，称为"灯光冻石"。还有一种色白如鱼脑的称"鱼脑冻"。其他名称很多，如五彩冻、夹板冻、红木冻、桃花红、石榴红、老虎花、墨青花等，最为名贵的是封门青。青田石质地细腻，便于雕凿，采作石雕、印石的历史悠久，在明代已有"价重于玉"的记载。1915年青田石雕、印石参加巴拿马赛会荣获金质奖。从此，青田石便名扬天下。青田县有好几个石雕厂，数千名工人从事石雕和印石生产，供应国内外市场的需要。

2　寿山石

产于福建福州郊区下寮乡寿山村一带。寿山石被采用作雕刻材料，据记载已有一千五百多年的历史了。它也是属于叶腊石科的一种矿石。一般按生产地区而分为田坑、水坑、山坑，以田坑为第一，水坑次之。

田坑石最为稀罕，简称"田石"，是藏于寿山山溪两旁水田底层、古砂层中的零散石块。一般是独块石，往往由石农翻田搜掘时偶尔得之。这种石块长期在溪水中浸润洗刷，倍加莹澈。石质逐渐变色呈黄色的叫"田黄"，呈白色的叫"田白"。田黄、田白合于一石名"金银地"。田黄的价值数倍于黄金就是因为其产量极少之故。在寿山中坂溪管屋附近，因地势骤平，加之溪水转弯，故这一地区水底积石较丰富。水坑石简称"坑石"，产在寿山溪坑头支流的发源地矿洞中。其石质多呈透明或半透明状，富有光泽。这种凝腻透明如结冻的石质，就是所谓"冻"。这里多产各类"品"、"冻"。如鱼脑冻、水晶冻、鳝草冻、牛角冻、天兰冻、桃花冻、玛瑙冻等。

山坑一般指寿山乡四周的腊石矿，矿区主要分寿山和月洋两个。因产地不同，石质亦有不同，所以，山坑的名目也特别多。

3　昌化石

产于浙江昌化。昌化石中分水坑和旱坑两大类，因水坑质地细腻故较名贵。其优劣之别，一看质地，二看含"血"。昌化中的鸡血石，与寿山中的田黄、青田中的灯光，为我国印石中的三大名品。水坑中石质以白如玉又半透明的羊脂冻为最佳，顺次为乌冻、黄冻、灰冻、牛角冻等。石中含红色成分俗称"鸡血"，以鲜红为贵。含血多少，又分全红、四面红、对面红、单面红、顶脚红、局部红等。如果一方印石是羊脂冻地而又含全红或四面红，其价值要超过田黄，成为罕见的印石珍品。

昌化石中凡旱坑所产，石质不但粗糙质硬，而且石中多砂钉。这种砂钉刀不能入，为篆刻家所不取。

4　莆田石

产于福建莆田。质地中有一种类似碎瓷的冰裂，石质坚韧。

5　煤精石

产于陕西。黑色有光泽，分量较轻，产量不多。

6　大松石

产于浙江宁波之大松。真品大松石上面有自然的如洒墨之黑斑，质地坚硬。有些商人烧斑伪造的就不足取。

7　楚石

产于湖南、广东一带。暗黑色，如退了光的黑漆。由于质地较松软，故作为初学篆刻练习还可以。当年齐白石挑了一担石头回去制成印材学刻，取的就是这种楚石。

8　莱石

产于山东莱州。颜色也很好看，碧绿如玉，但由于质地松脆，也只能作习刻用。

9　其他

其他还有宝花石、大田石、朝鲜石、阴洞

石、辽石、延平石、古田石、绿松石、广石、房山石、丰润石、湖广石等，各地均有一些出产。近来各地新矿时有发现，内蒙一带矿源充沛，虽然不如青田、寿山、昌化等名贵，但作为学习篆刻，只要能受刀而不伤刃，不妨就地取材，节约办事。

四十三、选石与印石打磨上光

石章分有钮、无钮、不规则形状三种。前两者以方形为主，也有长方形、椭圆形。如果印钮雕得高雅、古朴，可与篆刻作品相得益彰；如钮制粗俗，不如无钮为好。无钮的以六面方为标准。不规则印石，是以零星边角石料制成，除了少数能随形布局外，大都不足取。市上书画店出售的廉价青田石、寿山石用作学刻最宜。这类印石软硬适中，运刀时不开裂无度，也不粘刀，所以刻刀入石畅爽如意，能尽随作者意图。印石的优劣与篆刻的艺术效果关系很大，因为运刀时手指的轻重徐疾，都能影响到线条的变化，就如同毛笔在宣纸上能如意表现出干湿浓淡一样。青田石、寿山石还具有吸色不吸油的优点，印泥容易沾牢而不易干燥。

此外，我们在选购印石时还要注意以下几点：

其一，印石要结实无裂纹。因为一般石矿多采用炸药爆破，廉价印石难免有裂纹。有的裂纹已经过油浸蜡嵌，使外行人难以辨识。

其二，看有否砂钉，尤其印面更不能有砂钉。

其三，颜色纯净无杂色。带透明的为最佳，但颜色美丽、纹理巧妙的也十分难得。如果善于雕钮，那么如选得印石中有一二块别具特色的色块，则可以随色设计雕制别致的印钮。

以上只是介绍一般篆刻爱好者习刻所用的印石，而挑选名贵的印石，或是旧石章，则与鉴别古书画无异，要请教有一定鉴赏经验的专家来识别了。这是一项专门的学问。市上一般出售的印石中，还有一种白色的粉石，外观类似白寿山，颇为美观，但以刀就石如同泥块，印面不能经久，也不能刻工细的文字。另外，山东的滑石、青海茶色的冻石等，因为质地粗松似粉石，也不宜治印。绛褐黄色的内蒙冻石，刻时感觉脆硬干涩，常呈片状爆裂，初学者也难以控制。还有一种辽宁石，外观嫩绿略黄，光彩照人，粗看似封门青田冻石，但一刻上去顿觉石质异常顽硬，不堪作印。

同样一方印石，打磨上光与否售价相差甚多，如果要治印馈赠亲友留念，不妨自己打磨上光，工艺也并不复杂。具体步骤如下：

整形——先将印石在火上略微烘烤，把蜡质用布或纸揩拭干净，然后检查一下石面四角是否都呈九十度、顶端是否有斜角或圆头，如有，先要在粗砂纸上整形，磨成标准的六面光。

去纹——印石最后打光效果的好坏，取决于石纹的磨光程度，在砂纸上由粗到细地打磨后，最后剪一块六百号左右的水砂纸蘸水打磨，力求去尽纹路，总之，要尽可能打磨得越光洁越好。对印石的四棱也可用细砂纸轻抹几下，做到不刃手即可。

抛光——抛光的方法有两种，一种是用金相砂纸沾一点缝纫油不断细磨后，再以软布擦净就行；另一种是先以抛光绿油膏涂于猪、羊皮的里层，再将印石在皮子上用力快速打磨。以上两种办法，均可使一方印石达到光灿夺目的效果。

四十四、刻印的一般步骤

下面介绍的是初学者必须知道和掌握的刻印步骤。

1 磨平印面

印面是指写印文的一面，其他几面如石面粗糙，当然也最好整磨几下。磨印面时可先在粗砂纸上进行，以求去除纹路快速省时；然后再在细砂纸（如水砂纸等）上磨，以求石面光洁。如要磨去旧刻，则可先在砂轮上磨，省时间省砂纸。

五指执石，用力平均，要不断转换执石方向，方可避免磨成斜面。如以"8"字形方向，循环往复，徐徐磨来，也可达到目的。砂纸最好平铺在玻璃板上，如桌面不平，难免磨出的石面四角不平。

2 设计印稿

刻成功一方印，最重要的是章法，也就是设计印稿。分行布局，或朱或白，或工整，或奔放，都应成竹在胸，然后在纸上以毛笔反复设计，挑选出满意的定稿。

3 印稿上石

只有把设计好的正字印稿，反写到印面上去，刻出来的反字才能钤盖出正字来。如何反写印文，根据基础不同，可有以下几种办法：

（1）最熟练者，可以直接据印稿反写到石面上。但非有相当功力不可。不妨用铅笔在石面上大体安排，再用毛笔定下墨稿。

（2）为防止反字中误加了正字，可将印稿设计在透明或半透明的纸上，然后依印稿背面显示之反稿，摹写上石。这一方法简易可靠。

（3）可在印稿侧面置一块小方镜，视镜中反稿，将反字写上石面。用此法久而久之可锻炼自己的适应和书写反字的能力。

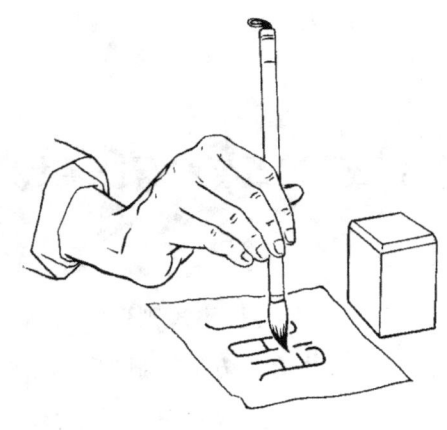

图 44.3.1 在压痕内用浓墨写印稿（写前可先用铅笔起稿）

（4）初学者最好采用水印法，具体过程如下：

a. 先将一小张毛边纸或其他吸水的毛太纸等放于手心内，将磨好的印石印面置于手心上，在纸上压出一方印面轮廓。

b. 在此轮廓内用浓墨写印稿，白文要写出较粗的线条，朱文要留出边栏的地位。写好后将石不偏不倚地覆盖于纸上压出的轮廓内，并用左手捏定印石及覆盖着的墨稿，不使移动。

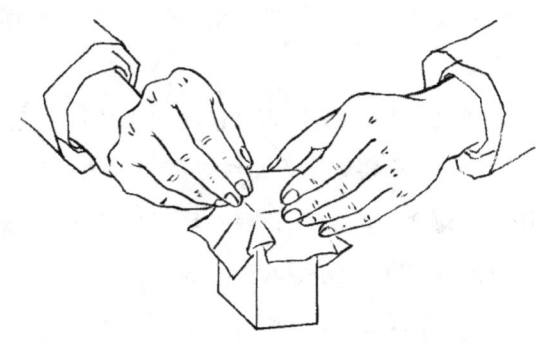

图 44.3.2 将纸覆于印面固定

c. 用一支清洁的笔蘸一点清水，使印面上覆盖着的稿纸微潮，另用二层折好的小块毛边纸蒙在墨稿上，也不要移动。

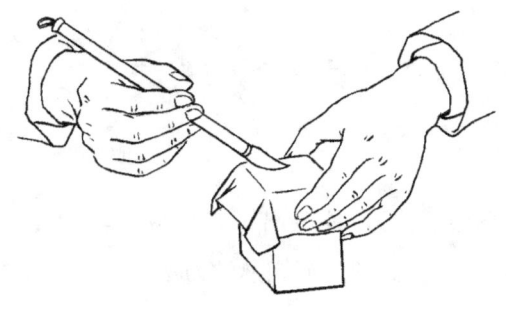

图 44.3.3 使印稿微潮，多余水分吸干

d. 左手执石扶纸，右手用大拇指指甲均匀地反复研磨墨稿，勿使遗漏一边一角，然后揭去三层毛边纸，印稿上的墨迹便反印到印面上了。

e. 如有不够清晰之处，则依靠小镜反照印稿，用毛笔据镜中反字略加修正。

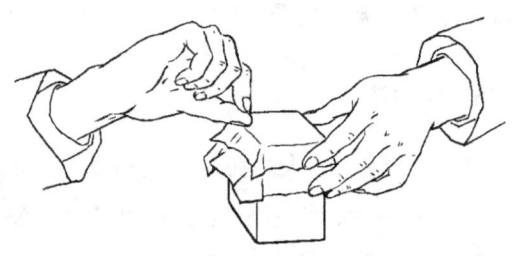

图 44.3.4 覆上二三层纸并用指甲重磨印面

要水印好墨稿有一定窍诀：

a. 不要揩去砂纸磨过后残留在印面上的一层极薄的粉末。

b. 写墨稿一定要用墨锭磨出的浓墨，墨汁或淡墨效果不好。

c. 沾水不可太多，达到微潮即可。

d. 动作要干净利落，如动作迟缓，研磨轻重不当，都会影响水印质量。

掌握上述四点，则效果必佳。

4　动刀刻印

即按后面47.3和47.4二节介绍的朱文、白文流水刻法来完成。注意表现线条的书法笔意，要剔尽笔画空隙处残留的斑点。

5　刷净石面

用旧牙刷刷印面中石屑，使不致污损印泥。用印泥前也最好把印面上的墨迹揩净。

6　检查修改

初学者可以手指薄蘸一点墨在印面上轻拍，勿使墨汁嵌入印文凹地，再以镜子置于黑白分明的印文旁对照原稿检查修改；也可将印章钤于较薄的半透明纸（如蜡纸坯、打字纸之类）上，从纸背视印拓的反文对照修改。

7　钤印

要注意洁净印面，垫纸不可过厚，以免失真。左手扶正石章，右手运全身之力于指端钤印。印面施力务必均匀，四角都要受力。钤好后当纸石分离时，不可猛然抽石，宜轻轻揭开。为可靠起见，可采用印规。详见下编58.2"钤印方法"。

8　刻边款

详见下编57.1"刻边款的方法"。

9　拓边款

详见下编57.2"拓边款方法"。其中对拓款工具及步骤均有详述。

四十五、执刀法

执刀如执笔，可根据各人的习惯，并无定法。而各种执刀法都各有利弊，有的如握拳，有的如执毛笔，有的如执钢笔，各人可采用适合于自己习惯的执刀法。总之，运刀时能做到手腕动作利索，腕力得以尽情发挥，能有助于刻好一方印就行。篆刻作品的优劣，主要取决于作品本身由章法和线条造成的艺术魅力，其他一切都是为艺术的表现力服务的。

现在向你介绍一种执刀法，执刀如同执钢笔，即以拇指、食指夹住刀把，中指承于刀下，无名指与小指垫于中指之下，刀杆横卧于虎口食指根的掌骨之上。靠拇、食、中三指撮住刀杆，靠上述三指的关节收送发劲。运刀方向为由右下方朝左前方刻去，整个刻制过程中，只动印石，运刀方向不变。这种运刀的好处是同打拳一样，便于向外发劲，比较适宜初学的青少年及腕力稍弱的治印者。熟练后，当然还可变换刀刃角度和方向，随意运刀以加工细节之不足。需要说明的是，要刻制的印石须呈菱形角度置于刻者胸前，而不是与桌面平行。

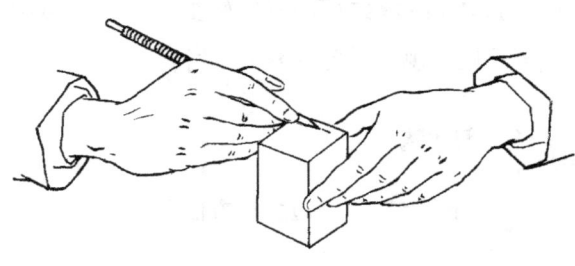

图 45.1 执刀法

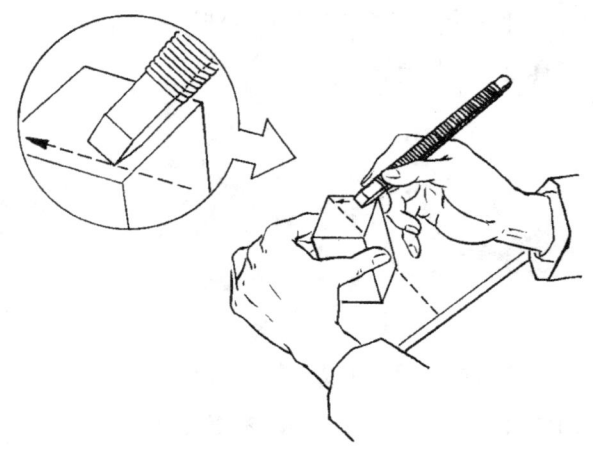

图 45.2 印石放置角度

四十六、运刀法

学会了执刀，要刻出一方气韵生动、形神兼备的印章，就必须掌握娴熟的刀法。前人讲刀法有所谓正刀正入法、单入正刀法、双入正刀法、冲刀法、涩刀法、迟刀法、留刀法、复刀法、轻刀法、埋刀法、切刀法、舞刀法、平刀法十三种，近乎玄虚。其实，刀法主要只有切刀法、冲刀法、兼冲带切法三种。因印有朱白、大小，字画有疏密、简繁，线条有挺拔、婉转，印的风格有纤丽、雄强。种种不同，因印而异，故采用何种刀法，当视具体情况而定。前人说"执刀须拔山扛鼎之力，运刀若风云雷电之神"，这是总的精神。

1 切刀法

执刀角度较直，大约在60°左右。它是依靠刀角的一起一伏，将一根长线条，以若干重复动作分段连续刻制而成。刻时全身之劲，通过肘腕运到指间，而不靠手臂的大动作完成。

刻制的具体要领，是先将刀角放在要刻的线条边，刻白文线条则紧贴在线条的右侧边线，刀把微向右侧一点，由右下往左上方刻；刻朱文线条，则紧贴在线条的左侧边缘，由右下往左上方刻。运刀时由浅入深，如同脚踏铁铲插入泥地铲土一样，要集中发劲刻入，耳中可听到刀角入石的戛然

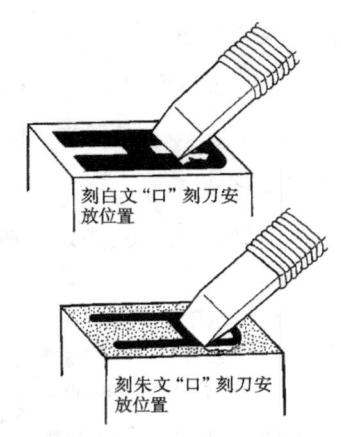

图 46.1.1 刻朱、白文线条刻刀安放位置

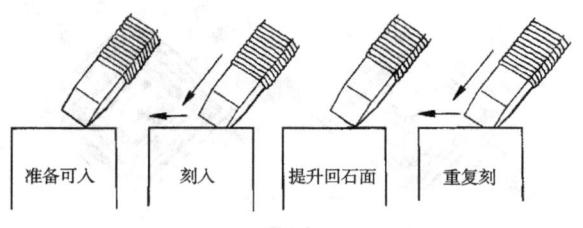

图 46.1.2 切刀动作示意
（箭头为运刀方向）

之声。然后，轻轻将刀角提升恢复原位，最好靠托刀的中指微微顶至原位，但切不可将刀角离开石面。再切、再提、再切、再提，刻一下，运刀入石便有一声"嘎"的声响。如无老师在边上，只要听有否入石的"嘎嘎"声，便知你刻得对不对。需要注意的是，刀要紧贴线边缘，刀痕一个与一个衔接自然，方向一致，不出现锯齿状。如稍有锯齿，则要注意研究衔接的技巧，同时不妨略加修改。初学者可根据以上要领结合实践细加体会。

浙派各家以及近代来楚生等的作品，是善于运用切刀刻印的典型。我们初学都应练习用切刀法刻印。

2　冲刀法

执刀角度较之切刀要小，大约呈30°左右，把刀角顺着要刻的线条推刀向前，并用食指第一关节与指甲之间这一段抵住印石，可帮助控制力度，以免用力过猛冲过头。无论用切刀还是冲刀刻印，刀角入石不宜过深，如刀角深陷，阻力大，就不能顺利运刀，当然太浅也不好。另外，为防止一冲而不可收，或使线条产生凝重、浑厚的效果，还宜一节一节冲，即通过连续的短距离的冲刻运刀，完成较长线条的刻制。皖派及黄士陵、齐白石的作品，是善于用冲刀刻印的典型。

3　兼冲带切法

是冲、切刀并用的刻法。熟练的印家，采用最多的往往就是这种刻法，可视线条长短和印章的风格灵活运用。不论何种刻法，要记住刻刀紧贴线条边缘，不可游离线条。用力要均匀，动作要干脆，争取一刀达到要求，而不靠修修改改。"稳"、"准"、"狠"三字，大体上概括了用刀的基本要求。

四十七、初学者的基本训练

1　回文刻法

初学用刀，必须以较多的时间，先后学刻朱文和白文的回文。朱文要画得细，可视印石大小，以圈数多、线条细者为好，但不可过密，以防用刀时石面开裂而影响旁边的线条。白文线条可粗厚一点，线条的间隙以极密极细为好。粗看起来，朱、白文回文难以分辨，区别的要点是：朱文要在印面边沿画细的边线，白文则要离开印面边沿一点点距离，然后依次紧挨着画出一条一条粗线条。

别小看了画回文，这与在石上写印一样，对初学者会有一定难度。即使成人用一支五号狼毫描笔（羊毫笔画线不易做到细而挺），要在石上画出粗细一致、间距统一、转折自然的回文印，也常常不能满意。最难克服的是手抖、线条画不直。建议你将印石移至桌子左侧边缘下，使印石与桌面平齐。一手握石，一手执笔，或在执笔的右手下垫几本书使之与石面平齐。画印时，也可只以拇指、食指执笔，可克服手抖而画线不直的困难。初画回文印，还可先以细铅笔、小三角尺在石面上打好一圈圈回文样子，再依线用笔墨描画。这是第一关，其难度并不在镌刻之下。

朱文的回文刻法：请将印石按菱形角度放

篆刻法

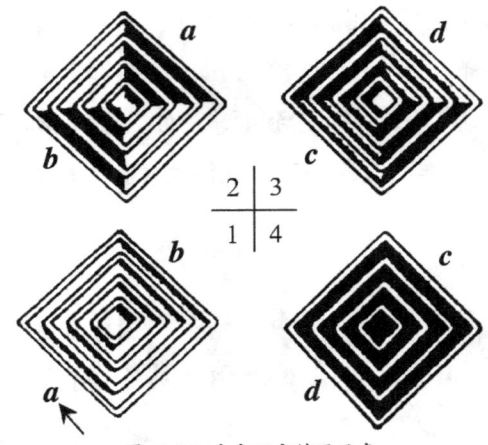

图 47.1.2 白文回文练习示意
图中白色表示画的线条，黑色表示刻刀刻去的部分，箭头表示运刀方向，英文字母表示印石方向变换的次序，数字表示刻制顺序。一律自左至右逐条刻。

好，用上面介绍过的切刀法，将刀角放在线条左侧，留出线条，从左到右次序依流水作业法，刻去其余部分。具体刻法是先顺次把同一面线条刻出。将印石转动180°，再以上述方法刻制，印的二分之一就刻成了。还留下的一半也分成两次刻成。这样，包括开始把印石放成菱形角度，印石一共动四次，把朱文黑线以外的空处全部刻尽。要注意的是：(1) 刻刀须紧贴笔画。(2) 刻得不宜过深。(3) 用刀须掌握轻重，防止裂坏相邻线条。(4) 刻到线条终端处，幅度要小，要轻转刀刃不能出现90°棱角，也不可刻过头，"宁使刀不足，莫使刀有余"。因为一般不足可补，刻过头就难以收拾了。(5) 刻四条边缘线时，原来垫于刀下的中指，可以移至刀的右侧轻挨印边，可防止刻边线时刀锋出格。顺便提一点，初学者如不使用印床，为防止刀刃伤指，可在执石的左手中指第二关节处，用布条做一指套加以保护。

刻白文回文，是刻去墨线，留下墨线之间的间隙，墨线尽可能粗，线与线之间间隙越细越好，刀角则要放在白文粗线条的右侧边缘，用上面介绍的切刀刻法，依流水作业法，分四次完成。笔画中的残余石屑，最好一次清除，转角处要保持圆转，笔画终端要收拾好。

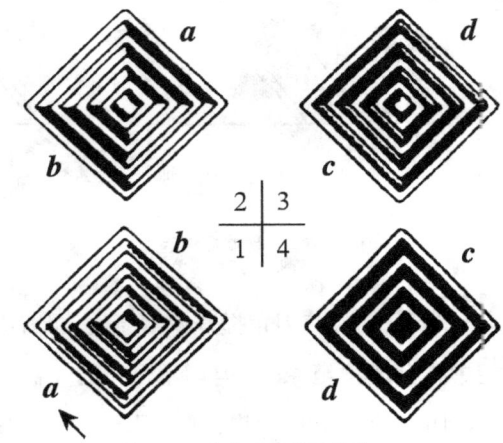

图 47.1.1 朱文回文练习示意
图中白色表示画的线条，黑色表示刻刀刻去的部分，箭头表示运刀方向，英文字母是印石方向变换示意，数字是刻制顺序。一律自左至右逐条刻。

对初学者来说，只要按要求认真刻，一般朱文、白文回文各刻10~15次可基本掌握要领，或可根据各人情况适当增加。可以一次写好几方印的回文稿一起刻制。凡线条刻断（非印石自然断裂），粗细不一，转折过方过圆，当然不能合格。

2 篆书填空及画印

"七分写、三分刻"，从初学者的实践证明，要掌握刻工技巧并不很难，初学阶段这一技术性很强的过程，其实经过为时不长的训练，即可达到要求，这点，请你不必担心。现在，让我们先来熟悉一下摹印篆，尤其是满白文线条的写法。

请你认真把图47.2.1和图47.2.2的篆字放大后，用五号或六号狼毫描笔蘸浓墨填写，在填写时要注意笔画的头、尾必须方整，转角处应似圆不圆、似方不方，切切不可画成90°的棱角，线条应一分饱满，线条之间的距离必须匀称。

填空之外，还须做"画印"作业，即在同样大小的纸上，打好格子，先用铅笔轻轻地打好字样（最好不用橡皮擦），尽可能逼真地把这些篆字重画一遍，其填黑的要求与上述方法相同。在毛边纸等吸水性较好的纸上同样画好字样，用水印法翻印上石后，为了熟悉白文边框在印章中的作用，便于多

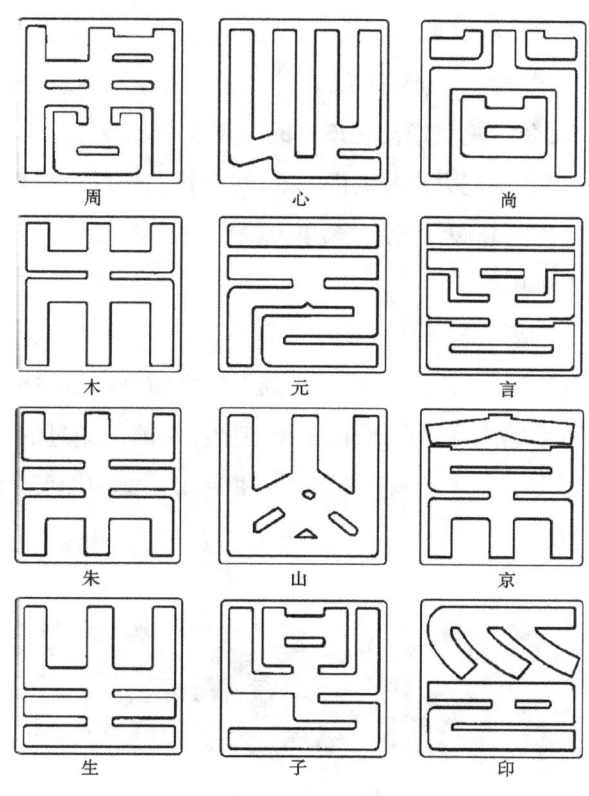

图 47.2.1 篆字填空（一）

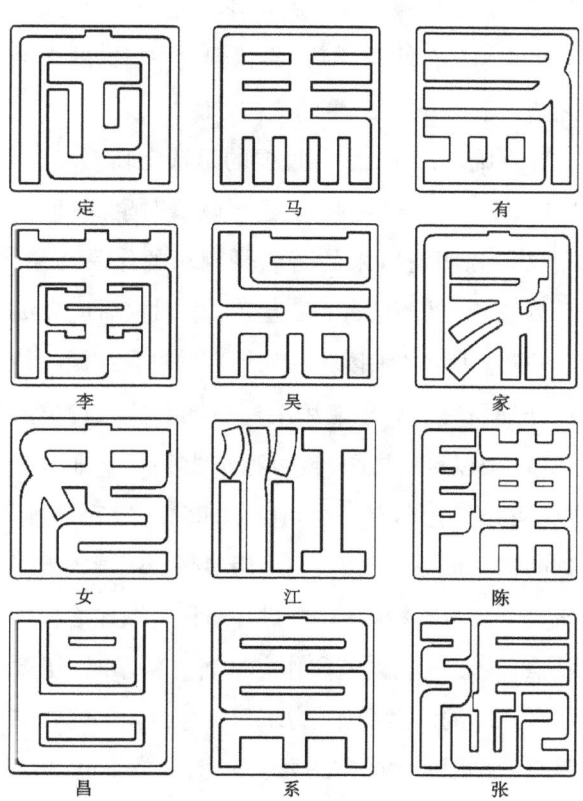

图 47.2.2 篆字填空（二）

增加一些用刀的练习机会，请你在画印时，在字外加画一圈边框。框子的四角不能太方，也不能太圆，粗细以不超过文字笔画为宜。

图 47.2.3 加边框

3　朱文刻法

刻朱文是刻除文字和印边以外的所有部分，用双刀法刻。方法是先将刻刀沿横划的左侧自右向左上方或冲或切，顺次将所有横划的左侧部分刻去，石旋转180°再刻刚才这笔画的另一侧（也是左侧）。这样，印的二分之一完成了。余下竖划也要按上述方法顺次分两次刻完，笔画之两端可切一短刀。凡印面中的残余颗粒、小块，可在全部刻完后一一收拾，也可以在刻印中顺便收拾，但印地不必花功夫铲平。

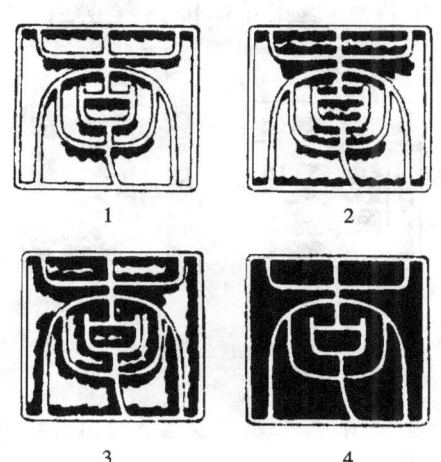

图 47.3.1　朱文刻法
分四次刻成朱文"李"字（反文）

无论朱文、白文，印石从奏刀起至结束，一共转四次。书后附有朱文印图版，可供临习。先画印后临刻，力求酷肖原作。

4　白文刻法

刻白文就是把写在印面上的墨迹刻去，有粗白文、细白文之分。刻印时，无论印文是横笔或是直笔，可一概视作直笔来处理。每一笔分两次刻成，名曰"双刀法"。

刻粗白文的第一步先把一方印中所有横笔的右边刻到尽头为止，切勿过头。"宁使刀不足，莫使刀有余。盖不足更可补，有余不可救也"。然后将石转动180°，笔画中未经刻过的一边又全转到了右边，仍以原法全部刻完。这样，一方印中的横划全部完成，即已完成二分之一。

第二步即按原法转动印石，先把所有直笔的右边刻完，转动180°，将直笔的另一边转到右边，以原法全部刻完。这样，旋转印石以就刀势，等于流水作业法，比每刻一笔转两次印石来得省时见效。

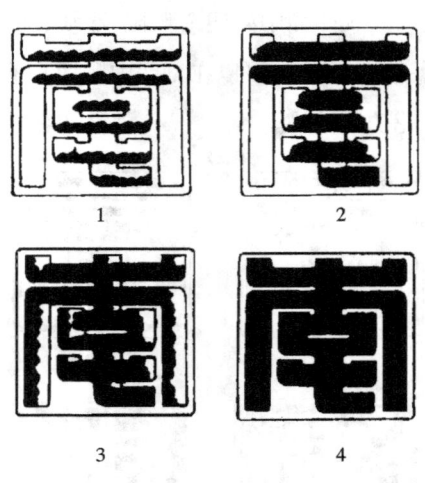

图 47.4.1 白文刻法
分四次刻成白文"李"字（反文）

这里要指出，必须重视笔画转折处与每一笔的头、尾（起笔、收笔）的刻法。转折有圆有方，头、尾也有圆、方、尖之不同，必须刻出笔意。那么，笔画两端怎么刻呢？一般在刻到一笔终止时，轻轻旋转一下刀角，其效果比较自然，除非刻满白文巨印，可切刻两端外，一般不要用刀切刻两端。

刻细白文多数指刻急就章一类的印。每一笔画不用双刀，仅用单刀以冲刀法刻成，刻时刀微侧，所以刀痕呈一边平齐一边爆裂的锯齿状。齐白石用的就是这种单刀刻法，不加修饰，自然成趣。但如果对线条的爆裂控制失度，必然单薄纤弱。为充分显示线条的轻重粗细，又不致单薄，每一笔可逆向在该笔的刀痕中心顺势复冲一刀，以便刻去部分锯齿裂痕，可免锋芒毕露、单薄疲软的弊病。当然，刻单刀没有一定的基础是刻不成功的。

顺便提一下，刻出的石屑不能用口吹，以免石粉吸入肺部，可用小指或无名指随刻随拭，使石粉填入刻去的笔道内，既卫生，又能使刻过的印文一目了然，便于修改。书后附白文印图版，供临习。

四十八、印章摹刻法

"临"和"摹"是学习中国书法、绘画的传统学习方法。临摹印章也是初学篆刻的重要手段。对古今名作的大量临摹，是达到创作目的的必由之路。下面介绍临、摹的具体方法：

在临刻之前，十分重要的是选定临摹对象，"取法乎上，仅得其中"。选择临摹对象，一般以秦汉印和明清以来的著名篆刻家的作品为主。摹分意摹、精摹两种，在选定临摹对象后应先细读一遍。所谓"细读"，指对原印的种种细微的特征详加研究。如果能用毛笔在纸上按大意放大几倍，加以摹仿描画，或可称作"意摹"。通过意摹，可以对全印有一个粗略的印象。然后，可用透明描图纸覆于原稿之上，用狼毫描笔蘸碳素墨水或绘图墨水精摹一遍，进一步研究该印之种种特点，为正式临刻该印作好准备。精摹时，更要再现原印的细微变化，力求形神酷肖。如能在精摹以后再用放大的方法意摹一遍，收效将更佳。

摹印时如手指上有汗腻油分，宜洗净双手，

在不着墨的纸面部位衬一张白纸,以保证描图纸不沾油污。冬天呵出的热气会潮湿纸面,也应在鼻下纸面上衬几层废纸或干毛巾。不论意摹或精摹的作品,可用本子收集起来,作为对照、研究的资料加以积累。

临刻所费功夫稍多。先将原作以水印法翻印上石,印文线条的粗细务必与原印相一致。然后对照镜中的原印反影,用狼毫毛笔蘸墨,小心补填遗漏或模糊的地方,这样就可以奏刀了。奏刀时,也要时时对照镜子中的反写印文,笔笔临刻,直至满意为止。如果能同时认真研究原作的章法、篆法、刀法,反复对比,则进步更大。至少要舍得把全过程的一半时间用以研究、对比,否则,囫囵吞枣,流于形式,不动脑筋地操刀"挖石",即使千石万印也只是事倍功半。

愿你在临印时,不仅把头脑作为储存丰富的印章语言的仓库,更要把头脑变作开动机器的车间,只有这样,才能把前人的成就转化为个人的技能。书后附学刻参考资料,是学习的最佳范本。请在一年之内,反复摹刻、领会,打好学刻基础。

四十九、临刻后的自我检查

刻好印后检查一下是否达到了应有的效果,即使是一些著名的篆刻家也都这样做。这是一个艺术家对待艺术创作态度认真的表现,也是对自己创造的艺术品负责的表现。前人所谓"大胆落刀,小心收拾",就是指这种负责的态度。有些篆刻家"毫不修饰"的刻法,也许在当众奏刀时间或有之,但决不会普遍。因为认真地检查收拾,是达到完美艺术效果所必须的一种手段,有谁会反对使自己的作品达到更完美的艺术境地呢?一些篆刻家甚至刻好后搁置案头,要过一段时间再行修改补刀,这种负责的精神是值得我们学习、效法的。但这种为追求更完美境界必要的"稍加修饰",要与刻时马虎草率而靠专事修饰以至最终把作品修改得板滞无神的做法区别开来。当然,随着水平的不断提高,刻时越来越有把握,心手一致,也就无需靠修改来接近原作。

1 对照修改

作为初学者,临刻好一方印章,需要修改、收拾一下,是完全必要的。修改、收拾的过程就是提高的过程,只是越熟练修改越少罢了。一般的修改方法有两种:

(1)刻好后刷除石屑,以手指薄蘸墨色,均匀地轻拍到印面上,再对照镜子中反照的原印进行修改。

(2)刻好后刷除石屑,蘸印泥钤印,审视钤出印拓的效果,再作修改。

在对照修改的时候,可注意以下几个环节将习作与原作进行比较:

(1)比例:几个字在一方印中占地大小。

(2)粗细:一般满白文粗细大体一致,小有差异,但有的印章文字笔画粗细不同。

(3)间距:笔画与笔画之间,字与字左右、上下之间的距离。

(4)方圆:整个印有方笔、圆笔之别。

(5)转折:笔画的转折处有方、圆之分,有些转折流畅,有些连接得险要。

(6)头尾:字划的开头与结束处,有方、圆、尖之分,要仔细审视。

(7)边栏:边栏有粗有细,也有不规则的刻法,如封泥刻法,要追求其古拙、残破的意趣,更要以刻凿、敲击、研磨等多种手段处理,力求一丝一毫都酷肖。

（8）印角：指印边的内角和外角，看到底是方角、圆角，还是残角。

要做到按这几个环节一一对照，不化点时间是不行的。严格说来，临刻的过程是一个学习、研究、思考的过程，对照、检查、纠正是其中的有机组成部分。如此学习，乍看来费点时间，但反而能加快学刻的速度。

2　分析实例

下面分析几组临刻实例，左边的是原本，右边的是一位学刻青年的习作。

周衍

图 49.2.1　周衍

（1）"周"左竖下端太细，中间一竖偏左了。

（2）"周"字第一、二短横间距太近。

（3）"衍"字"行"部左面靠边的差距较大，上边的那个转折太向下，下边的那条垂线下端太靠印边了。"行"字右下笔画的上端太圆。

（4）"水"字有五根垂线，线条弯曲，间距很不匀称。

卢苍

图 49.2.2　卢苍

（1）四角太方，两字间距太紧。

（2）"卢"字头转折太硬，竖线间距太紧。

（3）"田"字四红点不匀称。"卢"下部"皿"字四竖倾斜，间距不匀称。

（4）"苍"字右半个"屮"太粗太大，中间人字头空隙太大，下边五根横线间距不对，左边长垂线头上有一向右小弯头。

安昌侯家丞

图 49.2.3　安昌侯家丞

（1）"安"字第一横宜直，"女"头两短横线宜平，右端上翘的应是横线头，而非短直线。左侧头"⊂"宜弯而自然，不可太硬，下端三竖间距要匀称。

（2）"昌"字下半部笔画都过粗，右下角转折宜险而尖细。

（3）"侯"字左上一小钩太直，此字下边两脚太长、太粗。长垂线太粗，与框中笔画太靠近。

（4）"家"字左角太粗、太圆，上边小点宜尖细，里边几撇放射方向宜一致，右边弯竖没有表现出来，短横两端太方。

（5）"丞"字上端转折宜平直，左右两"爪"头宜小巧有节奏，底下上翘的两竖太粗也不挺，底部转角既不应生硬见角，也不应太臃肿。整个印的四角也不宜方。

松圆道人

图 49.2.4　松圆道人

(1)印边四角与印文都应集中体现一个"圆"字。

(2)"松"字"木"上部太长,下部两垂线开始要有弧度。"公"部右边一弯太弯曲,间距紧了,使两弧间的一垂很局促,中间下垂应成圈状弯钩,现在很不圆。

(3)"圆"字外框下部宜圆,中间"员"部笔画间距应很匀称。

(4)"道"字"行"中加"人","行"部四个部件要有圆意,"人"部长线太弯曲,与短撇离得太远,与右边"亍"距离不舒服。

(5)"人"字两根线条都要体现"圆"味,右上角线条间的空隙宜大致成一圆形,这就要求左边一弯垂笔的起笔要移至中间一点。

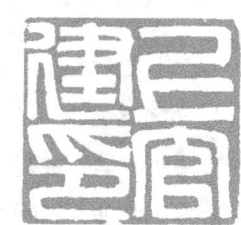

图 49.2.5 上官建印

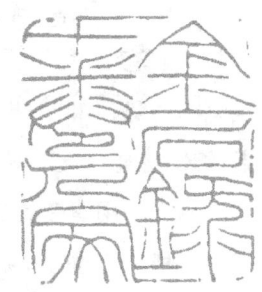

图 49.2.6 金石录十卷人家

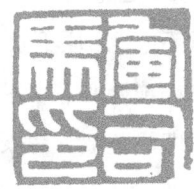

图 49.2.7 军司马印

图 49.2.5—图 49.2.10 为临刻实例,请按上述八个

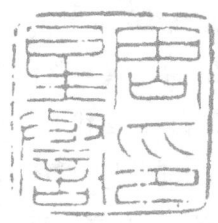

图 49.2.8 周星誉印

图 49.2.9 田莞

图 49.2.10 寿伦

方面及临刻实例分析,自己对照后一一查出不足之处。也不妨试着临刻一下(左为原本,右为临本)。

五十、篆书及其书写与辨识

要学习篆刻,当然要熟悉一点有关篆书的知识。篆书是"真草隶篆"四体书之一,由于历史的演变,现在仅仅作为文字研究和书法艺术保存下来。而在篆刻艺术中,却成为入印的主要书体。秦统一中国前的甲骨文、石鼓文、钟鼎碑铭、六国古文等统称为"大篆",秦相李斯整理统一的文字称"小篆"。因为小篆的字形比较整齐规范化,较易掌握,故初学最好先从小篆入手,待有了一定的基础后,再上溯大篆。小篆的用笔略粗而圆润,线条如一根筷子的称"玉箸篆",用笔稍细而圆劲挺直的称"铁线篆"。写玉箸篆或铁线篆是基本功。初学者可以选择秦代的《泰山刻石》、《琅玡台刻石》、《峄山刻石》、《会稽刻石》，以及唐代李阳冰书《城隍庙碑》等入手临习，近代王福厂及清代杨沂孙、吴让之、邓石如等的篆书墨迹都宜于初学。有了一定基础可以选学石鼓文或钟鼎文等。学写篆书要注意悬腕中锋。篆书结构一般呈长形，上紧下松，下垂的脚略长，左右对称，笔画均匀。如能看到善书者的铺毫运笔，以熟悉一些基本笔画的运笔方法和结体顺序，则更有助于入门。初学宜选用羊毫或以羊毫为主的兼毫。

学习篆书光写够不够呢？当然不够，还应当结合学习一些古文字学。比如汉代许慎编写的《说文解字》是我国最早的一部字典，其中共收九千三百五十三字，它分析各篆字的字形和偏旁构造，解释字义，辨识声读，是一部很适宜于初学篆书者的工具书。围绕这部《说文解字》，还有许多帮助学习这本书的指导书，最有名的是段玉裁的《说文解字注》。学习甲骨文可查阅考古研究所编的《甲骨文编》，学习钟鼎文（即金文）可查阅容庚编的《金文编》和《三代吉金文存》（另有《释文》一书）等，学习古玺文则可查阅罗福颐编的《古玺文编》。此外，徐文镜编的《古籀汇编》综合了各种大篆文字，而袁日省、谢景卿等编的《汉印分韵合编》及罗福颐编的《汉印文字徵》是刻印前查玺印文字最简便可靠的工具书。

从学习篆刻的战略上考虑，不学篆书，不研究古文字，是根本不可能成功的。所以，初学者应安排时间，在学习篆书上下点功夫，于日后的学刻，是大有好处的。

当然，由于篆书离我们年代久远，结构复杂，书写速度慢，文字的笔画增减不定，又由于古代文字不多而派生出许多通假字，随着社会的发展和文字的演变，终于退出了历史舞台。但是，作为艺术欣赏的一支，篆书线条优美，具有对称美，可方可圆，便于章法上的伸缩安排，它没有隶、楷那样的长撇大捺，因此，篆书的艺术价值在其实用价值退化后，依然得到人们的重视。而且，始终作为用以入印的主要书体，在书法百花园里，篆体书法至今仍显示出它独特的魅力。

对于今天连繁体汉字也不大熟悉的青少年朋友，若以普通简化楷书的结构去拼凑篆书，那是要闹笑话的。现在，我想和你一起辨识一批常用篆字，使之能帮助你摸索到一点学习篆字的规律方法，激发你对祖国古老文字的研究兴趣。特别希望你在刻印之余，能反复摹写默记，掌握越来越多的篆书结构。

1 篆书的书写

这里只介绍适宜初学者练习的小篆写法，即秦代经过李斯整理后的篆书。这种篆书大小整齐、规范，便于初学。主要又分粗、细两种写，用笔粗而圆润，笔画状如一根圆圆的筷子叫"玉箸篆"；用笔细而挺劲，笔画状如一根铁丝的叫"铁线篆"。学者每次写几个玉箸篆，藉以掌握一些篆书的基本结构与基本笔法，可以说是学习篆书的入门吧！至于执笔的姿势，如同写楷书一样，同样要求"指实掌虚，腕平掌竖"，这里就不另作介绍了。

楷书的用笔最复杂，有横、直、钩、撇、捺等，隶书也有横、直、蚕头、燕尾等用笔。写玉箸篆其实只有一笔⬭，要求中锋用笔，起笔、收笔都呈圆形，运笔时力量较为平均，笔笔要回锋，做到无垂不缩、无往不收。这一横画，竖写即直画，弯过来即成弧形，写各种弯笔时都用得到。左右两弧笔即成圆形。写篆书的用笔方法、笔顺，以及一些部件，各家写来也无定法。如"𠙶"，有先写上面一横，继作左右两笔，最后连接成形的写法，⌒⊂⊃；也有左右两半合抱而成的写法，⌵⊃；也可先左后右,最后加上边一横,乚ㄩ口。但有一些基本规律不可不知:如篆书一般呈长形,上紧下松,横平竖直,左右讲究对称美,笔画之间间距均匀,转角处不可成方形90°角,而应略呈弧形。其他各点,当在具体临写中仔细体会。下边列举篆例,注明了笔顺,临写时,如能放大四倍,则更易体会用笔规律。

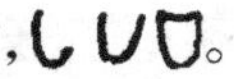

练习写篆书可用毛边纸、元书纸、毛太纸,也可用废报纸写。比较节约的办法,可用较大的铺地方砖,用砂轮砂平、砂细,用铅笔打好格子,然后用洗净的旧笔蘸清水写。也可用洗净的旧笔蘸清水在打好长方格子的马粪纸上书写,水迹晾干后即可重复使用。

篆字的笔顺根据书写者习惯不尽相同,如下列"木"字,有先写一横的,也有先写一竖的。要注意整体比例匀称,讲究对称美,还要注意回锋和中锋用笔。我们可以试试写下列四个篆字,每个字多重复写几遍。

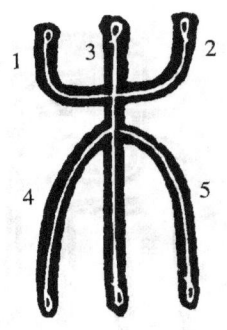
图 50.1.1 木

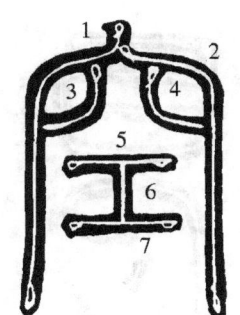
图 50.1.2 空

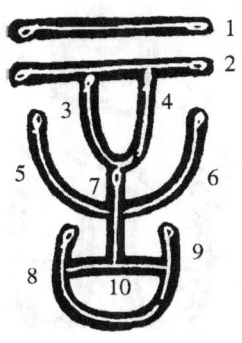
图 50.1.3 言

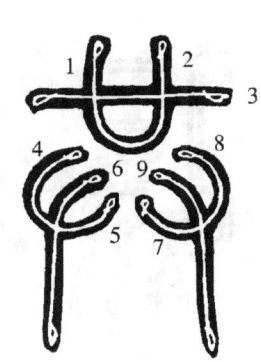
图 50.1.4 共

"糸"、"水"、"手"、"心"在书写时,除了要注意中锋用笔和回锋外,在笔画的安排上,要注意左右对称,间隔距离要均匀。图例中,标出的笔顺也只是一般规律,并非绝对的。如"手"字,有先写中间一竖的,也有先写上部左右两弧线的,随书写者的习惯而定。

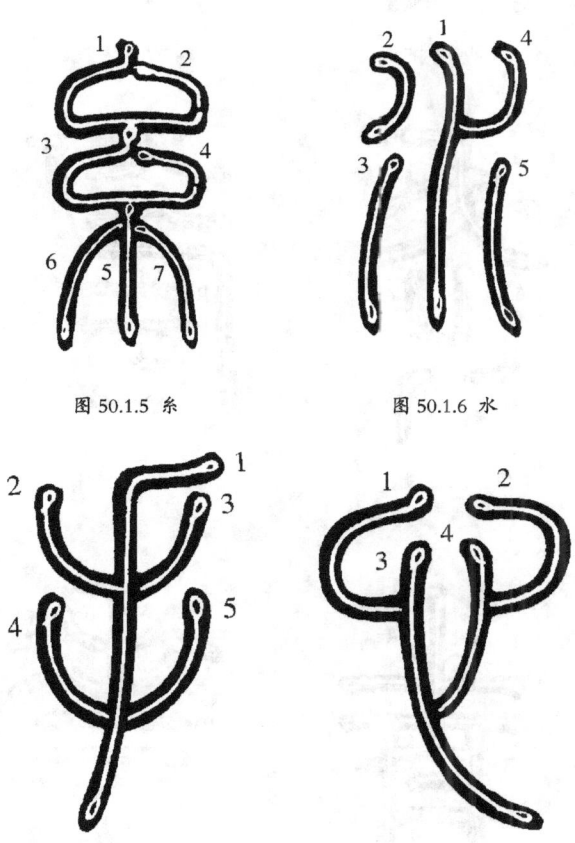

图 50.1.5 糸　　　图 50.1.6 水

图 50.1.7 手　　　图 50.1.8 心

写"女"字要注意第一画上半段要平,居中的第三笔中段弯曲要自然,左右两个空格大小要接近。"佳"字要注意四横的长短与斜度。"走"字要注意上部"开叉"的得当,要注意第三、第四笔左右对称,第六笔不可把转弯接头处提得太高。"眉"字左上面两个零件要安排匀称,下部"目"字中间的短横分割空间要均匀。附图都注明了每一笔始末要回锋,也注明了常规笔顺,可参照临写。

篆书实则上是一种极富装饰、对称美的书体,如果在写"青"、"花"时,不注意粗细一致,左右对称，间距均匀，上紧下松，就不会好看，两字的左右零件，都要插入上部的中心竖划中。要注意到汉字结体上紧下松的特点，这样，一个字看起来就舒展，有精神，同时也要注意回锋起笔，中锋运笔，逆势收笔，做到"无横不复，无垂不收"，使每根线条圆浑而充满力度。经常参照临写，自会熟能生巧，大大有益于学刻。传统认为"书法家不一定是篆刻家，但篆刻家必须是书法家"，可见书法与刻印的密切关系。

写篆书时，掌握一定的笔顺，固然重要，但它毕竟还可以灵活，可按各人的习惯写，事实上读者一般也只能看到作者的墨迹，而较难看到书家挥毫运笔。除了中锋运笔，还要重点注意笔画的对称美与匀称美，比如"见"、"虎"、"鸟"这三个篆字，就得把各横划、竖划之间的距离写匀，几处平行的笔画间，不能有的地方密，有的地方疏。另外笔画的转折，不可一味圆滑，笔要留一留，才能使笔画方中见圆，圆中见方。

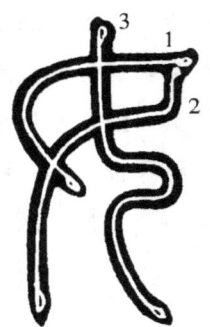

图 50.1.9 女

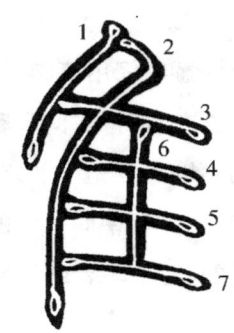

图 50.1.10 隹

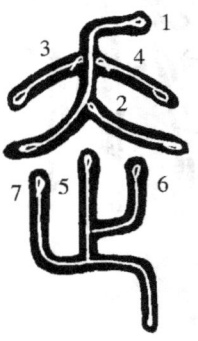

图 50.1.11 走

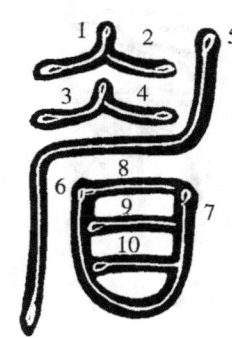

图 50.1.12 眉

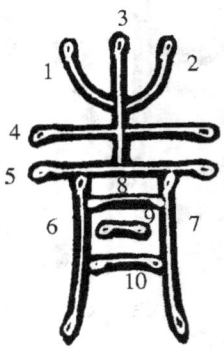

图 50.1.13 青

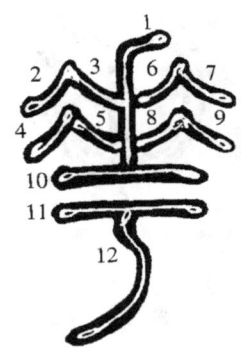

图 50.1.14 花

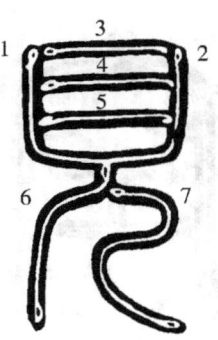

图 50.1.17 见

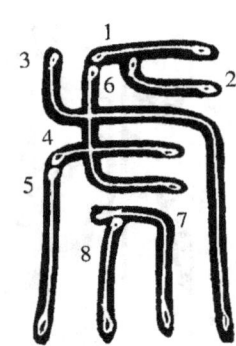

图 50.1.18 虎

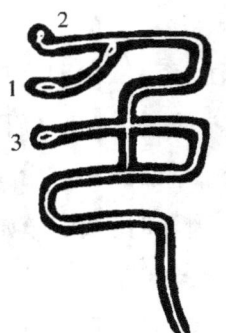

图 50.1.15 色

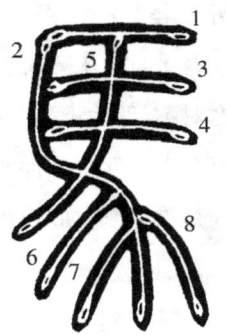

图 50.1.16 马

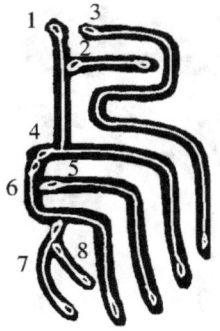

图 50.1.19 鸟

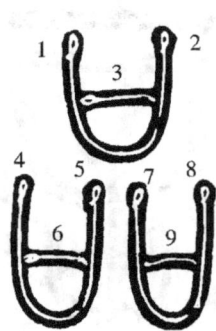

图 50.1.20 品

"酉"字要写得好，下边这个上方下圆的框子很重要，上边"八"字两分，及下部小三角，都要注意对称美。写的是黑色的笔画，只要查一下白色的空隙，就可以看出效果。比如所附的字例，这个"酉"字的右边弯钩中空隙处，就不是与左边的相同，显得长了些。"辰"字要注意三横间的距离。"戌"字则要注意第三笔居中，太靠右，则下部空隙必空荡松散。"辛"字看来也在两对上弯钩的笔画，既要长短粗细一样，还要注意空隙间距的对称，第三、第四笔中的小空隙，要长不要圆。写篆字不能忘了笔笔中锋、无横不缩、无垂不收的原则，这是常常要提醒的。

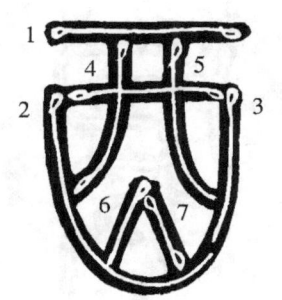

图 50.1.21 酉

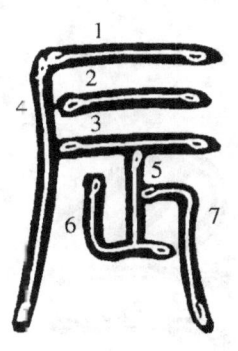

图 50.1.22 辰

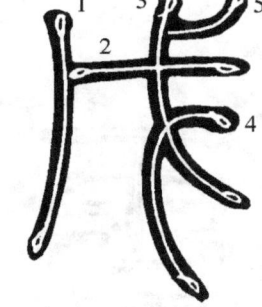

图 50.1.23 戌

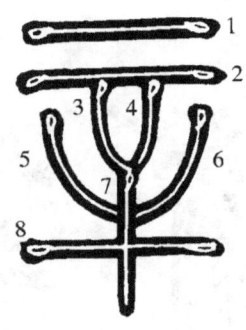

图 50.1.24 辛

"弟"的第一笔有三个转弯，间距、长短要均匀，三个转折要方中带圆、圆中带方，太方则感生硬，太圆则少骨力；第二笔左起折中，结尾偏向右下角；第三笔与第二笔的头正好对称；而第四笔向左的这一笔，要起到支撑全字的作用。

"有"的"又"字头，先把一横向下左折，中间不上不下地写一横，并在右下折时，注意下垂的笔画要有笔意，切忌直挺挺一根"棍子"，"月"字斜置，分两笔先写外壳，再加上中间两小笔。

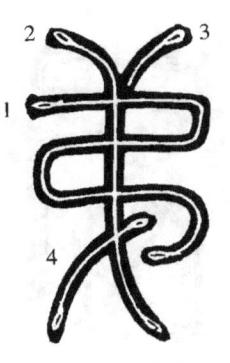

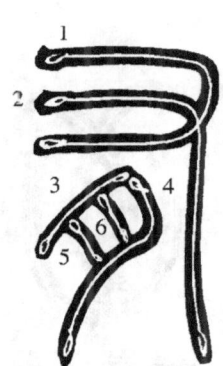

图 50.1.25 弟　　　　图 50.1.26 有

"衣"字上部分两笔写成。下部先写左边的两笔，再写右边的两笔。宜上紧下松。

"里"字先写上部方框，然后加中间一横，再写中间第五笔，等于是写成了一个"甲"字，最后分加末两笔，要注意距离，上部方框中四个"眼"也要大小均匀。

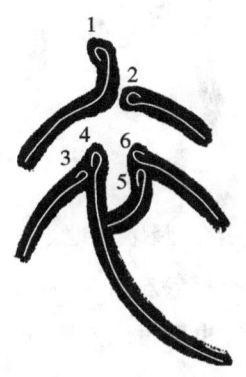

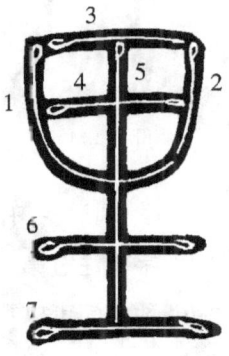

图 50.1.27 衣　　　　图 50.1.28 里

写"至"字，第一、第二笔要左右对称而带长，如缩得太短，就不好看，第三、第四两笔除了要注意对称，还要注意与中间两笔之间的间距。

"西"字头转折要方圆得宜,太方,出现圭角当然不好;太圆了,没有转折的笔意也不好。写"永"字时,重要的就是间距,线条也要均匀,不能一根粗,一根细,第五笔转折处要稍微表现出来。"谷"字左右各有长短两笔相对称,中间的"口"不能偏离中心线,而且要略微靠上,使下部宽松。写好"口"字的诀窍,是这一横宁下不上,一横写得太高,这"口"字肯定不好看。

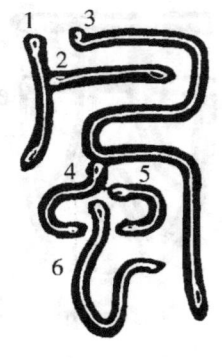

图50.1.33 风

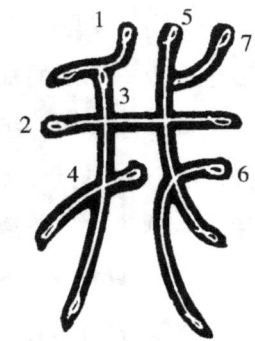

图50.1.34 我

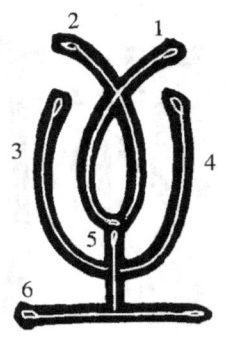

图50.1.29 至

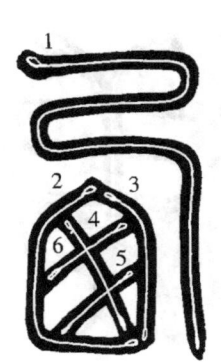

图50.1.30 西

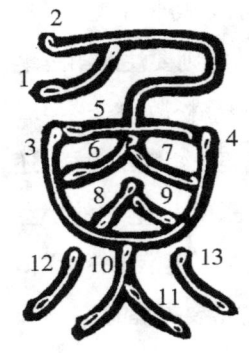

图50.1.35 鱼

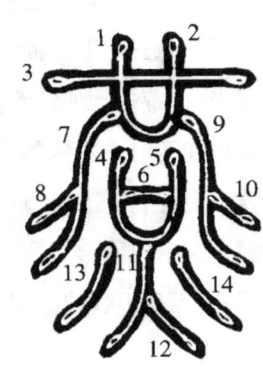

图50.1.36 燕

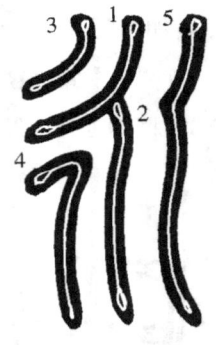

图50.1.31 永

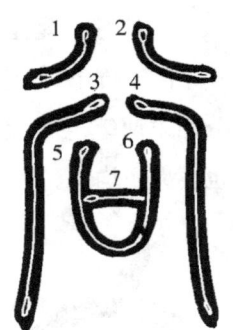

图50.1.32 谷

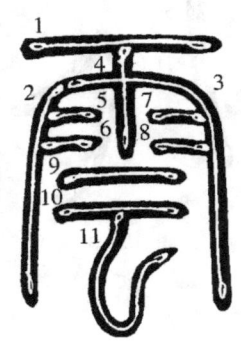

图50.1.37 云

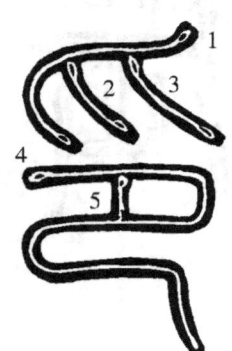

图50.1.38 印

写"风"字,有时也可将第一竖笔垂地。写"我"字要注意第三、第六笔下撑要左右立得稳。"鱼"的中间可以写成鳞片状,也可写成方格,即把第六、第七、第八、第九笔拉直,中加一竖。第一、第二笔以及鱼尾的"火"字,要左右对称。其余各字,如"燕"、"云"、"印"、"面"、"老",也要注意笔画的间距,注意对称、均匀。

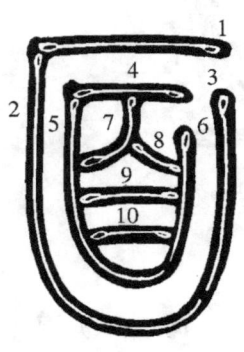

图50.1.39 面

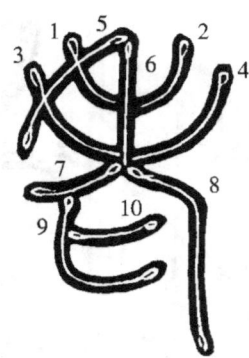

图50.1.40 老

上面例举的四十个篆字,可以帮助初学者熟悉一些基本笔顺、结构;如果想进一步提高,就必须找一本篆帖,认真、反复地临写,方能登堂入室,而且必定受益无穷。

2 篆书的辨识

在篆书中,中间一横靠上者为"王",居中者为"玉",而在隶书、楷书中,"玉"须在"王"字中横右下角加一点。

"干"、"于"、"千"三字楷书都是三笔,外形也相像。但在篆书中,"干"字第一横上弯;"于"字一竖下端有个转折;"千"字的第一撇弯为垂笔,竖笔弯为上部转弯。

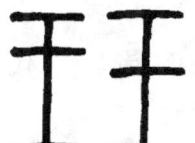

图 50.2.1 王玉

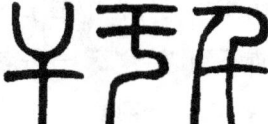

图 50.2.2 干于千

"未"、"末"、"朱"三字楷书十分接近,同是二横,前两字只在二横的长短上有出入。篆书中上下两横其实也有长短,只是"未"的首横写成上弯形了;而"末"、"朱"两字只是变换了一下横画的位置罢了。

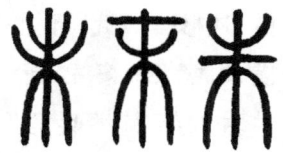

图 50.2.3 未末朱

"表"、"素"、"责"、"青"四字,楷书头都有三横一竖,但在篆书中,四字的上部绝无相同之处,学者必须反复默记,熟练掌握。

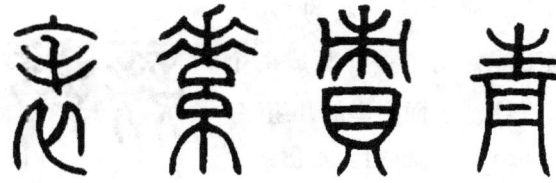

图 50.2.4 表素责青

"奉"、"奏"、"春"、"秦"、"泰"这五个字,楷书都是三画加一个"人"字,但写篆字时,不能想当然照搬,在下面所列的小篆中,五个字头都是各不相同的。不掌握这些规律,是要闹笑话的。

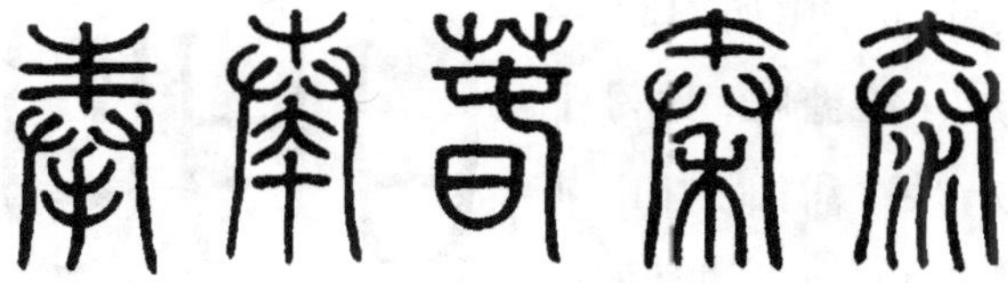

图 50.2.5 奉奏春秦泰

又如"方"、"言"、"交"、"永"、"主"、"文"、"市"这七个字,楷书都是"点"开头,但写起篆字来,只有"主"字尚保留"一点"作开头的痕迹。如果对古文字的来源、区别有兴趣,可以看看《说文解字》,以及近几年出版的介绍"字源"一类的入门书。

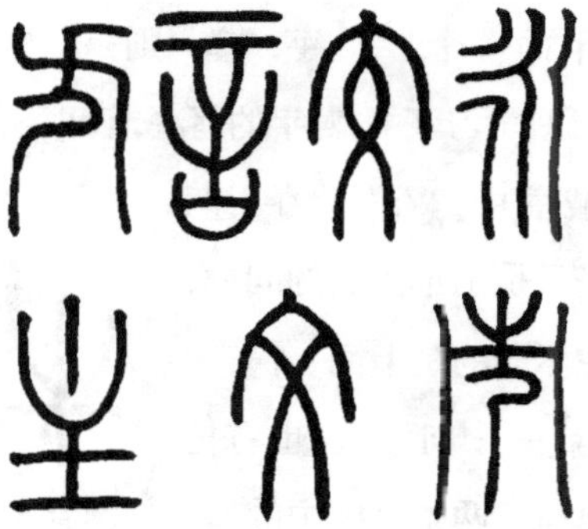

图 50.2.6 方言交永主文市

楷书中,"并"、"兼"、"前"、"首"、"美"、"益"、"酋"这几个字头,都是一横上面加一点和一短撇,隶书也相差不远。但在小篆中,就各不相同了,"前"字上面是"止";"首"字上面是三根

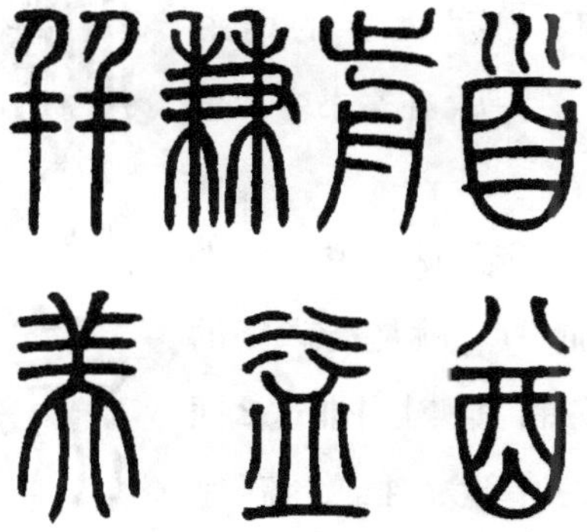

图 50.2.7 并兼前首美益酋

弯曲了的头发；"美"是"羊"、"大"两字合成；而"益"与"溢"古代是同一个字，上部是器皿中溢出来横写的"水"字。

而"口"、"甘"、"曰"三字，在小篆中反而便于记忆，比如"口"中含一粒糖吧，觉得十分"甘"甜；而"曰"就是开口讲话，讲话要通气，因此封口的一横留出条气流的出口。

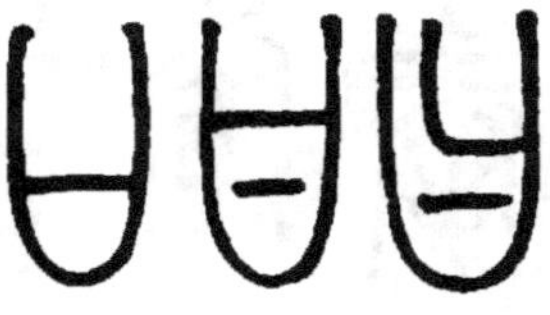

图 50.2.8 口甘曰

"差"、"羞"两字楷书头也是一模一样，下面一个是"工"，一个是"丑"，但在小篆中，"差"是"垂"下面一个"左"字，"羞"则是"羊"与"丑"合成。所以，学习篆书，对字的写法，不可不知。

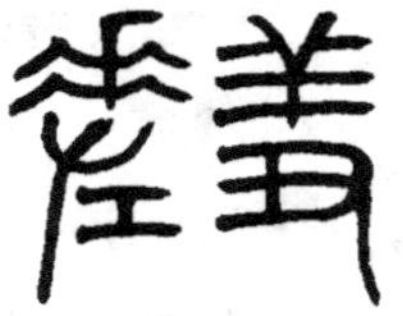

图 50.2.9 差羞

在楷书中，"牛"、"午"两字的一竖只是出不出头的问题，在篆书中不同的是上面一横，一个向上弯，一个向下垂（也有把下边一横写在两条垂线中的）。

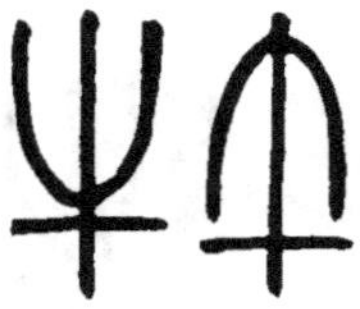

图 50.2.10 牛午

楷书的"岳"、"兵"两字，看来只是"丘"下面两个零件不同，似乎上部可以相通，但在篆书中，这两字的上部却是那么的不同。

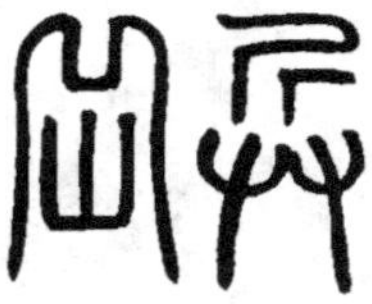

图 50.2.11 岳兵

"应"、"鹿"两字的楷书都是"广"字头，在篆书中却全然相异。

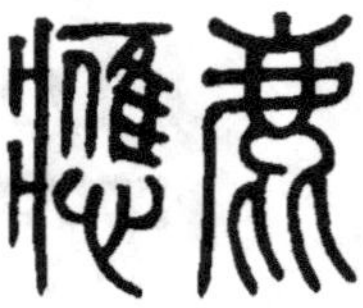

图 50.2.12 应鹿

"荒"、"流"两字中，看来"亡"字加一点，就是"流"字的右上部零件，其实也并非这么回事，"荒"字中部为"亡"，"流"字右上部是一个倒过来的"子"字。

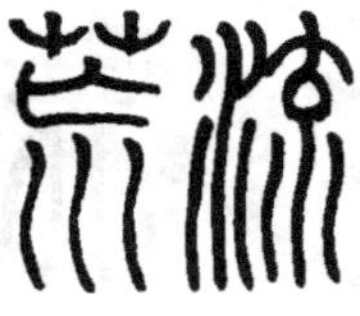

图 50.2.13 荒流

又如"塞"和"寒"，"律"和"津"，如果认为可以套用两字的相同部分，那就会闹笑话。我们不能认为篆书是非实用的古代文字，可以凭自己的想象任意用楷书的结构体去拼凑选字，要有依据，尽可能按千百

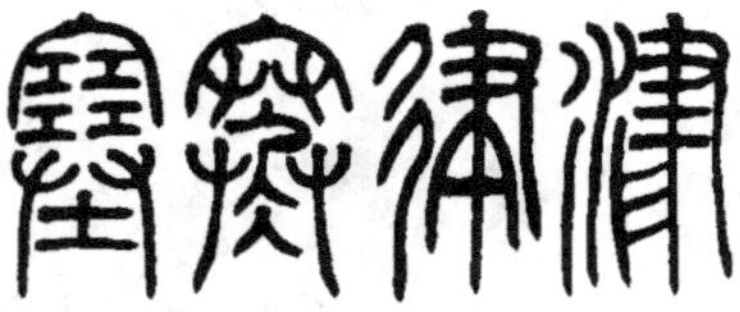

图 50.2.14 塞寒律津

年来约定俗成的办法写。后起的一些新字，古代还未出现此字，当然不会有篆书可查。碰到这种情况，可以先参考隶书的结体，再进行比较合理地"造"字。要造得合理，没有一定的古文字修养，也是办不到的。如"风景这边独好"，古代不用"这"字，在中国第一部字典《说文解字》中也查不到"这"字，一些老先生往往用"者"字来代替，也有篆刻家按"这"的繁体写法"這"造了一个䢥字，笔者认为比较合理。

以"戈"作字头的篆书"戒"、"戎"、"武"，楷书中只有"武"不加一撇，而在上边加了一短横。"戒"的篆书是左右双手高举兵器"戈"；"戎"字下部"十"，即盔甲的"甲"字，古文"甲"写作

图 50.2.15 戒戎武

"十"，披甲持戈，就是戎征的"戎"字；古文"止"就是足趾的"趾"，表示行走，"武"的本意，也就是操着兵器行走。

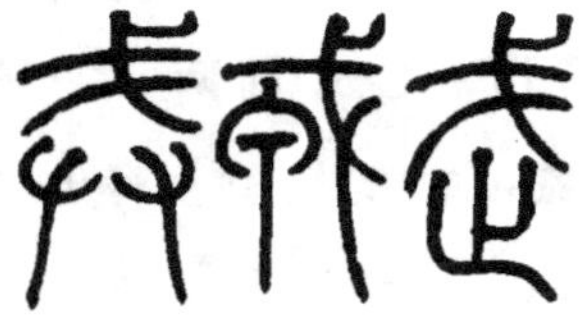

竞赛的"竞"，繁体字是两个"竞"并列，而以篆书写，则要写成上边两个"言"，下边是两个"人"。而兢兢业业的"兢"，也不能像楷书一样写成两个"克"字。上面列举的几组字，虽然很少用到，但至少说明了一点，不能像楷书一样想当

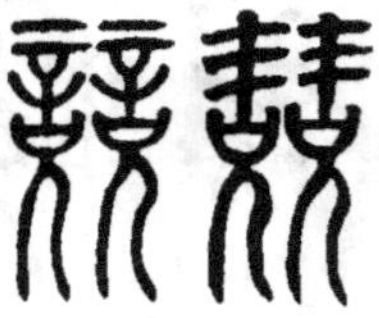

图 50.2.16 竞兢

然地拼凑。不少青少年由于一直使用简化字,对繁体字也不熟悉,困难更大。这只有使自己有意识地多接触一些用繁体字编排的印刷品,久而久之,便可逐渐增加对繁体字的认识数量。

"晋"、"普"、"曹"三字的篆书,都是成双的单字并列写。"晋"字上边是两个"至"字并列,古文中实际上是两支箭头;"普"字上边是两个"立"字并列;"曹"如果写成"曲"字加一横和"日"就不对了,上边应是两个"东"字,下边是"曰"不是"日",要开口。

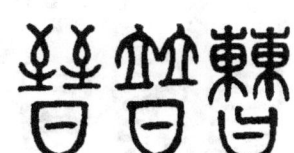

图 50.2.17 晋普曹

两个部件并列的字,还有如"兹"字是两个"玄"并列;朋友的"友"是两个"又"并列;篆书"雪"字的写法,在中间加两个并列的"生"才对。

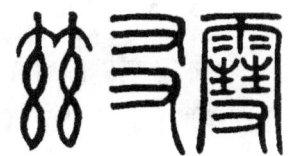

图 50.2.18 兹友雪

"殳"、"丈"、"支"、"攴"四字在篆书中下部一样是"又",只是"殳"(tāo)字一横的两头上翘;"丈"字的一横保持水平状;"支"字必须让一横的两头下垂;作为偏旁用的"攴"(pū)则要注意"又"字上部,是一竖右侧加一短横。

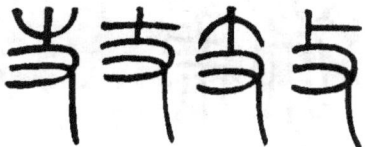

图 50.2.19 殳丈支攴

舌头的"舌",上部一横要上翘,成为"口"字上一个"干"字,但"活"、"话"两个字,是否能在三点水、言字旁加一个"舌"字就成了呢?不成,因为这两个字旁边按篆字的传统写法,应该是"氐"下一个"口"字。

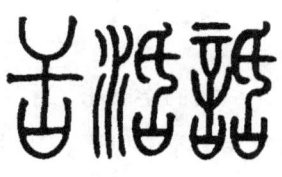

图 50.2.20 舌活话

楷书"届"、"宙"看来偏旁不同,下部都是一个"由"字,而篆书写来,"届"字之中却是在一个上翘两头的弯框里,安上一个"土"字。

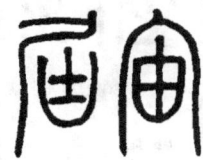 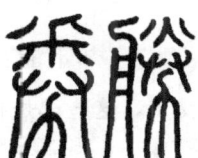

图 50.2.21 届宙　　　图 50.2.22 券胜

繁体楷书"胜"字"勝"的右旁是"券",但要区别的是"券"的篆书,不同于"胜"的篆书;而且也非"月"旁,而是"舟"旁。我们既然有志于学习篆刻艺术,那么,花一点精力,掌握一些常用汉字篆书与楷书变化的规律,是非常必要的。只要做有心人,积少成多,被你所掌握的常用篆字将越来越多。

"丧"、"辰"、"畏"、"展"这四个字的下半部在楷书中是相同的,都是竖钩右边加点、捺("表扬"的"表"还多一撇),但在篆书中全不一样。"丧"的繁体楷书与篆书一样,两边各一个口,篆书是"犬"字的两边加口。

图 50.2.23 丧辰畏展

"夫"、"矢"、"失"三个字的楷书也很接近,但在篆书中头与脚无相同之处。

"予"、"幻"两字虽然在楷书中不相似,但篆书中,这两个字却成了岸上的树与水中的倒影,把"予"倒个身,把脚调个方向即成,十分有趣。当然,

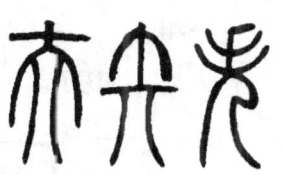

图 50.2.24 夫矢失

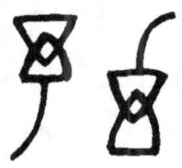

图 50.2.25 予幻

也有把"幻"字的篆书辫子向右垂下的写法。

"到"与"致"的不同，在于"到"字用篆书写出来，可以把"至"加"刀"，但"致"字却不能在右边拼个反文。这些都是特殊的写法。篆书中特殊结构与楷书迥然相异的其实也不是很多，大多数还是好记的，只要旷日持久地接触，比起学外文，则不知要便当多少。

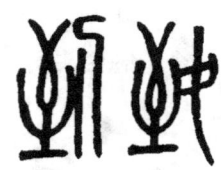

图 50.2.26 到致

"受"、"爱"、"舜"、"爵"这四个楷书，字的上半部全是一撇加三点，写篆字时，是否可以套用呢？看了篆字，你一定会说，四个篆字头毫无相同之处。

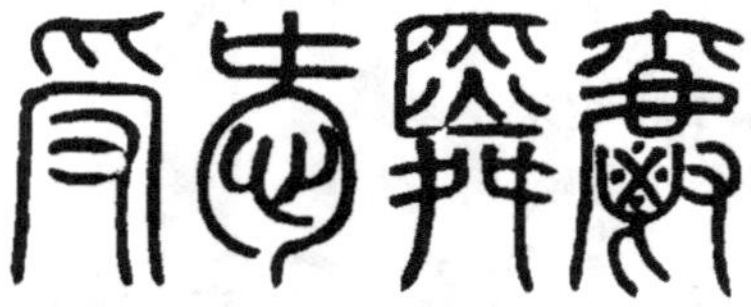

图 50.2.27 受爱舜爵

"要"、"贾"、"票"三个字的楷书也一律是"西"字头，但在篆书中却不相同，只是"要"和

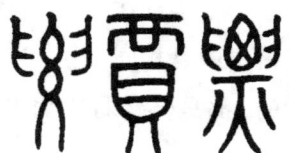

图 50.2.28 要贾票

"票"的篆字左右两个小零件稍有相同。

在"朋"、"明"、"胡"、"服"四字楷书中，都有一个相同部分——"月"，但到了篆书中，也变得使人难以辨认了。

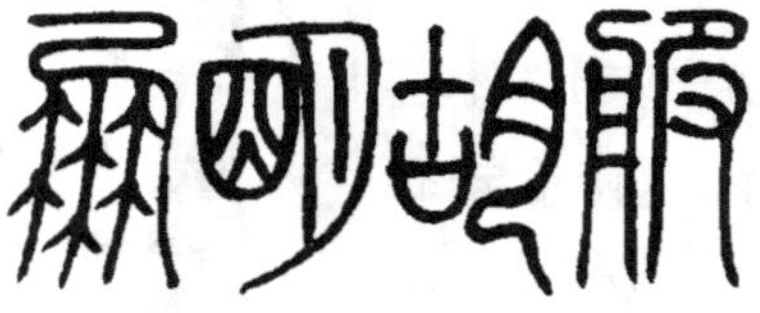

图 50.2.29 朋明胡服

"思"、"胃"两字的楷书头均为"田"，在篆书中，"思"头却是头骨上部缝合部的意思，亦即"天门"脑盖，下部是一个"心"；"胃"在篆书中，金文是上部一粒正面的上尖下圆瓜子型，内隔成四份加四点，表示胃中之物，下部是表示"肉"的"月"部。

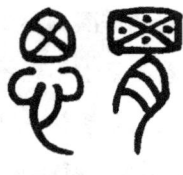

图 50.2.30 思胃

"最"、"冕"、"曼"三字的楷书头都是"曰"，篆书中则是相同的"冒"头。

"发"、"登"的楷书头、篆书头是相同的。

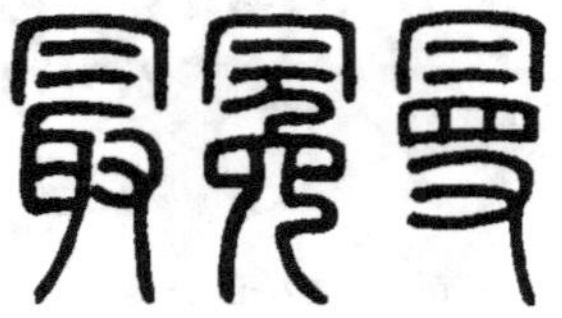

图 50.2.31 最冕曼 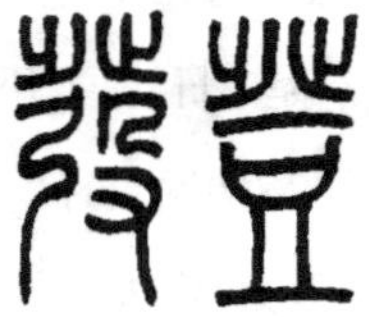　　图 50.2.32 发登

"祭"、"蔡"除后者带有草字头外，其篆书头也同样是"月"加"又"（右手）。

"有"、"布"两字，楷书头相同，篆书头的中间一横只是区别在左头上翘。

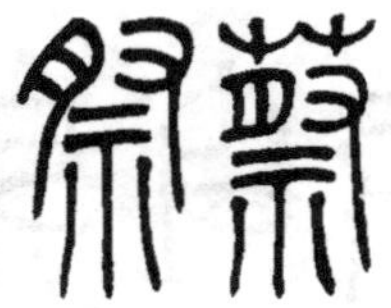

图 50.2.33 祭蔡　　图 50.2.34 有布

还有一些字，楷、篆结构相差太大，如"帆"篆书是"马"旁加"风"；"额"字篆书中一般不写宝盖头；"饮"在楷书中是"食"加"欠"，但在篆书中，左边上为"今"，下为"酉"，右为"欠"。

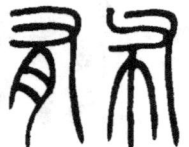

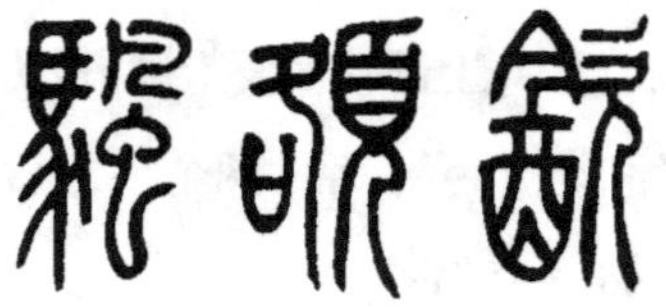

图 50.2.35 帆额饮

我们学篆书，当然最好溯本追源，从《说文解字》等古代著作中去探讨文字的本来面目。由于各种条件所限，我想，先掌握一些常用文字

的异同,用同类比较法,更容易帮助记忆。你至少应该掌握以上所列举的一些典型字例,才能入"古文字"的门。知识是积累的,在这一基础上,可以向更纵深的方向发展。这样,你的"刻印",就不单单是"刻印"了。

五十一、书法、绘画与刻印的关系

一幅书画作品,总得钤盖上一方或几方印章,才算完整无缺,否则便感美中不足。在书画作品上钤盖印章,是中国书画艺术的特征之一。

那么,书、画、印三者之间有什么关系呢?从艺术上来说"书画同源",而书法和篆刻又是姐妹艺术。大家都知道,刻印所采用的是文字,不论你刻篆书还是隶、楷,总得和文字的书写发生关系。因此,从这一意义上来说,书法是篆刻的基础,不能设想一个不懂书法的人会成为一个有精湛技艺的篆刻家。人们常把篆刻说成"铁笔",由此可见书法、篆刻两者的关系之深。再则,书法讲究线条、结构、布局、情韵,篆刻也同样如此。但书法又不等同于篆刻。这首先是因为,书法用的是毛笔,篆刻用的是铁笔;书法用的是纸,篆刻用的是石,工具和材料都不同。其次,书法幅式大,篆刻幅式小;书法蘸墨,色黑;篆刻用印泥钤盖,色红。此外,书法作品中真、草、隶、篆各体均有,篆刻虽则各体兼备,但顾名思义,是以"篆文"为主体。

至于绘画和印章的关系,似乎更密切一些。在一幅画上钤盖印章不仅仅在于证明作品的真赝,更主要的是为了充实和丰富画面,增加艺术效果。关系密切还有三个原因:其一是绘画常借助印章,以作为全局的有机组成部分,或画龙点睛,或压稳重心,所谓"秤砣虽小压千斤",钤印得当,能起到笔墨的作用,甚至能起到笔墨起不到的作用;其二是绘画者常借用闲章来表明自己的志趣或艺术见解,文辞隽永、含蓄精当的印文往往与画面题诗浑然一体,相得益彰,实为"闲章不闲";其三是从艺术本身来说,书法、绘画和印章都讲究构图(或称"章法"),书法中"计白当黑"、"疏可走马,密不容针"的原理,既适用于绘画,同样也适用于印章。因此,书、画、印三者尽管表现形式不同,但其有关的创作原理,却是息息相通的。

五十二、功夫在印外

要刻制一枚文字端正清晰、正确无误的实用印章,只要备有工具书,经过一个阶段的技术训练就可以达到要求。但要想立志当一名篆刻家,就必须从众多方面充实自己,提高自己的艺术修养。内容当然很多,但简单归纳一下,除了人品修养这重要的一点外,大约有如下几个方面。

1 书法

这无疑是学习篆刻的根本,人们不是称赞邓石如"印从书入,书从印出"吗?不通篆籀,不研究历代书体的特点,不掌握书法演变的源流,根本不可能创作出像样的作品来。如果只刻不写,尤其不熟悉研究篆书的结构特点以及变体篆法,刻出来的篆字就会闹笑话。历来认为,书家可以不会刻印,但篆刻家必须会写字,尤其是篆字。如果要想用篆体以外的其他书体入印,或想在印章的边款上变化出新,只会篆书,不会隶、真、草也是不行的。概言之,只有精通书法才能治好印。

2 文字学

有的青年学习篆刻，虽日日奏刀，不可谓不勤奋，但刻成之印索然无味，甚至各种文字杂处一印，错误迭出。原因就是缺乏对文字学这一重要的印外功夫的重视。一些报刊上发表的篆刻作品也常闹笑话，个别编辑、印刷工人不识篆文，甚至将印拓反印出版也未发觉。这且不说，有一家很有影响的报纸，辟了"篆刻评介"专栏，每次评析介绍一些印章习作，这无疑是大有益于篆刻艺术普及提高的形式，但就是那方作为刊头的"篆刻评介"的印章，却错把"评"字刻成了"许"字。有一家报纸刊出的印作"百家争鸣"却成了"百家争唯"。有的把"活泼"的"活"，以"水"、"舌"相拼，也违反古文字的基本常识。古文字学常识，是每一个有志于学习篆刻的人所必须具备的学识修养。这里说"具备"，并非要达到"精通"的程度。

要求学习篆刻者具备古文字的修养，主要是指熟悉几种主要的古文字体，而且会使用收有各种古文字的工具书。同时要掌握一些文字学的常识和文字演变的一般规律，以及古文字结构的特点。此外还应熟悉不同时期、不同类别古文字的一般特征和风格。这里还要特别指出，对一些古文字学工具书的序、跋、凡例都要精读，弄懂内容，这可以说是积累古文字知识的钥匙。

3 金石、考古

从历史上看，凡金石、考古事业发展的时期，书画、篆刻艺术必得到相应的提高。一些善于及时借助和利用新出土和传世古文物的篆刻家，往往都能巧妙地借鉴原来只具有史料价值的古董、文物上的文字，汲取其精华，移植到印章的方寸之中，从而成为其崭新风格的开端。

晚清的邓石如、赵之谦、黄士陵、吴昌硕等都是有金石癖的大篆刻家，他们充分利用地下出土和传世的古文物，开拓出了一个"印外求印"的新天地。他们创造性地把入印的文字扩大到秦权量、诏版、货币、镜铭、碑刻、石鼓、封泥、瓦当文字等方面，因而使他们的作品别具风貌。

近代考古的新发现，新的金石资料对篆刻艺术产生了极为深远的影响，也补充了许多史料的不足，纠正了一些谬误的观点。可见，我们学习篆刻，是不能忽视金石、考古的作用的。

4 中国历史

每一个人都应该了解自己的国家和民族的历史。篆刻艺术是一门古老的艺术，要了解每个历史时期印章的不同风格，必须要求你对我们的五千年文明古国有一个基本的了解。由于每个朝代政治、经济、社会背景的不同，必然会对篆刻艺术产生相应的影响。就印章的起源、沿革而言，就有其历史原因。作为印章全盛时期的汉代，其印章的艺术性之所以很高，就是由于汉代政治、经济及手工业的发展所造成的。另外，了解一些历史背景，对于更进一步地了解和研究各个时期、各个篆刻流派的时代风格，是很有裨益的。所以，我们主张学一点历史，另外还要学一点美术史和书法史。

5 美学

美学是研究人们对现实的审美关系所形成的一门科学。无论从事书法、绘画或是篆刻，都应该有一定的美学思想武装自己的头脑，指导自己的学习和创作。比如南朝齐王僧虔曾提出："书之妙道，神彩为上，形质次之。"这讲的是书法。齐白石也是注重神似超过形似的。这种"形"、"神"关系就属于美学辩证的法则。

6　文学

缺乏文学修养的篆刻爱好者,他撰选的印文内容必然鄙俗,镌刻的边款文句也必然没有书卷气。所以,要求篆刻爱好者,同时要爱好文学,特别是旧体诗词,才能使一方小小的印章,成为具有金石气息和笔墨情趣、充满诗情画意的艺术品。

7　绘画、音乐

如果篆刻爱好者对绘画、音乐等姐妹艺术比较生疏的话,最好也开始有意识地接触、熟悉起来,以增强对这些艺术门类的知识素养。我们从明清诸家或近代著名印人中随便找出一位都可以发现,这些著名的篆刻家无不身兼数艺,而且都有较高的造诣。由于他们的"专"是建筑在"博"的基础上的,所以他们的艺术造诣也非常人所及了。

为了提高自己的艺术素养,应该涉猎的范围是很广的。"艺多不压身",个人只要处理好"专"与"博"的关系,了解艺术之间的相通之处,是有好处的。当然,只专不博,失之于"窄",是难以取得较大成绩的;而只博不专、不分主次,到头来则可能无所建树、一事无成。

五十三、学刻借鉴古文字资料举例

学习篆刻除了直接从秦汉玺印、明清流派印及近代篆刻家的印章获得借鉴外,还应该扩大艺术视野,从传世的一些文物资料中吸取营养。这一点,印坛前辈邓石如、赵之谦、吴昌硕等早已为我们作出了榜样。我国是一个文明古国,古代文物中可供借鉴学习的太多了,这里不能一一尽列,只选几种主要的向读者作简单的介绍。

1　甲骨

这是商代契刻在龟甲和牛肩胛骨上的文字。当时人迷信鬼神,做什么事都要先占卜,故又称"契文"或"卜文"、"卜辞"。它在殷墟(殷代古都遗址,今河南安阳)的发现,也只是十九世纪末的事情。甲骨文的出土实物告诉我们,它一般先写后刻,由于刀有钝锐、骨有坚松,故刻出的笔画粗细不等、方圆兼备、大小不一。由于并非一人所刻,故从书体上看,或错落,或严整。一般来说,用刀刻在骨质上,线条较瘦硬。甲骨文是我国文化史上,比较成熟并能体现书法艺术的最早文字。近人简经纶等尝试以甲骨文入印,取得了一定成就。

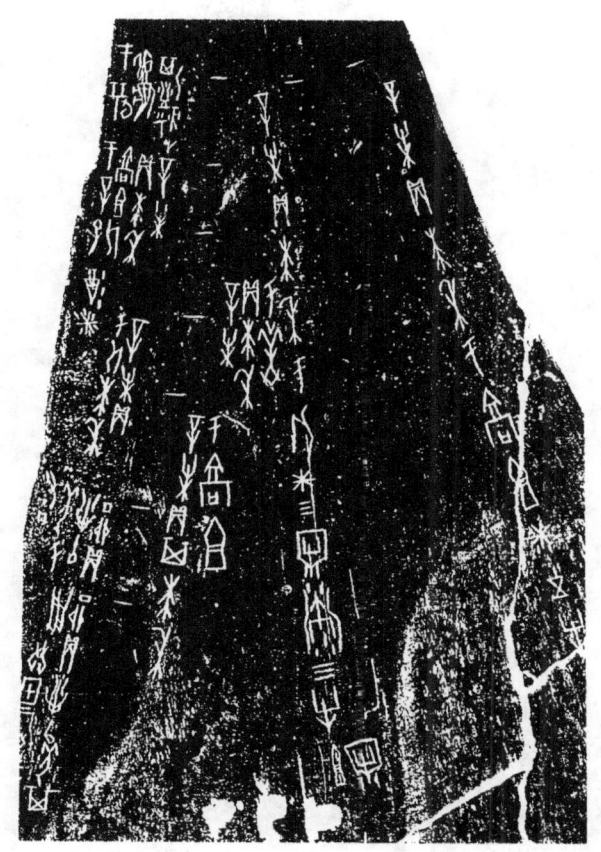

图 53.1.1　[殷] 甲骨文

2 陶文

陶文是指古代陶器上的文字。从其表现形式来看，可以分为刻划文字和抑印文字两大类。目前所见商代和西周的陶文，主要出于刻划，内容较简单，而西周少量的抑印文字，是见于陶埙上的铭文。

当代学者认为，玺印的原始形态是用于复制纹样进而文字的一种印模。而在人类器物生产的早期阶段，这种印模首先产生于制陶业，这种抑印纹样的工具被称为"陶拍"。直到东周时期，以信物凭记功能为主的玺印才迅速发展起来。近几十年间，有学者从古陶器上的刻划符号中寻找中国汉字的起源，而玺印专家认为，探求玺印起源的方向当与此相同。

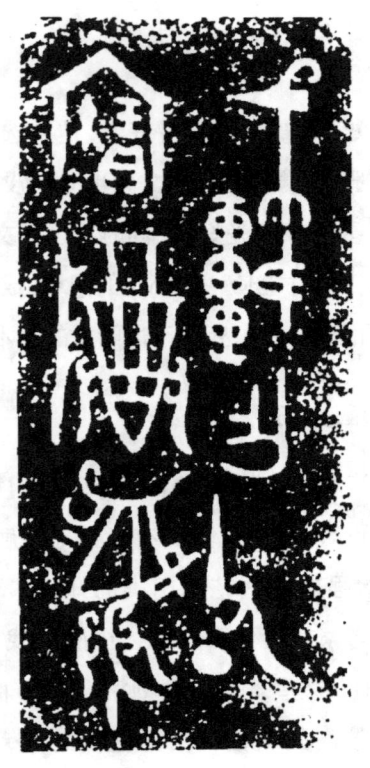

图 53.3.1 [商] 铜刻文字

3 钟鼎

"钟"和"鼎"只是代表兴起于商代末年、

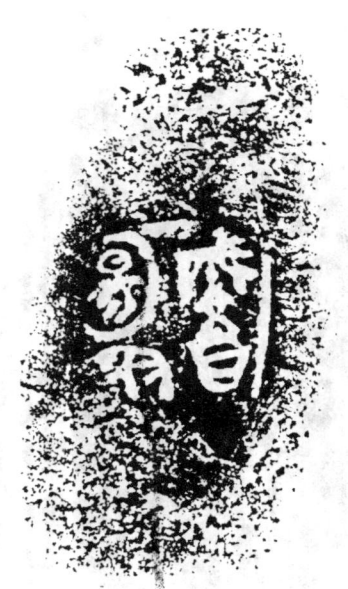

图 53.2.1 [战国] 陶文

陶文与玺印在性质上有根本的区别，然两者之间又有密不可分的联系，而陶文形式丰富多样，文字结体布局和线条的质感上又足以启发篆刻家的奇思妙想，成为学习篆刻的珍贵参考资料。

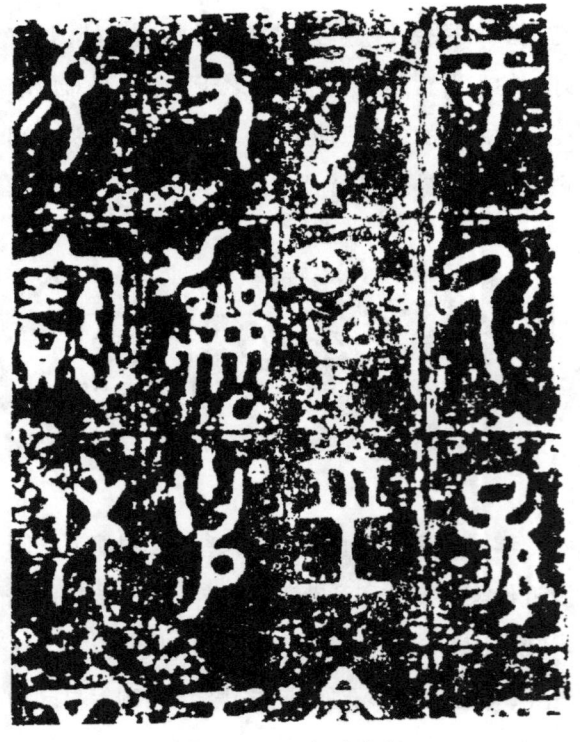

图 53.3.2 [西周] 大克鼎

◎ 五十三、学刻借鉴古文字资料举例

盛行于周代的各种铜器。它包括古人祭祀用的礼器、乐器、饮食器、烹饪用器、盥洗器等。器上文字或记功颂德，或记录作者姓名。因为"金"在古代既是金、银、铜、铁等金属之总称，又单指铜，故这种文字又称"金文"，或美称为"吉金文"。

殷商铜器造型古朴，配置复杂，制作精美，饰纹细密，而其文字虽然从商代甲骨文演变而来，但由于金文是用笔写在软坯上而刻制翻铸出来的，故笔画比甲骨文肥厚而有锋芒。根据不同地区、不同时期、不同制作者的区别，钟鼎文也有种种不同的风格。著名的"散氏盘"、"毛公鼎"、"大盂鼎"等均为当时重器，文字多达数百字而风格显著，学者可觅拓本或印刷品多多临摹。

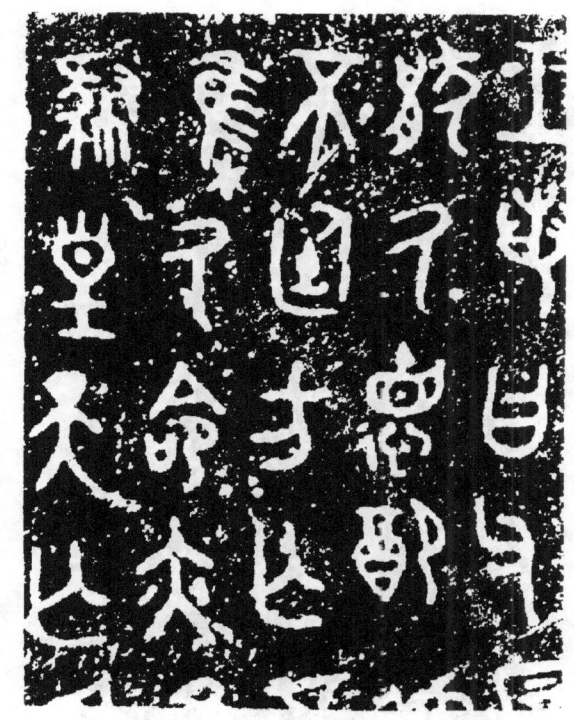

图 53.3.4 [西周] 毛公鼎

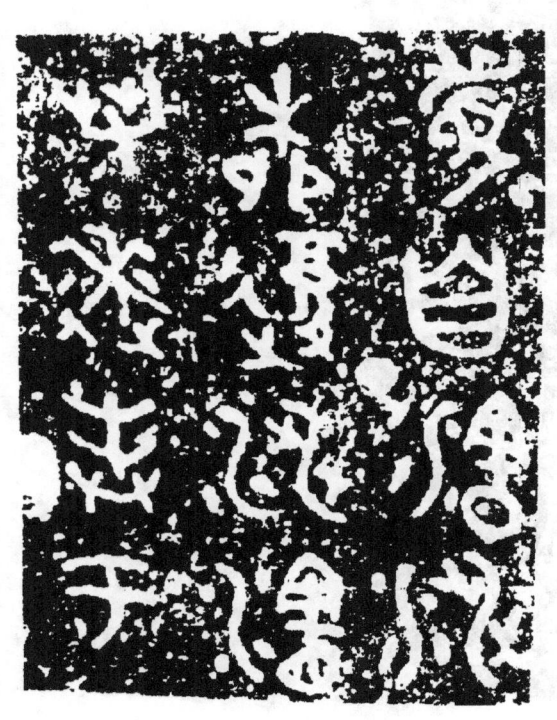

图 53.3.3 [西周] 散氏盘

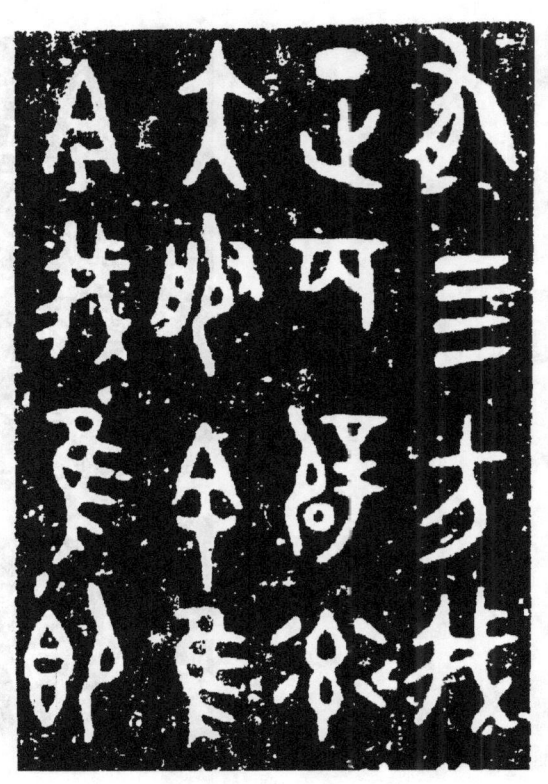

图 53.3.5 [西周] 大盂鼎

篆刻法

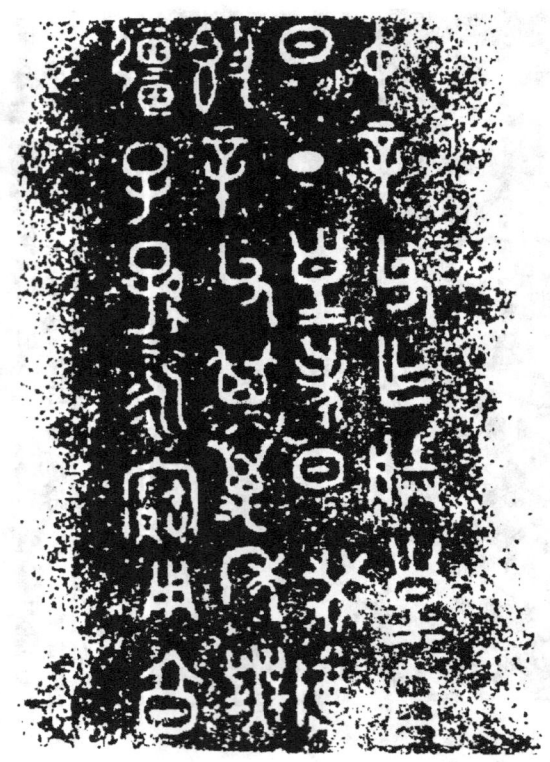

图 53.3.6 [西周] 日癸尊

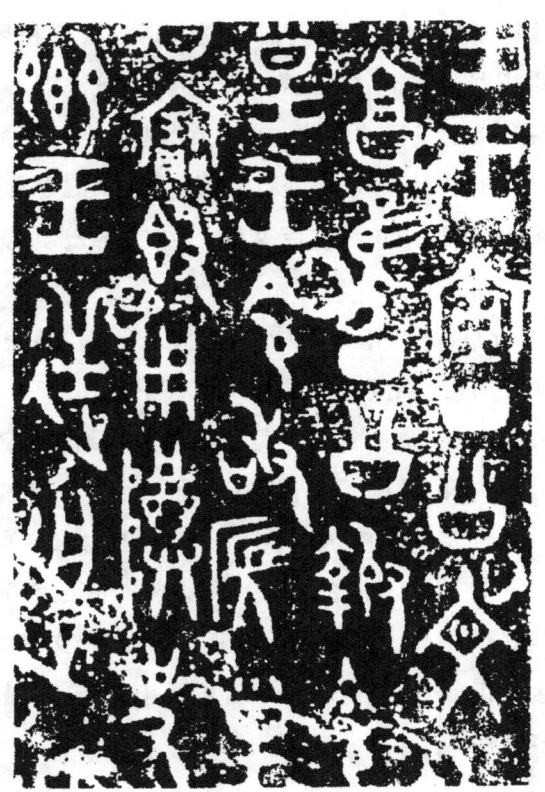

图 53.3.7 [西周] 令簋

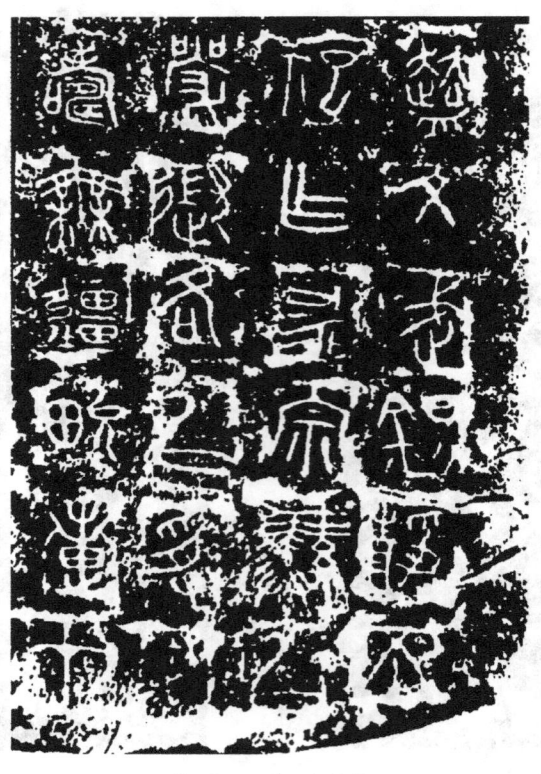

图 53.3.8 [秦] 秦公簋

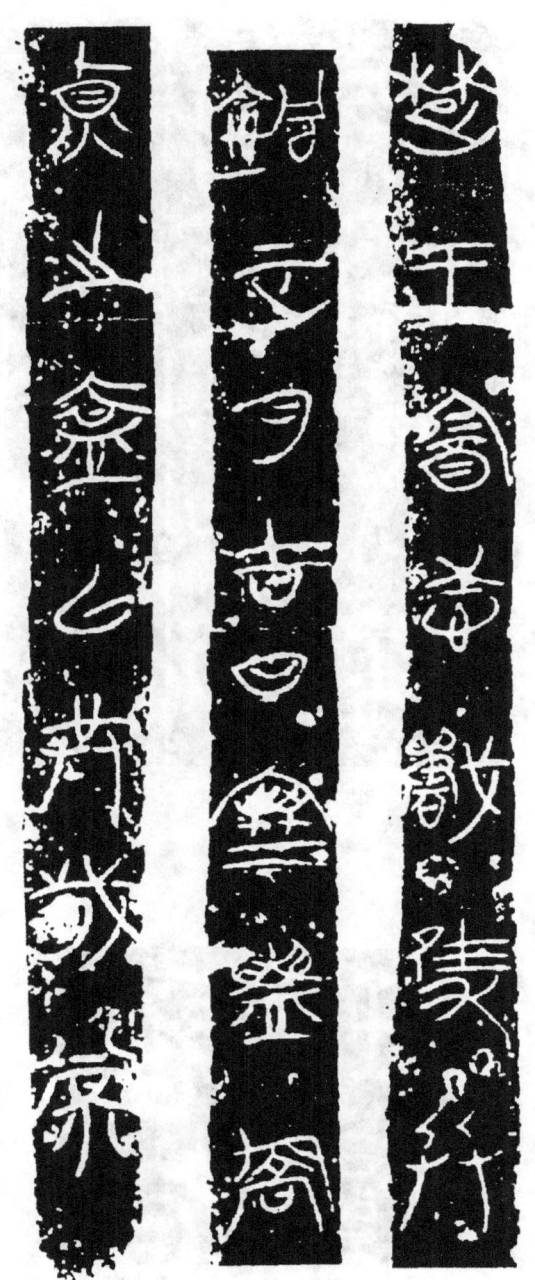

图 53.3.9 [楚] 王會芯鼎

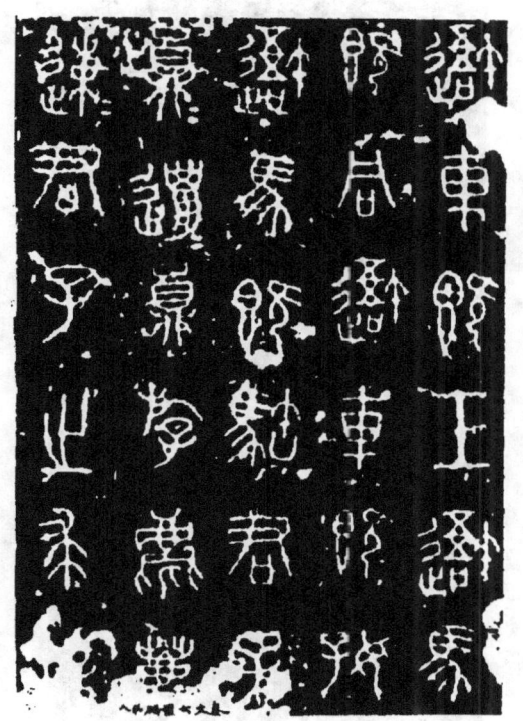

图 53.4.1 [西周] 石鼓文

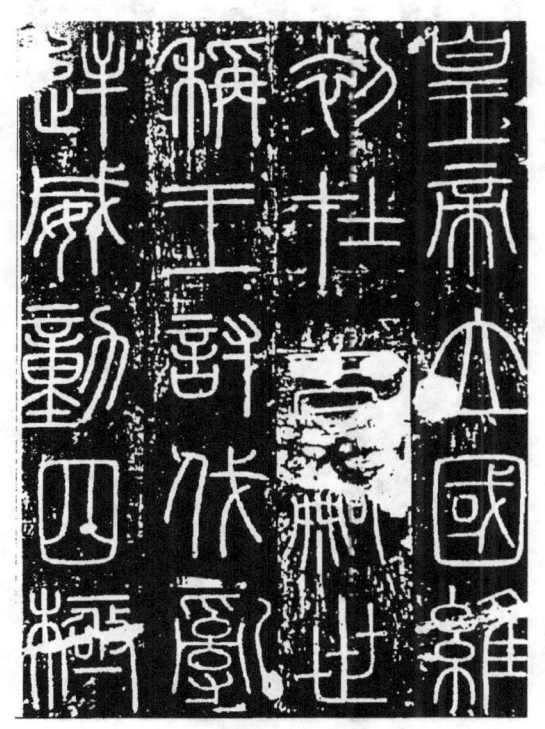

图 53.4.2 [秦] 峄山碑

4 刻石

刻石是古代石刻的总称，一般指刻在碑碣、墓志、塔铭、浮图、经幢、造像、石阙、摩崖等上面的文字，作用是纪功、述事、颂德。秦始皇在统一六国后的第二年起，为了"示强威、服海内"，多次巡行各地，所到之处，大多令人刻石宣扬他统一四海的功德。据史书记载，他曾在峄山、泰山、

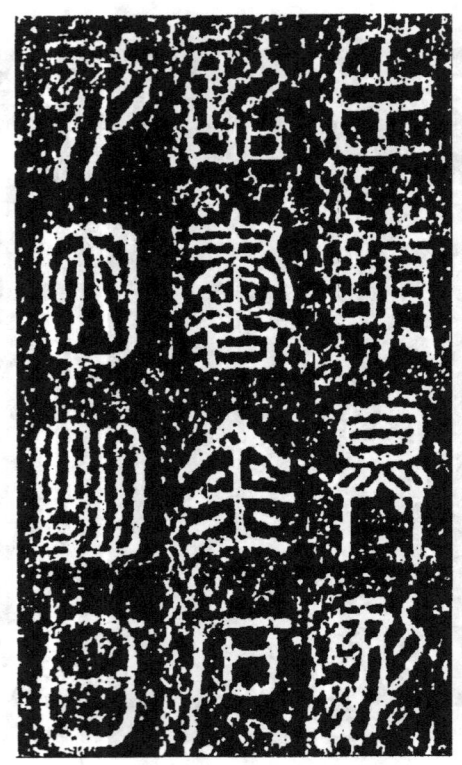

图 53.4.3 [秦] 琅琊台刻石

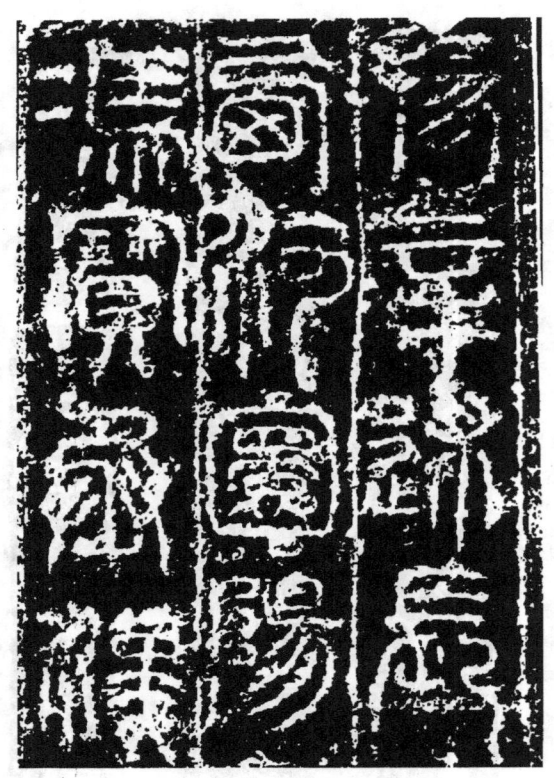

图 53.4.5 [汉] 嵩山少室神道阙

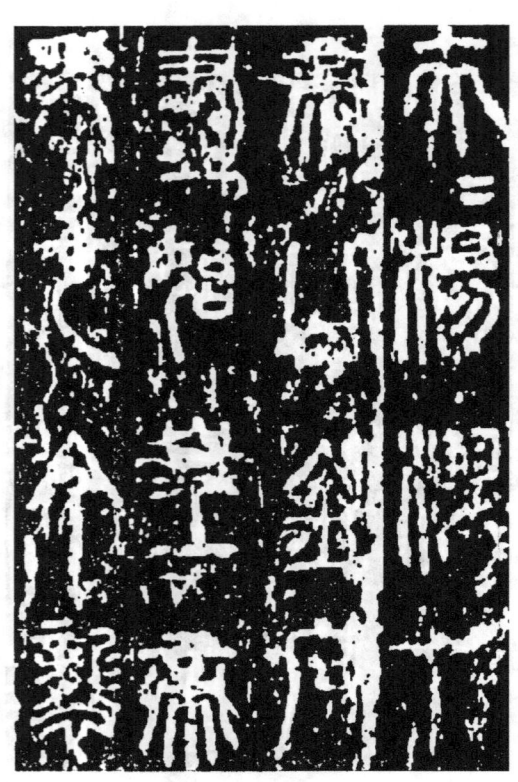

图 53.4.4 [秦] 泰山刻石

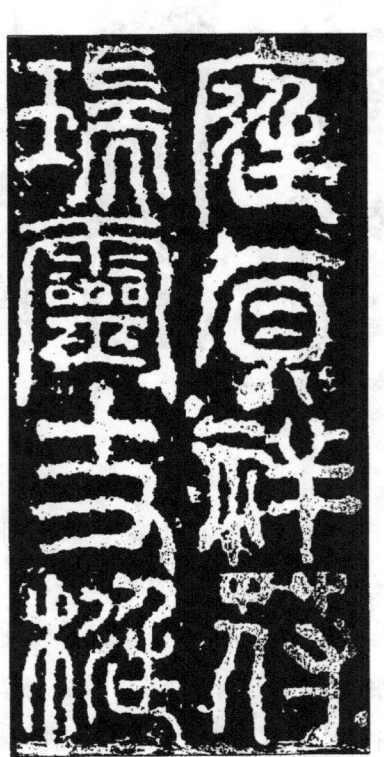

图 53.4.6 [汉] 嵩山开母庙石阙

琅玡、芝罘、东观、碣石、会稽等七处留下了著名的刻石。现在除泰山和琅玡台两处尚存残片外，其余刻石均已淹没毁灭。这七处刻石相传为李斯所书，属于秦统一中国后的标准小篆，从书、刻的艺术水平来讲，都超过了秦代其他遗物（如诏版、权量）上的刻字。要根据残存石刻中漫漶难辨的文字从事学习研究是很困难的，一般要据早期拓本的印刷品学习。好在近年来，出版社已开始重视整理出版这些资料了。

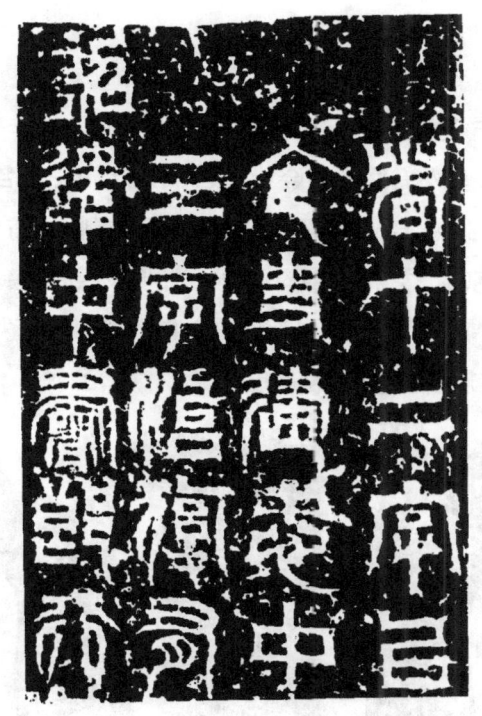

图 53.4.8 [三国·吴] 天发神谶碑

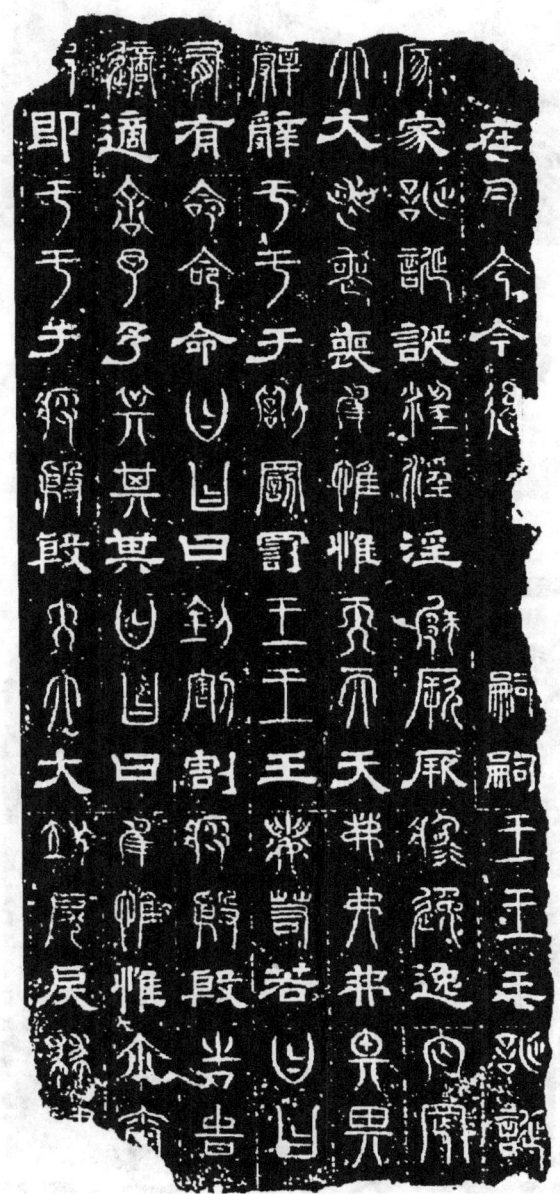

图 53.4.7 [三国·魏] 三体石经

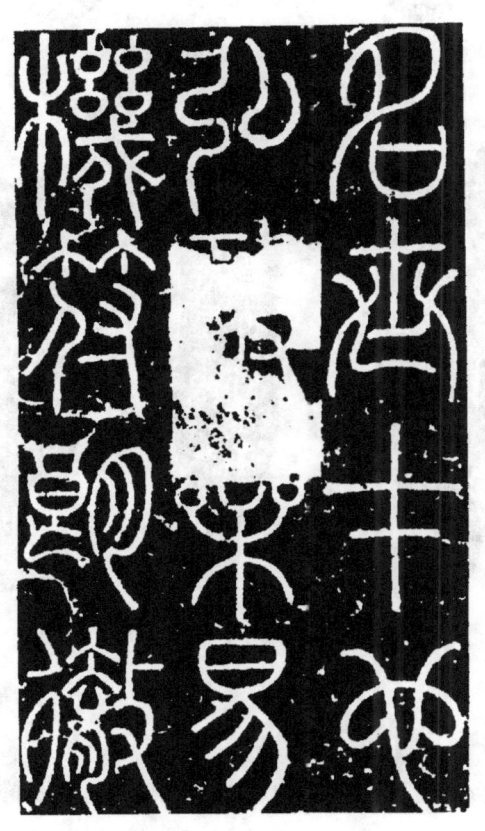

图 53.4.9 [唐] 李阳冰书三坟记

5 兵符

这是古代用以发兵的凭据,古代符作伏虎形,呈左右两半相合状,腹背书有郡国、军名、次第号数、合同之篆字。按照秦汉的制度,右半留在京师,左半发给郡国,国家需要发兵时,特遣使者持京师之一半作为凭信之物去郡国合符发兵,这就是古代之兵符制度。

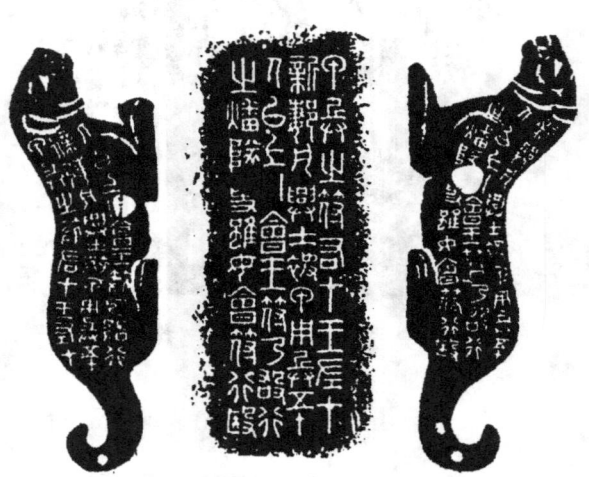

图 53.5.1 [秦] 新郪虎符

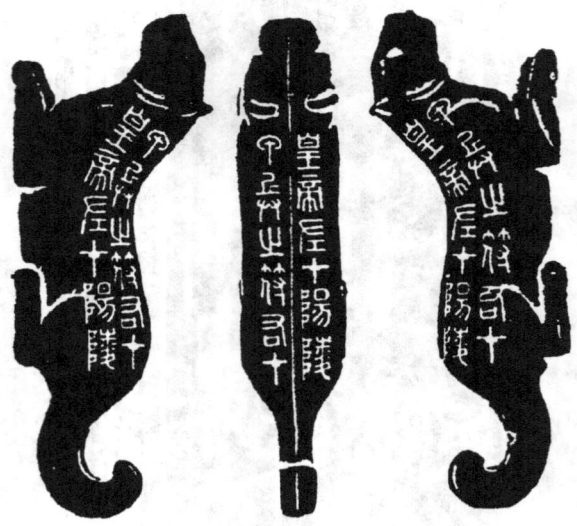

图 53.5.2 [秦] 阳陵虎符

6 秦权量

"权"即秤锤(也称"秤砣"),"量"是椭圆形或长方形的量器,即斗斛。新莽时的"嘉量"是一种"斛"、"斗"、"升"、"合"、"龠"五件组合在一起的量器,上面都有铭文可作刻印时参考。

秦权量上的内容一般都是"二十六年,皇帝尽兼天下诸侯,黔首大安,立号为皇帝。乃诏丞相状绾法度量则,不一,歉疑者,皆明一之"。字体皆出自当时无名工匠之手,颇有商周钟鼎彝器的意趣,自然错落,奇趣横生。

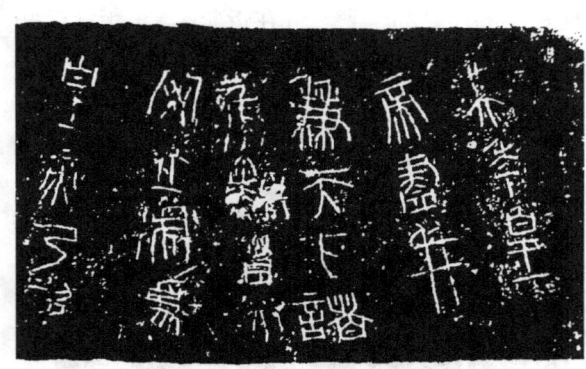

图 53.6.1 [秦] 铜权铭

图 53.6.2 [秦] 量铭

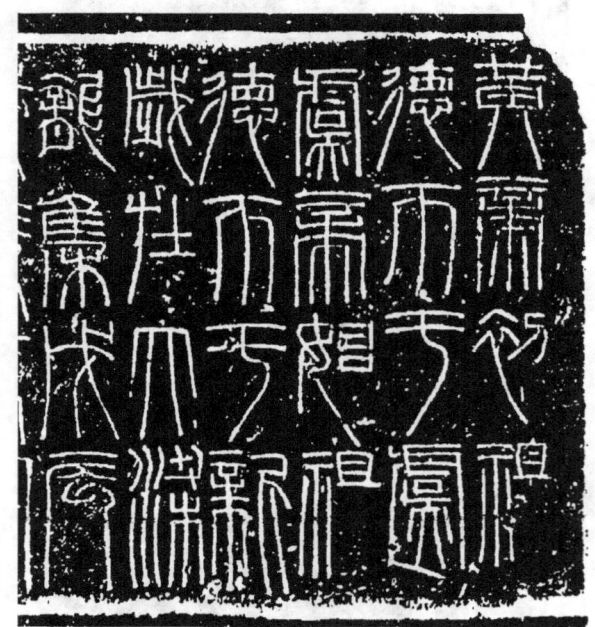

图 53.6.3 [新莽] 嘉量铭

7 诏版

公元前221年，秦始皇灭六国，建立了我国历史上第一个封建制中央集权的统一大国，他为了统一天下的度量而颁布的诏文称"诏版"，内容同秦权量上的文字。诏文有的用铜范铸成，有的以刀直接凿铜，线条粗细并杂，方圆并用，大小错落，险中见奇。秦权量与秦诏版的书体，上承古籀，下开汉隶，不仅向我们提供了秦代统一中国后的文字资料，其疏密有致的章法和气势磅礴的书风，也给我们学习篆刻的章法提供了有益的启示。

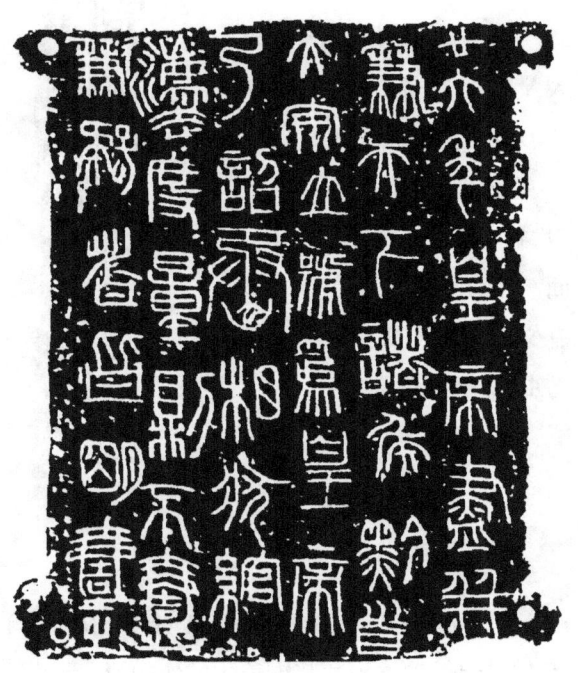

图 53.7.1 [秦] 诏版铭

8 泉布

我国古代的钱币种类很多。上古时代是以物换物，后以贝类为货币，所以现代通行文字中，凡与财物有关者，多从"贝"，如财、货、贷、贿、赂、买、卖等。后来冶金术进步，就改用铜币以补贝货之不足，来作为交易的媒介。除主要的泉（外圆内方）、刀（分契刀及错刀）、布（上凸出，下端凹入呈两足状）外，古代还有盾形、圆形圆孔、铲形等形式。其上有地名（如平阳、安阳等）、重量（如半两、三铢等）、年号（如宋徽宗御书"大观通宝"等）等文字，也有无文字的。各代钱币上的文字，都明显地具有这一时期文字的特色。另有铸造钱币的母范，即钱模，文字反书，可作为学习篆刻的参考资料。

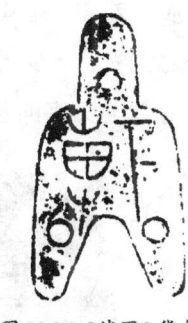

图 53.8.2 [战国] 货布

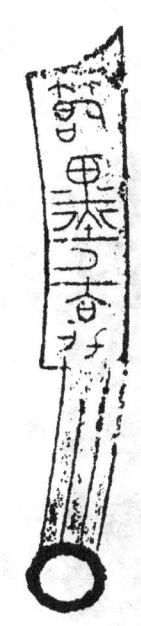

图 53.8.1 [战国·齐] 节鄩圜化刀币

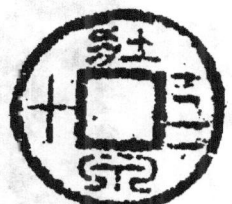

图 53.8.3 [汉] 泉币

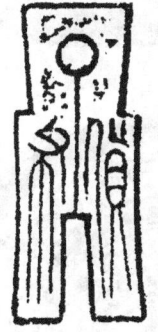 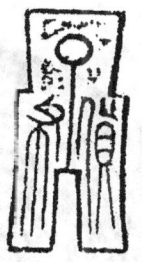

图 53.8.4 [新莽] 货布 幼布三百

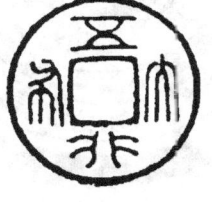

图 53.8.5 [北周] 建德三年五行大布

9 镜鉴

就是古代人用的铜镜，用以照鉴容颜，汉魏以上称"镜"，唐宋间称"鉴"（如"灵鉴"、"宝鉴"）。一般作圆形，镜面制作极平滑，镜背的图案文字可谓千变万化。铭文篆、隶俱有，文字古质自然，别具风格。文字多者，内容大多为颂祷之词；文字少者，内容一如汉印中的吉语，不失为吉金文字的佳品。

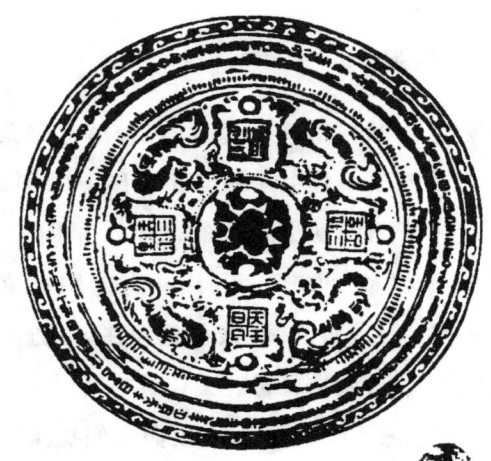

图 53.9.3 ［汉］四兽镜

10 古兵器

传世的殷周铜器中，除了大量的是礼器及少数日常用器、乐器外，其他就是兵器。通常有戈、戟、殳、矛、剑、匕首、刀、斧、钺、戚矢镞、弩机等。上面一般无文字，但也有一部分有文字，文字中多数是错金的鸟虫书，极富装饰趣味。

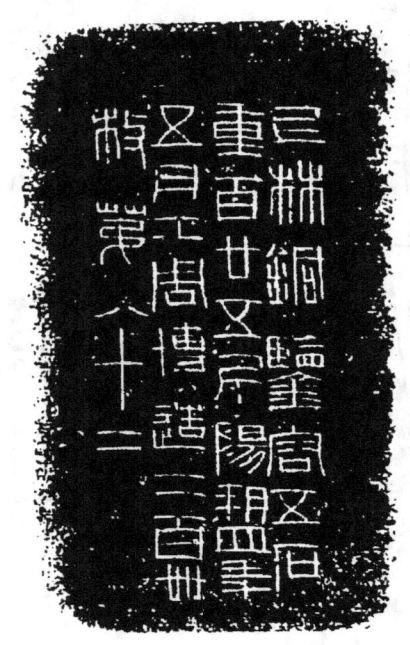

图 53.9.1 ［汉］上林铜鉴

图 53.10.1 ［战国］十年上军矛

11 瓦当

这是古代建筑上的一种装饰附件，俗称"筒瓦头"，起保护檐头和装饰美化的作用，以秦汉瓦当为最著名。其内容大致有三类：一种是有文字的，另一种是有图案的，还有一种是图文兼有的。图案中有饕餮纹、奔鹿及青龙、白虎、朱雀、玄武（后四种称"四灵"）纹等。文字有官名、官署、记事、吉语、颂词等，如"羽阳万岁"、"永受嘉福"、"千秋万岁与天无极"、"维天降灵延元万年天下康宁"等，以四字居多。

威武显赫的秦王朝建立后，为了显示国力之

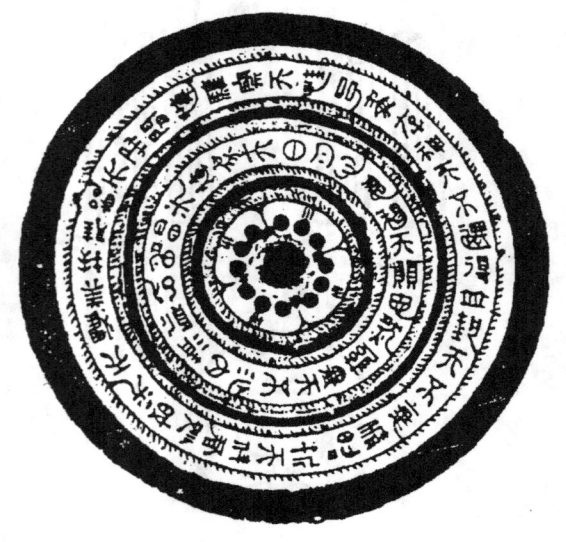

图 53.9.2 ［汉］铜镜

盛，广筑迷宫以助帝王声色之乐，这是瓦当作为装饰性的工艺建筑材料得以发展的历史条件。秦灭汉兴，汉代的建筑物也大兴，无论在造型、图案装饰、字体的书法艺术上都超过了秦代。各代的瓦当文字都与当时的书风有密切的关系，可说是当代书艺的缩影。比如秦瓦当文字，保持了秦小篆那种用笔圆转、结体匀整的特点。汉代瓦当上的文字，比之秦篆变得简化方正，与同时代的汉碑额文字、汉印文字一脉相通。秦汉瓦当的这种古朴美，一直影响到以后各代的建筑和书法、篆刻艺术。

12 碑额

"碑"是后人为死者述功颂德的纪念物。正面称"碑阳"，背面称"碑阴"。碑文刻在正面，上端有几个大字称"碑额"，篆、隶、楷都有，但篆文的碑额不多，好的篆文碑额更不多。著名的如

图 53.11.1 [汉] 千万世瓦当

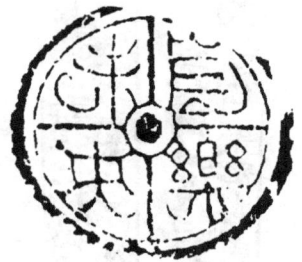

图 53.11.2 [汉] 长乐未央瓦当

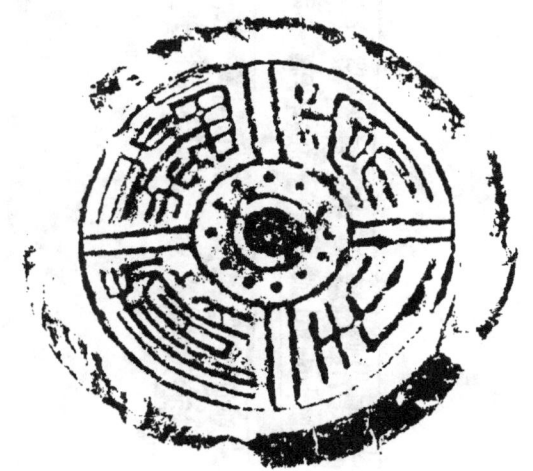

图 53.11.3 [汉] 常生无极瓦当

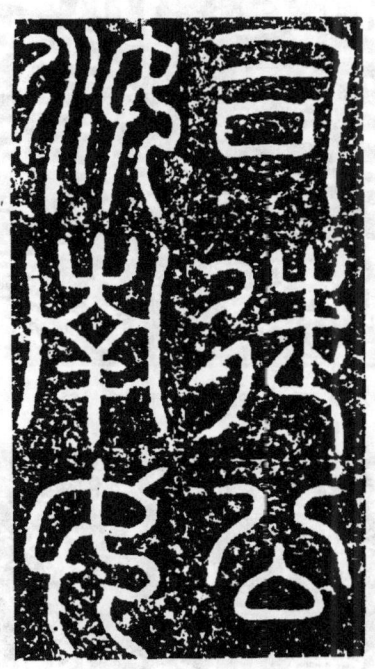

图 53.12.1 [汉] 袁安碑

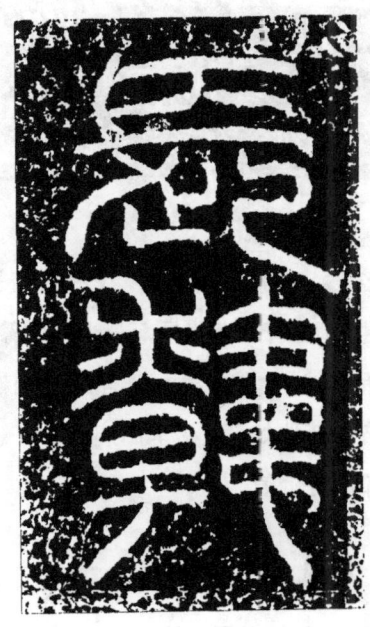

图 53.12.2 [汉] 韩仁铭碑额

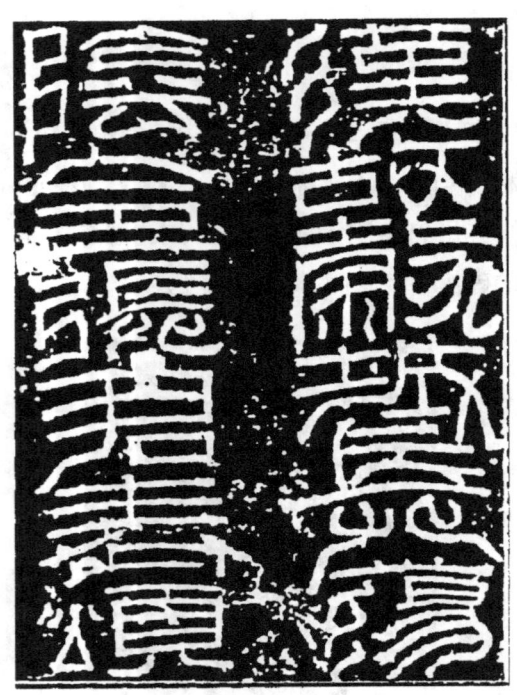

图 53.12.3 [汉]张迁碑碑额

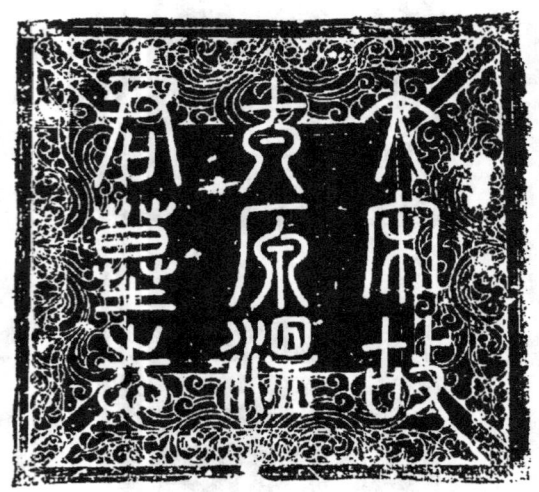

图 53.12.4 [宋]徐铉书温仁朗碑碑额

汉《张迁碑》，碑额阴刻篆书"汉故毂城长荡（汤）阴令张君表颂"十二字，是十分少见的篆额隽品，用笔转折自然，力能扛鼎，极有西汉铜器铭刻文字的风格。其他如《西岳华山庙碑》与《尹宙碑》的碑额都很有价值。

13　汉简

这是指汉代书写于竹简、木牍上的书体，多数在我国西北地区出土，也有称为"西北汉简"的。出土汉简数量较多，但出版的并不多。建国前后我国出版的著名汉简影印本有《流沙坠简》、《居延汉简甲编》、《武威汉简》、《武威汉代医简》等。

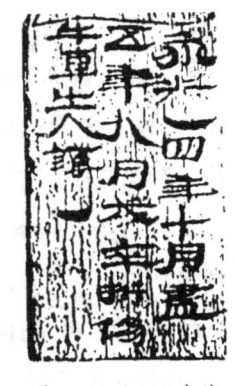

图 53.13.1 [汉]木牍

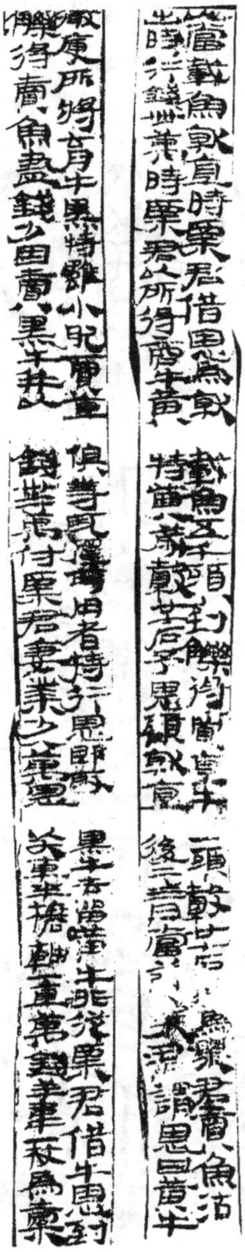

图 53.13.2 [汉]木简

汉简多为当时无名书匠或普通士卒、民间医士等书写，不受官方通行的正统书体影响，常常在一篇文字中篆、隶、草混杂在一起书写，结体奇特，用笔放纵，无拘无束，流露出一种自然而绝无矫揉造作之气的独特风格。在创作今体字印章时，汉简与北魏造像文字、元押等都可作为入印的参考资料。

14　北魏造像文字

这是我国南北朝时期盛行的一种书体，因其盛行于北魏时期，故统称为"魏碑"，著名的有《郑文公碑》、《张猛龙碑》、《石门铭》、《好大王碑》等。魏碑书体被康有为赞有十美："魄力雄强，气象浑穆，笔法跳越，点画峻厚，意态奇逸，精神飞动，兴趣酣足，骨法洞达，结构天成，血肉丰美。"

拓跋氏建立了北魏，统一了北方。北方少数民族粗犷剽悍、雄强尚武的风气，必然影响到中原地区人民的文化与书体，其精华集中在当时北魏鼎盛时期的文化中心——洛阳。其中以龙门的三千六百多种造像题记最为著名。世传有《龙门二十品》，为北魏造像文字中最具特色的代表作，其中尤以《始平公》、《孙秋生》、《杨大眼》、《魏灵藏》最为出色。这些代表作点画峻厚，笔势雄强，纯以方笔出之。赵之谦创以《始平公》造像文字刻款，还有一些印家以造像文字入印，都取得了较好的效果。

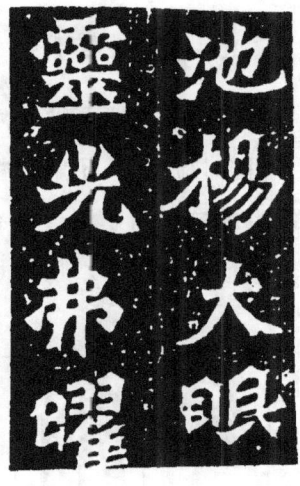

图 53.14.2　[北魏] 杨大眼造像

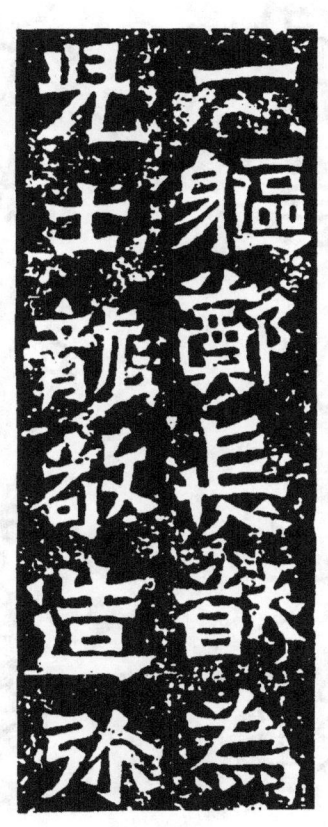

图 53.14.1　[北魏] 郑长猷造像

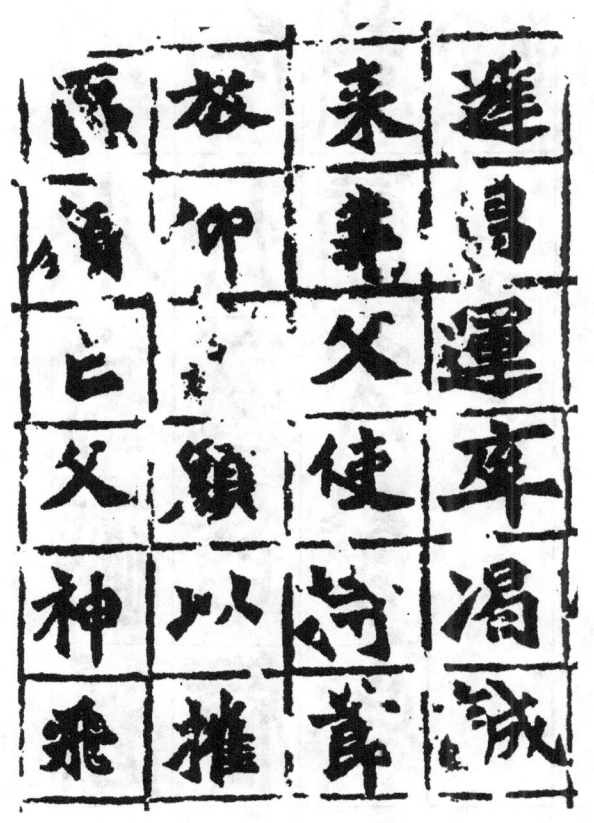

图 53.14.3　[北魏] 始平公造像

15　名家篆书墨迹

学习篆刻除了要接触、学习上述篆体资料外，同时应熟悉、了解一些著名的金石书画家的篆书墨迹。由于清代、特别是清末地下出土日盛，使人们得以发现大量的古器物、古碑刻，由此使清代金石之学勃兴，篆体的各种风格得以刺激、发展，成为继秦代李斯、唐代李阳冰之后我国篆书艺术的灿烂时期，著名的有邓石如、吴熙载、杨沂孙、徐三庚、陈介祺、赵之谦、吴大澂、罗振玉、吴昌硕、齐白石等。这些书法家，一般都是精通金石学、文字学的篆刻高手，学习他们

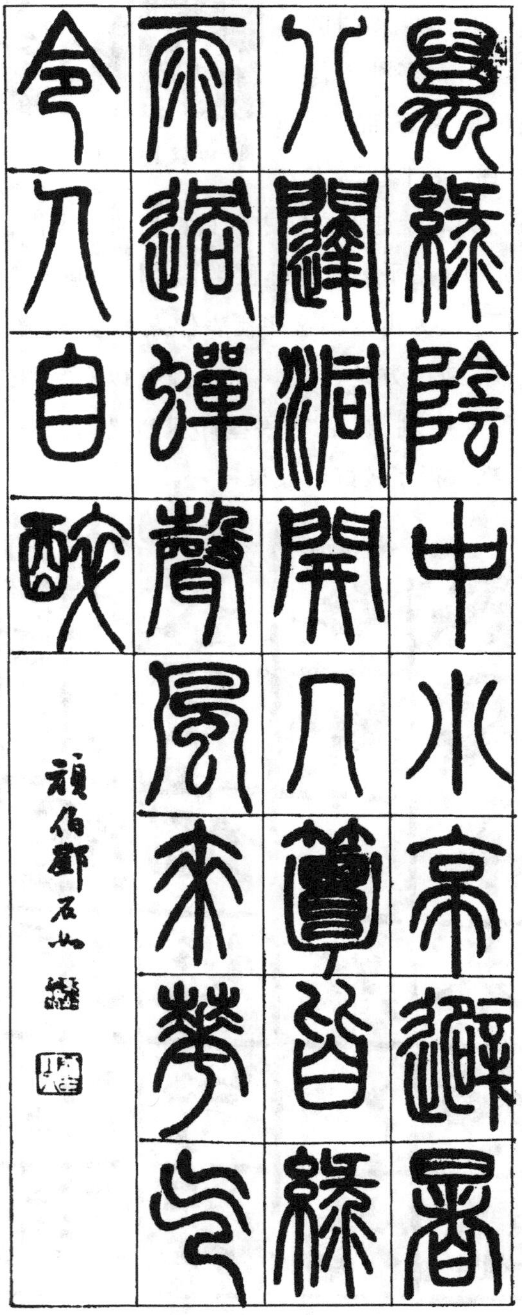

图 53.15.1　[清] 邓石如书

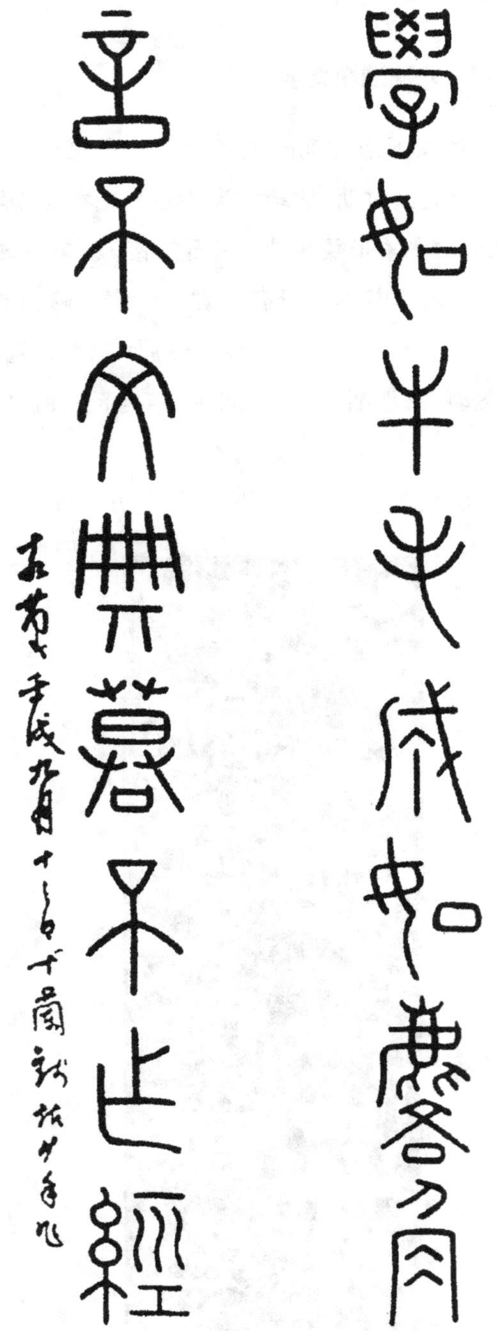

图 53.15.2　[清] 钱坫书

◎ 五十三、学刻借鉴古文字资料举例

的篆书，可以领会到这些篆刻家是怎样将自己的书法与雕刻结合起来的。如果要学某一家的篆刻，那更有必要同时研究、临摹该家的篆书。这样，可以有助于分析、熟悉作者的风格。

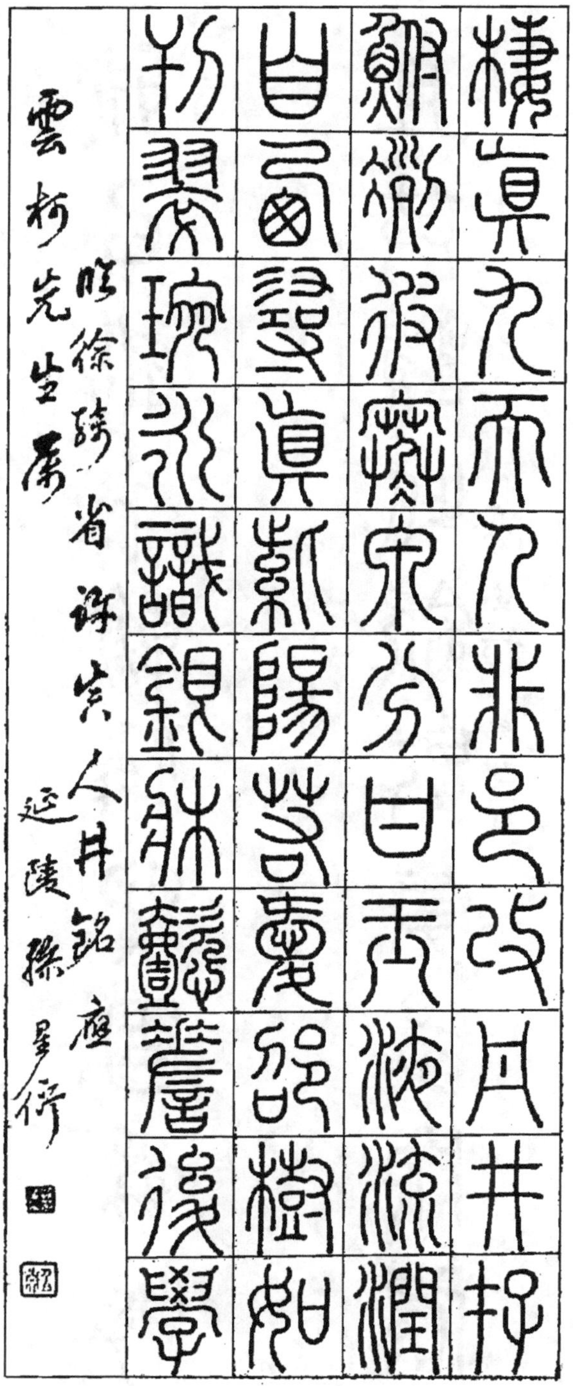

图 53.15.3 ［清］孙星衍书

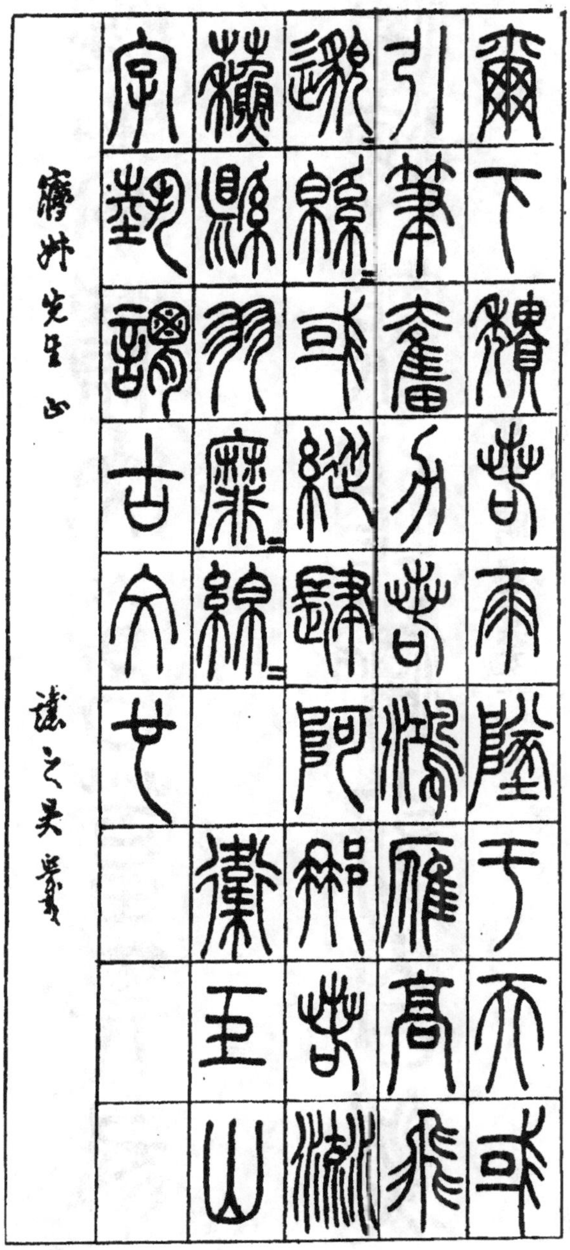

图 53.15.4 ［清］吴熙载书

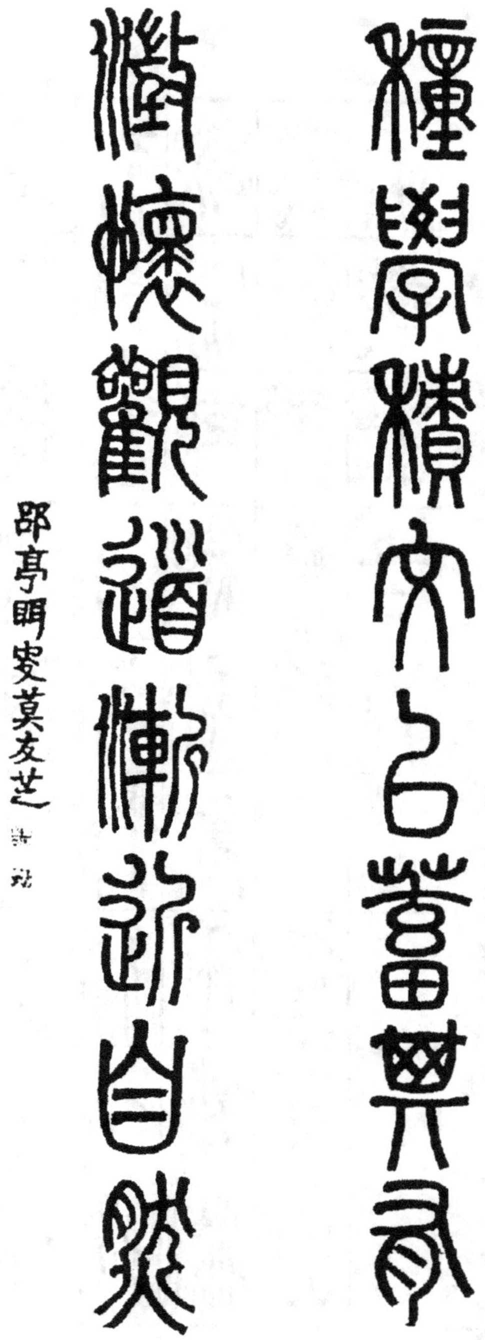

篆刻法

图 53.15.5 [清] 莫友芝书

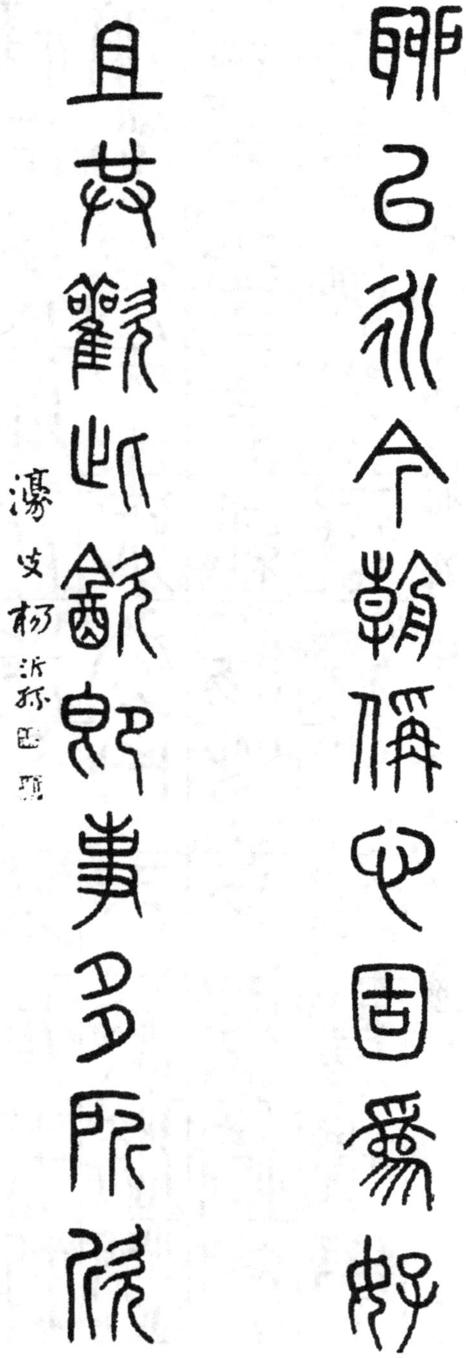

图 53.15.6 [清] 杨沂孙书

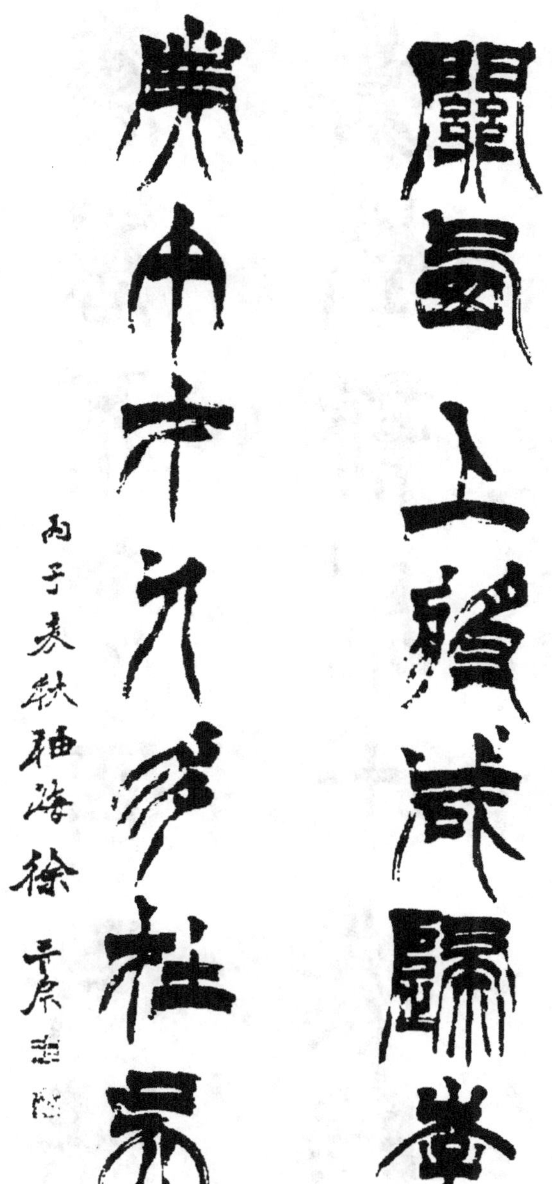

○ 五十三、学刻借鉴古文字资料举例

图 53.15.7 [清] 徐三庚书

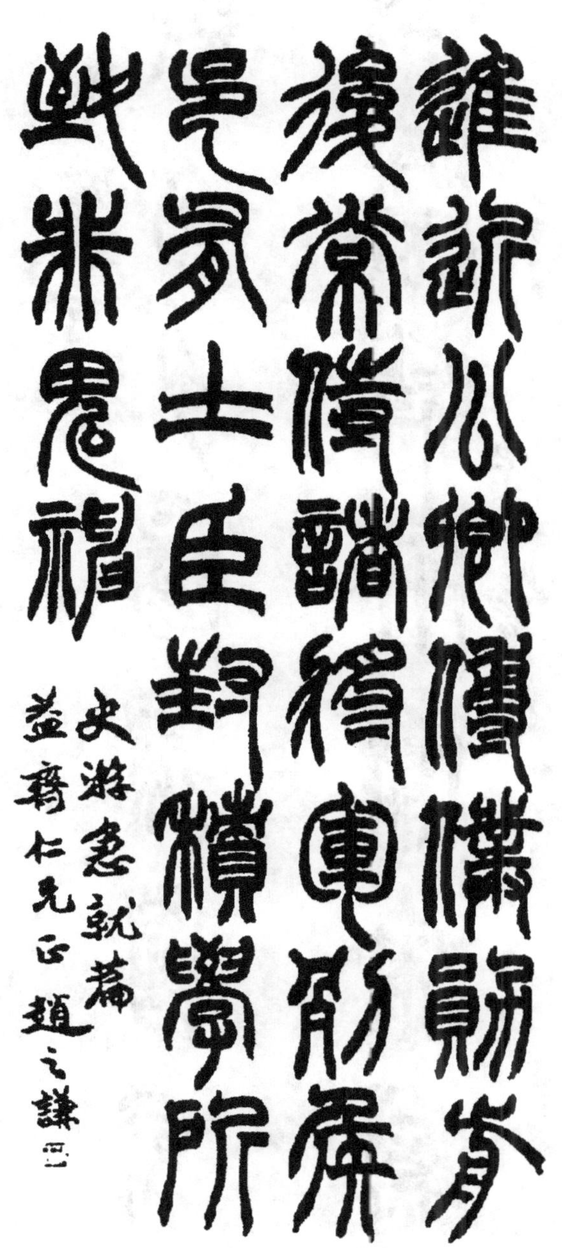

图 53.15.8 [清] 赵之谦书

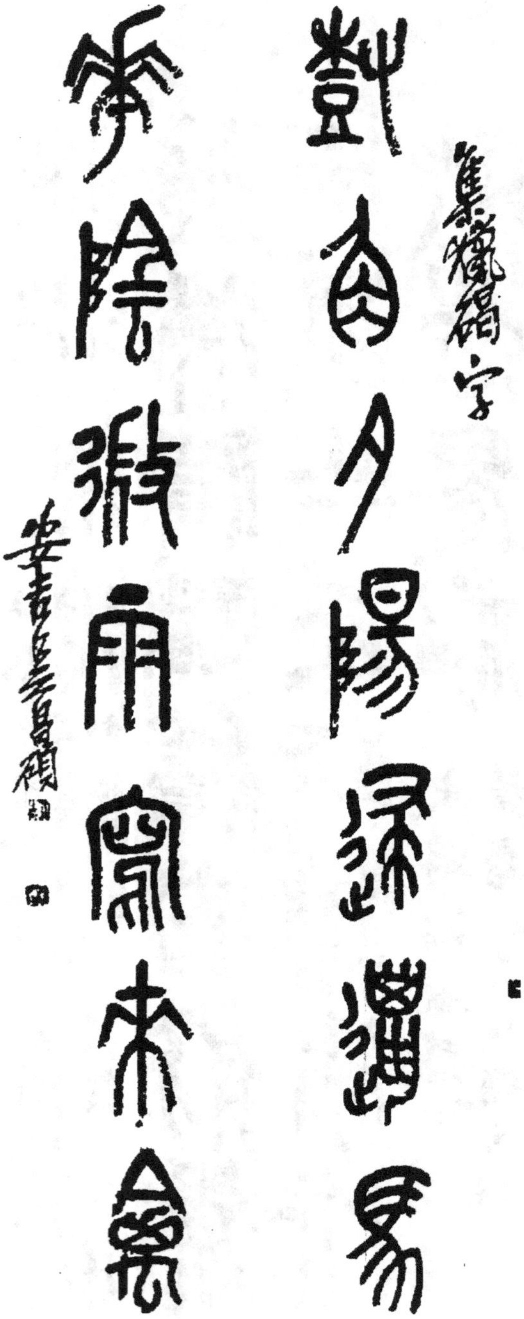

篆刻法

图 53.15.9 [清] 吴昌硕书 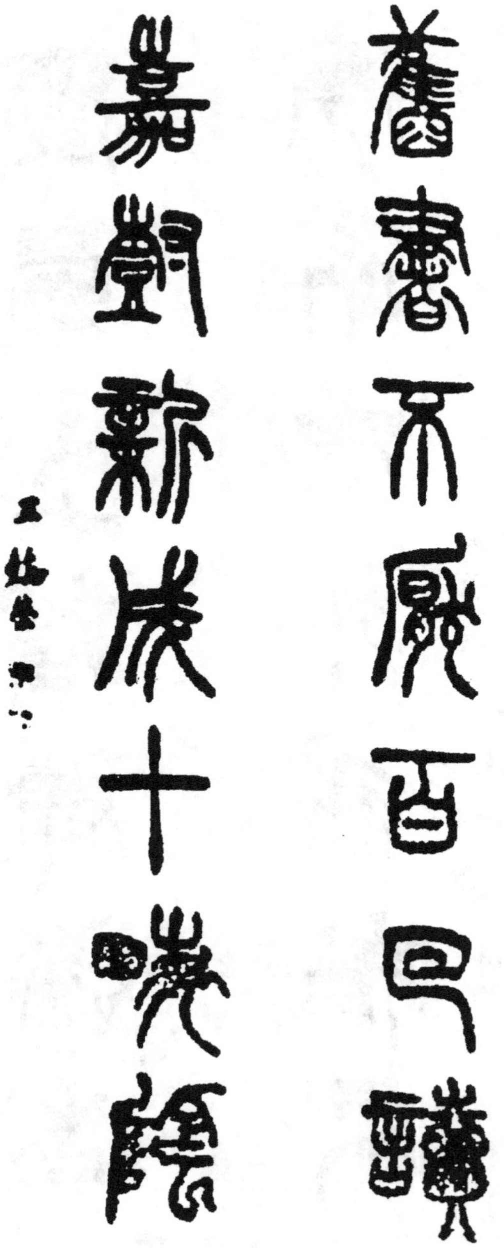　　　　　　　　　图 53.15.10 [清] 王懿荣书

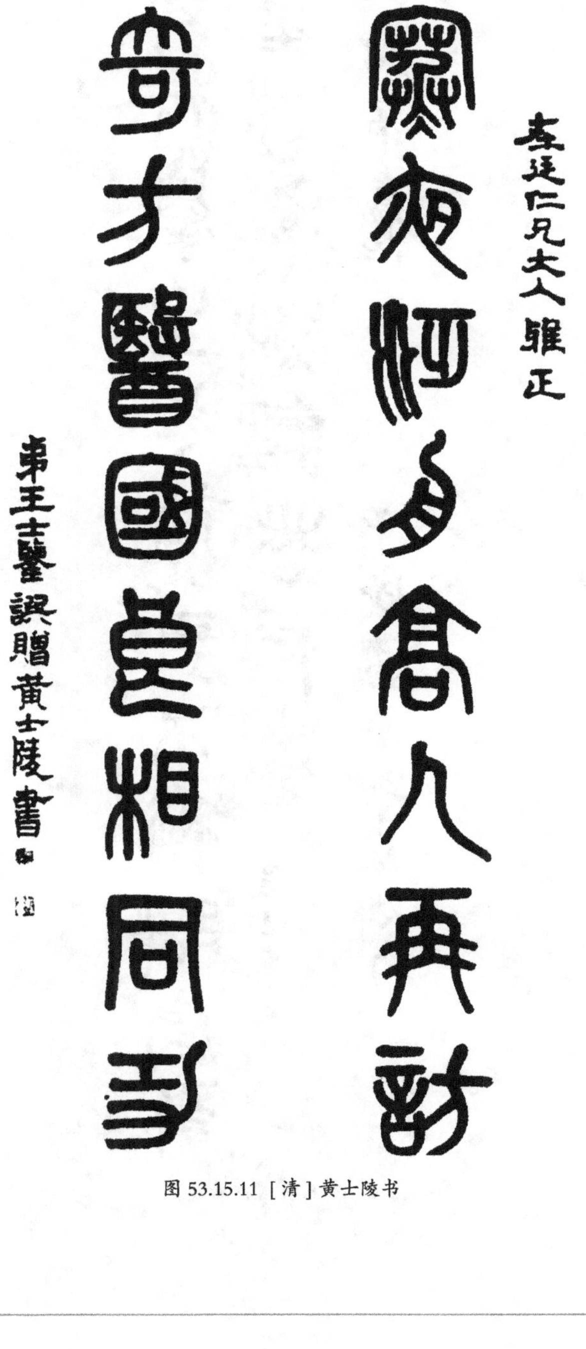

◎ 五十三、学刻借鉴古文字资料举例

释文繁花院尽有参错散木匠门无弃遗

辛卯八十八叟宾虹集古籀文撰书

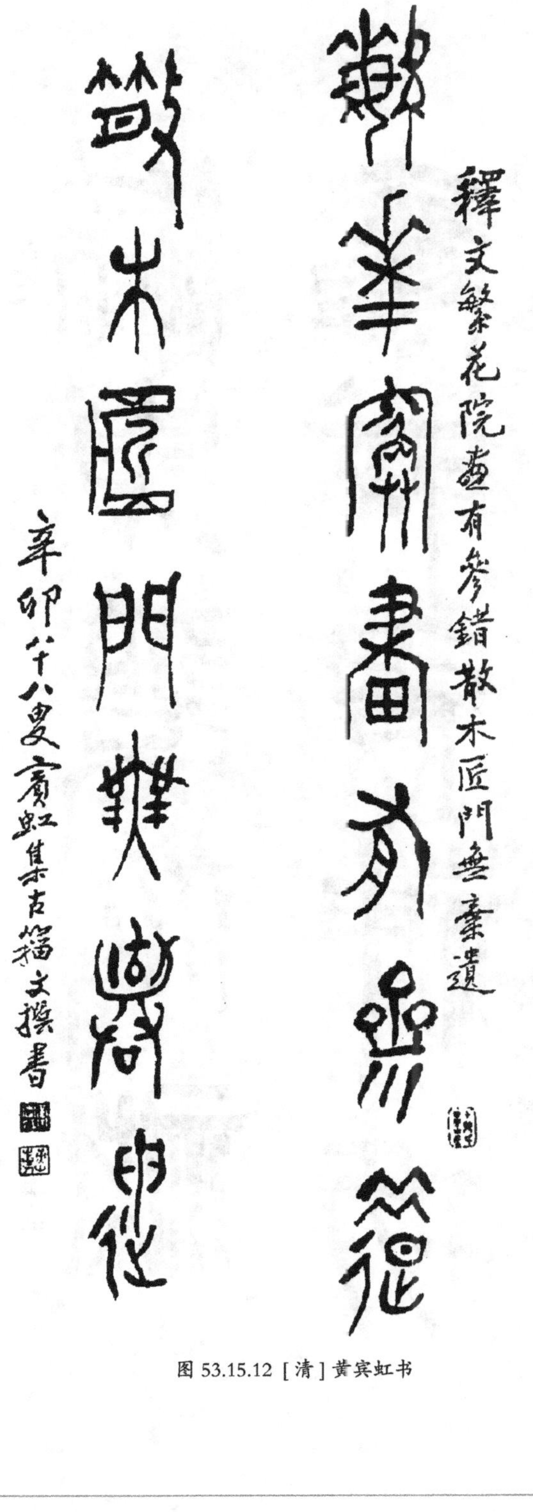

图 53.15.12 [清] 黄宾虹书

尧廷仁兄大人雅正

弟王士鏊误赠黄士陵书

图 53.15.11 [清] 黄士陵书

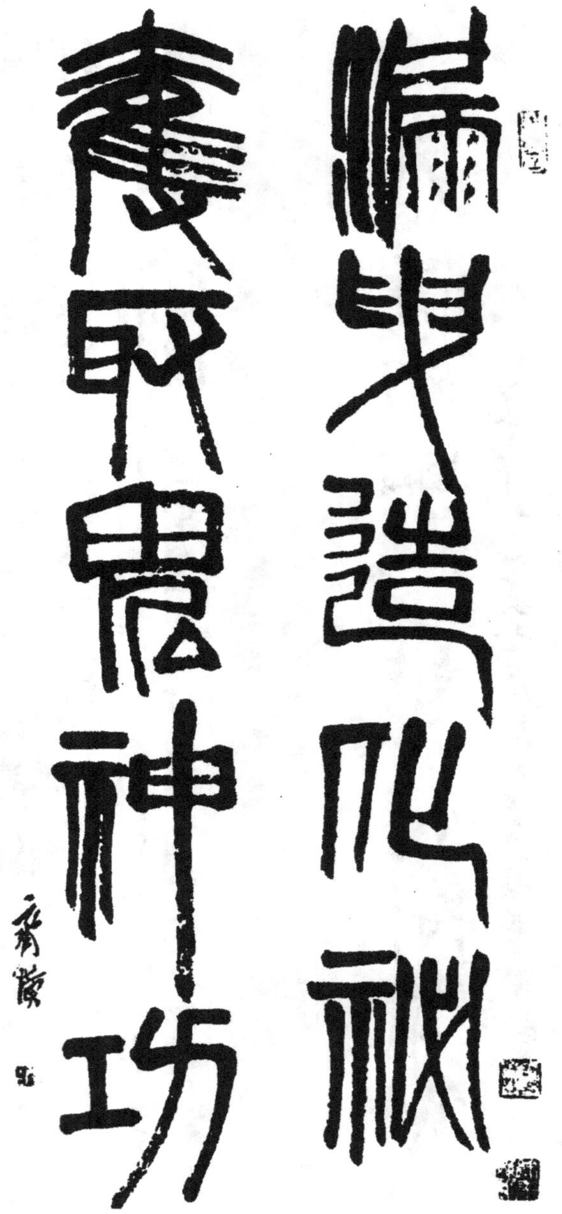

篆刻法

图 53.15.13 齐白石书 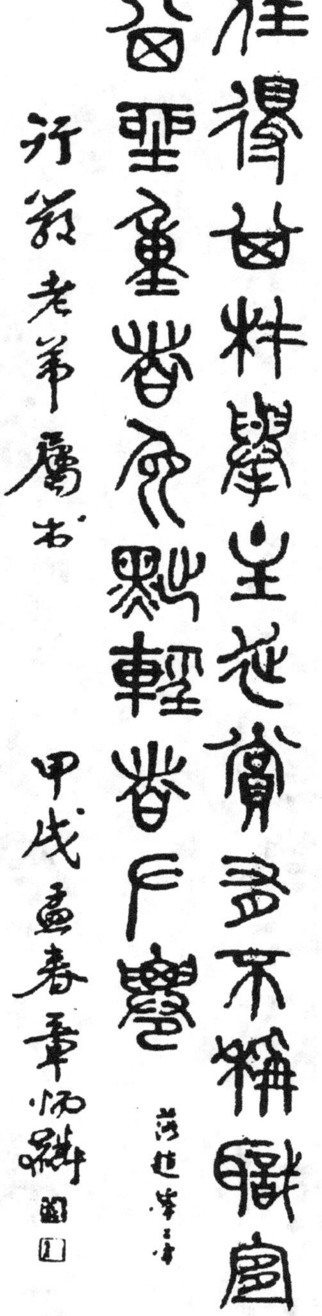　　　　　　　　　　图 53.15.14 章炳麟书

◎ 五十三、学刻借鉴古文字资料举例

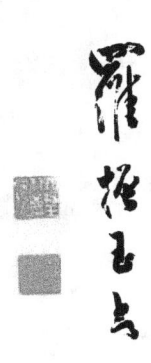
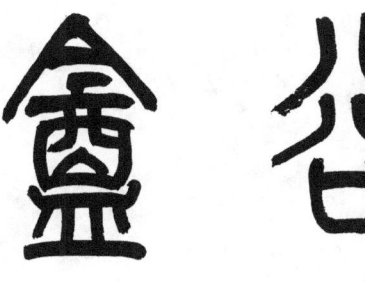

图 53.15.15 罗振玉书

图 53.15.16 来楚生书

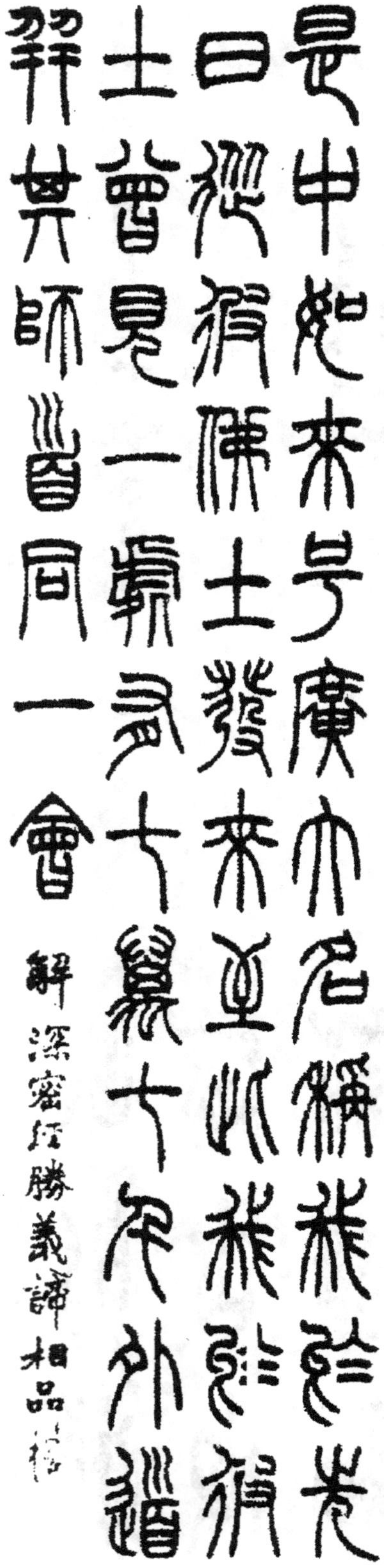

篆刻法

图 53.15.17 赵叔孺书

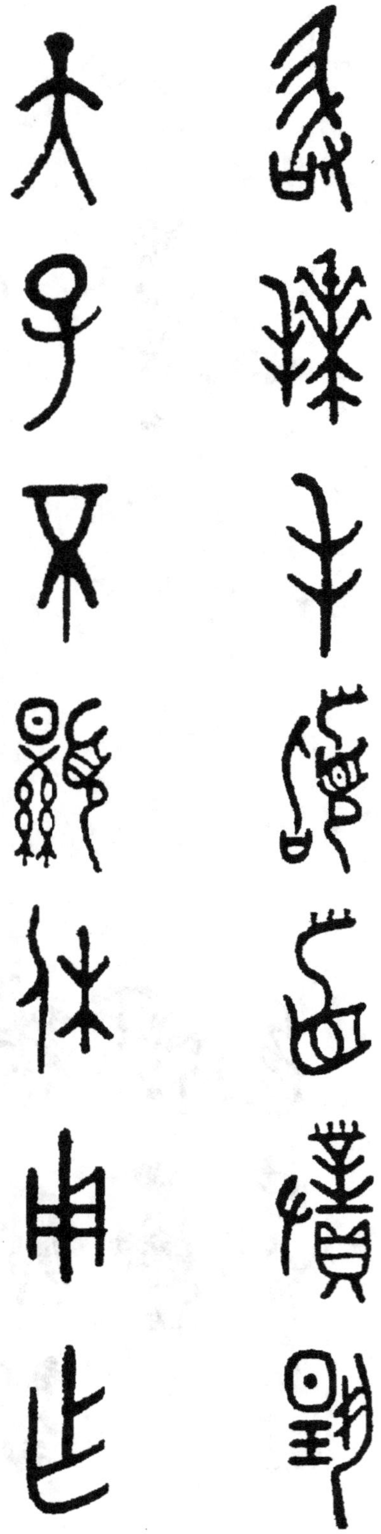

图 53.15.18 陈衡恪书

◎五十三、学刻借鉴古文字资料举例

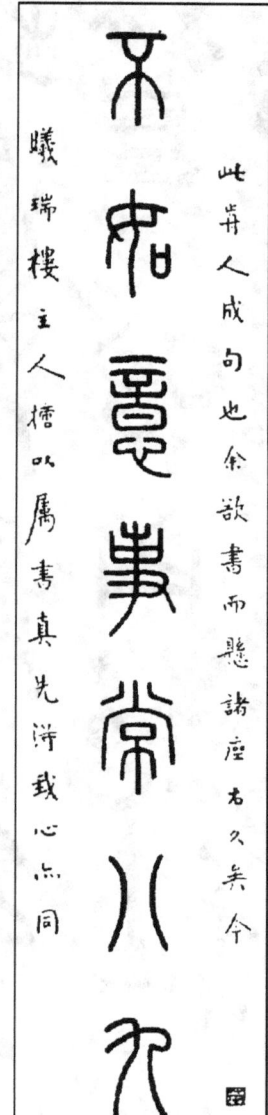

图 53.15.19 王福厂书

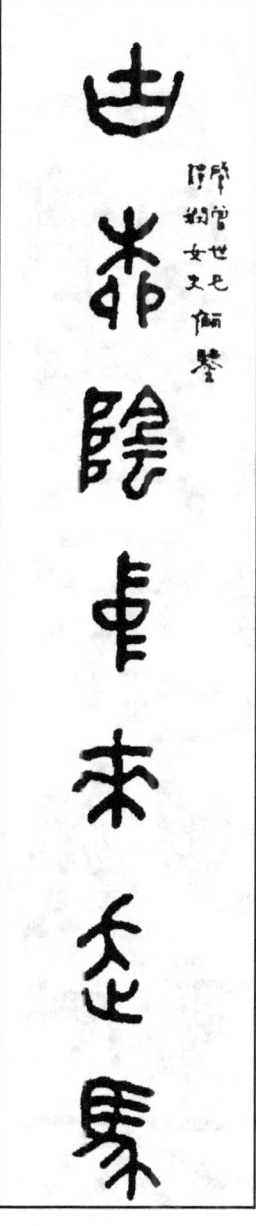

图 53.15.20 李健书

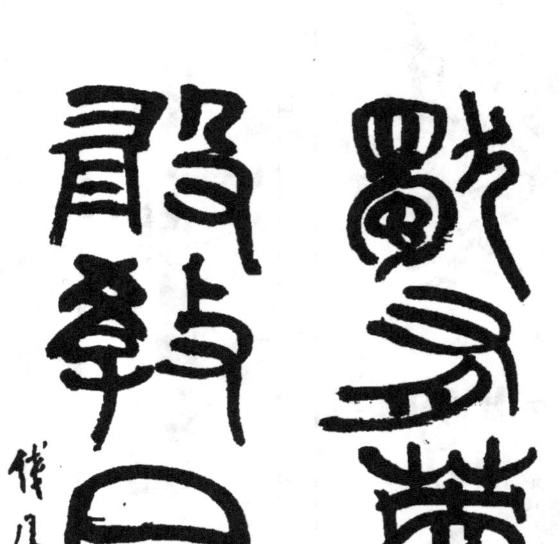

篆刻法

图 53.15.21 钱瘦铁书 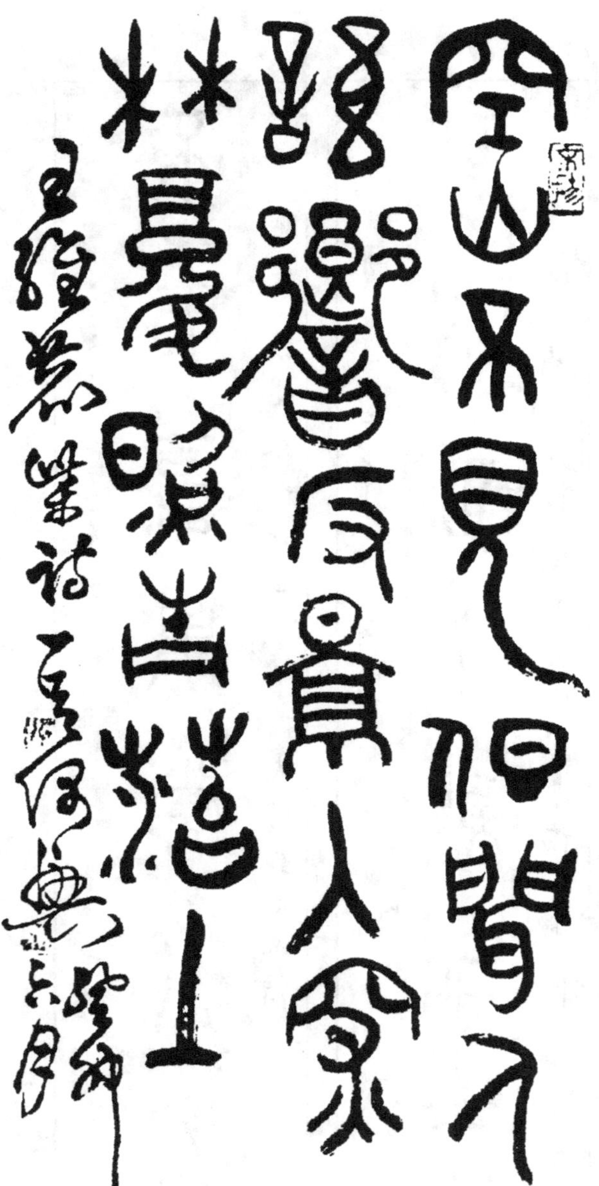　　　　　图 53.15.22 邓散木书

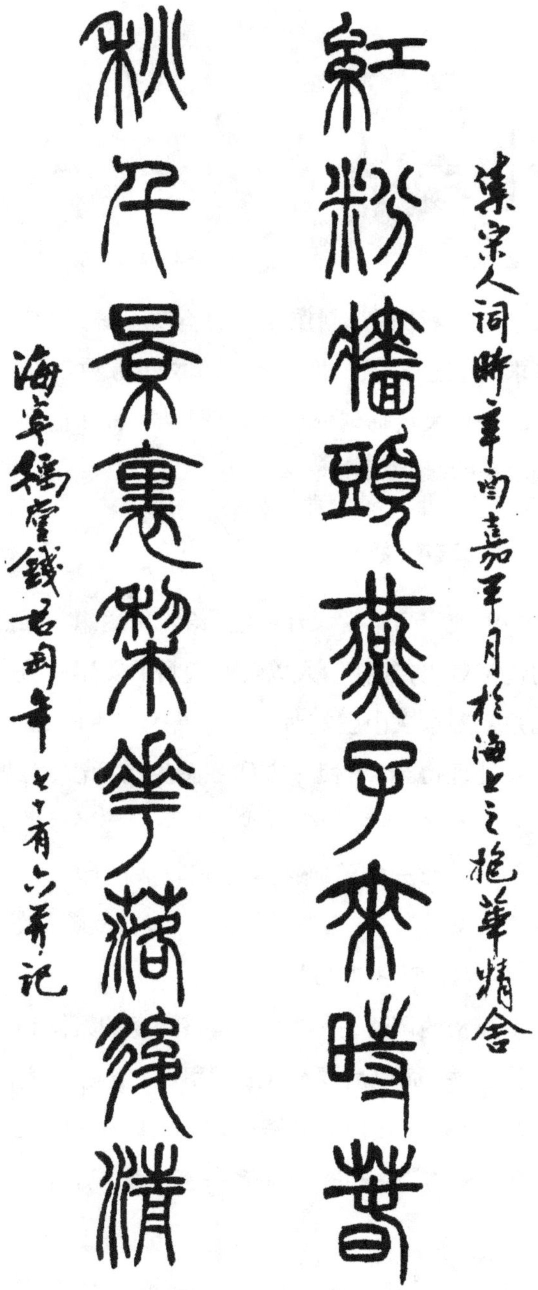

五十四、常用章法十二种

要讲篆刻，必须讲章法、篆法、刀法。篆刻艺术的形式美，综合体现在一方印章的章法美、篆法美（或可称为书法美，因为还包括其他文字入印）、刀法美。而其中最重要的莫过于章法，纵使治印几十年，对章法的研究仍是一个重要课题。章法犹如万花筒，变幻无穷，永无止境。

章法也可称"构图"，篆刻上的术语叫"分朱布白"。这种对印章文字设计安排的构思能力，往往最能显示作者在篆刻艺术上的实力，以及金石、书法、美术等各方面的修养。这是一门复杂而富于变化的学问。比如用五言诗句入印，作者就要分析这五个字，考虑刻二行还是三行，朱文还是白文，方笔还是圆笔，工整一点还是粗犷一点。如果再细致地设想构思，还要考虑线条的粗细变化，以至留红空白与印边的处理。这是指一方印的章法推敲。

如果要刻一组印，比如创作十方一组的"杭州名胜"，作者就要考虑最好以十种不同的形式出现，白文有满白文、仿玉印的细白文、加边栏的白文（其中又包括加"日"字格或"田"字格的）、仿吴昌硕风格的雄健白文和其他不同风格流派的白文印；朱文有粗朱文与细朱文，黄士陵一路挺拔的朱文和赵之谦、吴熙载一路秀美的朱文，或者仿封泥如吴昌硕、赵石、邓散木一路的朱文多种。这样，至少已有七八种变化了。再可考虑能否刻一方鸟虫书、一方带图案的，或者一方隶书的、一方仿元押楷书的。这样，十方印基本上能因字而异，各不相同。还可以在形状上变化，不妨配置长方、椭圆、圆等形式各一方。而在内容与形式的结合上，也要考虑尽可能统一和谐。比如可以婉转、秀美的线条刻"西湖"、"柳浪

图 53.15.23 钱君匋书

闻莺",可以浑厚、庄重的风格刻"灵隐寺","岳坟"、"断桥残雪"、"西泠印社"则可用斑驳、残破的金石气息来表现。

章法既然这样变化莫测,那么,是否有一点规律可依,是否可以掌握呢? 我们说,只要认真多分析历代篆刻家的篆刻作品与古代玺印,掌握基本的章法变化规律,多实践、多请精于此道的专家批评指正,是可以逐步掌握有关技法的。因为章法的基本原则是和谐,是对立的统一。它是通过文字的长短、大小、肥瘦、方圆、曲直、粗细、虚实等进行相机变化来达到美的境界,只要多分析、多研究、多实践,一定会使自己的章法变化多姿、左右逢源。下面,简单介绍几种常用的章法。

1 平正、匀落

这是最基本的章法。其文字及笔画的粗细、间隙的大小,都力求排得匀称、妥帖、转折自然。它可以通过适当地延展部分笔画和变形处理,使笔画多处不觉其繁、笔画少处不觉其空。初学者每喜任意将笔画屈曲填满空白,但不能为了求匀落,把线条处理得平板无味。

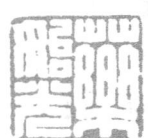
图 54.1.1 药始光

图 54.1.2 张君宪印

这一类印,对一些基础较差、学步不久的爱好者来说,选择临刻对象或结合创作,都希望先以平正、匀落的作品为主。刻了一个阶段,随着

图 54.1.3 刘奉印信

图 54.1.4 孙敏印信

图 54.1.7 军司马印

图 54.1.8 校司马印

图 54.1.5 郢通私印

图 54.1.6 关内侯印

水平的不断提高、创作经验的不断丰富,逐步可追求能表达自己个性的作品。文中数枚汉印及书后所附大量临刻资料,大都是从各种印谱中精选出来的,足可供初学者选用。

2 疏密、统一

中国书画常常大片留空,给人以遐想。强烈的疏密对比,往往给人以赏心悦目的美感。疏密也是篆刻章法中虚实对比的主要表现手段之一,只要处理得当,可使一方印顿感生动活泼、意趣无穷。反之,则可能会造成重心不稳与平板散乱的弊病。对一些笔画多寡差别较大的印文进行章法构思时,往往密者任其密、疏者任其疏,做到"密不容针、疏可走马"。

疏密的调遣,一般可用调整文字的繁体和异体等手法,而以后要介绍的"留红、空白",实际上,也就是最强烈的疏密处理。汉印中的"太医丞印"和"广陵王玺",前者一密三疏,后者三密

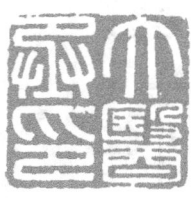
图 54.2.1 太医丞印

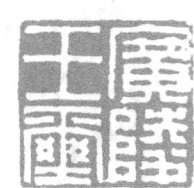
图 54.2.2 广陵王玺

一疏,由于处理得恰到好处,密而不乱,密处并不觉得闷塞;疏处疏而不空,又不觉得空荡。我们可以从一些古印和名家作品中去对照体会。

统一,一般指通过艺术处理,使印章中字体的方、圆(出、木)、书体(如大篆、小篆)的变化和流派风格(如赵之谦、吴昌硕)形成一个完美的统一体,既求变化,又取得风格上的协调。如同一印中两个字用小篆,另两个字却采用甲骨文(大篆)入印,或者用赵之谦流畅多姿的朱文线条刻吴昌硕风格,其效果一定不伦不类。"郑斋所藏"、"人书俱老"二印的作者均为赵之谦,但前者是仿六国古币文字,以方笔出之,边粗于文字;后者则发展了宋元圆朱文的长处,以圆笔出之,边细于文字。可见即使同一作者,他也要考虑每方印独立的风格。至于因不知某字的繁体字、篆字,而在几个篆字中夹杂一个自造的"简化篆体",则是初学者最易犯的通病了。

 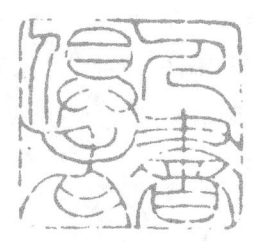

图 54.2.3 [清] 赵之谦·郑斋所藏　　图 54.2.4 [清] 赵之谦·人书俱老

3　巧拙、粗细

篆刻作品中的"巧"和"拙",是两种不同的风格,它能适合不同层次、不同爱好者的审美情趣。犹如在菜肴中,一味吃甜食会令人生厌,一味麻辣也不是人人都能吃得消的,在艺术百花园中,"巧"、"拙"这两种不同的风格应长期并存。一台京剧全是青衣、花旦只能反映京剧的一个方面,也满足不了爱看武戏、老生戏的观众的胃口,但满台尽是大花脸、丑角也不能适应多层次观众

 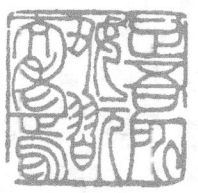

图 54.3.1 [清] 吴熙载·梦里不知身是客　　图 54.3.2 [清] 黄士陵·足吾所好玩而老焉

的视觉、听觉要求。如果买了一本精印的好画册,钤盖一方笔画秀丽的圆朱文藏书印,既雅致又不会使大块红色印泥污损纸张;但若是画了一幅笔触粗放的水墨大写意,上面则一定要配一方大刀阔斧、跌宕生姿且风格与之相近的印章才相称。这种粗放的印章,大多数章法、篆法都注意免除甜俗,而讲究一个"拙"字。

然而,印章中的"巧"要追求清雅秀美,而不能失之甜俗。例如徐三庚,由于他在篆法上过分追求让头舒足,疏密配置上也略嫌过分,"巧"得过头则流于纤巧、单薄,故其成就不及吴熙载、赵之谦。同样,"拙"也不能故作狂怪。在报刊上常见到一些青年习作,在篆法上故意错落参差,似乎想以拙取胜,其实,这种毫无来由的"拙"反而显示了作者艺术素养的浅薄。相对来说,"拙"要比"巧"更难一点,如能使印文内容与所取风格尽可能达到统一,该巧则巧,该拙则拙,则必然相得益彰,使人回味无穷。如"霸王别姬"、"十面埋伏"可用拙一点的篆法、线条刻;"二泉映月"、"春江花月夜"如能用柔美的线条反映宁静的气氛,似乎更能表现出印

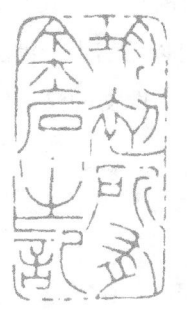 

图 54.3.3 [清] 赵之谦·均初所有金石之记　　图 54.3.4 [清] 黄士陵·儿女心肠英雄肝胆

章的内涵来。不能简单地认为"巧"只适宜朱文,"拙"只适宜白文。赵之谦的多字收藏印"均初所有金石之记",无论章法、篆法、刀法不可谓不巧,邓石如、吴熙载的一些细白文,也同样很巧。而黄士陵刻的"儿女心肠,英雄肝胆",虽然是一方线条不粗的朱文,但其结字用刀,却透出层层"拙"意。如"儿"字上圆下方,此字下部左边如钉头又上缩的垂笔,和右边笔画盘折间距的不均等,"女"字上部两"眼"的大小,右下角"心"字中空与左上角"肝"字的空白遥相呼应,"英"字的下部两脚一反篆字上紧下松的原则,特别短小,使人想起京剧中的扮演武大郎演员的矮步,"拙"味难掩。

印章文字在墨稿上就可以表现出粗细来。这种粗细的变化与书法完全一致,加上刀法的技巧,就可以使印章产生一种节奏感和灵动感。比如一首乐曲,总该有嘹亮的小号和深沉的大提琴;一幅书法作品,总该有粗细笔画的变化,没有变化的线条缺乏一种感人的魅力。当然并不包括纯正的工笔画和印章中娟秀的圆朱文,或集千百字于一幅的蝇头小楷等,因为这一类工笔作品,本身另有其特定的审美价值。汉印"安西将军司马"一印,我们可以看出由于笔画粗细变化而产生的节奏感,这与满白文的汉官印

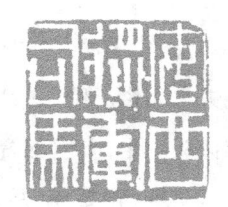

图54.3.5 [汉]安西将军司马

图54.3.6 来楚生·纵意所如

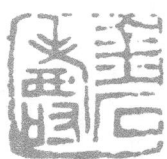

图54.3.7 邓散木·金石寿

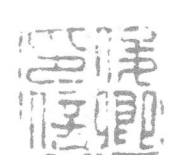

图54.3.8 [清]吴昌硕·俊卿印信

自当有明显不同的趣味。来楚生刻"纵意所如","意"字的中部左侧细得好险,"如"字的"口"部也有细笔,在整方印中所起的作用,是耐人寻味的。不过,初学适宜先临刻平正的满白文,以后通过书法上的练习,配合欣赏名家印和汉将军印等,仔细体会这些范印中粗细的变化,才能尝试在印章中做到轻重适度、粗细合宜。

4 增减、重复

有时候,一方印中的印文由于笔画平均,一时难以安排妥帖,就可以考虑对部分文字作增减笔画的处理。如西泠八家之一的陈鸿寿所刻"琴书诗画巢"一印,如果按繁体排,"琴"、"书"、"诗"、"画"四字将显得特别挤塞,但是这四字一经简化,便使人觉得疏朗协调。如吴昌硕的"仁和高邕","和"字如不刻作"龢",则全印四字笔画太平均,不会像现在这样有如此疏密对比的效果。当然,如何增减,完全取决于作者的艺术素养和书法、文字学、篆刻方面的功力。如果不顾实际情况,妄自增减,便会弄巧成拙。

图54.4.1 [清]陈鸿寿·琴书诗画巢　　图54.4.2 [清]奚冈·蕉渚散人

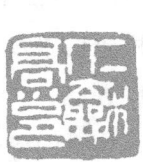 

图54.4.3 [清]吴昌硕·仁和高邕　　图54.4.4 邓散木·风磴吹阴雪云门吼瀑泉

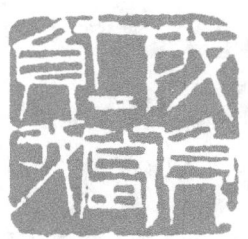
图54.4.5 齐白石·
我负人人当负我

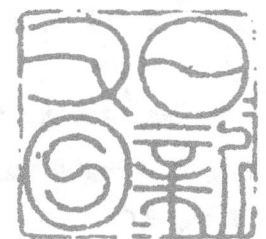
图54.4.6 叶潞渊·
日日新又日新

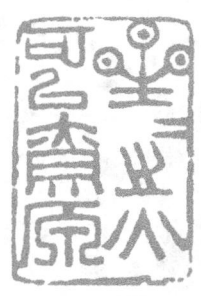
图54.4.7 邓散木·
星星之火　可以燎原

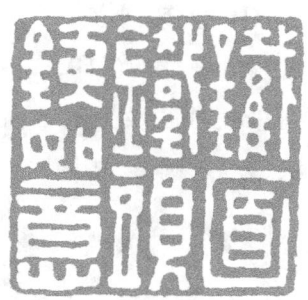
图54.4.8 [清]赵之谦·
铁面铁头铁如意

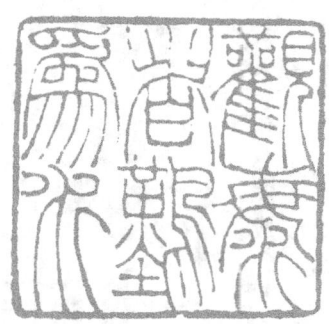
图54.5.4 [清]吴熙载·
观海者难为水

如果遇到有几个相同的字在同一方印中出现，往往有两种办法解决。如齐白石刻的"我负人人当负我"，"人"字接连出现，遇到这种情况，一般可在第一字的右下侧，以两小点来代替第二个字。又如赵之谦刻的"铁面铁头铁如意"一印中，三个"铁"字偏旁篆法各不相同，第三个"铁"字，占地也不同于前两个"铁"字，用不同的异体字法以示变化，避免了雷同、单调的弊病。

5 挪让、呼应

在印章设计中，有时为了摆脱习惯的、当然也是较省力的排法，期望能给人一种清新

图54.5.1 [秦]周地

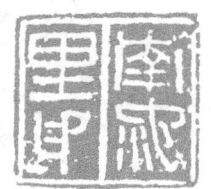
图54.5.2 [汉]南池里印

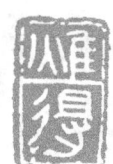
图54.5.3 [秦]焦得

的印象，或者觉得笔画中的结构过于板实，在不落俗套但又不违背造字原则的前提下，不妨移动文字笔画的位置，或伸缩部分笔画部位，使人觉得耳目一新。如汉印"南池里印"中的"池"字的三点水移到了"也"的左下角。秦印"焦得"中的"焦"字，上下结构中的"灬"火部，给挪移到左边去了。而吴熙载"观海者难为水"一印中的"海"字，则变左右结构为上下结构，由于"每"字左右两根垂笔包容"水"之上部，故仍给人一种整体感。

图54.5.5 [汉]长水司马

图54.5.6 [清]赵之谦·
元祐党人之后

在文学、音乐、绘画等艺术表现形式中，由于"呼应"能产生一种强烈的艺术效果，所以，"呼应"是造型艺术中最基本的表现手法之一，有所谓"前后呼应"、"此呼彼应"等。如"长水司马"一印，笔画多的"长"、"马"与笔画少的"水"、"司"正巧成疏密对比强烈的"对角呼应"。而赵之谦"元祐党人之后"一印，笔

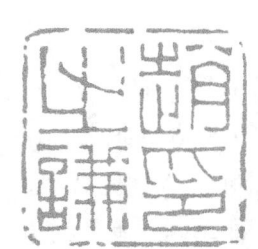
图54.5.7 [清]赵之谦·
赵之谦印

画多的三个字，与笔画少的三个字，正好呈三角形与倒三角形的交叉安排，形成"交叉呼应"。其他还有"并头呼应"等。通常讲的"对角呼应"，

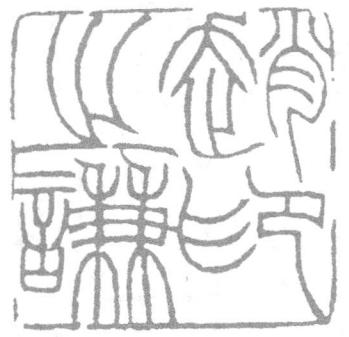

图 54.5.8 [清]赵之谦·赵之谦印

朱文称"留空呼应"，白文称"留红呼应"，其实都是"虚实呼应"。有时为了达到这种目的，可采用回文排法。

6 盘曲、变化

在汉印中屈曲回绕的缪篆印，和以鸟、鱼、虫等形象装饰的鸟虫书文字，均具有盘曲的魅力。因为相处在同一印中的文字个体，有的带方势，有的则带圆势，有的屈曲，有的则平直。为了在

图 54.6.1 [汉]棱治　　图 54.6.2 方介堪·张爱

章法上统一、协调，可对部分笔画加以盘曲处理。我们见到的缪篆、鸟虫书篆范印中，有许多盘曲得相当好的实例。来楚生刻的"良芳印信"中，前三字都有部分笔画盘曲，产生一种很好的装饰效果。盘曲手法只宜偶尔为之，初学者看到排列中有

图 54.6.3 来楚生·良芳印信

图 54.6.4 赵石·斗间

空处，尽力屈曲填满，却破坏了章法本身的美，是不足取的。

如果同一印文要求连刻数印，当然不能重复一种模式，这就要求"变化"。这在赵之谦、吴昌硕等自刻私印中，可以看到大师们变化的本领。一般可以变化其字体（大篆、小篆）、流派风格（秦、汉印，圆朱文或白文）、形状（方形、圆形、椭圆

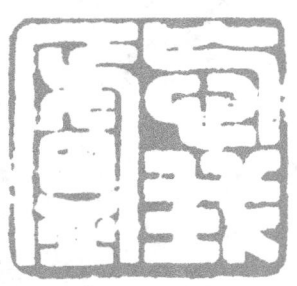

图 54.6.5 钱君匋·忘我庐

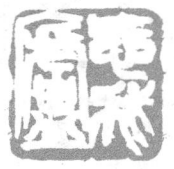 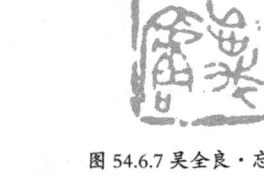

图 54.6.6 钱瘦铁·忘我庐　　图 54.6.7 吴全良·忘我庐

图 54.6.8 [清]吴昌硕·千寻竹斋　　图 54.6.9 [清]吴昌硕·千寻竹斋

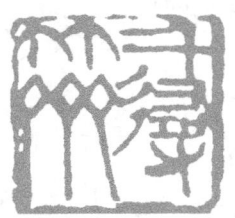 

图 54.6.10 [清]吴昌硕·千寻竹斋　　图 54.6.11 [清]吴昌硕·千寻竹斋

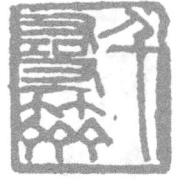 

图 54.6.12 [清]吴昌硕·千寻竹斋　　图 54.6.13 钱君匋·江山如此多娇

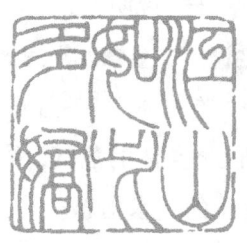
图54.6.14 钱君匋·
江山如此多娇

图54.6.15 侯昌·
江山如此多娇

形）等，也可调整其字体位置、结构，有时加一个边框或线条粗细变化一下，也可达到目的。比如"忘我庐"印，钱君匋先生的这方以满白文刻之，线条粗而浑厚，"忘"字上部"亡"的拖笔很见巧思；钱瘦铁先生的这方线条浑厚但又不失遒劲、犀利，大块并笔，却留下不少重要的"眼"，不失字形又不致并得面目全非，看似随手写来，却充分体现了作者以刀当笔的非凡才能；吴全良先生的这方，以朱文仿古玺出之，字体不是上述的摹印篆、小篆，而是采用了错落变化的大篆字体，钝刀硬入，线条忽粗忽细，在不经意中显示作者"无法而有法"的传统功力。吴昌硕刻的五方"千寻竹斋"和侯昌、钱君匋刻的"江山如此多娇"就是在朱、白文及文字的安排上极尽变化。侯昌先生的印，在字体的选择、安排及印边的处理上，有其独到之处。

7 穿插、并笔

习惯上印章的文字排列都按比例分布，或一分为二，或四等分……有时却可以不顾文字安排的固有地位，而将某些笔画随势伸缩，使字与字

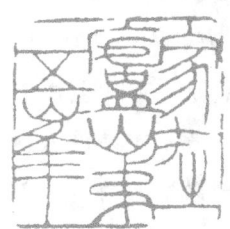
图54.7.1 [清]黄士陵·
家在庐山第五峰

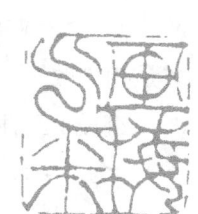
图54.7.2 [清]吴熙载·
画梅乞米

之间得到有机地穿插、组合，文字之间相互顾盼有情，而达到气贯势连的效果。如这方黄士陵的"家在庐山第五峰"，"家"字几撇和"五"字一横，插入"庐"字的地位，"第"字上钩，托于"山"字之下，字字相连，亲密无间，极尽穿插之妙。吴熙载的"画梅乞米"左右相接，天衣无缝。

"并笔"在书画作品上叫"墨渗"。但这种"墨渗"，在外围要防用水过多造成臃肿，在内心，必留细眼；否则，便成了"墨猪"。有时一方白文印，笔画繁多而造成刻出后有琐碎弊病，就可采用并笔法处理，尤其一些平行线条过多，不并笔，就不能破其呆板、重复。如齐白石的"杜门"一印，一经破边加并笔，原来平直重复的线

图54.7.3 齐白石·
杜门

图54.7.4 [清]吴昌硕·
竹宾书画

图54.7.5 来楚生·
安处

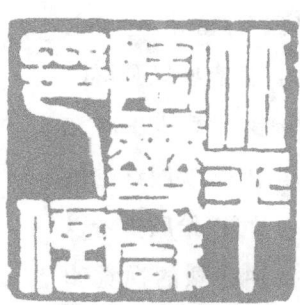
图54.7.6 [清]赵之谦·
北平陶燮咸印信

条就起了变化，两扇对称的"门"，也有了联系。赵之谦刻的白文善仿烂铜印，不少作品可作学习并笔的典范，从这方多字印"北平陶燮咸印

图54.7.7 齐白石·天涯亭过客

信"中即可观其一斑。朱文中也可并笔,以印文搭边为最多,在齐白石、来楚生的印章中不少见。在封泥拓片中,更是多见。实际上那是因剥蚀、风化,致使杂物、泥土都填嵌入空隙,使笔画粘连的自然效果。

8 留红、空白

我们常可看到一些印章中留空的地方,这在白文中称"留红",朱文中称"空白",它表达了作者在章法上的巧思。如果你在高楼林立的居民区,骤然发现了一块街心花园或绿化角,这时的心情一定十分舒畅。在印章中,密处任其密,而留出一些空地,让有些笔画得以舒展。尤其在白文印中,大块殷红的色彩,可以给欣赏者以一种强烈的视觉印象。朱文的大块留空,能给人以疏朗舒展的空灵感觉。疏与密的强烈对比,本是艺术创作中基本的美学原则。吴昌硕先生要求在设计印稿时,如同设计造房图纸,必先考虑好

图 54.8.1 [清]赵之谦·二金蝶堂

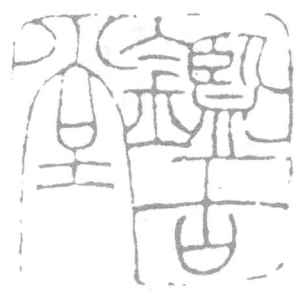

图 54.8.2 [清]赵之谦·鉴古堂

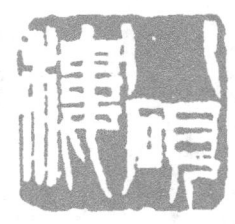

图 54.8.3 齐白石·八砚楼

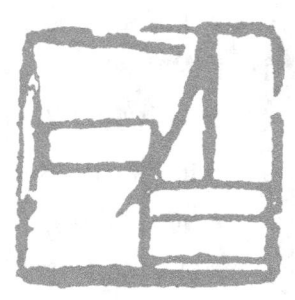

图 54.8.4 齐白石·白石

何处开门、何处开窗、设厅堂一样,说明留红、空白的重要。这里列举的赵之谦"二金蝶堂"、齐白石的"八砚楼"和赵之谦"鉴古堂"、齐白石的"白石"自用名印,都是留红、空白的范例,你可以仔细体会大师们多么大胆的艺术构思。

9 离合、变形

设计印章,实在是一种没有试卷的考试。作者对碰到的各种困难无法预料,全凭自己见多识广,随机应变。因此,掌握一些常用的篆刻章法规律,无疑是有好处的。有时,遇到印章中各字排得过分局促,就要设法"离";而有些印文显得松散,或部件凌乱,就要设法"合"。比如来楚生的回文印"钱明直印","直"字如按四分之一地位把字横向拉长,没有变化的横平竖直线条与上部"明"字一样,会使整方印平板无味。如是创作诗文闲章,不妨另选印文创作,但这姓名,一般是容不得随意更改的。现在这方印"明"字两部件左右分开,中间留出一块小小的红地,"钱"、"明"两字反而靠紧了;"直"字却向左偏,留下较大一块红地与之呼应。又如邓散木的"当惊世界殊"一方,其中"惊"的篆文是由"敬"、"马"二字合成,实际上由三个零件组成,这种字很容易松散,或易被人认为是上下两个字。现在,将"敬"字的右半部"攴"一竖线拉长,使三零件融为一体,给人一种整体感。采用"离合"手法,要求离合有

图 54.9.1 齐白石·鲁班门下

图 54.9.2 来楚生·钱明直印

伦,做到"离"而不散,"合"不局促,这也不是十分容易的事。

图 54.9.3 邓散木·当惊世界殊

图 54.9.4 [清] 吴昌硕·聚脚金石寿

讲到"变形",这方"当惊世界殊"中的"界"就是一个例子。如照上下结构办法写"界",由于上面"世"字笔画较少,这两字会显得左右空荡,与饱满的"当惊"二字很不协调,现在将上下结构的"界"写成左右结构,使"世"与"殊"之间的"界"字有个过渡,比较充实,而且在结构上可给人一种新鲜感。这种改变字形结构的变形手法,还能化方为长,或变长为方,如"翠"字,可根据需要改为左右结构;"翔"字可根据需要写成上"羊"下"羽"。在印谱中,可找到相应的实例。

10　回文、合文

"回文"实际上多半是为了造成对角疏密呼应的艺术效果。文字一般都是自上而下、从右到左排,比如吴昌硕的"伊立勋印"和赵之谦的"赵之谦印",如按此法,则造成一方印中笔画多的"伊"、"勋"和"赵"、"谦"全集中在印的上部,笔画少的"立"、"印"和"之"、"印"则在下部,使

图 54.10.1 [清] 吴昌硕·伊立勋印

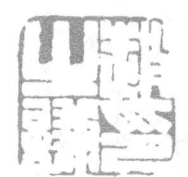

图 54.10.2 [清] 赵之谦·赵之谦印

全印出现"头重脚轻"不稳定的效果;现在作逆时针方向的回文处理,调整了重心,不仅去除了头重脚轻的弊病,还使全印对角繁简呼应。

吴昌硕的"泰山残石楼"和"湖州安吉县",乍看,一印分成四格;细看,"泰山"二字合占一字位,笔画都较少的"安吉"两字也安居一隅,这是一种"合文"的排列法。这里牵涉到艺术构思问题,并有一般规律。大多将一繁一简的两

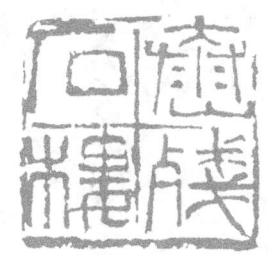

图 54.10.3 [清] 吴昌硕·泰山残石楼

图 54.10.4 [清] 吴昌硕·湖州安吉县

个字,或两个笔画都少的文字合而为一。如将此二印中"湖州"和"残石"二字合文处理,效果便不像现在这样好了。

11　加边、界划

在印面加上边框或间以多种形式的界划,可使印章的形式更显得绚丽多彩。无论朱文或白文,都有各种不同的边框和间隔法。

白文印的印栏就是在印面四周稍留空地,一般为了不致头重脚轻,往往在印的下部边缘多留一

图 54.11.1 齐白石·古潭州人

图 54.11.2 [清] 吴昌硕·园丁书画

图 54.11.3 钱瘦铁·琢斋

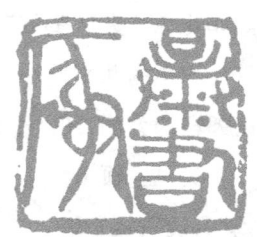
图 54.11.4 [清] 吴昌硕·暴书廎

图 54.11.5 [清] 赵之谦·胡澍壬戌年后所得

图 54.11.6 [清] 吴昌硕·千里之路不可扶以绳

点空地，以求稳定。朱文印的边栏或粗于文字，或细于文字。如学封泥法，则下部边往往刻得较粗，也可同时将该印左或右的一条边刻得略粗。但是，为了求得视觉上的稳定感，作者都喜欢把下部的边框线留得较宽厚些。另外，借用笔画作边，也是破除板滞的一种方法，这在吴昌硕、齐白石、来楚生等名家的印作中可找到很多"借边"的实例。

图 54.11.7 [清] 吴昌硕·沈伯云所得金石书画

图 54.11.8 邓散木·问苍茫大地谁主沉浮

界划在秦印中的"田字格"印与"日字格"半通印中有许多典型例子。之后，在明清篆刻作品中，界划的形式更为丰富，它往往可使印面分布均衡、虚实呼应，由于界线与文字的巧妙结合，常能使一方印产生意想不到的艺术效果。所要注意的是，界划格式须与印中文字风格统一，不能把汉印文字填入秦印的田字格中去。我们在研究玺印时，可有意识地关心一下这个问题。

12　今体字

祖国文字的演变经历了数千年的漫长时期，从实际运用而言，甲骨文、钟鼎文、小篆等文字，由于离我们的时代太远，在现实生活中的确很少有人能够接触它。这些文字笔画增减不定，偏旁正反安排也不定，加之古人因文字不多而制造的通假字，使得越来越多的人对这些文字产生古奥莫测、难以接触的心理，这是事实存在的。然而，从艺术欣赏而言，它的生命力却依

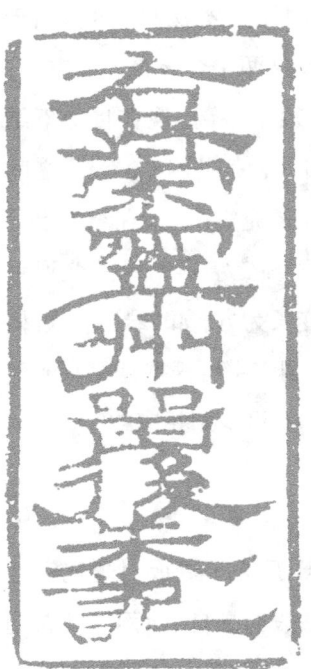
图 54.12.1 [宋] 右策宁州留后朱记

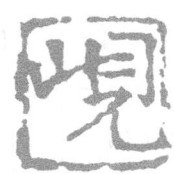
图 54.12.2 [清] 吴昌硕·岘

图 54.12.3 陈子奋·奋勇前进

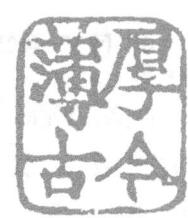
图 54.12.4 钱瘦铁·厚今薄古

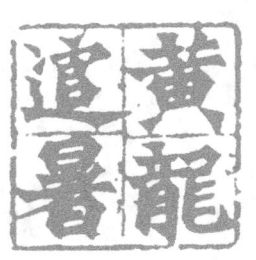
图 54.12.5 叶潞渊·黄龙追暑

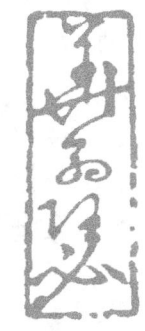
图 54.12.6 钱君匋·华约瑟

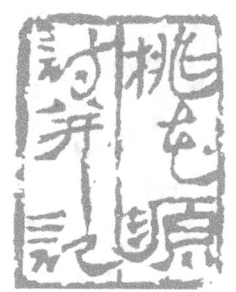

图54.12.7 吴颐人·桃花源诗并记

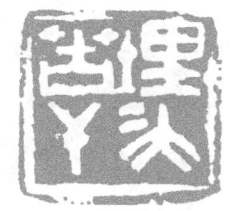

图54.12.8 邓散木·埋头苦干

图54.12.10 [清]黄士陵·光绪十一年国子录蔡赓年校修大学石壁十三经

然十分旺盛,篆体书法创作和篆刻艺术领域里生气勃勃的景象,即是最生动的体现。在当今百花齐放的文艺园地里,篆书艺术始终作为一支必不可少的奇葩,得到我国人民乃至世界各国人民的赞赏。

篆书入印,自有其绝对的优越条件,它没有隶、楷那样的长撇大捺,可方可圆,便于伸缩,便于章法上的安排。又由于入印的各种大小篆书体的取法不同,而呈现出娟秀、古朴、浑厚等不同的艺术风格,借此又可以表现作者不同的情趣。故而篆书始终应作为用来入印的主要书体,以表现篆刻艺术的整体美。这是篆刻艺术的传统特点。

但是,人们的审美情趣是多种多样的,如同在欣赏古装戏剧、

图54.12.9 钱瘦铁·书灯漫笔

古典小说、古代乐曲、古代绘画、古代园林建筑的同时,也希望能通过现代题材的话剧、电影、小说、流行歌曲、美术作品,或到有现代技术设备的游乐场中去领略富有时代气息的美一样,希望能看到楷、草、隶、行等多种书体入印的作品。其实,在秦汉以来的印章艺术长河里,无论是历代古印,还是各派篆刻高手的印谱,都可以从中找到除篆书之外的各体印作。当然,如同篆体入印一样,这里同样还有一个字体"印章化"的问题。如果只是简单化地将各种书体加一边框制成印章,还有什么艺术性可言呢?这就要求作者把入印的文字加以艺术处理,同时借鉴与此相关的书法资料。比如刻楷书,可以从《龙门二十品》中的《始平公造像》一类的碑刻,以及汉画像砖中的铭文、元押中的汉字等方面获得借鉴;刻隶书可以参考汉碑、汉简等资料。在形式上同样可以从朱白文的安排、笔画粗细的调配和艺术风格的选择上加以变化。比如有的今体字印用赵之谦风格刻不好,是否改用黄士陵挺拔生辣的线条来表现,或者运用秦印中的某些形式,都是值得研讨的问题。用今体字入印,难度较之篆书入印实为有过之而无不及,一些篆刻前辈已经取得了一定的成绩,还需要我们进一步探索。今体字入印,是应该提倡的,因为只要处理得好,同样可以使欣赏者从中得到美的享受。

以上介绍的是章法的一般规律,学者要灵活掌握。今有刻印"十忌",可作为创作时的参考:

(1) 笔画方正的印,忌板滞;
(2) 笔画圆转的印,忌油滑;
(3) 字数少的印,忌排得松散;
(4) 字数多的印,忌排得杂乱;
(5) 巧的印,忌过分纤媚;
(6) 拙的印,忌失之狂怪;
(7) 笔画瘦的印,忌单薄;
(8) 笔画肥的印,忌臃肿;
(9) 笔画转折处,忌露角;
(10) 字画的起笔、终笔,忌尖而锐。

五十五、印章的残破与印边处理

印章的残破，是由于古印经历年代久远，加上出土后自然的斑剥锈蚀所致，它与蜿蜒的长城和断臂的爱神维纳斯一样，给人一种特殊的残破美。在篆刻过程中，适当地施以残破之法，不仅可以平添一层古意，而且可以救活章法中板滞的局面。

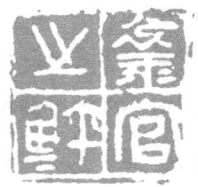 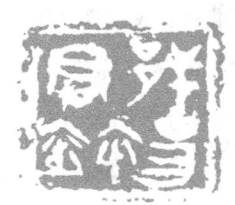

图 55.1 古玺·□官之鉨　　图 55.2 古玺·郜易君鉨

图 55.3 古玺·陈□信鉨　　图 55.4 古玺·司马瘩

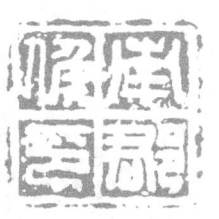 

图 55.6 [秦] 南郡侯印　　图 55.7 [秦] 宜禁春丞

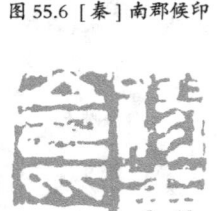 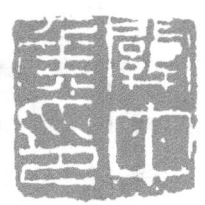

图 55.8 [汉] 胶东令印　　图 55.9 [晋] 关中侯印

一般说来，印章的残破包括印文与印边两部分，如果印文完整如新，印边却残破不堪，或者印边十分完整，印文却破成一团，都是极其

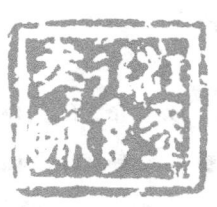

图 55.5 古玺·江垂行邑大夫鉨

图 55.10 来楚生·单晓天印

图 55.11 陈衡恪·独树老夫家

不协调的。在印文的残破中，有没有规律可循呢？我们对一些篆刻大师的作品进行总结归纳，发现在大块留红的白文印中，留红处可稍加残破。有时文字笔画繁复，造成印文过密，或者在章法上，需要让一个字的两部分零件浑然一体，不致造成分离拼凑的感觉，都可以施以残破之法。一般的规律是横画宜竖破，竖宜横破，又要注意防止因残破过头而改变一个字的本来面目。比如"田"字不当心在上面敲出了头，就会成为"由"字；而"天"字一出头则变成"夫"字了。如同我们平时写字不能写错别字一样，在小篆中，因一个小笔画的长短而变成另一个字的例子也是很多的，不可不谨慎对待。另外，如果觉得线条刻得太光洁、呆板，也可以通过残破增加古意；印文闷塞，

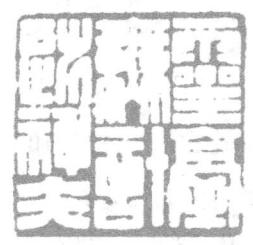 

图 55.12 钱君匋·灵台无计逃神矢　　图 55.13 来楚生·大处落墨

则可以通过残破舒气。而近边的长线条与印边之间，过分对称平行，或是印面的四只角太方整见棱，也往往要加以残破，只是要注意不能左右边破得一样，要有变化。总之，不能随心所欲地

五十五、印章的残破与印边处理

任意残破,要研究古印和名家印中成功的印例,加以体会。同时要注意,不是任何印式都以残破为好,比如工整的仿汉铸印和玉印、圆朱文印,以及仿黄士陵等风格的印,它们所追求的是一种淡雅秀丽的美,或通过光洁的线条追求另种生辣、挺劲的美,如果妄自敲击残破,就适得其反了。

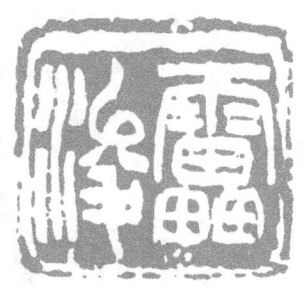

图 55.14 [清] 吴昌硕·雷浚

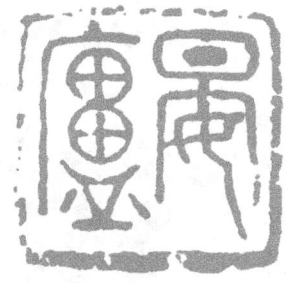

图 55.15 [清] 吴昌硕·晏庐

残破的方法,可以用单口刀的尾部敲击,也可用刀尾作轻重不一的研磨,或用刀角轻轻点凿,有时还可用刀刃轻轻披削。刻刀不宜用两端开口的刀,否则敲击和研磨都会感到不方便。残破之道各人各法,可根据需要选择适当的办法追求理想的效果。至于有些朋友认为每印必残,越残越古,这是不足取的。如黄士陵的印大多不残破,因为他追求的是古代青铜铭文或铸印完整时的风貌,也获得了巨大的成功。

印边是一方印章中非常重要的组成部分,无论朱文还是白文,都必须考虑印边问题。一般来说,白文印如果不另外加一圈边栏的话,只要在印文四周留一圈空地作边就可以了。如另加边栏,则大可在边栏的粗细,以及边栏与四边的不同距离上做文章。有的残破在上角,左右边栏残破程度也可根据相邻印文的具体情况而定,一般下边可多留些,以免头重脚轻。朱文印边的残破可以参看赵之谦、吴昌硕、来楚生、邓散木的作品,悟出残边的基本规律。

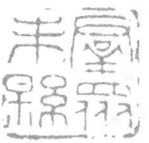  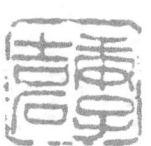

图 55.19 [清] 吴昌硕·群众未具(悬)　　图 55.20 [清] 吴昌硕·染于仓　　图 55.21 [清] 吴昌硕·庚子吉石

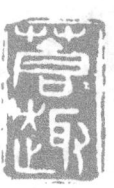 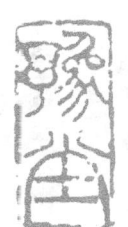

图 55.22 [清] 吴昌硕·苍趣　　图 55.23 来楚生·豫堂

印边的处理,大体上有粗边、细边、搭边(印文与边栏搭连)、断边(四条边之断续要不同)、四面无边、借边(以印文之某一笔画代替印边)等。这是近代印人的创造,因为古印的本来面目一般都光洁完整,绝不故意弄得斑驳破残,只是古玺印因经年代久远出土,而自然地产生风化剥蚀的面貌,但人为地处理好印边及印文的残破,的确能使一方印更显得苍劲古朴。

图 55.16 古玺·东昜沪泽王卩鉨

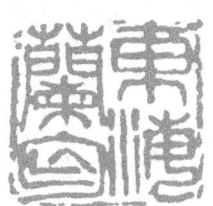

图 55.17 [清] 吴昌硕·东海兰丐

图 55.18 来楚生·锥刀刺事

那么，印边又该如何残破呢？一般说，刻工整的汉铸印和宋元细朱文不必破边，最多在四角轻轻敲击，以避免四角过于整齐方整。其他印式遇到边栏邻近的印文线条过于平行整齐，就可以破边或残破部分印文，以使全印舒畅通气。残破的办法除了用刀杆敲击外，还可以刀尾不重不轻地研磨，使印章钤盖后出现一种若有若无、似断而连的自然斑驳之趣。切忌毫无目的地妄敲滥击，甚至因敲击不当而造成白文印残缺过多，显得臃肿模糊；朱文印敲击失度而使笔画断裂、结构松散，甚至因敲击不当而改变成另一个字等。刻粗犷一路的朱文印，其印边不妨从封泥印边中去借鉴学习。

图 55.24 来楚生·于无佛处称尊　　图 55.25 来楚生·水墨清华

五十六、边款知识

边款始于什么时代，目前还无法定论。最早的要数隋代的官印"广纳府印"了，在这方印的背后，凿有"开皇十六年十一月一日造"的楷书。类似有款的还有"观阳县印"等。但有人认为此二印的年款很可能是后人作伪凿制的。其实，真正普遍在印背凿款的是在宋代，因为宋官印印背部一律凿有年款，如北宋官印"新浦县新铸印"的背后就凿有"太平兴国五年十月铸"的楷书字样。即使在元代盛行的兄弟民族文字八思巴文官印的背后，也有楷书释文。此风一直保持至明清官印，这些印背后所凿制的内容，除了释文以外，一般还刻上制作机构与制作年代。

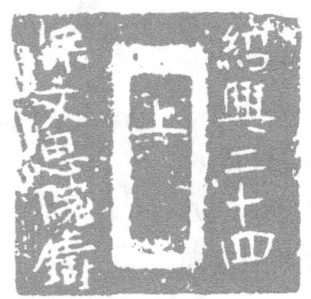

图 56.1 宋代官印拓款

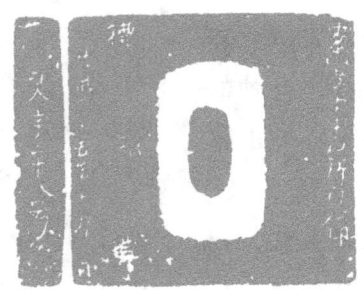

图 56.2 明代官印拓款

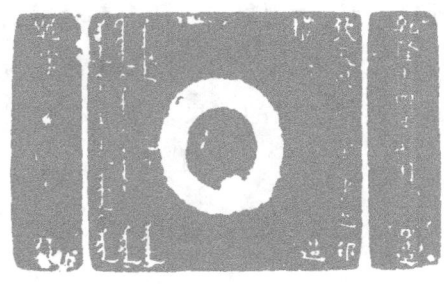

图 56.3 清代官印拓款

铜印时代发展到了石印时代，石质被采用作为印材后，逐渐显出其优越性，为篆刻家提供了可以自书自刻的理想的物质条件。明代大书画家文徵明之子、篆刻史上开宗立派的祖师文彭和与其有师友之谊的何震，被公认是在石章侧面刻款的创始者。只是文彭的刻法如同刻碑

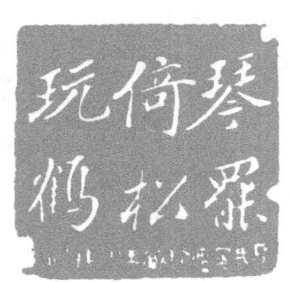

图 56.4 [明] 文彭刻款

一般,即先以毛笔书写,再以双刀法刻出,而何震则开创了单刀直接刻款的方法。两者各有千秋,双刀法依笔迹刻来,比较能体现笔意;而单刀直切,淋漓痛快,则比较好地表现出刀味与石味。

历来习惯称凹入的阴刻文字为"款",而凸起的阳刻文字称为"识"(zhì),其采用的书体根据作者的书法造诣而定,最多见的是行楷。边款的风格往往与作者治印的风格相一致,如丁敬的雄健,蒋仁的逸致,陈豫锺的工秀,赵之琛的清挺等。书体上文彭的小楷、黄易的隶书、吴熙载的小草以及现代钱君匋的狂草入款都为人称道。在刻款上,最具独创性的大家是赵之谦,他在边款上的成就不低于他的篆刻。他首创以

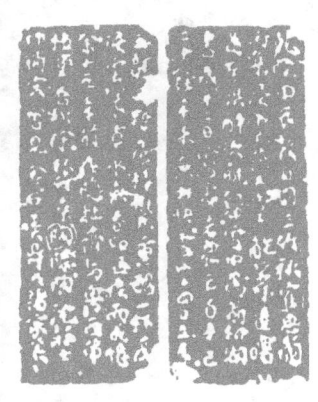

图 56.5 [清] 蒋仁刻款

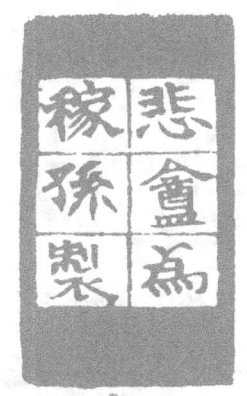

图 56.6 [清] 赵之谦刻识

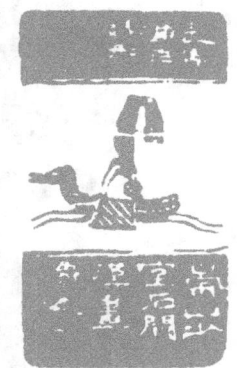

图 56.7 [清] 赵之谦刻画像款识

北魏书体刻阴文款,又前无古人地开创用《龙门二十品》中《始平公造像》法,用阳文刻制边款,还别出心裁地把佛龛造像、马戏杂耍以及走兽等刻入印款。他从汉画像砖中吸取营养,大大丰富了边款内容,为六百年来的边款艺术的发展作出开拓性的贡献。由此,边款已成了篆刻艺术中一个不可分割的有机组成部分,一看边款,便可基本上知道作者在篆刻上的学识水平及篆刻功力。其形式及落款部位灵活多样,款识的文字可多可少,其部位可上可下、可左可右,其方向可纵可横,其组成可聚可散。读者在翻阅印谱时应时时留意,摸索边款艺术的客观规律。

关于边款的内容,一般可综合为如下几种:

(1) 作者签署的姓名、年龄、刻制地点(大多采用斋馆名)、时间、天气(如晴窗、大雪等)、心情等。从这些内容中,可以考查到作者的一些生平简况。

(2) 表明作品的归属及作者与求刻主人之间的关系。刻款的格式可以随意变化,一般为先刻求刻者姓名,后署作者姓名,两者齐全的叫"双款"。如"××先生属(即"嘱"字)刻,×××"、"××同志索刻,××"、"××老师教正,××刻",有时前后倒置,则成"×× 为××先生制"等。

(3) 除了落款,还有一种称为"题"的边款,是对印文内容的补充说明。如赵之谦有一方"我欲不伤悲不得已"印,什么事让他这么悲伤呢?一看边款,上有八个字"㧑叔悼亡,乃刻此语",就可以了解到他何以有此悲痛了。

(4) 注明印文中篆字的出典来源。这是指有些奇古难辨的字,不注明出处,恐遭人讥为杜撰造字。如"关内侯印关字省文如此"、"说文×字作×"、"金文×作×"等。

(5) 可以看出作者此印在艺术风格上的借鉴与探索。如常见的"××抚汉铸印"、"参吴让之意"、"师将军印"、"仿赵㧑叔九字印"、"法三公山碑,为××作"、"仿秦小玺"、"拟古封泥"等。

(6) 表达作者在艺术上的见解、宗旨以及作款动机,记叙作印的过程及感受等。这一类边款对研究作者的艺术风格等有较高的参考价值。如赵之谦在"何传洙印"一印的边款中刻有"汉铜印妙处不在斑驳,而在浑厚,学浑厚则全恃腕力,石性脆,力所到处应手

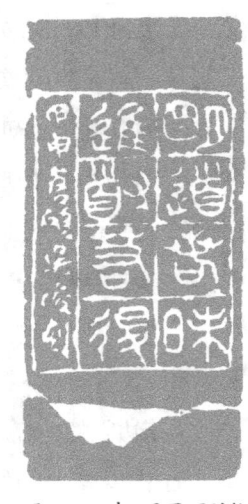

图 56.8 [清] 吴昌硕刻款

辄落,愈拙越古,看似平平无奇,而殊不易貌"。吴昌硕于封泥得益匪浅,他的心得是"刀拙而锋锐,貌古而神虚,学封泥者宜守此二语"。这些精辟的印论凝聚了作者创作上的甘苦与心得,是印学理论中的宝贵财富。

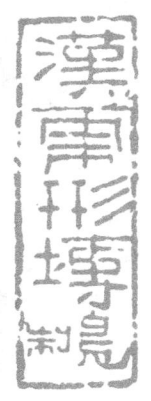

图 56.9 来楚生刻识

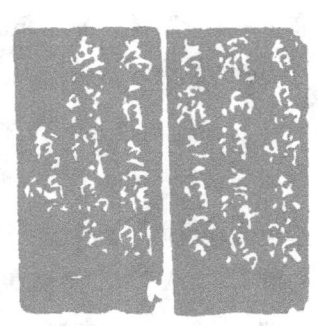

图 56.10 [清] 吴昌硕刻款

(7) 摘取一些较能表达作者意趣、倾向的自作或他人作的诗文和格言、警句等。如吴昌硕刻"石门沈云"一印,边款刻自作诗一首:"点点梅花媚古春,莹莹灯火照清贫。缶庐风雪寒如此,著个吟诗缶道人。"

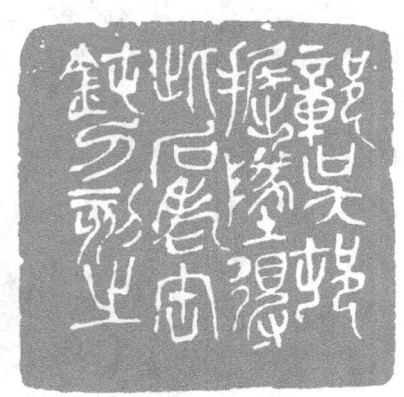

图 56.11 [清] 吴昌硕刻款

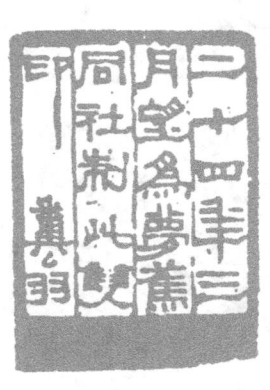

图 56.12 邓散木刻识

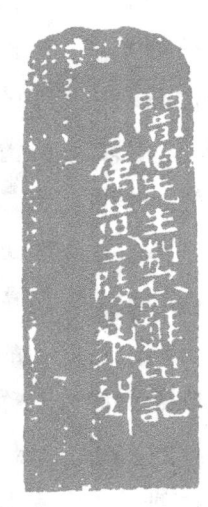

图 56.13 [清] 黄士陵刻款

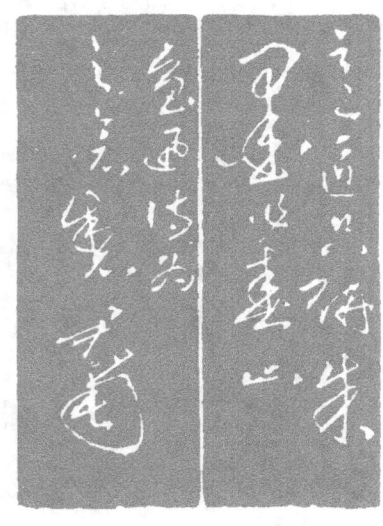

图 56.14 钱君匋刻款

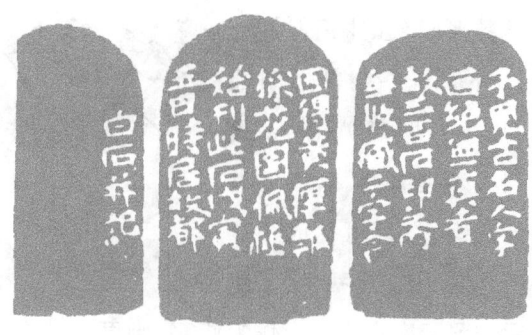

图 56.15 齐白石刻款

当然，边款还不限于这些内容，最简单的只刻"××治石"、"××刻"、"××"、"××凿"，或仅刻名字"×"或"××"（即单款）也是可以的。至于格式，可参看名家印谱，摹仿刻制。

五十七、刻款与拓款方法

刻边款首先要确定款文的位置及格式，撰好文字内容，但文字与印面最好距离远一点，以避免重刻印文时磨及款文。遇到一些名贵佳石，为不破坏石质天然之美，有美德的篆刻家往往文字刻得相当少，如系鸡血石，则在刻款时避开"鸡血"。

边款的文字堪称袖珍文学，即当今流行的"微型"文学，有话则长，无话则短。短的只刻单面，长的则刻几面，甚至连顶端也要刻满。当然，顺序要按约定俗成的规律，通常采用的是把石章竖立在胸前桌上不动，石之左侧为第一面，顺次将石之前面为第二面，石之右侧为第三面，正对胸前的一面为第四面，最后可刻印的顶端。钤印时，只须将所刻之款的第一面置于左侧，钤出的印必正。如是兽钮，则应将兽尾对准胸前。

1 刻边款的方法

刻款的方法无非是写好刻和直接刻两种。一般刻篆、隶、行、草都可以先写好再刻，双刀、单刀都可以。如不写墨稿直接以刀当笔在石上直切，则要将款文考虑周到，免得刻错了无法更改。切刀时主要使用执在手中之刻刀的上端刀角，难的如笔画中的挑、捺等笔画，采用下端刀角。刀角在石上是直接用力按上去，钉上去，而不是划一个道道那样划个浅浅的痕。下面是几个基本笔画的单刀刻法：

点：以刀之上锋角，使劲在石上一按即成。

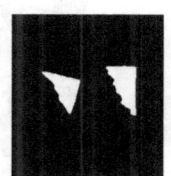

图 57.1.1 点

横：方向与写字运笔相反，要从右向左的方向切去，略见右高左低，右粗左细，落刀按时要有顿挫，不要刻成两头尖细。

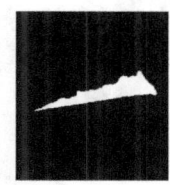

图 57.1.2 横

竖：落刀时略用重力一按，显示出了竖笔的起笔，再向下方按切即成。如果加一钩，只要在竖笔结束时，微微收刀再重按一下，即成一钩。

撇：以上锋角下刀后，向左一按即成。

捺：一般刻成长点，运刀方向同写字运笔也相反，是从右下向左上斜按。

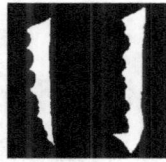

图 57.1.3 竖 竖钩

提（挑）：要用刀之下锋角，以左下方向右上方按切。

斜钩：可将一竖刻法改为向右下方切，结束时，即起钩时，换成下锋角，从笔画出锋处补切一刀，但笔画不要太分离。

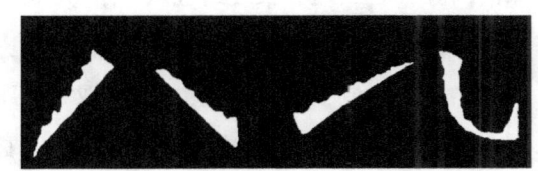

图 57.1.4 撇 捺 提 斜钩

刻款时笔画爆裂并笔，并非坏事，横直分明反而没有韵味，可以买一本《吴昌硕印谱》，依样临刻。初学者可以在石片上涂一遍墨汁，刻出时黑白分明，便于对照。

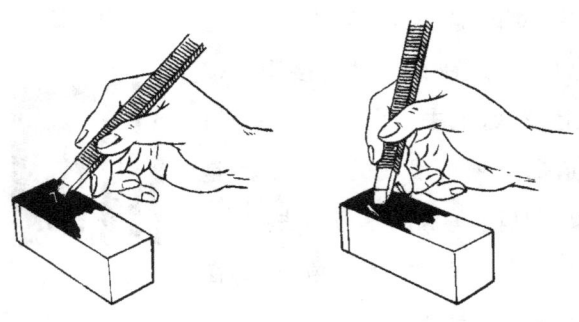

图 57.1.5 刻款·撇　竖

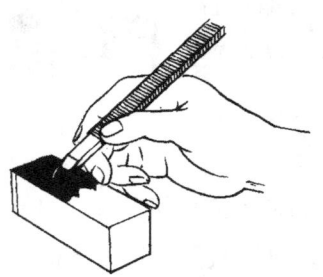 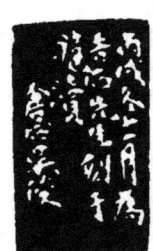

图 57.1.6 刻款·横　　图 57.1.7 [清] 吴昌硕刻款

2 拓边款方法

拓边款先要准备如下工具：

(1) 棕帚（俗称"棕老虎"）：如是买来的，须在粗糙的木板或水泥地研磨，使棕丝柔软而富弹性，帚面外围如不修剪磨去硬丝，有时会钩破纸面。也可自己剥棕树皮理出棕丝，去除二分之一根部及尖细的棕梢，扎制加工而成，长度约五六厘米，可粗可细，也有人用大号油画笔切去大半笔毛后代用的。

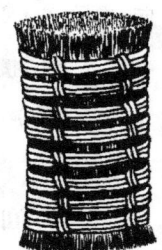

图 57.2.1 棕帚

(2) 拓包：自制上墨的拓包也不难，取一块厚二厘米见方的医用棉花作内芯（旧法也有以富有弹性的头发团作芯的），外面裹一层极薄的防水塑料薄膜（如冰箱保鲜膜等），外面包一层普通旧棉布，以便吸收部分墨汁，最外层必须裹府绸、软缎之类细洁的织物，即可扎成一个小拓包。一般只用一次，使用后如置于盛水小瓶上作为瓶塞，则可通过吸潮而使拓包不变硬，也可用后即用小帚蘸水刷净墨面，如洗不净，干后再用时绸面变硬，就难以受墨了。也可以保留塑纸及内芯，只换两层布。

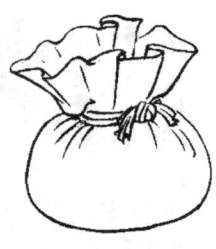

图 57.2.2 拓包

(3) 纸：棕帚与拓纸之间，要隔一层薄而耐刷的纸，以前大多采用拷贝纸，现在有人用冰箱保鲜膜代用，效果也很好。拓纸以连史纸为最佳，但不易得，可以薄宣纸、毛边纸等代替。拓包试墨时还要准备几层吸水的废宣纸、毛边纸等。

(4) 其他物品：洗净的砚台，可避免拓包上沾有宿墨残渣填塞字划。小玻璃或小碟子供拓包试墨时用。清水一杯，加一点点中药铺有售的粘性白芨粉，其粘度同唾液差不多。另备蘸清水用的干净毛笔一支。

拓边款的基本方法可分以下几个步骤：

(1) 准备工作：摆好用具，印章下垫一点软布，擦净边款石面蜡质或油腻，否则会造成纸石游离。

(2) 定位上水：供剪贴的单面拓片因纸小定位不难。如是专制印谱单页，则要迎着光线，注意拓纸下映出的印石轮廓，要注意印石面与纸面的中心线对直，边款与方印蜕之间，大约相隔一方印面的距

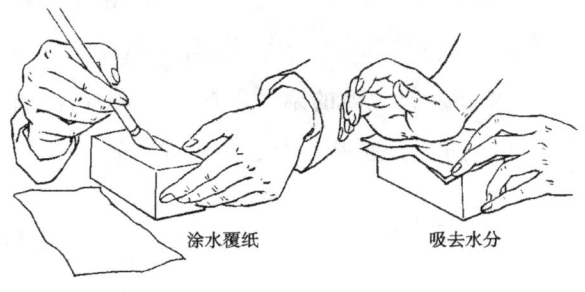

涂水覆纸　　　吸去水分

图 57.2.3 拓款·定位上水

离。然后用毛笔蘸清水涂石面微潮，左手不使纸石分离移动，用废宣纸、毛边纸等吸净拓纸上的余水。

（3）重复刷印：以左手拇指与食指夹住印石，在拓纸上盖上拷贝纸，靠手腕和小臂来回用棕帚在拷贝纸上刷，开始因水分多，拷贝纸要勤换刷面，帚面可在头发上擦拭几下取其滑爽，刷石面要由里到外，再刷出轮廓，通过几次换拷贝纸和反复刷拭，刷到连史纸紧贴在石面上呈半透明色，连石章的颜色也能显现，字口（凹凸的字迹）锋芒毕露，就可轻轻揭下拷贝纸准备上墨。如遇边角有部分浮离石面，可湿纸后重刷。如胶粘过头揭不开，可用潮纸覆于连史纸上，按一会即可揭下。

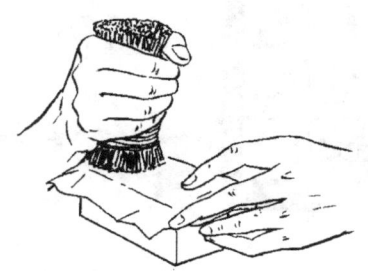

图 57.2.4 拓款·重复刷印

（4）均匀拓墨：用拓包蘸上少量新墨汁，在平整的玻璃或碟上轻拍，使拓包受墨均匀，再在废纸上试拓几下，然后左手执印石，右手执拓包在纸面上快速轻拍（不可拖抹），先拓无字处及边缘处，逐层加深。要用好墨或好墨汁。墨色浓得乌光发亮的称"乌金拓"，用均匀的淡墨拓成的称"蝉翼拓"。只要上墨均匀，字口清晰，就达到要求。

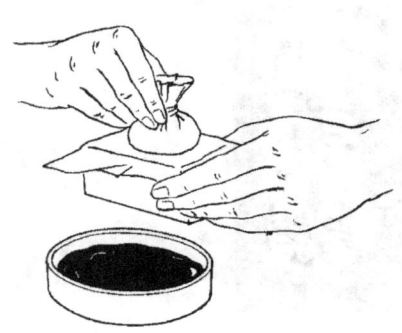

图 57.2.5 拓款·均匀拓墨

（5）揭纸：拓毕可搁置一边，待纸干后揭下才不会起皱。如一次拓得较多，揭下来的纸可理齐，在书籍下压平。

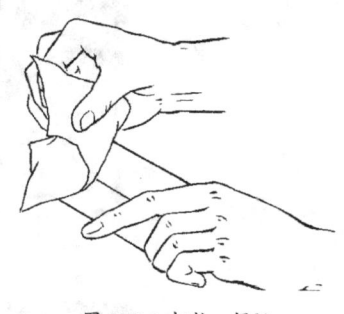

图 57.2.6 拓款·揭纸

3　边款临刻参考

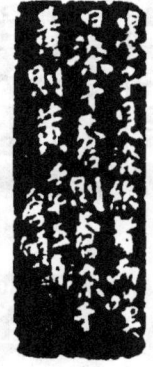

图 57.3.1 [清]
吴昌硕刻款

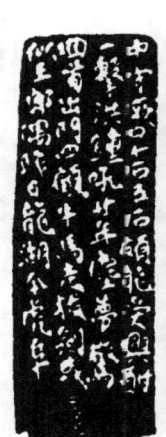

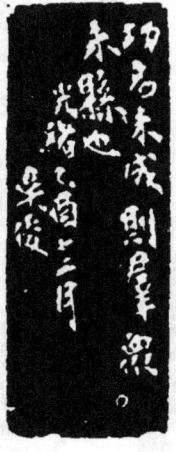

图 57.3.2 [清]
吴昌硕刻款

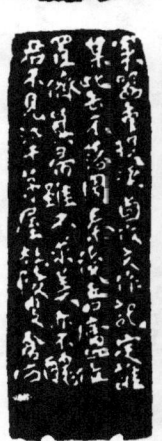

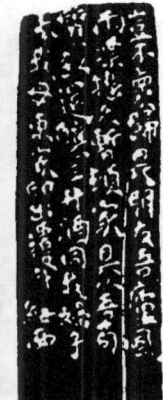

图 57.3.3 [清]
吴昌硕刻款

篆刻法

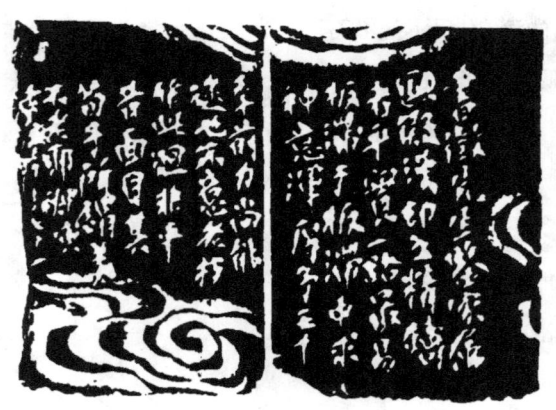

图 57.3.4 [清] 吴昌硕刻款

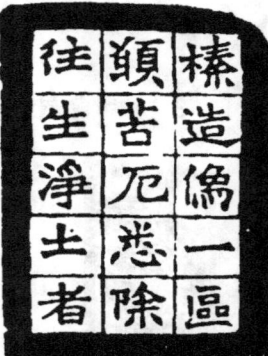 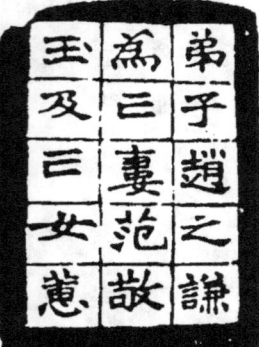

图 57.3.5 [清] 赵之谦刻识

图 57.3.6 [清] 赵之谦刻款

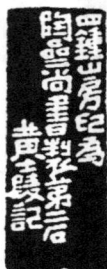 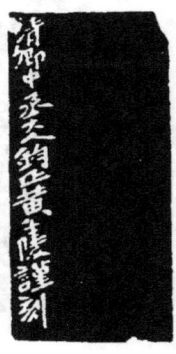 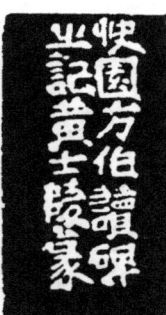

图 57.3.7 [清]
黄士陵刻款

图 57.3.8 [清]
黄士陵刻款

图 57.3.9 [清]
黄士陵刻款

◎ 五十七、刻款与拓款方法

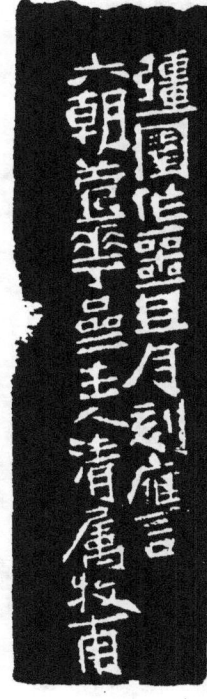

图 57.3.10 [清] 黄士陵刻款

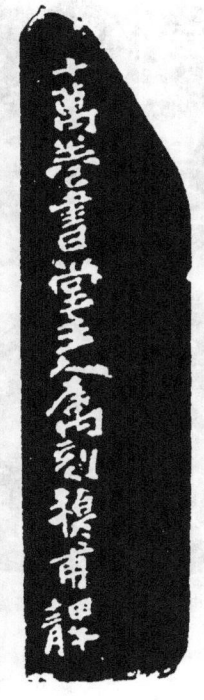

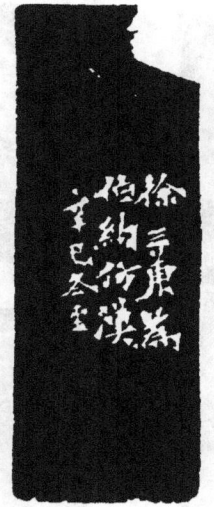

图 57.3.11 [清] 徐三庚刻款

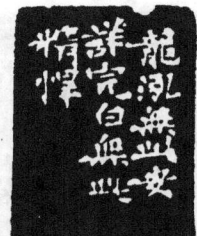

图 57.3.13 [清] 赵之谦刻款

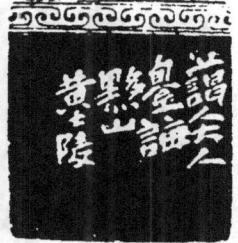

图 57.3.14 [清] 黄士陵刻款

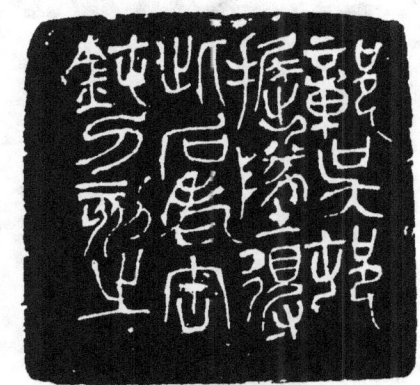

图 57.3.15 [清] 吴昌硕刻款

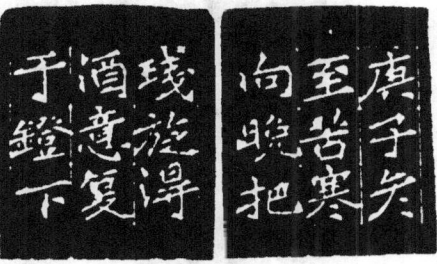

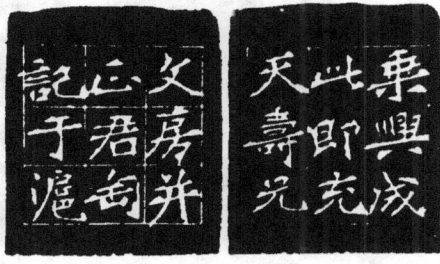

图 57.3.12 [清] 丁敬刻款

图 57.3.16 钱君匋刻款

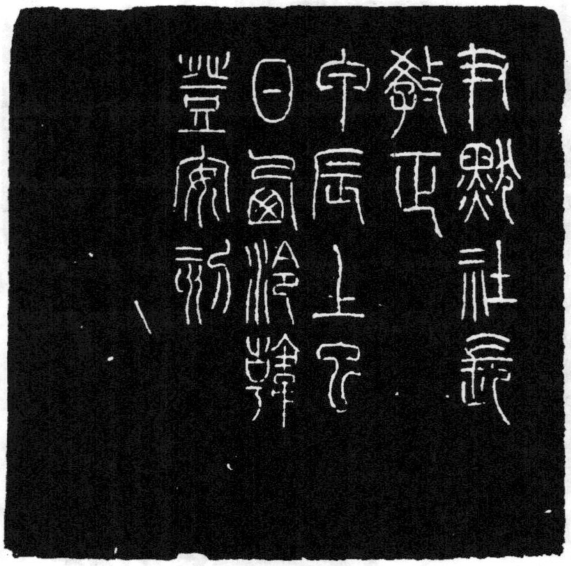

篆刻法

图 57.3.17 韩登安刻款

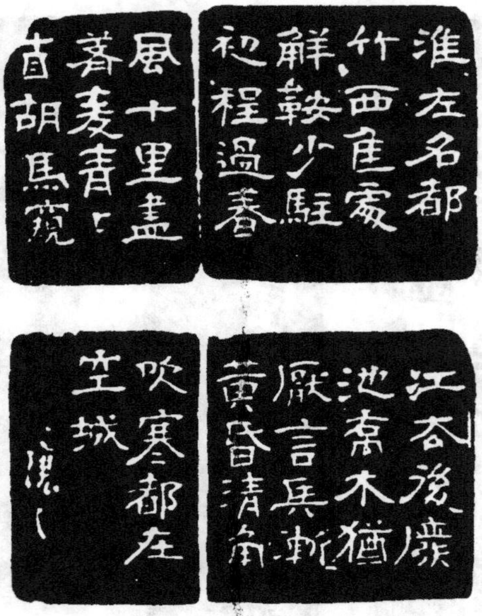

图 57.3.18 [清]吴熙载刻款

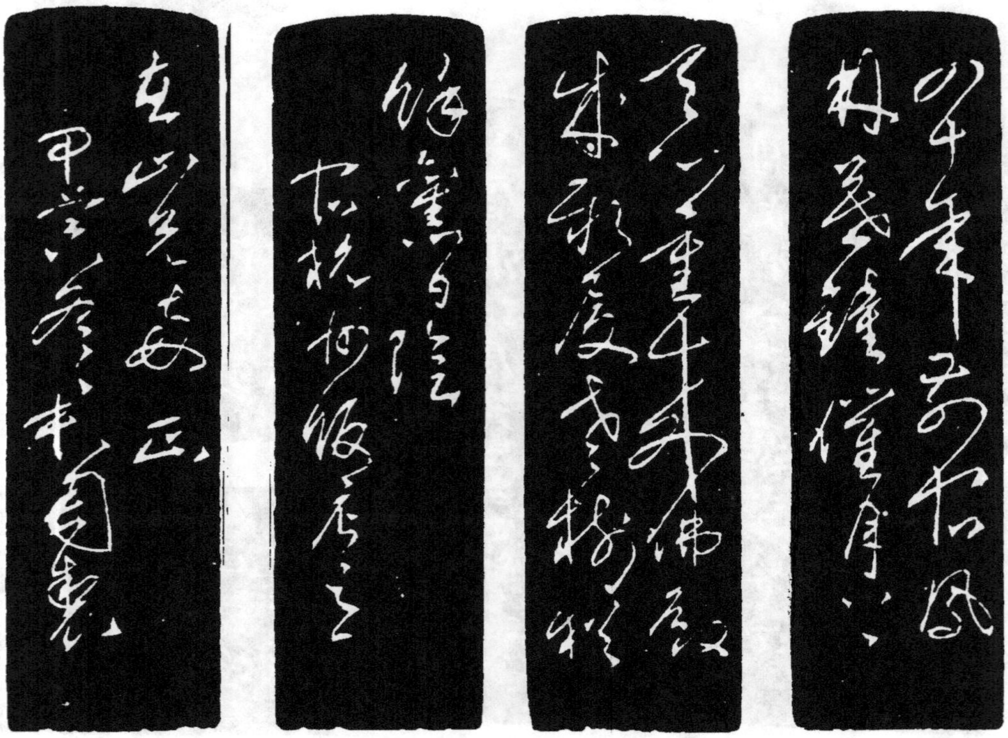

图 57.3.19 钱君匋刻款

五十八、印泥知识及钤印法

晋以后，纸张和绢帛逐渐代替了竹木、简牍，封泥才慢慢废除，所以，至今还未曾发现过晋代的封泥。用印章蘸上印色钤盖在纸或绢面上，一直要到南北朝时才开始通行。史书的记载有这样几处可供参考：

《魏书·卢同传》："总集吏部中兵二局勋薄对勾奏按……令本曹尚书以朱印印之。"而且，在南朝的梁、北朝的魏和齐，官府文书上就有了使用印色作"骑缝印"以防止作伪的用法。直到现在，我们还在使用这种"骑缝章"。在《通典》卷六十三中说："北齐制……又有督摄万机印一钮，以木为之，长尺二寸，广二寸五分……此印常在内，唯以印籍缝。"这是史籍上的记载，实物则有中国国家图书馆所藏的发现于敦煌石室中的六朝写本佛经《杂阿毗昙心论》残卷的正背面，都钤盖有"永兴郡印"四个字的朱文大印。而永兴这地方，在南齐时为"郡"，在这之前是"县"，可以证明，此朱文印是南齐时的遗物。

另外，据说唐人还有用墨色来盖印的，在敦煌石室发现的唐人写经上，虽然大多是朱印，但偶尔也有墨印的。

在封建社会中，对丧期中用印另有一套清规戒律。如遇父母丧，百日之内私人用印宜用黑色代替红色；明清时期凡遇国丧即皇帝死去，百日之内官印也得改用蓝色。现在我们书画作品上使用的印泥，其制法及质量当然要比古代的印色好得多，而成为一项专门的技艺，这是明代以后的事。

1 印泥知识

这里要说的印泥，专指书画、篆刻用的印泥，或可称艺用印泥，这是与办公用的实用印泥相对而言的。艺用印泥在书画社有专柜出售，也有专门的经销单位，如上海的西泠印社、漳州丽华斋等。艺用印泥的价格不等，从每五十克（一两）数十元至数百元都有，质量也大相径庭，印拓的艺术效果有明显的差异。低档泥遮盖率低，色彩无神，经久泛油，夏天软烂溢油，冬天硬结，连续钤拓后印面字口阻塞，印泥出现拉毛现象，印泥的纤维甚至会粘附印面。精致的高档印泥钤盖出的印拓有一层微凸之感，色泽沉着，历久不变，不泛油，冬夏温度相差很大，但印泥稠度相差极小，连钤数十方照样字口清晰。所以，书画家在墨色淋漓的字画上，常常爱配上一二方色泽艳丽的印章，或调整重心，或锦上添花。印章是一幅书画作品的有机组成部分，所以，好的印泥可在书画作品上起到画龙点睛的作用。至于篆刻家，为了要忠实、细腻、毫无遗憾地再现自己的创作意图，似乎更注重印泥的质量，务求臻善臻美。一些艺术家甚至自制印泥，质高色佳，令人叹为观止。

印泥初起时多为水和朱合成的水印泥，初用时还能色泽鲜明，待水分蒸发，朱色浮于水面则极易脱落。后以蜜调朱成为蜜印泥，虽比水印泥略胜，但日久待蜜退尽，仍不免脱落。直至元代始有油朱的制法。发展到近代才采用朱砂、艾绒、蓖麻油三种物质，按严格的配方顺序进行调配搅拌合成。而作为商品出售大约始于清康熙年间。今天，印泥的制作家们能为艺坛提供各种精良的印泥，是一代又一代的专家们研究探索的结果。制作印泥是一门专业学问，工序复杂，这里就不细述了。

2 钤印方法

在钤印前，先要把石面残留的石屑、粉末用刷子刷干净，并用微湿旧布把印面上的残余墨迹揩干净，以不使污染印泥。蘸印泥时，左手扶住印缸，右手执印石，将印面在印泥上顺势轻拍，动作中带有推拉之势。须反复蘸匀印泥，不要遗漏某一部位。如果印石大，印缸小，要留意别让印石与瓷缸相碰而有所损伤。错误的蘸印泥方法是用印石在印泥正中猛揿，由于用力过重，不仅印章四侧边缘沾满印泥，而且猛揿猛拔，还会使印面粘附上印泥中的丝丝纤维，钤盖出来的印拓必然失真。蘸泥过多也无益，只要蘸匀即可。

钤印的时候，要注意扶正印石，务求将全身之力运到印面的每一角、每一部位。钤盖用纸的下面一般垫一张卡片即可，过厚会造成印拓的失真。用印完毕，要以软布拭净印面，软布宜用单面，以免污手。在扇面上钤印，位置也要讲究合理，要用"起首章"、"名章"，也可用"押脚章"和其他闲章，只是尺寸要小得多。由于扇面要折叠，如不加处理，就会使红色的印泥在折叠后污染扇面。这里介绍一种办法，用朱砂粉和明矾粉各半，稍加炒拌后即可使用。用一支旧毛笔略挑一点炒拌过的粉末，洒在钤盖好的印面上，再用毛笔将余留的朱砂粉掸进粉盒里。因明矾粉有干燥作用，经过这样处理过的印面，就不会再污染扇面了。

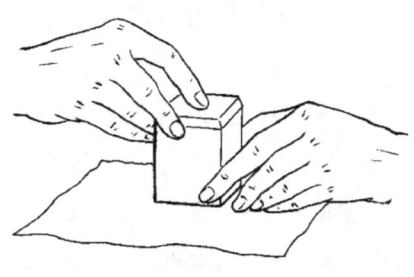

图 58.2.1 钤印姿势

印泥不可置于金属盒内，一般用瓷缸，隔月用骨制印箸翻拌，防止泛油。拌时注意不能损伤艾绒纤维，应顺着同一方向翻拌，拌好的泥呈馒头状中间略高的扁圆形。如果备有多种印泥，最好不要杂用；如要调用另一种印泥，之前仍要擦净印面。冬天如印泥干硬，切忌呵冻，以防湿气侵入。如印泥日久变硬，须送书画社或专门制作的部门（如上海的西泠印社）加油修整，切不可自己加添文具店出售的红印油。

五十九、近现代几位印泥制作名家

印泥制作家历来很多，限于资料，这里仅介绍三位近现代的印泥制作专家。

1 吴石潜

吴石潜（1867—1922）名隐，字石潜，号遯盦，又号潜泉，浙江绍兴人。他与丁辅之、王福厂、叶为铭等人在杭州发起组织了我国第一个有影响的研究篆刻艺术的学术团体——西泠印社。他曾在印社左侧凿一小池，泉涌不断，命名为"潜泉"，并以此为自己的号。他爱好金石书画，先后编过《遯盦秦汉印选》、《西泠八家印谱》等多种。夫人孙织云也能刻印，并精于拓款。吴氏夫妇更有自制印泥的绝技。这一点引起了西泠印社第一任社长吴昌硕的钦慕与支持，并建议他们创设企业制造印泥，以适应篆刻艺术发展的需要。于是吴氏夫妇在上海广东路河南路口，办起了一家与杭州"西泠印社"同名的，由吴昌硕先生题名的"西泠印社"，人称"上海西泠印社"，专营自制的优质"潜泉印泥"，兼营手拓本印谱及其他书画用品。

建社以后，石潜夫妇精心研究，在总结前人经验的基础上不断革新创造。昌硕先生对上海西泠印社研制优质印泥也寄予厚望，全力支持，改进配方。"潜泉印泥"中有一个品种为"美丽朱砂印泥"，这一名称就是由昌硕先生亲自命名的。他还提供自己的用印使用"潜泉印泥"钤拓成谱,提供自己的书画作品让石潜辑成专集,用"上海西泠印社"的名义出版,以提高印社的声誉。"潜泉印泥"历数十年而不衰,钤盖出的印拓历久如新,深受中外书画、篆刻家的好评。

现在上海西泠印社出售的印泥品种远较创办时多,有适宜初学者选用的价廉物美的"光明朱砂印泥"、"镜面朱砂印泥"、"古色印泥"、"朱红印泥"、"宝兰印泥"、"纯黑印泥"等。另外还有"特制珍品朱砂印泥"、"精制上品朱磦印泥"、"箭镞朱砂印泥"等,这是由吴石潜、孙织云的继承人、他们的子媳吴振平(1907—1977)、丁卓英领导创制生产的。在发展制造优质印泥方面,他俩的贡献已远远超过了父辈。吴、丁夫妇不仅向国家公开了珍藏的"潜泉印泥"配方,还通过不断实践,培养了第三代卓有成就的印泥制作专家。他们运用科学知识来改进印泥的配方和制作技术,使那些富有特色的印泥质量更加稳定可靠,他们的辛勤劳动,受到书画、篆刻家们的赞扬。

十年动乱中,上海西泠印社被斥为专门为封建文人服务的黑店,并改名为"上海印泥厂",而这位擅长金石书画,又弹得一手好古筝的西泠印社社员、印泥制作专家吴振平,也受到了残酷的迫害,含冤而死。

2 张鲁盦

张鲁盦(1901—1962)名咀英,字鲁盦,浙江慈溪人。西泠印社早期社员,是二弩老人赵叔孺的学生。是位文物收藏鉴赏家,藏有一千五百多方秦汉玺印及名家遗印,不仅能精制印泥,还善于制作各式印刀,而且留下了不少著作。有《鲁盦诗稿》、《鲁盦仿完白山人印谱》、《鲁盦印选》、《秦汉小私印选》等行世。

他一生的大部分精力用于研制印泥。在当时的制作工艺还缺乏一整套机械化设备的情况

 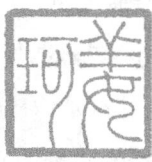 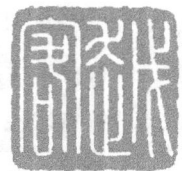

图 59.2.1 节庵印泥　　图 59.2.2 姜珂　　图 59.2.3 越客

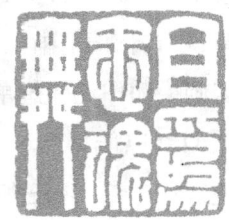

图 59.2.4 且为忠魂舞

下,无论选朱、搓艾、制油、配方等工序都用手工进行。为了试制出优质印泥,他一试就是几十次。为了以科学方法指导试制工作,有时还邀请化学师一同合作,取得了科学的成果,也纠正一些代代相传的无知妄说。比如传说乾隆年间有所谓以珍珠、玛瑙、红宝石、琥珀、金箔、银箔、朱砂等制成的"八宝印泥",传世书面上至今还鲜红欲滴、富有立体感的乾隆御书用据说即是用此"八宝印泥"钤盖的。张鲁盦经过一次次试验,发现真要按此配方,则制出的印泥既色黑又易硬化,遂发现银箔氧化易致黑,而珊瑚、琥珀则易致硬化,证明"八宝"的名称只是一种印泥的美称而已。

为了研制出高质量的"鲁盦印泥",他不惜巨资添置设备。各种工具、盛具从不混淆,十分洁净,对每一道工序都严格控制。为不使印泥发生硬结、霉烂或起化学变化,他坚持做到朱要研细漂净、艾要搓洗干净、油要加工纯净的"三净"。光手工研磨一斤朱砂,就须用三百小时才能达到标准。搓艾时要达到搓尽叶皮,漂洗脱色后去尽残存的叶绿素,即使在放大镜下也看不到一点杂质。在油质的选定与提炼上,他更是根据历代行家的记载,总结了前人的经验,用科学方法全面进行定性定量分析,以找到理想的油料。他还备有一只专门陈列各种无机颜料、艾绒、油剂以及近百种印泥样品的样品橱,一一注明原料来源、

加工过程、配方及试制结果。可惜这些极为珍贵的资料,在十年浩劫中已经荡然无存。

"鲁盦印泥"的特点是:(1) 颜色鲜艳,经久不变,不霉烂、不硬化;(2) 钤出的印文匀净而遮盖率高;(3) 印泥不会出现油浮朱沉的现象;(4) 不会出现热天烂、寒天硬结的现象;(5) 连钤几十方印,字口依旧清晰;(6) 粘稠度高,除非动用剪刀,否则一团印泥休想单用印箸拉开。故书画、篆刻家们都以能得到一小盒他亲手制作的"鲁盦印泥"为快事。张氏逝世后,家属遵照遗嘱,将他所藏印章及名贵印谱四百余种,献给了西泠印社。

3 符骥良

符骥良(1926—2012)原名裕民,以字行,别署雪之、白果,以语石楼、梵怡堂、白果盦颜其居,江苏江阴人。与王福厂、张鲁盦、唐云、钱瘦铁诸先生亦师亦友,研究书画、篆刻。篆书从《峄山碑》、汉篆入手,旁及邓石如;隶书以《曹全》、《张迁》、《华山》诸碑为基础,参以金农;篆刻初学赵之谦、吴让之、黄士陵,后以秦汉为宗。其铜刻作品,以刻代凿,用刀深沉,丝丝入扣,得尽画家笔意,为刻铜别创一格。早在1945年,张鲁盦已是篆刻资料(包括印谱)之大收藏家、篆刻家,他所制的"鲁盦印泥"闻名中外。经张唯扬引见,符骥良得识张鲁盦,随着篆刻上的交流,他俩的友谊与日俱增。1956年,符骥良任"中国金石篆刻研究社"秘书助理(张鲁盦为秘书长),便着重向张鲁盦请教印泥制作的理论及操作。1958年和1959年夏天,他在张鲁盦指导下,参与了制作印泥最重要的研朱、搓艾、制油三种原料的加工操作。张鲁盦患糖尿病和肺结核病时,大都由符骥良握杵代劳以应友人之求,因而符骥良在制作过程中,尽得"鲁盦印泥"的奥秘。

经过几年的实践,符骥良完全掌握了张氏从原料(朱、艾、油)到配合成成品一系列的复杂工艺。当时制作的过程,都是用手工操作和自然氧化,符氏首先对此作出了革新,如研朱用半机械化,制油用物理氧化漂白和恒温浓缩等,对各料配方的过程、次序、方法也作了改进。1983年他受西泠印社之邀,到该社进行辅导,介绍印泥原料在印泥中所起的作用、配合比例之探索以及原料加工的方法,同时试制了几种印泥。1985年为庆祝上海"海墨画社"成立五周年,他试制成高质量的"海墨印泥",被外商抢购一空。

"海墨印泥"的特点为选料纯净,不采用药物添加料,以求化学性能之稳定。泥质细而匀,色泽艳丽而沉静,印文清晰而遮盖率高,冬夏物理性变化小,即使室温在0℃,也照样可以随心钤用。这是"海墨印泥"与其他艺用印泥最根本的差别,即不霉烂、不硬结、耐日晒、永不褪色。

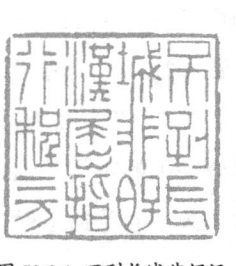

图 59.3.1 不到长城非好汉
屈指行程二万

图 59.3.2 苏渊雷

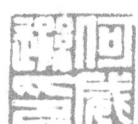

图 59.3.3 何威逊印

符骥良退休后继续从事篆刻与印泥的研究,并负责"海墨画社金石书法篆刻部"领导工作。为开拓中华传统工艺,弘扬"鲁盦印泥"之秘,尝试以现代科学方法研制定型艺用印泥,1987年他应上海国际旅行社等单位所约,由上海东艺堂特聘他任高级技术顾问,研制出"和合牌"东宝朱砂印泥、东宝朱磦印泥、红云印泥、如意印泥、吉祥印泥和彩色系列印泥,畅销海外。

他现在是中国书法家协会会员、上海书法家

办会会员、海墨画社金石书法篆刻部负责人。经他主持并亲自钤拓的名贵原钤本印谱有一千多部。著有《篆刻工具常识》、《骥良印存》、《雪之印存》等。

六十、关于印章的欣赏

艺术的创作者首先应该是一个欣赏者，从秦汉玺印、明清流派到当代印家的创作，为我们学习篆刻艺术提供了取之不尽、用之不竭的源泉。历代印人用艰辛劳动，使篆刻艺术在中国的艺术史上留下了辉煌的篇章。正如欣赏研读诗文书画一样，欣赏历代的印作，也被称为"读印"。一个"读"字，包含着对作者艺术构思的寻觅推敲和咀嚼体味，有时也不乏"众里寻他千百度"的劳神苦思，但是一朝有悟，在作者和读者之间就超越了时空的阻隔，千载之下，达到了精神上的沟通和交流。艺术之功利莫如于此，对艺术劳动之慰藉莫大于此，欣赏之快意莫过于此。

我们知道，章法、结体、刀法、笔意是篆刻艺术的主要研究课题，任何一个操刀刻石的人都无法逾越对这些基本课程的艰苦实践，但就欣赏习惯而言，第一眼给予读者的是全印的整体效果。董其昌在《画禅室随笔》中说得很有意思："临帖如骤遇异人，不必相其手足头面，当观其举止笑语，精神流露处，庄子所谓目击道存者也。"这里的临帖虽然是指对碑帖的观赏而言，却说出了欣赏视觉艺术的共同特点，即欣赏者瞬间的感受凭借他主观的联想被引向抽象的意境。毫无疑问，优秀典范之作，最能拨动欣赏者心灵的琴弦。

吴昌硕和齐白石这两位杰出的篆刻大师，所作的自用印"吴俊卿信印日利长寿"和"中国长沙湘潭人也"，刀笔之间显示的是何等的气度魄力，使我们领略到博大雄浑之美。

图 60.1 [清] 吴昌硕·吴俊卿信印日利长寿

图 60.2 齐白石·中国长沙湘潭人也

赵之谦"何传洙印"的边款云："汉铜印妙处不在斑驳，而在浑厚。"雄健浑厚给人的感觉是一种精力弥漫的壮美。

汪关的作品得汉铸印的神髓，在稳健平实中给人以端庄之感，"董玄宰"是这种风格的代表作。见之于秦汉，可以追溯到"上官建印"这一类作品，这是静穆典雅的境界，现代印家罗福颐、陈巨来最得此中三昧。

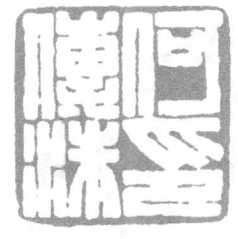

图 60.3 [清] 赵之谦·何传洙印

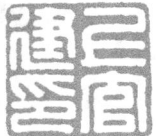
图 60.4 [汉]
上官建印

图 60.5 [明] 汪关·董玄宰

图 60.11 [清] 赵叔孺·
赵氏叔孺

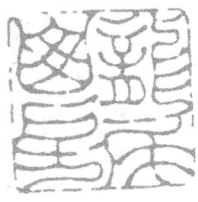
图 60.12 [清] 奚冈·
龙尾山房

明代何震的"吴之鲸印"、邓石如的"灵石山长"很有清逸圆转的韵味,赵之谦的"长恩阁藏书"、"伯寅藏书"、吴熙载的"丹青不知老将至"以酣畅的气势显示其刀笔圆转的风采,把邓石如开创的意境推向极致。

美。至于奚冈的"龙尾山房"朱文印,则在流转飘逸之外又具飞动的神采,与赵氏之作得同中有异之趣。

生辣方劲也是篆刻艺术美的一种表现,在秦汉系统的玺印中,"观雀台监"可以说是这种美感的典型面目了。晚清诸家得生辣挺秀之美者无过黄士陵,这种风格取径于汉印中方劲挺锐一路的作品,更得力于他在钟鼎彝器上的精湛修养,从"十六金符斋""必遵修旧文而不穿凿"中可见一斑。

图 60.6 [明] 何震·
吴之鲸印

图 60.7 [清] 邓石如·
灵石山长

图 60.13 [汉] 观雀台监

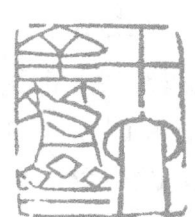
图 60.14 [清] 黄士陵·
十六金符斋

图 60.8 [清] 赵之谦·
长恩阁藏书

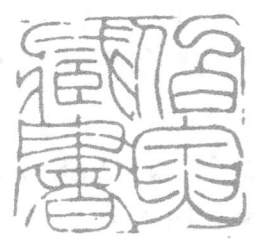
图 60.9 [清] 赵之谦·
伯寅藏书

图 60.15 [清] 黄士陵·
必遵修旧文而不穿凿

图 60.16 齐白石·
大匠之门

赵叔孺以清丽典雅著称于世,当时的印坛就以吴昌硕为太阳、赵叔孺为太阴,视同中天日月,交相辉映。他的圆朱代表作"赵氏叔孺"极尽其圆转流走之

图 60.10 [清] 吴熙载·
丹青不知老将至

齐白石的刻印以大胆泼辣、大气磅礴为特色,"大匠之门"所有的这种雄浑老辣在篆刻史上奇峰突起,影响了整个印坛。

在书法美学上,傅山曾经提出过"宁拙毋巧、宁丑毋媚、宁支离毋轻滑、宁真率毋安排"的著名观点。在篆刻艺术领域,"拙"同样是一种美的境界。钱瘦铁的"为工农兵服务"、"王天池印",以其夸张的笔墨表现其天真烂漫、放浪形骸的风姿。来楚生的"爱上层楼"以方劲稚拙的线条表现其质朴的情趣。秦汉印在古拙的风貌中有时还暗寓一种谐趣,如"连池"一印,使用局部结构的变形夸张处理,表现出先民那种不衫不履的诙谐和幽默感。

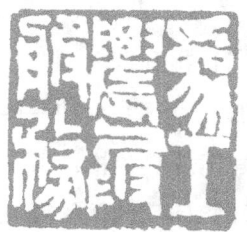

图 60.17 钱瘦铁·为工农兵服务

图 60.18 钱瘦铁·王天池印

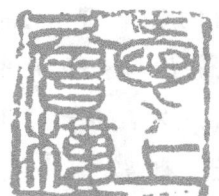

图 60.19 来楚生·爱上层楼

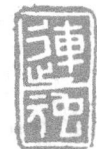

图 60.20 [秦] 连池

以上所举出的作品仅仅是玺印艺术世界中的沧海一粟,其他诸如玉印的醇和安雅、凿印的峭拔险劲,真是不胜枚举,而就风格神采而言,又往往交相错杂,很难作单一的分解阐述。

在本书的技法部分,我们知道章法、线条、刀法是篆刻艺术的重要组成部分。同样,在篆刻的赏析方面,作品的风格意境则是通过章法、线条、刀法来加以表现的。方寸之间的万千气象,如果脱离了这几个基本的研究点,当然也就无所依托了。丰子恺先生曾经说过:"夫书画同源,而书实深于画,金石又深于书,盖经营于方寸之内,而赏鉴乎毫发之细,审其疏密,辨其妍媸,非有精微之艺术修养,不足与语也。"可谓至言。

就篆刻的结体造型和线条刀法来说,所表现的只能是一种抽象的美感,而不同于绘画、雕塑的形象性,但是它凭借读者的心理感受和各自的经验所产生的联想却是生动形象的。就线条而言,平正给人以宁静安详,圆转给人以委婉流动,欹侧给人以峻峭险劲。就刀法而言,冲刀多劲健酣畅,切刀多凝练含蓄,双刀多饱满厚重,单刀多老辣雄奇;行刀迅疾易猛利峭拔,行刀迟缓易雍容浑厚。结体、线条、刀法自然结合,见之于印作,就成为生动的艺术语言,在似与不似、有意与无意之间,"达其性情,形其哀乐",将欣赏者引入一个艺术美的境地。

在以文学语言为中心内容的闲章领域,篆刻的艺术风格与文学意境互相映衬,也往往给读者留下无穷的回味。"杨柳岸晓风残月"和"大江东去"作为两种不同的文学艺术境界,如果用不同的艺术手法来表现其阴柔和阳刚之美,无疑为文学意境起到了推波助澜的作用。

艺术作品就创作和欣赏两方面来说,都需要联想,所以有人把艺术作品意境的阐发称为作者与欣赏者"合作的创造"。那么,文学修养的提高,对于作者和欣赏者来说无疑都具有十分积极的意义。

鉴于拙作《印章名作欣赏》已由上海书店出版社出版,读者可以用来作为本文的阅读参考,所以对于各家印作的具体赏析,就不再赘述了。

六十一、回答青年印友的几个问题

1　是否可以不用毛笔写印稿

关于这个问题,我的回答是必须用毛笔来写印稿,因为中国的篆刻艺术属于书法范畴,中国的篆刻家都归在书法家协会中,书法展览会实际上也总包括篆刻作品。没有毛笔就没有中国书法辉煌的历史。毛笔最能表现书法的线条之美,篆刻艺术的生命离不开线条,当然也离不开毛笔。历来有"七分写,三分刻"之说。线条是这样的重要,刀法与笔法又是那样息息相通,所以又有"书法家未必是篆刻家,篆刻家则必定是书法家"之说。秦汉玺印的时代就已是毛笔的天下,明清印坛大家不仅精于书法,还大多精于绘画。一个篆刻家的前途,相当多地取决于他的学识(包括文字学、文学等)和书法修养。作为一种业余消遣、工余爱好,你喜欢尝试用铅笔、钢笔定稿,当然谁也不会来限制你;但作为一门学问、作为一门艺术来研究,又有谁会不愿意通过艰苦的努力来驾驭这支毛笔,使自己早日进入神圣的艺术殿堂呢?

2　如何看待印作发表和获奖

一些学员原来就爱好篆刻,还在一些比赛中获过奖、报刊上发表过印作,问我如何看待这问题。关于这点,我们认为,以发表作品、参加过展出或评到过奖,来作为衡量自己真正艺术水平的标尺,是不妥当的。除了少数严肃的大赛外,目前,全国大小比赛多如牛毛,有些纯粹出于经济利益。有些大赛,请的评委本身艺术素养不高,也刻不来印,写不来字。又由于艺术大赛与高等教育的目的根本不同,大赛一半着眼于推动群众性书法、篆刻活动,一半还有商业广告的目的。加上从未有哪一个大赛敢公布评选的详细标准,有不少全凭主评者的偏爱或以一个小圈子里的人的审美倾向作标尺,未免带有地域性的门户之见,甚至还有由朋党作庸俗的划界的。总之,一定程度上,这些评选还有片面局限性。如果你在这些非纯粹学术交流性质的展览或比赛中崭露头角,或榜上有名,当然值得高兴,但更应该清醒。因为对一件书法、篆刻作品的品评,除了内容上的标准以外,一般还有两个艺术衡量标准:一是放到历史的背景下去看,是否符合传统古制;二是放到现实的背景下来看,有无个人风格的时代气息。就是说,一件好的作品,最好既有扎实的传统功力,同时又富有创新精神和时代气息。显然,得过什么奖、参加过什么展览,是不能作为炫耀自己学有所成的资本的。顺便说一句,由于篆刻这门艺术本身较冷门,报刊编辑、制版、排版工人中"门外汉"不乏其人,因而,即使一些有影响的报刊上也不断刊登不成熟或格调低俗的作品,甚至将篆刻作品印倒、印反的例子屡见不鲜。1988年全国首届篆刻艺术展中,就有错写篆字,甚至还有抄袭现代名家之作混杂其间。另外,由于社会风气等众所周知的原因,有办法的人要发表几方作品并非难事,正如"闪光的并非都是金子",不少朋友学习报刊上发表的作品,还不如向传统的作品学习对自己更有益。

3　学习传统到底要多久

对于这一问题,我想这是没有底的。"创新"两个字说说容易,做做却难,不少人学了一辈子传统还觉得学不够,当然也的确学不完。也有不少人传统学得太好,到头来却被传统束缚,终于跳不出来。这里还有个人气质和其他学识方面的问题。但有一点可以肯定,艺术之花必须植根于传统的土壤,传统不是学习的包袱,而是饱含养料的肥沃土壤。篆刻的传统,当然指写篆书、临摹秦汉玺印、明清流派印以及当代大家的印,还有与之相关的文字学、文学、历史等方面的修养。杰出的印家肯定下苦功临刻过几千方汉印,如果你几百方都不肯临,便可能使你的艺术成为无根之木、无源之水。所谓"种瓜得瓜,种豆得豆",不通过刻苦的训练,是难以攀登艺术顶峰的。训练的过程是苦的,但训练的结果必然是甜的。画家林风眠曾把艺术家比作蝴蝶,他说,起初,它是一条蠕动的毛虫,为了能飞起来,它先结一个茧,把自己禁闭在内,化作蛹而彻底变形,最终,也是最重要的是,它得从茧中挣脱出来,才能自由地翱翔空中。我想,这结茧子的过程,就是艺术家早期刻苦学习传统技法的必不可少的阶段。林先生的这段话,对大家都会有一点启示作用吧!

4　临摹与原作

临摹作品难道非得和原作酷肖不可吗?为什么有些大家的书刻临摹作品并非酷肖原作?这个问题实际牵涉到学习中国的传统艺术——绘画、书法、篆刻的"实临"(形神兼备)"意临"(遗貌取神)"临意"(创作)的问题。

成功的篆刻家,无一不在实临上下过苦功,他们对于古代玺印的方寸之间、毫枝末端的苦心研究是十分令人惊叹的。西泠八家之一的钱松,就曾临刻古印二千钮,极为逼真,他的作品深得吴昌硕的赞赏,并引为典范。所以,对于初涉印艺的朋友来说,"实临"能使我们最大限度地吸收名作的精华,完整地领略作为一门艺术整体的形和神的各个方面。科学地说,任何艺术精品也不可能没有一丁点儿缺点,但由于我们的鉴赏能力是随着实践提高的,因此,初学者往往很难作出去芜存菁的选择,这就要求我们不仅需要选择公认的名作作为范本,更要在追求形神兼得的艰苦劳动中,捕捉名作的神韵。至于我们的刻刀在方寸之间、秋毫之末的训练中,对于锻炼我们的心、眼、手的统一和运刀的敏感,则更是具有重要意义的了。总之,"实临"既是对我们的章法、刀法等技巧的练习,又是鉴赏能力的强化过程。要过河,这"渡船"是决少不了的。篆刻作品的神韵往往又在一些细节上表现出来,方一点、圆一点,差之毫厘,失之千里,故要求初学者力求酷肖原作,在"形似"的基础上,再深入一步,"神似"才成为可能。

"意临"是学习的第二阶段,能遗貌取神的篆刻家,他们的作品往往不拘于点画的相似,但其作品的神韵与气息却与前贤息息相通。好比吴昌硕写石鼓文,从形体上,把原来方整的石鼓文拉长,左右错落,虽然还是这个字,但已渗进了个人的意思。这些都显示了艺术家对名作的深刻理解,也往往是他们个人风格的端倪。一些作者注明这幅书法、这方篆刻是临摹××的作品,实际上仅仅是作者发挥个人才情的凭借,这种"意临"作品,已不能用"实临"的标准去要求了。

"临意"就是丢开原作,以个人对原作的理解,开始独立创作。当然,要达到这点,是很难的。"蜜成花不见",应该说,在"临意"作品中,早先"实临"的痕迹已不复再现了,更多的是融进了个人的气质、学养及创新意识。当然,对于一个成名的艺术家,要摆脱原有成绩、开创新局面,比当年的苦学更难,这需要极大的勇气和胆识。有创造意识的艺术家受人尊敬的原因也在于此。要进行创新、突变是非常难的,用一般事物发展规律来解释的话,只有当旧的内聚力达到饱和度时,才能突变。根据一些作者的体会,表现在艺术创作上,就是当作者对旧的关系和趣味感到厌倦时,先产生突变的愿望,然后才能有行动,才能寻找出表现自己的新的最佳程式。所以,要突变、创新,并不是想到了就能做到的事。白石老人身怀四绝(诗、书、画、印),先前却毫无个人风格,只能称"仙品、神品、妙品、能品"中的"能品"或"妙品"。他也曾为摆脱不了这些旧程式而困惑、烦恼,直至七十岁时接受了比他年少的好友陈师曾的建议,进行"衰年变法",才开创了红花墨叶的写意画新天地。当然,这已超越了"临意"的标准,而是向更高层次的"开宗立派"迈步了。但设想齐白石要是没有先前几十年扎实的功夫,即使有再好的建议向他提供,恐怕一辈子也变不出什么法来的。我提出的"实临"、"意临"、"临意"三个阶段,是专对初学者而言的,至于再进一步如何"创新",就不是本文的任务了。本文所呼吁的仅是初学者必须重视传统训练。正如鲁迅先生所说的:"新的艺术,没有一种是无根无蒂,突然发生的,总承受着先前的遗产。"

5 要重视文化学习

重视文化学习,这对有志于学习篆刻的爱好者来说至关重要。从表面上看,一位艺术爱好者只要基本熟悉篆书的书写规律和奏刀的技巧,就可以胜任一方印章的创作,甚至还可能获得参赛获奖的荣誉。但对一位真正的篆刻家来说,文化学习是他毕生重视的基础课。初学者在把握了刻印的基本技巧之后,还必须不断增进文艺素养,才有可能真正步入艺术的殿堂。

文化学习的范围很广泛,其中文字学、哲学、文学、历史、地理、书画、音乐、舞蹈与篆刻艺术的关系十分密切。一件经受了时间考验的名作,往往是作者综合性艺术修养的结晶。我们对名作的评价不能脱离它特定的历史文化背景,因此文史知识就为篆刻者所必备;篆刻以古文字为载体,文字学的研究也就应该成为篆刻者的必修课。明清以来文人篆刻的出现,印学理论的逐步完善,标志着流派篆刻的成熟。闲章的出现,从印面到印跋所具备的丰富的文学内容,更要求我们在笔墨和奏刀技巧之外,还应具备古典文学方面的良好修养,才能从理论到创作实践等方面全方位研究继承前人的艺术资源,将篆刻艺术发扬光大。

历代卓越的篆刻家都有丰富的学养。近现代的篆刻大家艺兼众美,诗书画印之外,音律、艺术理论、艺术鉴赏考证等方面均有造诣,深厚的文化底蕴为他们的篆刻创作提供了肥沃的土壤;姐妹艺术之间的融通,使他们的创作如鱼得水,在方寸之地淋漓尽致地发挥了他们多姿多彩的艺术风格。这是篆刻艺术的最高境界,值得一切篆刻爱好者努力追求。

6 学篆刻的诀窍

有朋友问学篆刻的诀窍,如果我光回答"天道酬勤"、"有志者事竟成"之类的话,他们是不会满足的。我想可以归纳成八点十六个字,供青年朋友参考:

博览——多读秦汉古铜印谱及明清流派印中的佼佼者,如邓石如、吴让之、赵之谦、黄士陵、吴昌硕等的印谱,以及各种古文字金石资料和文字学著作。

勤学——这是指要勤练书法,尤其是篆书。

细察——一本印谱在手,对各印应逐方细加分析研究,找出其中的某种规律,为我所用,受益一世。

强记——看到好的印应该尽可能地记住该印好的地方,哪怕是细枝末节。看过就忘,等于没看。

广思——思路要广,这可以指学习,也可以指创作。不能想像,一个思路狭窄的人,会创作出高明的作品来。

多刻——学习不能停留在笔头上、口头上,不沉下心,刻它几百、几千方印,说得再好也等于零。

活用——今天临了一方名印,觉得从中学

到不少道理，掌握了不少技巧，在自己的创作中很快能把学到的用上去，这就是"活用"。有些人临印极好，一旦创作起来，刻出的东西远不如临刻的好，就是学用脱节的缘故。

求变——这是学习篆刻的最后境界。难道一辈子就临刻大师们的作品，照搬大师们的风格吗？当然不是。学刻的最后，只有加进个人的学识、修养，在传统的基础上创造一条新的路子，才是有出息的篆刻家。当然，做到这一点是非常难的，或许一生永远达不到这一点，但总得朝着这个方向不停地努力。

7　关于刀法

关心这个问题的朋友不少。但我认为，刻印不看操作而要看印蜕（俗称"印花"），看效果。你尽可按现在的刀法刻就是，当然，刻黄士陵用冲刀，刻浙派用切刀，这是风格决定用什么刀法。一般来说，或冲或切，冲切结合较好，至于做旧仿古，可用刀尾敲击、研磨，也可用刀刃披削、轻啄。这些，对初学者来说，不必花很大的精力去研究。

六十二、印章创作举例

临到一个阶段后，可试着摹仿创作。

从摹刻古印、名家印，到直接创作印章，这中间有一段距离。这"创作"，是指严肃的创作，并非如有些人那样，还没临过几方印就搞的那种无根无源的所谓"创作"。一般来说，临刻印几十、几百方，反正多多益善，接着就可以试着"摹仿创作"。这是一种过渡，是临摹与创作的结合，可以算是一种"半创作"。

摹仿创作可以借用古印或名家印中的几个字，改为自己需要的内容。如要刻一方"陈建私印"，汉私印中又正好有"陈衷私印"和"上官建印"，就可将两印中有关的字在统一风格的前提下拼凑成一印。当然，有时依据的古印可能一方是满白文，一方是细白文，那么，首先要把采用的文字统一成一种风格才好。如刻"赵勇之印"，则可据汉印"赵遂之印"改换一字即可。又如借助赵之谦"陈宝善子馀印信长寿"一印，不动格式地按原印改刻成"吴郡舒文扬印信长寿"。要注意的是，这种套用古印或名家印的格式，要尽可能不失原印神韵。当然，这种"半创作"仅仅是一种学习手段，并非目的，是一种由浅入深的过渡。最终目的要熟练地进行创作，以求最后"出新"。

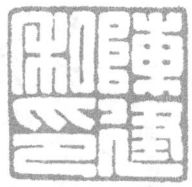

图 62.1　陈建私印

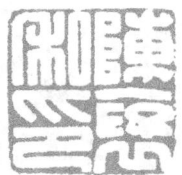

图 62.2　陈衷私印

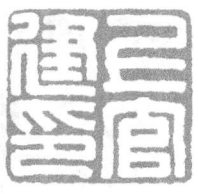

图 62.3　上官建印

图 62.4　赵勇之印

图 62.5　赵遂之印

图 62.6　舒文扬·吴郡舒文扬印信长寿

图 62.7　[清]赵之谦·陈宝善子馀印信长寿

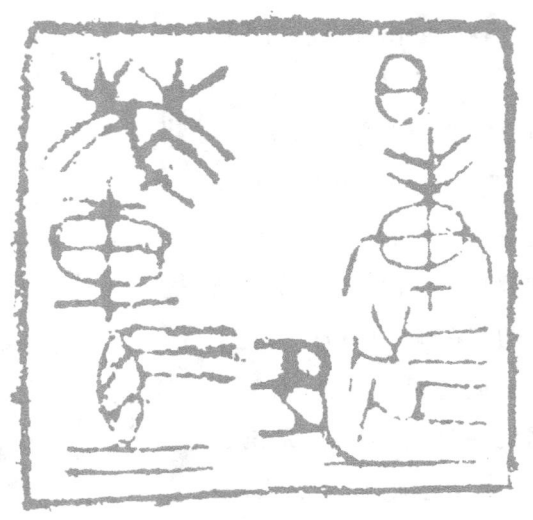

图 62.8 古玺·日庚都萃车马

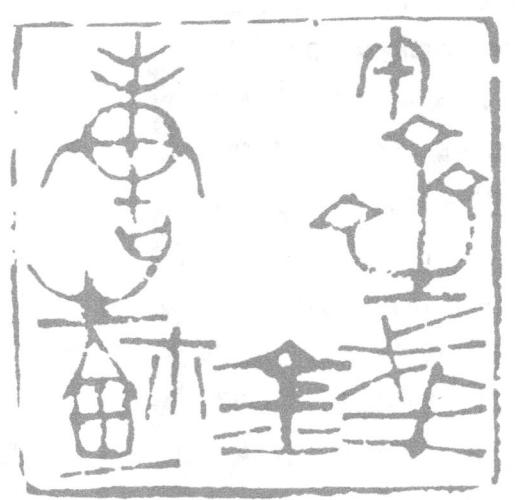

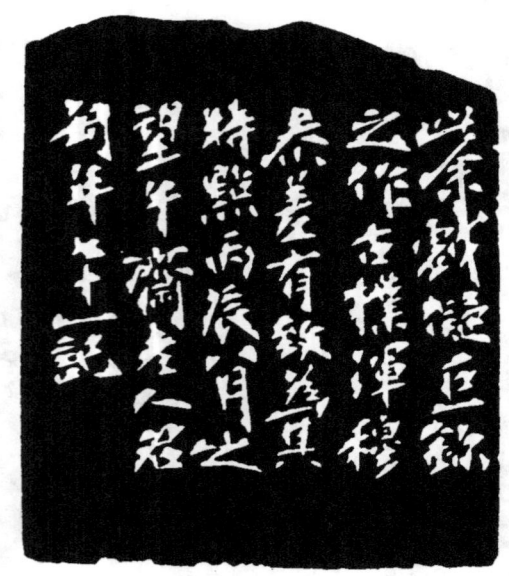

图 62.9 钱君匋·午斋钱唐之钵

有不少著名篆刻家有时也会仿刻名作，聊以自娱。如享有盛名的篆刻家钱君匋先生，曾拟刻过好几方古玺，其中据著名的烙马巨玺"日庚都萃车马"刻过一方很大的"午斋钱唐之玺"，虽然文字内容全然不同，但其文字的排列、组合却又与原玺暗合，谁能说这样一方巨玺，不饱含着作者的刻意匠心呢！

关于印章的创作，不外乎三种：

一种最切实可行、又能激发你创作兴趣的是为你的亲朋好友、同学、邻居刻私印，文字在二三字之间。

一种是选刻格言、警句、诗句，或展览或投稿或自娱，搞书画的还可作为闲章使用。

还有一种是对学刻创作帮助较有益的"组印创作"训练。题材可以自己选择，字数可由少到多，逐步增加难度，一般不宜超过七字，初学者可设计二三字、四五字的。以方形为主，可穿插一些圆形、椭圆形、长方形等。文字则以工整、规矩的摹印篆入手。有些初学者想出奇制胜，但又根本不熟悉封泥、将军印、钟鼎文、甲骨文等古代印章形式或书体，虽然设计得变形、古怪，但绝对是格调低下，尽管这种作品也充斥于一些报刊和大奖赛。如果说不下一点功夫，就可任意"创作"，那是把艺术创作看得太简单了。在此奉劝那些缺乏基本功，又有创作意识的朋友们，还是先从规矩入手，学习一些传统，以后还有可能得及一二，否则，终将一无所获。而多读、多记名家印谱，多动脑，多动手，自会积累创作经验，厚积而薄发。

必须特别说明的是，这种"组印创作"开始以毛笔设计为主（初学可以铅笔先打稿），朱、白文的墨稿画法见下面附例。设计创作，千变万化，无固定模式，可以选最满意的剪贴起来，每方印稿边，要留出供人批改提意见的地位。如有时间，可以把这些毛笔设计出来的墨稿，在石上刻出来，但第一步必须认真、反复设计，设计比刻更重要。长年累月地进行"组印创作"训练，你的创作思路将十分活跃，创作能力将大大提高。如果得到内行人的评点，那是更为重要的一着。

下面，为使初学者有所启发，特附上比较工整的印章六组：鲁迅小说篇名、杭州名胜、京剧传统剧目、台湾八景、北京名胜、李白诗篇名。对创作构思略作介绍，希望能对你有所启发。

1 鲁迅小说篇名组印

(1)"药"的繁体字是草头下一个"樂"字。由于此字本身具有左右对称的特点，宜于设计成笔势流畅、圆转流利的圆朱文。而第二方则设计成古玺风格，不同于上一方的要求，取不平衡中求平衡的效果，无论是草头、绞丝及下部两个分脚，左右均要有所变化，体现出一种动势。当然也可以加边刻成粗细有变化的白文。

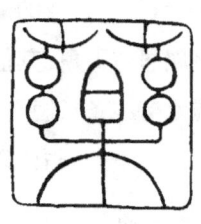 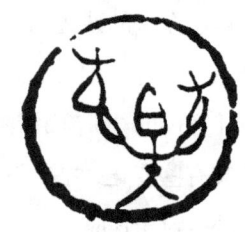

图 62.1.1 药　　　　图 62.1.2 药

(2)"出关"两字，笔画一多一少，可以按其笔画的多少自然设计成上下排列的满白文风格。古玺则求其错落、"透气"，下部留红，"出"字方圆结合，"关"字两扇门一大一小，下部金文写法的两竖也不一样长短，求其变化。

 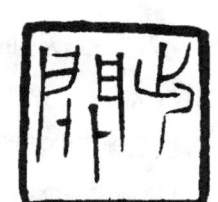

图 62.1.3 出关　　　　图 62.1.4 出关

(3)"祝福"两字如左右排列，则竖线太多，易僵板，但也可以刻成黄士陵风格。如只刻一方，可以刻成古玺。古玺中有些字左右部件可以互换。"祝福"两字也可以省去"示"旁，这样，等于两字合用一个"示"旁。但要注意，刻古玺垂线不宜一样长短，"福"字上边两短横也不宜与下部"田"字一样四平八稳。如刻古玺的边框，不管白文、朱文，可以根据要求，从古印谱中去借用。

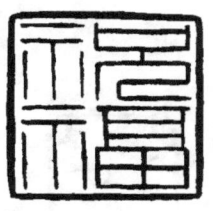 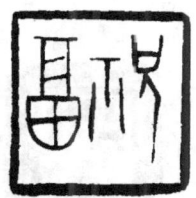

图 62.1.5 祝福　　　　图 62.1.6 祝福

(4)"故乡"两字不妨设计成线条流畅的圆朱文，以反映鲁迅家乡江南水乡绍兴的绮丽风光。也可设计成秦代半通印风格，因为这两字容易写得出拙味。

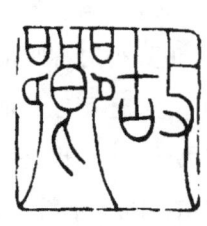 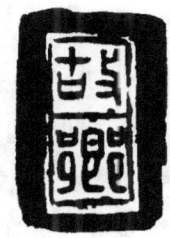

图 62.1.7 故乡　　　　图 62.1.8 故乡

(5)"社戏"可以刻成仿汉代朱白文相间印，笔画少的"社"字刻成朱文，笔画多的"戏"字刻成白文，也可刻成玉印风格的细白文。另一方则可根据"戏"字的大篆姿态较多的特点，刻成圆

 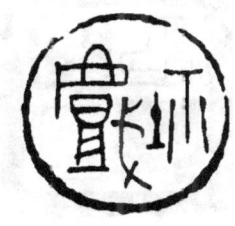

图 62.1.9 社戏　　　　图 62.1.10 社戏

形或方形朱文古玺，"社"字笔画少，占地可少一些，下边的垂线也应注意变化。如刻成白文，则要加圆框，而且笔画要有粗有细，有方有圆，要留出空白处"透气"。

(6)"孔乙己"三字比较难排，特别是后两个字，现在把它设计成加框满白文。另一方则把"孔"字拉长，设计成"亚"字形古玺，四边和角不必一样粗细、一样挺直，可以有变化，字体的转折处要有笔意，不要刻成一样粗细，如同铁丝弯成一般。

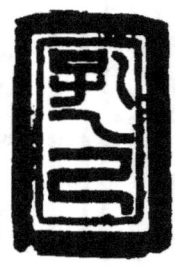 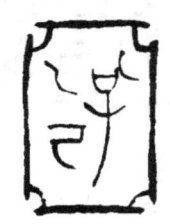

图 62.1.11 孔乙己　　　图 62.1.12 孔乙己

(7)"阿Q正传"中有一个外文字母，可以作"口"字处理。汉代私印中有一类二朱二白的朱白文相间印，凡笔画少的刻成朱文，笔画多的刻成白文，现在一经这样的处理，正好得对称呼应之妙。一印中遇到某字查不到篆字，还可以刻成隶书、楷书、草书印等，以简牍书体入印，也是别致的形式。要注意"正"字特扁，"传"字特长，且左右错落，留出空处与字母"Q"的空处相呼应。笔画间要有粗细，也可有部分粘连、并笔以追求碑刻效果。

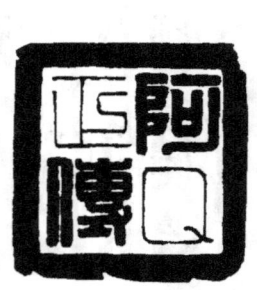 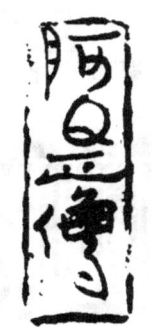

图 62.1.13 阿Q正传　　　图 62.1.14 阿Q正传

(8)"幸福的家庭"这类五字印，头尾两字都不适宜拉长，较难安排。遇到这类印，最简单的一种方法是刻成长方形印，如刻白文，加框不加框均可以。另一方则五字分刻两行，注意"家庭"两字刻单排时，宜压缩笔画，刻两行印需要拉长时，篆法也应随之适应。

 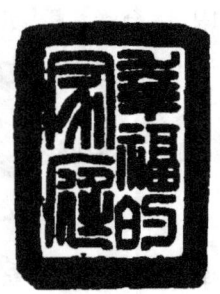

图 62.1.15 幸福的家庭　　　图 62.1.16 幸福的家庭

2　杭州名胜组印

(1)"西湖"风光妍丽、四季宜人，先可以用圆朱文法设计，或用赵之谦朱文的风格，注意下部宽松，三点水左旁的残边，打破了四根竖线可能造成的僵局。另一方以圆形出之，"西"字屈居右下角，其他全让宽广的"湖"面铺满了，三点水旁线条长短、粗细应有些变化，"古"下部留下一小块空地，与此印右部空隙相呼应。

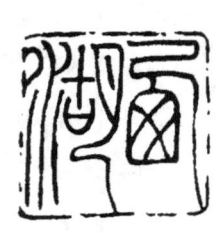 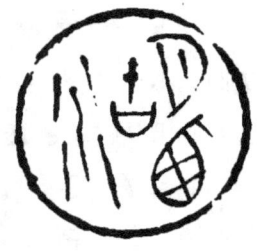

图 62.2.1 西湖　　　图 62.2.2 西湖

(2)"一线天"的第一方，试以朱白文相间印形式设计，"一"字取繁体中的简化变体，按传统形式，把笔画多的前两字刻成白文，可以拉长的"天"字单独刻成朱文，此字占的地位，可略小于全印的二分之一。另一方以古玺中有先例的"亚"字形框为边栏,以大篆出之,其中"线"字占地最多,绞丝旁不必太端正,两个"戈"也略有变化。

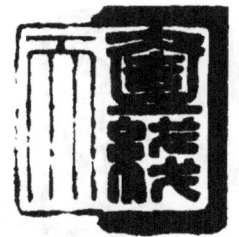
图 62.2.3 壹线天

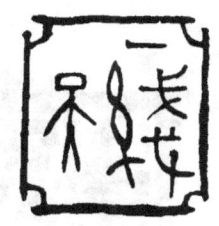
图 62.2.4 一线天

(3)"龙井"以其茶叶驰名全球。第一方可仿黄士陵的风格,刻成边粗文细、坚挺、生辣的朱文印,"井"字占地小于二分之一。另一方可饰以"龙井"的龙形图案,初学者可以从各种古印谱中去找来搬用,以后能根据资料自己创作是最理想的。

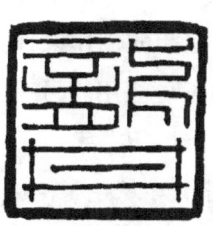
图 62.2.5 龙井

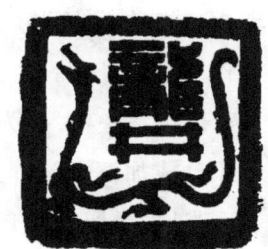
图 62.2.6 龙井

(4)"虎跑"的创作与"龙井"相同,第一方仿黄士陵,第二方都饰以相关图形,好在龙、虎的形象比较好找。

图 62.2.7 虎跑

图 62.2.8 虎跑

(5)"飞来峰"的"峰"字采用上下排列后,就易于单字成行,只在"飞来"两字上稍作变化,朱文印显得流畅,白文印显得饱满。

(6)"六和塔"排法也一样。在白文印中,"和"字繁写,以增强虚实对比感。由于"六和"两字笔画少,也可刻成长方形或椭圆形的印,让三字上下排列。

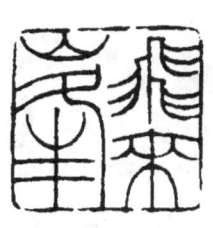
图 62.2.9 飞来峰

图 62.2.10 飞来峰

图 62.2.11 六和塔

图 62.2.12 六和塔

(7)"灵隐寺"先以满白文法设计,除在"灵"字下部及"隐"字左下部作留红呼应外,其余都安排得饱满敦实,像庄严的佛殿。第二方中"灵"字下部与"寺"字下部稍作更改,全印以圆朱文法出之,仿佛庙中袅袅盘绕的香烟。

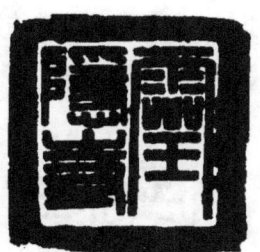
图 62.2.13 灵隐寺

图 62.2.14 灵隐寺

(8)"钱塘江"第一方设计成婉转多姿的朱文

图 62.2.15 钱塘江

图 62.2.16 钱塘江

印,把"钱"字单独成行。第二方设计成庄重的白文印,让"江"字大块留红,单独成行,与"钱塘"两字相比,得疏密映衬之妙。

3 京剧传统剧目组印

(1)"空城计"第一方设计成朱文印,让"空"字单独成行,而且下部留空,另两字也安排得虚空一些以作呼应,整个印面要刻出圆转剔透的味来。另一方设计成满白文,"计"字单独成行,此字左右结构,却不可左右平分,"空"字下部与"计"字右下的留红也要作呼应。

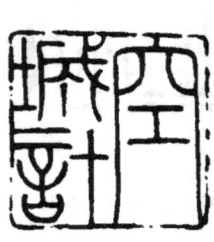
图 62.3.1 空城计

图 62.3.2 空城计

(2)"群英会"的"群"字作上下结构后,宜于拉长单独成行,如把"会"字拉长则不好看。朱文三字的下半部均留有空隙,相互呼应,如把朱文的"会"字下部像白文印的"会"字一样排法,把下部撑满,就不会取得现在的效果。

图 62.3.3 群英会
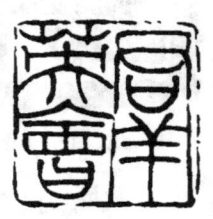
图 62.3.4 群英会

(3)"长生殿"第一方取满白文法,注意到留红的处理。初学者设计印稿,往往只考虑填满印面,只着眼于白,不留意于红,而名家治印,分朱布白往往相得益彰,相映成趣。"长生殿"的朱文稿,则试着画成长方形的仿古玺式。当然这类印的线条、边框要仿古,表现斑驳古朴的趣味,初学者是难以达到的,可以多参考印谱。

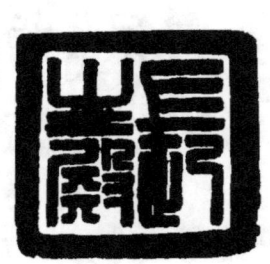
图 62.3.5 长生殿　　图 62.3.6 长生殿

(4)"白蛇传"的"白"字笔画少,干脆试以屈曲盘绕的鸟虫书方法设计。这种印可以在笔画间饰以鸟头、鱼身等形象,线条也可更富装饰性。考虑到初学者的理解和接受,这里,仅在少数地方作了盘曲处理。这类印在一组印的创作设计中可以聊备一格,作为点缀,但不可滥用。另一方设计成加框子的古玺白文印,让"传"字占了一大半,两角留红,"白"字偏居一角,"蛇"字也微有左低右高的样子。

图 62.3.7 白蛇传
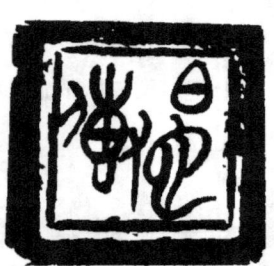
图 62.3.8 白蛇传

(5)"打渔杀家"第一方设计成满白文,注意首两字都是左右结构,如一律平分,就有重复的弊病,故在提手旁与三点水的比例上略有不同。第二方则取大篆,突出"渔"字,而让"打"字的提手旁斜置,以不同于下边三点水的竖排。"杀"字左右两部既有长短之分,又有正斜之别,又让"家"字下部的尾巴移向中间,留出左下角。整方印各字的变化是为了在整体中求变

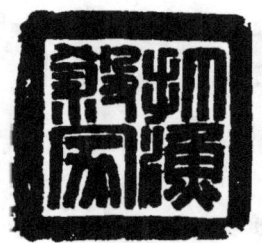
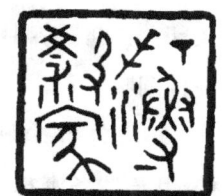

图 62.3.9 打渔杀家　　　　图 62.3.10 打渔杀家

化,在变化中求统一。

(6)"闹天宫"三字,前一字和后两字的篆书写法笔画悬殊,所以设计成一方朱白文相间印,把"闹"字刻成满白文,而把笔画少的"天宫"两字安排成朱文,"宫"字的两个"口"也作了一点变化。另一方印是仿照吴昌硕风格的,除了要注意留空,还要注意笔画的轻重。

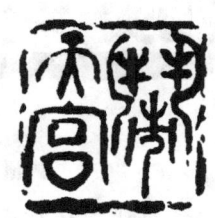

图 62.3.11 闹天宫　　　　图 62.3.12 闹天宫

(7)"霸王别姬"一方可刻成黄士陵风格的朱文印,线条要坚挺,笔画间要有粗细变化。另一方满白文印,线条要饱满,并要注意疏密对比。

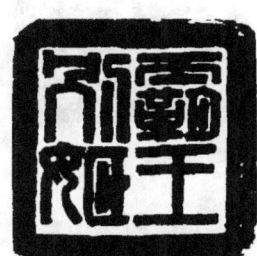

图 62.3.13 霸王别姬　　　　图 62.3.14 霸王别姬

(8)"玉堂春"的"玉"字三画要平均,可设计成满白文印,如果注意了疏密,则印面朱白相映,别有情趣。也可在"玉"字两边加一点装饰,并取剧中女主角苏三起解时戴的"鱼枷"的鱼形作为装饰,设计成一方圆形的朱文印,如缩小印面,

鱼身上的对称纹可以减少几根。这种形式,取法汉代的肖形印(图案印),恰当的图案装饰,可增添印章的情趣,引起欣赏者丰富的联想。

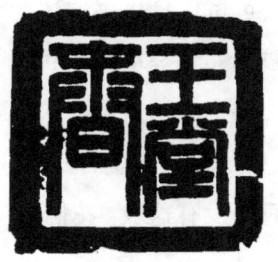
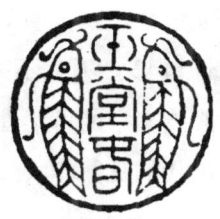

图 62.3.15 玉堂春　　　　图 62.3.16 玉堂春

4　台湾八景组印

(1)"玉山积雪"一印,前两字笔画少,后两字笔画多,正好造成疏密对比形式,白文印"山"字下部繁化,使不致太虚而缺乏厚重感。第二方只是按朱白文相间印的规律,把笔画少的两字刻成朱文。

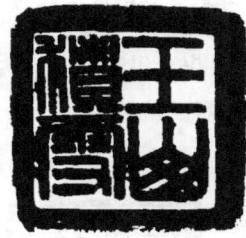

图 62.4.1 玉山积雪　　　　图 62.4.2 玉山积雪

(2)"双潭秋月"第一方刻成工整典雅、毫无"火气"的汉玉印形式。第二方朱文印线条流转一点,为了求得全局统一,把"月"字也美化了。

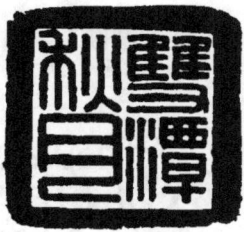

图 62.4.3 双潭秋月　　　　图 62.4.4 双潭秋月

(3)"大屯春色"四字笔画平均,较难讨好,

而且"屯"、"色"两字末笔相对触,故在白文印中对"色"字作了点加工,把原先的短撇拖长下垂,末笔不致与"屯"字类同,多了一个小转脚。笔画少的印有时觉得太空,可试以鸟虫书方法变通设计。真正的鸟虫书要有鸟、鱼等动物形状装饰,但又"万变不离其宗",装饰的丰富要力求不影响文字的可读性。现在只是将笔画盘曲变化,汉代的殳篆印大致如此,只是没有这般"花俏"。

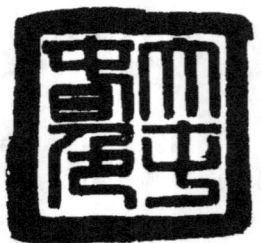 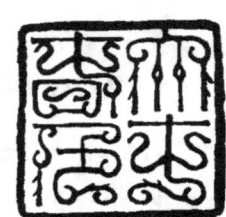

图 62.4.5 大屯春色　　　图 62.4.6 大屯春色

(4) "澎湖渔火"前者是满白文,后者学黄士陵挺劲的线条。值得提出的是此印有三个"三点水",前两字又是左中右结构,如不将三点水变化是很难看的,但哪个字采用何种简化偏旁,也不可随意安插,如"澎"字最阔,只好采用三个短竖的偏旁。

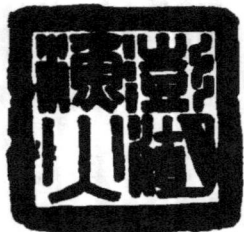 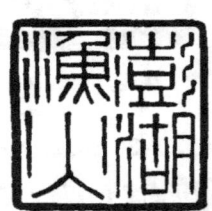

图 62.4.7 澎湖渔火　　　图 62.4.8 澎湖渔火

(5) "清水断崖"一印呈三密一疏,白文印把"崖"字结构改变,其形状与上部"断"字相

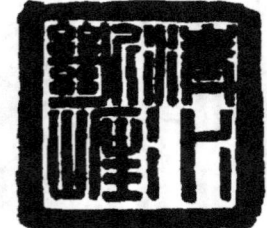 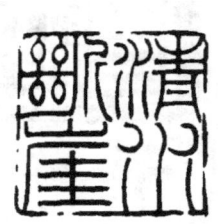

图 62.4.9 清水断崖　　　图 62.4.10 清水断崖

反衬,前者是左窄右宽,后者是左宽右窄。朱文印将"断"字中的绞丝简化了,整体要刻出一种圆味。

(6) "鲁谷幽峡"一印中的"鲁"字较难安排,其横线条密集,不注意即要越位,但白文印还是一分为四,把这个字的"火"部压缩了,而把"谷"字上部繁化了。朱文印把"峡"字山部上移,与"鲁"字呈对角呼应,只是要注意,"峡"字上下两部分不能太分开,不可使一字有两个字的错觉。

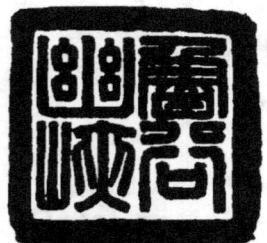 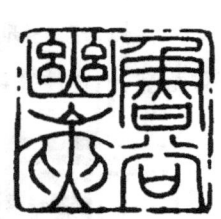

图 62.4.11 鲁谷幽峡　　　图 62.4.12 鲁谷幽峡

(7) "安平夕照"文字基本平均,所以白文也只能刻成对角疏密呼应的格式。朱文印可以仿刻古玺,在界格上做点小文章。

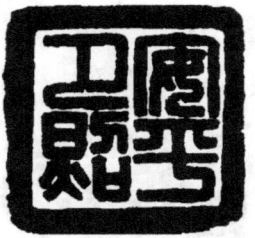 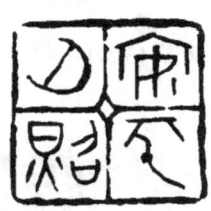

图 62.4.13 安平夕照　　　图 62.4.14 安平夕照

(8) "阿里山云海"白文印可以分三行,让三

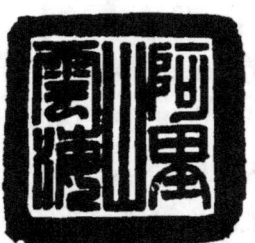 

图 62.4.15 阿里山云海　　　图 62.4.16 阿里山云海

根直线的"山"字居中,左右对称。朱文印仿黄士陵风格,"阿"字的左耳朵、"云"字上下部的写法、"海"字下部的转脚,以及"山"字中竖的处理办法,都是仿黄士陵的,但要注意宽边与挺劲的文字之间距离不能太大。

5　北京名胜组印

(1)"紫禁城"两方,分别让"城"和"紫"单独列一行。比较可取的是,在篆法上,把"紫"字右半笔画夸张拉成一行,否则,绞丝在下部一经放阔,很难看。"禁"字也夸张地把左右两垂伸长,把"示"包在其中,否则"示"字变得扁阔,一定也不好看。

　　　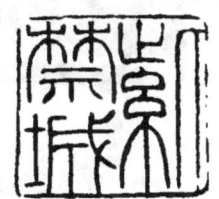

图 62.5.1　紫禁城　　　图 62.5.2　紫禁城

(2)"八达岭"三字中,笔画相差甚大,就让"八"字少占一点地位,"岭"字头的"山"不是顶戴居中,而让它偏置在"令"上,避免了此印上端"山"、"八"两处太空疏又少变化的弊病。

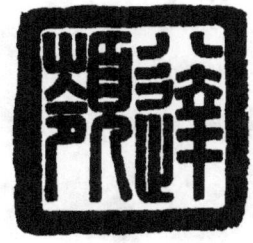　　　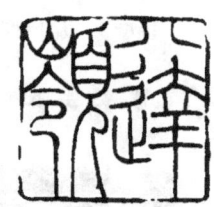

图 62.5.3　八达岭　　　图 62.5.4　八达岭

(3)"天安门广场"五字分两行,让笔画少的前三字合一行,笔画多的后两字合一行。朱文印采用稍古一点的大篆文字,比较错落有致;而满白文印采用汉印风格,则显得饱满庄重。这方印也可设计

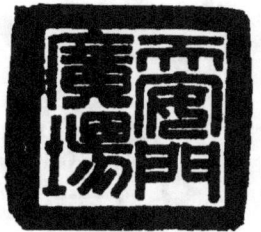　　　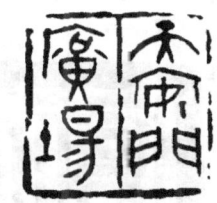

图 62.5.5　天安门广场　　　图 62.5.6　天安门广场

成三行,让"天"字单独一行,其余四字平分两行。

(4)"颐和园"一印不大好设计,可以把白文"颐"字左右两半全撑满,不留空地。这里朱、白的两个"园"字,可以看出,中间的"口"安排是不一样的。而朱文中"颐"下大空地,"和"下小空地,以及"园"字下部呈半圆形,都是为了取得留空的呼应。这也就是吴昌硕大师所说的,设计一方印好比设计造一间房子,必须在设计前考虑好何处开门、何处开窗,以使气息通畅。

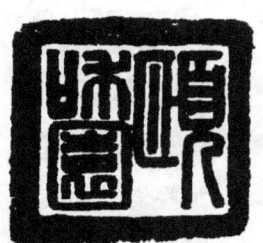　　　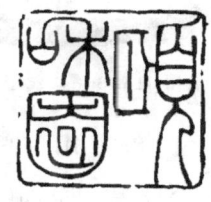

图 62.5.7　颐和园　　　图 62.5.8　颐和园

(5)"十三陵地下宫殿",白文分两行,四三对开,笔画多的当然占地多一些。朱文则分三行,让"十三"两字合占一个字的地位,粗看好似三行六字的格局。

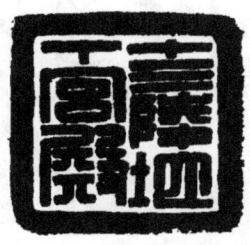　　　

图 62.5.9　十三陵地下宫殿　　　图 62.5.10　十三陵地下宫殿

(6)"天坛"仅两字,一繁一简,注意"土"旁占地要少,如把两短横一拉长,就不好看了。此印也可刻

成"天"朱"坛"白的朱白文相间印。

 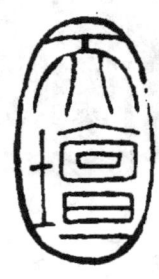

图 62.5.11 天坛　　　图 62.5.12 天坛

(7)"鲁迅纪念馆"这方印不太好刻，现在设计成白文分两行，注意三字不要太挤。朱文让"鲁"字单独成行，如把"馆"字单独成行，由于左右结构，拉长不好看。

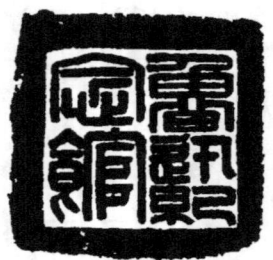 

图 62.5.13 鲁迅纪念馆　　　图 62.5.14 鲁迅纪念馆

(8)"西山"两字笔画均少，可加些装饰，具有一种对称美，也可把"西"字加繁，"山"字照旧，形成两字强烈的疏密对比。这两个字大篆的变化较多，还可设计出各种有趣的形式来。

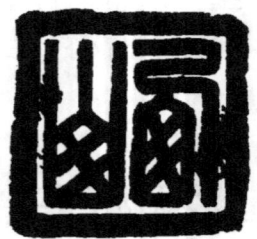 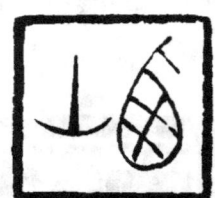

图 62.5.15 西山　　　图 62.5.16 西山

6　李白诗篇名组印

(1)"静夜思"一印中，"静"和"思"字可以纵向拉长或单独成行，也可把这三个字设计成椭圆或长方形朱文印。

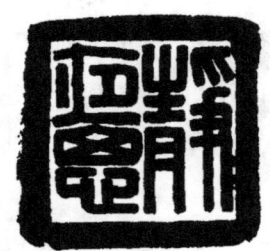 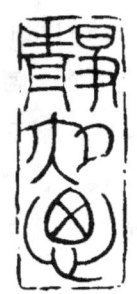

图 62.6.1 静夜思　　　图 62.6.2 静夜思

(2)"蜀道难"三个字，虽说两方都设计成方形，将"蜀"和"难"字独立成行后，已略显不同。更值得注意的是"道""难"两字篆法也变了。以文字的变化来补足形式变化的不足，这是一种方法。

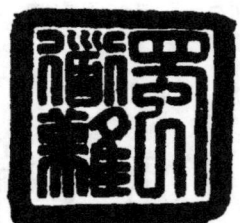 

图 62.6.3 蜀道难　　　图 62.6.4 蜀道难

(3)"月下独酌"右疏左密，第二方可以用殳篆的方式变化。"下"字如按正当篆法，只要在一横下边留一不出头的竖画即可。

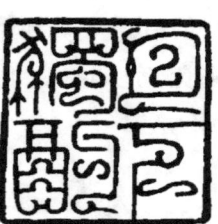 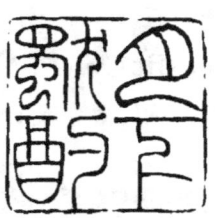

图 62.6.5 月下独酌　　　图 62.6.6 月下独酌

(4)"独坐敬亭山"一印，如分三行，可以将

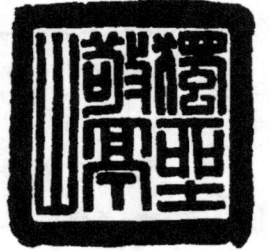 

图 62.6.7 独坐敬亭山　　　图 62.6.8 独坐敬亭山

"山"字单独成行,只是占地要小于三分之一。如果分两行,则要视文字笔画的多少,可将末三字占一行。

(5) "送孟浩然之广陵"七个字分占三行,必须选两个既邻近、笔画又少的字合占一字的地位,经过简化后的"然"字与"之"字正合乎这要求。其他文字,在两方印中,最好能有些变化。

图 62.6.9 送孟浩然之广陵　　图 62.6.10 送孟浩然之广陵

(6) "夜泊牛渚怀古"六个字,看来以分三行为宜。那么,只能在朱文印和白文印的篆法上稍作变化,总要让朱文显得流转,白文显得敦厚。

图 62.6.11 夜泊牛渚怀古　　图 62.6.12 夜泊牛渚怀古

(7) "早发白帝城"共五字,要分成三行的话,只能在笔画少、字形又宜纵向拉长的"早"、"白"两字上做文章,为求视觉上的平衡,这两字的占地都不宜超过三分之一。

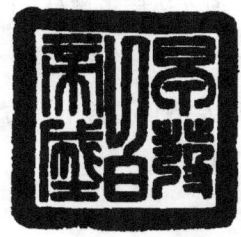 

图 62.6.13 早发白帝城　　图 62.6.14 早发白帝城

(8) "望庐山五老峰"一印,朱文、白文两印文字虽然略有变化,但都是把笔画少的"山"、"五"两字置于中行,造成中间疏、左右密的格局。也可把"五"字上升留空。

图 62.6.15 望庐山五老峰　　图 62.6.16 望庐山五老峰

六十三、仿画像砖及砖刻拓法

1　仿画像砖

学篆刻借鉴画像砖很有益处。画像砖出现于西汉末期,盛行于东汉,无论是人物车马、宴饮歌舞、耕织狩猎、神话传说、杂技征战等等精彩场面,无不反映了古代无名画师工匠的智慧和创造力。以河南、四川、江苏徐州出土较多,是古代书法雕刻艺术的瑰宝。仿砖刻可以摹仿汉画像砖中的局部图形,也可改画或加进别的内容,融合个人书法,但必须有画像砖古朴敦厚的风貌。

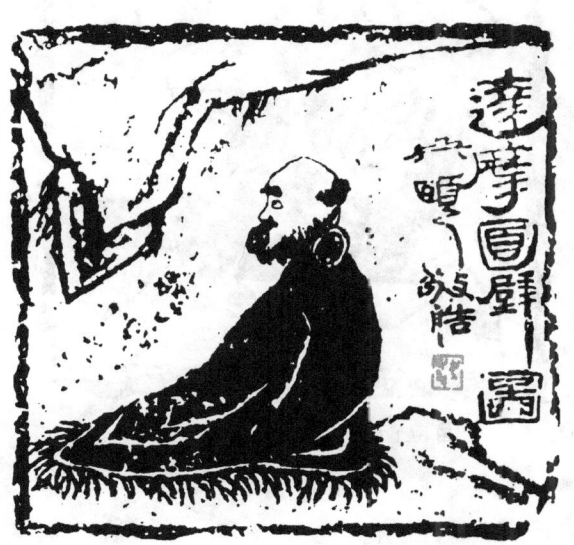

图 63.1.1 吴颐人砖刻·达摩面壁图

制作砖刻难在觅砖,南方过去旧式宅院中有铺地的方砖,大约在三十六厘米见方,这种砖最为理想,小些也不妨。砖面原有不平、残破之处可任其自然。先画后刻,小处以大点的刻刀刻,大处则要以旧钢锉自制凿子,用小榔头击之凿之。但要注意进刀进凿宜浅不宜深,深了,拓砖时所蒙的宣纸因与砖底相距稍远,极易在刷纸的过程中顶破。

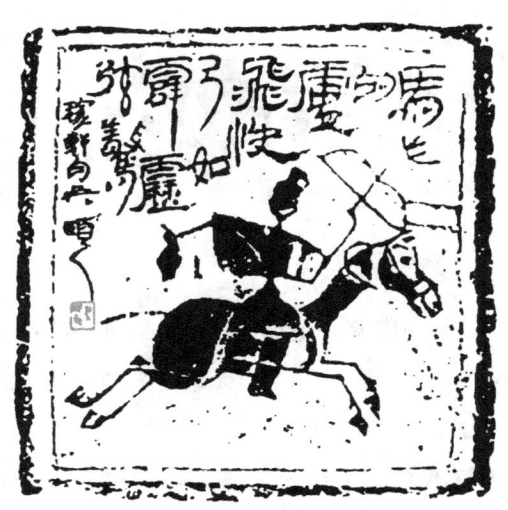

图 63.1.2 吴颐人砖刻·骑射图

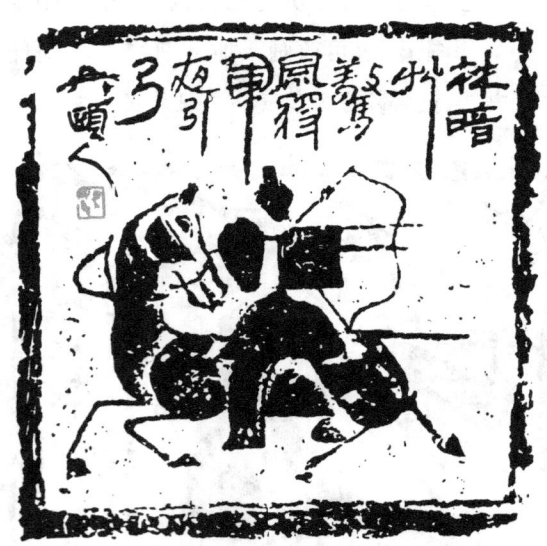

图 63.1.3 吴颐人砖刻·林暗草惊风

2　砖刻拓法

现代的砖刻品,从刻制到拓片的完成,亦是一个连续制作的完整过程。好的拓片能充分体现原作的精神风貌。砖,因其有很强的吸水性,故而不能如拓碑、拓印章边款那样用水。拓砖另有一套拓制技巧,主要是必须在刻制的一面砖上薄薄涂上一层用软布蘸上加热熔化了的蜡。涂蜡太厚,则字口不清;涂蜡太薄,则不能解决砖面吸水的问题,宜灵活掌握。

(1)把宣纸覆在砖上,用排笔少量均匀地上水,间歇2~3分钟,待纸受水后有一定张力,隔塑料纸用软刷刷(不能漏刷)。刷时宜由中间向四方刷,要注意防止皱折,影响拓片质量。然后以棕刷重刷,注意画面精到的笔画处(即"字口")要重点刷出,但又要防止纸面压力过重而破碎,揭去塑料纸待干。一般说纸面泛白,即可上墨。如同时有几块砖刻,可交替拓制以节约时间。如在纸面尚未泛白就上墨,水墨渗化将使字口模糊不清。

(2)上墨要由淡入深,切忌一上手就用浓墨,要控制拓包的含墨量。初拓可以先在废纸上拓试。

(3)突出字口,掌握好虚实。要体味原作,该拓出的就必须拓出,不该拓处就不能着墨。为表现砖刻作品的古朴,在空白处或一些需要表现效果处宜轻施淡墨,这相当于绘画中的"灰调子",要做到虚实相生,虚实得当。但在该用重墨处,不能忽淡忽轻,这样易使画面太"花"而影响效果。

砖刻拓好后晾干揭下,于左下角处钤上一方(或两方)印章,即成一幅砖刻作品。如遇题写,可于左边框外依次进行。

◎ 六十三、仿画像砖及砖刻拓法

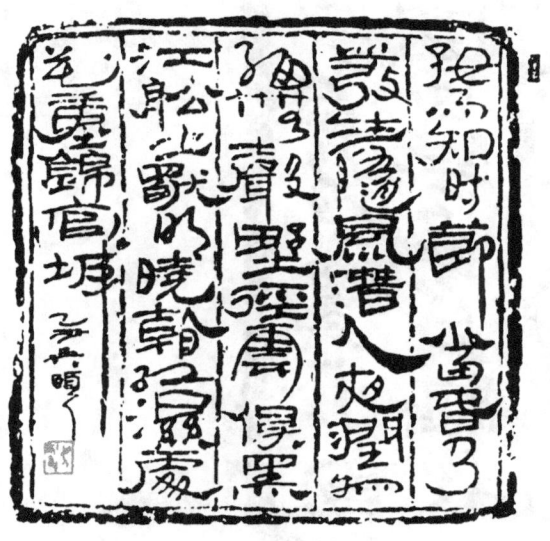

图 63.2.1 吴颐人砖刻·杜诗

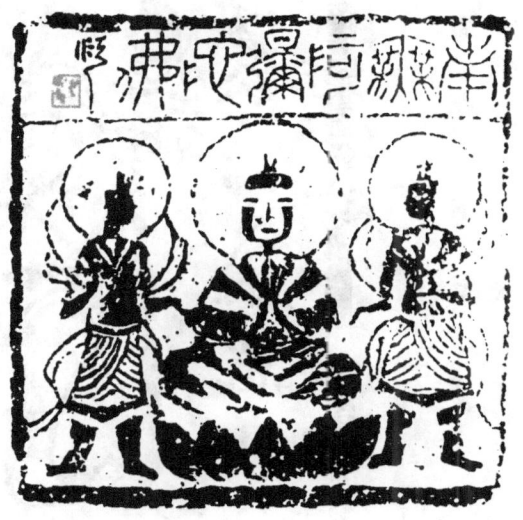

图 63.2.2 吴颐人砖刻·造像

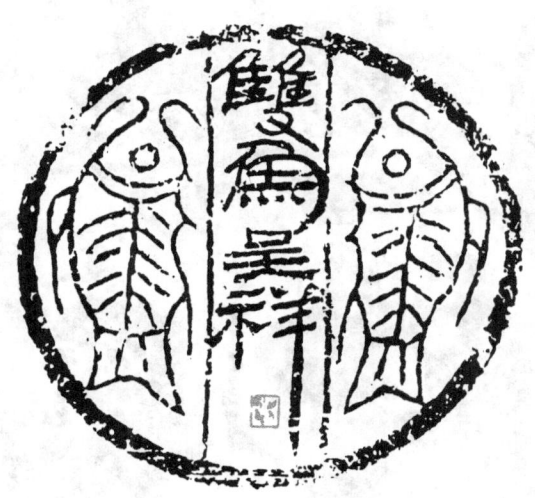

图 63.2.3 吴颐人砖刻·双鱼呈祥

篆刻法

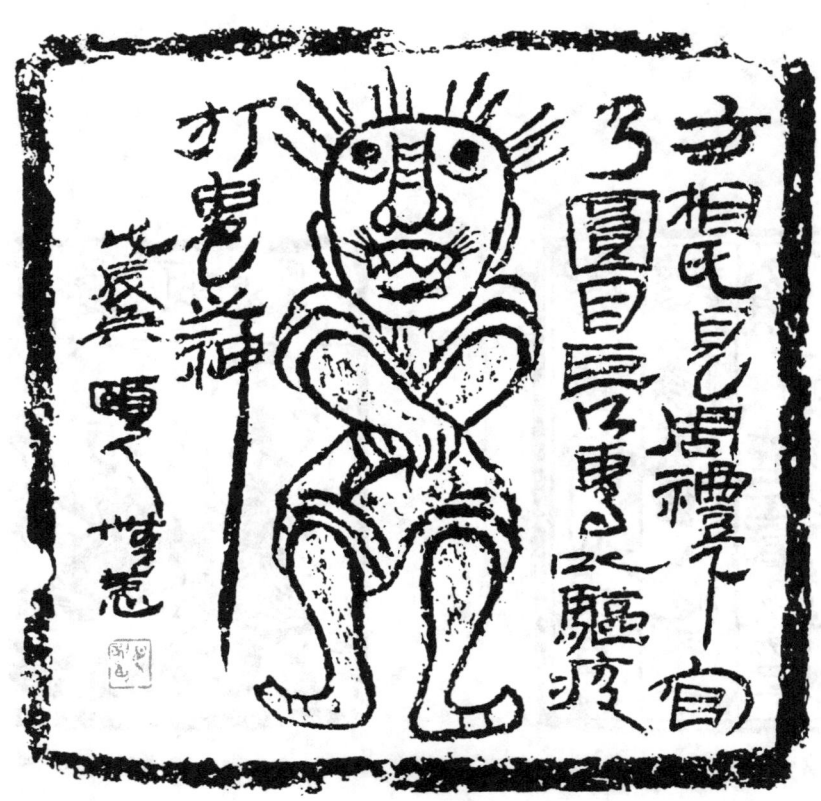

图 63.2.4 吴颐人砖刻·驱疫打鬼之神

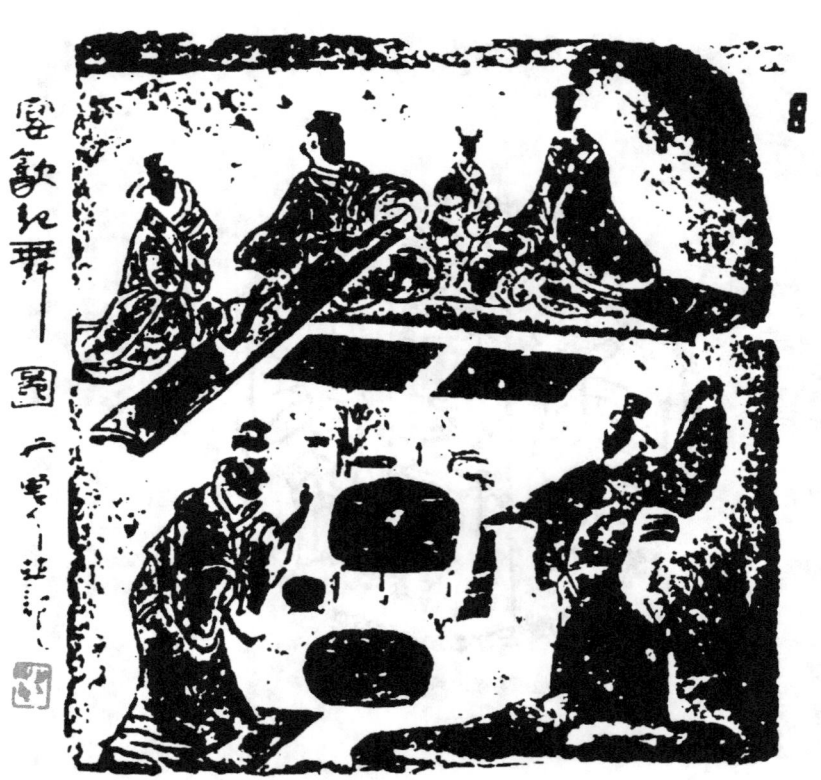

图 63.2.5 吴颐人砖刻·宴饮图

(本节所列各砖刻,原大均为 38 × 38 cm)

附录

六十四、著名印谱介绍

要学篆刻，少不了要接触古代印谱。历代篆刻家，无一不是从古印中心摹手追，吸取营养，然后出自己的新面目来。学篆刻重视古印谱，等于学书法重视名碑法帖。但是，碑刻已经人工翻刻，并非作者原迹，而历代印谱中的印拓，虽然历经千年百载，除了极少数伪品外，无不出自古人之手，因此是极为珍贵的宝物。

编集印谱，首推宋代《宣和印谱》。由于徽宗皇帝自己就是个书画金石家，当他在搜集古器物的同时，也把搜集到的古印编成了我国第一部官家印谱。不过，这部《宣和印谱》已经失传了。至于私家印谱的首创辑集者，一说是宋代王俅，他在编《啸古堂集古录》时，曾收载了汉魏期间的官私印37方。但有人又考其为清代潘毅堂所编。这本印谱的序言比印谱本身更为出名，那是因为清代以前许多研究印章和编印谱者，都不认识古玺印中的"钵"字。序言作者程瑶田在给此印谱作序时，考释出古印中"××之钵"、"××私钵"的"钵"字就是"玺"字，从而阐明了古玺存在的事实。这对此后古玺的研究，其作用是不言而喻的。集古印谱的流行要从明代顾从德和王常编《顾氏集古印谱》开始，到清代文化最辉煌的乾隆时代，由于受到当时勃兴的金石学的刺激，篆刻艺术的园地里活跃着一批又一批研究家、篆刻家，有关古印的收藏也呈现出勃勃生气。

明清至近代的藏家，为我们搜集编辑的印谱不胜枚举，这里只能择其著名者作简单介绍。这些印谱，不仅为学习篆刻的后学者提供了重要的学习资料，而且对于研究我国古代职官制度、历史、地理、民族关系、文字演变等都提供了重要资料。明清以来的集古印谱种类繁多，各地出版社曾大量出版了这些经典印谱，随着您研究的深入，一定会了解到更丰富的材料。

本书是本面向广大篆刻爱好者的普及入门书，为了更好地宣传祖国的文化遗产，有关印谱介绍，参考了上海辞书出版社出版的《中国美术大辞典》与上海书画出版社出版的《书画篆刻实用辞典》，在此仅向二书的编者致以深深的谢意。

1 顾氏集古印谱

古印谱录。明顾从德藏集，王常辑拓。顾从德字汝修，武陵（今湖南常德）人。其父为御医时即开始收集古印。此谱为汇集其父、兄、弟、侄三世所得之印而成。隆庆五年(1571)成书。六卷，有朱拓本及墨拓本两种。第一卷为官印，余为私印，按韵排列。首页朱文木戳曰："古玉印百五十有奇，古铜印千六百有奇，家藏及借自四方者，集印数年乃成，仅二十本。手印者、藏印者、朱楮者三分之。手印者随亦致病。斯谱有同秦汉迹，每本白金十两。"原本存世极少，后经重加编次，增订为《印薮》，改署王常为编者，顾从德为校者。

2 学山堂印谱

明代诸家刻印谱录。明张灏藏辑。张灏一名素，又名休，字夷令，又字古民、康侯，号长公，别号白于山人、夷山人、夷山樵叟、平陵居士等，江苏太仓人。曾筑学山园，占地二十多亩。张氏广交游，友人皆为当代名流，为张氏篆刻。作品收入此谱的有归文休、何震、苏宣、沈从先、朱简、梁袠、顾元芳、程彦明、何通等，可惜虽有释文但未在印旁一一注明作者。有六册五卷本与十册八卷本两种行世。五卷本成书于崇祯四年(1631)，首卷有杨汝成、顾锡畴等序跋题词二十则,并有李继贞《学山堂记》一篇。第二至第六册为名家刻印,每页二至四印,共收印1192方。八卷本成书于崇祯七年(1634),在原谱基础上有所增订。董其昌、陈继儒序中言明新增,有篆刻家姓氏一篇。第二至第九册为名家刻印,每页一至四印,共收印2032方,末册为归文休《学山记》、马世奇《学山纪游》及《学山题咏》。张氏所藏印石,在明、清易代之际由其后辈散出,道光年间,昭文(今江苏常熟)顾湘收得张氏藏印中十之三四,拓成《学山堂印存》四卷。

3 飞鸿堂印谱

明清诸家刻印谱录。清汪启淑藏辑。成书于乾隆十年(1745)。五集,每集八卷,计四十卷,共收印四千余方。以闲章居多,每页二印,有释文,但未全部注明作者姓名。每集分别有序,首卷有金农题字、汪氏二十一岁小像及凡例十五则。作者中水平高低参差甚大,反映了当年印坛之风貌。有上海有正书局石印本行世,近年也有影印本出版。

4 汉铜印丛

古印谱录。清汪启淑藏辑。汪氏出身盐商之家,后官至兵部郎中,藏书之富,有江南第一之称,编有《飞鸿堂印谱》等二十七种印谱,撰有《续印人传》等多种著作。乾隆三十一年(1766)成书。因钤拓有先后,收印亦有不同,有八卷及十二卷两种版本。十二卷本收官印152方、私印及杂印930方。商务印书馆曾据十二卷本影印出版。

5 看篆楼古铜印谱

古印谱录。清潘有为藏辑。潘有为字卓臣,号毅堂,广东番禺(今属广州)人。乾隆三十七年(1772)进士,官至内阁中书。在京师时,广搜古铜印,得一千三百余钮,约十之七八是程从龙(荔江)旧藏之精品。因为钤拓有先后,故传本收印的数量也有异同。此谱的流传,先是潘有为殁后,印归其侄潘正炜(季彤)收藏,钤为《听帆楼古铜印汇》。正炜殁后,印为何昆玉所得,并钤为《吉金斋古铜印谱》。之后,所有藏印归山东潍县(今潍坊)陈介祺,并汇入陈氏的《十钟山房印举》。

6 簠斋印集

古印谱录。清陈介祺藏辑。有陈氏自署。许瀚、吴式芬、何绍基一同审定。咸丰二年(1852)成书。十二册。每页三至四格,每格一印,共收古玺190方、官印389方、私印1850方及虎符11枚、计检3枚、封泥60枚。

7 小石山房印谱

明清诸家刻印谱录。清顾湘、顾浩藏辑。其中由安徽歙县刻印名家程椿(寿岩)镌摹颇多。因先后辑拓之故,所收内容有所不同。道光十年(1830)初版本有正谱四卷、别集一卷、附集一卷,同治年间重辑本有正谱四卷、别集一卷、集名刻一卷。因清末战乱,旧印失去十之三四,故以别的印补入。

8 二百兰亭斋古铜印存

古印谱录。清吴云藏辑。吴云字少甫,号平斋、退楼、愉庭,浙江归安(今湖州)人。官至苏州知府。精鉴藏,收藏金石书画极多,藏品中最珍贵的有"齐侯罍"两种、宋元时旧拓《兰亭序》二百种,故将书斋命名为"两罍轩"、"二百兰亭斋"。同治元年(1862),吴云将自藏印及嘉兴张廷济藏印,编成印谱六册,收官印78方、古玺78

方、私印487方,吴云自作序。同治三年(1864),又由婺源戴行之、嘉兴汪岚坡代为编辑成二十部,每部十二卷,吴氏自序,世称为同治本。光绪二年(1876),吴云在苏州知府任上,太史陈寿卿索观《二百兰亭斋古铜印存》,由于原拓二十部已全部分赠师友,于是吴云又邀请著名金石家吴兰畟、张玉斧与林海如,在苏州官署重辑此谱,世称光绪丙子本。此谱传世稀少,也未说明重印部数,只知每部十二册,每面一印,共收官印244方、古玺75方、私印728方、宋元官印37方。因为吴云藏印中有400方系嘉兴张廷济旧藏,故《二百兰亭斋古铜印存》所收之印,部分与张氏之《清仪阁古印偶存》相同。

9 二金蝶堂印谱

印谱。清赵之谦刻。此谱有三种版本:(1)徐士恺藏石的观自得斋本,有杨见山题扉页,并有叶铭摹赵之谦小像及吴大澂篆书序。每页一印,隔页拓边款,共八册。(2)傅栻辑万憙斋本,有周星诒题扉页,傅栻跋。每页一印,共二册。(3)石庐主人审定本,童大年题字,有边款,不记年月。

10 澂秋馆汉印存

古印谱录。近代陈宝琛藏辑。陈宝琛字伯潜,号弢庵,别署听水老人,福建闽县(今闽侯)人。曾任溥仪之师傅。他的父亲陈承裘(子良)在关中所得古彝器及玺印甚多,运回福建后,由陈宝琛加上自己收藏的古玺印集成此谱。此谱三种版本册数有异:四册本成书于光绪四年(1878),收官印93方、私印423方,有序跋三篇;八册本版式稍大,官印同上,私印449方,无序跋;十册本有1925年罗振玉序,收官印89方、古玺61方、私印576方。

11 齐鲁古印攈

古印谱录。清高庆龄辑。高庆龄,山东潍县(今潍坊)人。光绪七年(1881)成书。此谱乃高氏搜访三十余年而成,所收玺印皆出土于齐鲁古地(今山东一带)。四册:第一册为古玺及秦汉官印等114方,第二册为私印189方,第三册为私印191方,第四册为两面印、吉语印、肖形印78方。有高氏自序及潘祖荫、王懿荣序,宋书升、高鸿裁跋。谱成,高氏即殁,由其子高瀚生作增补工作。此谱精品极多,尤以古玺为佳。此谱收录之玺印,后归吴大澂之十六金符斋。

高庆龄之甥郭裕之也好收藏印章,光绪十八年(1892)将所得编成十六册《续齐鲁古印攈》,共收玺印1063方。

12 十钟山房印举

古印谱录。清陈介祺藏辑。陈氏从道光、咸丰而经历同治、光绪,结集个人藏印的印谱共有三种:(1)《簠斋印集》,见64.6介绍。(2)《十钟房印举》,同治十一年(1872)陈介祺六十岁时编,世称六十岁本。他将旧藏玺印精品及收购自何昆玉、潘有为、叶志诜几家藏印,加上吴式芬、吴云、李璋煜、吴大澂、李佐贤、鲍康之几家藏印,督促其次子陈厚滋与何昆玉共同编次,钤拓成谱。仅拓成十部,每部装成五十册或一百册,共收入玺印10376方。(3)《十钟山房印举》,光绪九年(1883)陈介祺七十一岁时编,世称七十岁本。随着收藏的增多,陈氏亲自改稿作序,也只钤拓十部,每部191册,共收入玺印10284方。这两次拓谱,总数均在10000方以上,几乎集中了国内所有名家藏印,可谓集古印谱之最,体现了古玺印研究全盛时期的风貌。

后人将以上印谱尚未装订的散页,按不同版式及用纸装订成谱,故还有册数不一致的同名印谱流传。1921年涵芬楼曾用改稿本将多印聚于一页影印,装为十二册,有陈敬第题记。1985年上海书画出版社用朵云轩所藏改稿本,精选2000余方,增补上释文,重新设计版面,出版了普及本《十钟山房印举选》一册。

13　十六金符斋印存

古印谱录。清吴大澂藏辑。吴氏为卓有成就的金石学家、古文字学家,精鉴别,富收藏。他因收有古代的十六种兵符和二十八方汉代将军印,故将自己的书斋名为"十六金符斋"和"二十八将军印斋"。他以古铜器、玺印、石鼓、刀币上的文字编成《说文古籀补》一书,至今仍不失为古文字考证的重要工具书。吴氏任广东巡抚时,曾邀请著名篆刻家黄士陵与尹伯圜在他设立的广雅书局校书堂工作,并由他俩在光绪十四年(1888)合作完成了《十六金符斋印存》的钤拓工作,故钤拓质量极精。此谱共二十六册,收印2021方,每页仅钤一印。其中第一至第四册为官印,第五至第八册为私印,第九册为名人印及金、银、玉、角等印,第十至第十二册为六面印及两面印,第十三至第二十四册为辟邪之钮、熊钮、鼻钮及坛钮等印,第二十五册为吉语印、汉魏以后之印、奇字印及唐宋玉押,第二十六册为元押及两面印等。另外,宣统时有吴隐作序的三十册上海西泠印社钤拓本,质量上较原本逊色,是否以原印所钤,未有定论。

14　千玺斋古玺选

古印谱录。清吴大澂藏辑。五册,无序跋。只收古玺,比《十六金符斋印存》中所收的古玺多,计750方。

15　双虞壶斋印存

古印谱录。清吴式芬藏辑。吴式芬字子苾,号诵孙,山东海丰(今无棣)人。道光进士,官至内阁学士。此谱多次辑拓,均无序跋。一种六册本,蓝色亚字框,每页一至六印,内收古玺93方、官印171方;另一种八册本,收古玺92方、官印171方、私印748方;又一种一页分三格,每格一印,收古玺42方、官印107方、私印744方。

16　滨虹草堂藏古钵印

古印谱录。近代黄宾虹藏辑。初集八册,每页一印,收古玺131方、官印73方、私印254方,有自序及例言13则。二集亦八册,收古玺159方、官印48方、私印241方。另有一种四册本,收古玺66方、官印44方、私印99方。

17　匋斋藏印

古印谱录。清端方藏辑。端方,托忒克氏,字午桥,号匋斋,满洲正白旗人。官至两江总督,收藏有大量金石、碑拓。其所藏玺印,大多为刘鹗(铁云)旧藏,故此谱第一、二、四集所收之印,与刘鹗《铁云藏印》之第二、三、四集相同。此谱所见大多是上海有正书局石印本及锌版印刷本。石印本共四集十六册,锌版本集印成四册。

18　遯盦秦汉印选

古印谱录。近代吴石潜藏辑。吴氏为西泠印社创始人之一,富收藏,精鉴别。在上海设西泠印社,以出售印泥、钤拓印谱为主要业务。一般随时钤拓装订出售,故一谱前后究竟拓有几次,较难统计。此谱初拓于宣统元年(1909),共六册,收古玺59方、官印72方、私印71方,有自序。宣统三年(1911)和民国三年(1914)都有钤拓本，计四集二十四册。其中民国三年本有吴氏自序和丁辅之等题词，第一集收古玺109方、官印37方、私印61方，第二集收古玺53方、官印36方、私印111方，第三集收古玺73方、官印36方、私印97方，第四集收古玺38方、官印67方、私印107方。

19 赫连泉馆古印存

古印谱录。近代罗振玉藏辑。罗振玉字叔言，又字叔蕴，号雪堂，浙江上虞人。精鉴藏，在甲骨文的研究上有杰出贡献，其著述及所辑印谱颇多。此谱成书于1915年。有罗氏自作长序，只一册，每页六印，共收古玺72方、秦印39方、官印31方、唐宋以下的官印10方、私印150方、元以下的私印24方。1916年又辑有《赫连泉馆古印续存》一册，共收古玺135方、官印63方、私印292方，有罗氏自序。

20 隋唐以来官印集存

古印谱录。近代罗振玉藏辑。1916年石印本，一册，收隋唐以来官印288方，每页一至四印，有罗氏长序。历代辑印，都以玺印为主，即使收有隋唐以后官印的，也属凤毛麟角。该谱在目录中一一注明所收印的出处，并且订正了前人考证之误，因而此谱之价值不同于众。

21 西泠八家印选

印谱。收集丁仁及其祖辈三世所藏旧籍与"西泠八家"丁敬、蒋仁、黄易、奚冈、陈豫锺、陈鸿寿、钱松、赵之琛的刻印，计600方左右。1925年初版，共四册，有边款、释文、考证及小传。1982年杭州西泠印社出版的《西泠后四家印谱》即据此谱之后四家部分，重排版面影印出版。

22 金薤留真

古印谱录。清弘历（乾隆帝）藏辑。乾隆帝所搜古铜印2291方，原储为五箧，以"东壁图书府"五字分别志之。后以一箧为一集钤拓成谱，乾隆帝题签，蒋溥、汪由敦等八人合跋于后。1926年故宫博物院按原谱编次，重拓二十四部，每部二十四册，每页一印。后又有影印本一种，五册，每页四印，较为轻便。

23 碧葭精舍印存

古印谱录。近代张厚谷藏辑。张厚谷字修府，河北南皮人，侨寓上海，精于鉴藏。成书于1927年。八册，有褚德彝序，每页一印，共收玉印41方、古玺117方、官印90方、周秦印70方、汉私印15方，钤拓极精。

24 尊古斋印存

古印谱录。近代黄濬辑。黄濬字伯川。1931年成书。共分甲、乙、丙、丁四集，每集十册（十卷），每页一印，有柯昌泗及冯汝玠序。甲集：卷一、卷二收古玺79方，卷三周秦印50方，卷四官印50方，卷五私印50方，卷六两面印49方，卷七吉语印30方，卷八肖形印45方，卷九玉印及瓦印36方，卷十宋元官印29方；乙集：卷一、卷二古玺89方，卷三周秦印50方，卷四官印50方，卷五私印48方，卷六两面印41方，卷七吉语印37方，卷八肖形印41方，卷九玉印等31方，卷十宋元官印41方；丙集：卷一、卷二古玺100方，卷三周秦印50方，卷四、卷五官印90方，卷六私印50方，卷七两面印33方，卷八吉语印及肖形印50方，卷九玉印等22方，卷十宋元官印40方；丁集：卷一、卷二古玺100方，卷三周秦印50方，卷四、卷五官印95方，卷六私印50方，卷七两面印

33方，卷八吉语印及肖形印50方，卷九玉印等22方，卷十宋元官印40方。

25　黟山人黄牧甫先生印存

印谱。清黄士陵刻，子黄石（少牧）辑。上下两集，每集两册。因以作者旧留之印蜕做底版，钤拓极精。1935年上海西泠印社以此为底本石印出版时，印面都较完整，惜边款可能用蜡墨拓制，效果较差一点。

26　黄牧甫印存

印谱。清黄士陵刻。此谱有三种：(1) 张鲁盦藏石的辑拓本，大多是黄士陵为王秉恩、潘兰史所刻之印。共二册，每页一印，有边款。(2) 陈融辑拓本，乃黄氏为锺锡璜、盛季莹、黄绍宪、欧阳务耘等人所刻之印。约成书于1935年前后。共六册，每页一印，边款也占一页，收印151方。(3) 黄文宽辑拓本，大多是黄氏为龙凤镳、俞旦、李茗柯、孔性腴等人所刻之印。共二册，每页一印，收印151方，钤拓都不佳。

27　玺印集林

古印谱录。近代林廷勋选钤过目、童大年编次。林氏为福建侯官（今福州）人。他广交游，竭数十年之力，将所得印蜕2200余方，装成六十册《石庐玺印萃赏》，有吴昌硕、黄宾虹序。后改题为《玺印集林》。1938年经童大年删订后由商务印书馆影印出版，流传较广。共四册，每页六至十二印不等。第一册为古玺，第二册为官印及二字私印，第三册为私印及子母印，第四册为两面印、吉语印、六面印、肖形印，以及唐、宋、辽、金官私印、元押。

28　丁丑劫馀印存

明清诸家刻印谱录。汇集了杭州丁辅之《八千卷楼印存》、高络园《乐只室印存》、平湖葛书徵《传朴堂藏印菁华》、余杭俞序文《荔园印存》四谱之精华，是集拓明清名家最为出名的一部印谱。1938年由上海宣和印社钤朱拓墨成书，共二十一部，以"浙西丁高葛俞四家藏印集拓二十一部己卯春成书"二十一字为编号。谱内收印1900余方，计印人273家，谱后附有印人小传。1986年上海书店以原钤本为底本，合数印为一页影印出版。

29　伏庐藏印

古印谱录。近代陈汉第藏辑。陈汉第字仲恕，号伏庐，浙江杭州人。精鉴赏，以先后所得古玺印，六次钤辑成谱。(1)《伏庐藏印己未集》，六册，1919年辑成，每页一印，收古玺70方、官印19方、私印109方、元押及杂印44方，有陈氏自序；(2)《伏庐藏印庚申集》，五册，1920年辑成，每页一印，收古玺59方、官印60方、私印193方，无序跋；(3)《伏庐藏印续集》，十册，1926年辑成，收印500方，其中最精者为《伏庐藏印印椠》二册，收印100方；(4)《伏庐藏印三集》，1938年辑成。以上四次均由邵裴之协助钤辑成谱。(5)《伏庐考藏钵印》，十一册，1939年辑成，每页一印，收印600余方，有王福厂序，方节庵协助辑拓。(6)《伏庐选藏钵印汇存》，三册，1940年辑成，石印两色套印，每页分六格，每格一印，有陈氏《伏庐藏印己未集》旧序及邵裴之为续集、三集所作序。

30　苦铁印选

印谱。吴昌硕刻，方约（节庵）辑拓。1950年出版。四卷，计四册，共收印440方。每页一印，同页拓有边款。有王福厂题扉页，王个簃作序。

31　豫堂藏印甲集

印谱。清赵之谦刻，钱君匋藏辑。1960年由符骥良精拓而成，每页一印连边款，共收印95方，以各印的制作先后为序。除赵之谦的自用印外，主要是为魏锡曾等名家刻的印。该谱还附有钱君匋向张鲁盦、葛锡祺、葛书徵、矫毅借拓的若干钮。

32　豫堂藏印乙集

印谱。吴昌硕刻，钱君匋藏辑。1962年由符骥良、华镜泉拓成，每页一印连边款，共收印111方，以各印的制作先后为序。经过十年文革动乱，所收赵之谦、黄士陵、吴昌硕印章略有遗失，但印谱则保存完好（笔者曾为之秘藏过一个时期）。君匋先生晚年将这部分印章全部捐给了浙江桐乡君匋艺术院。《豫堂藏印甲集》及《豫堂藏印乙集》两部印谱经柯文辉、许振轩两先生努力，由安徽美术出版社易名为《钱君匋藏印谱》于1998年起陆续出版。

33　西泠四家印谱

浙派诸家印谱录。收集清丁敬、蒋仁、黄易、奚冈四家早期钤本。1964年西泠印社初版，每页一至七八印不等，有边款。1979年增订再版时，增加沙孟海跋。

34　吴昌硕篆刻选集

印谱。吴昌硕刻。1965年朵云轩选辑出版，一册。每页三至七印，间附边款，印下有释文及刻印年龄，有线装宣纸本及海月纸本两种。1978年改版重印，为胶版纸平装本。

35　赵之谦印谱

印谱。清赵之谦刻。系1979年上海书画出版社出版"晚清六家印谱"之一。收印340余方，附边款、释文。

36　上海博物馆藏印选

古印谱录。上海书画出版社选编。一册。此谱精选上海博物馆所藏自战国至清初各个时期的铜、玉、金、银等质的官私印中有代表性的印蜕472方（多面印以一方计），附释文。其中战国至晋代之印，均附该馆所复制的封泥墨拓，还附有古封泥拓本及古印之印钮及印面照片9幅。

37　汪关印谱

印谱。明汪关刻。1980年上海书画出版社据《宝印斋印式》旧谱选辑而成，收印263方。

38　吴让之印存

印谱。清吴熙载刻。此谱有两种：(1) 1981年西泠印社本。魏稼孙于同治二年(1863)，自福建至江苏泰州亲晤吴让之，在其案头手钤印107方。西泠印社据以重新编排影印。有胡澍题扉页及赵之谦书"书扬州吴让之印稿"手迹，吴让之自跋一则，并有吴昌硕、丁辅之、赵叔孺等十余人的题词，后附释文。(2) 1904年上海西泠印社所辑十册或八册本，每页一印。另有石印本一种，一册，每页六印，收印与钤拓本同，版心题为"中国印学社编"。

39　古玺汇编

古印谱录。罗福颐主编。1981年文物出版社出版。古玺来源以故宫博物院为主，兼及中国历史博物馆、北京市文物管理处、天津历史博物馆、浙江省博物馆、西泠印社、国家图书馆、中国科学院图书馆等单位所藏精品。全书共收录战国古玺5708方，其中官玺369方、私玺3391方、复姓私玺381方、成语玺785方、单字玺610方、补遗172方，为古玺之集大成者。

40　故宫博物院藏古玺印选

古印谱录。罗福颐主编。此谱精选故宫博物院所藏战国古玺219方、秦汉魏晋私印185方、秦汉至南北朝官印182方、唐宋以来官私印59方,每印均有印钮照片。这些精品旧藏于陈氏篛斋、徐氏懋斋、陈氏伏庐、陈氏澄秋馆、王氏惜篛轩等,建国后归故宫博物院收藏。

41　西泠后四家印谱

浙派诸家印谱录。收集清陈豫锺、陈鸿寿、赵之琛、钱松之印。1982年西泠印社据1925年丁辅之拓《西泠八家印选》中的后四家部分重排影印,每页一至四五印不等,有边款。

42　黄牧甫印谱

印谱。清黄士陵刻。1982年西泠印社据1934年上海西泠印社出版之《黟山人黄牧甫先生印存》,略有删削,重排版面,补加释文后影印出版。王福厂题扉页,马国权作序。

43　吴让之印谱

印谱。清吴熙载刻。系1983年上海书画出版社出版"晚清六家印谱"之一。收印400余方,每页一至五印不等,大多有边款及释文。

44　吴昌硕印谱

印谱。吴昌硕刻。系1985年上海书画出版社出版"晚清六家印谱"之一。收印1000余方,有释文,大多有款识,为历来吴氏印谱中收印最多的一种。

45　秦汉鸟虫篆印选

古印谱录。韩天衡编订。1986年上海书店出版社出版。编者从传世秦汉玺印名谱中,精选鸟虫书文字清晰且钤盖精良者300余方,并择其较佳者放大数倍附于印蜕之下。书首有韩氏论鸟虫篆印专文为序。

46　湖南省博物馆藏古玺印集

古印谱录。陈松长、高志喜主编。湖南省博物馆所藏墓葬发掘及历年征集的古玺印1000余方,1991年上海书店出版社从该馆藏玺印中,精选了595方编成此书。分战国至秦、两汉至南北朝、唐宋以来三个大段。此书特点是每印有释文、年代、质地、出处及该印原大尺寸,并附印钮照片。书后有部分玺印印钮、印面的彩色照片。尤其是书后附有"本书所收湖南出土古玺印章的墓葬情况及同墓随葬器物一览表"。

47　古玉印精萃

古印谱录。韩天衡、孙慰祖编订。1992年上海书店出版社出版。收历经各个时期藏家著录之传世玉印及建国以来新出土的秦汉玉石印章379方,少数精品作了放大处理。书首以孙慰祖《战国秦汉玉印艺术略说》专文为序。

48　古封泥集成

封泥谱录。孙慰祖主编。1994年上海书店出版社出版。为秦、汉、魏、晋、唐各代存世封泥的总集,共收入封泥拓片2670件。此书鉴别精严,汰除伪品,按时代及官、私印分类。官印则按官制、地理分别归类,检索方便。书后附有封泥文字编(以笔画为序),以补充古玺印文字之不足,共收入单字704个、重文2084个。

49　中国肖形印大全

古印谱录。温廷宽编。1994年山西古籍

出版社出版。全书收录编者历时四十年搜集的传世古肖形印谱中精品2000余方，分人物、建筑物、兽、鸟、四灵（吉祥类）、龙鱼龟虫、花纹等七类，每类中又分若干小类。少量古铜器与古铜器的印模，因其年代久远，另立一类，置于人物类之前。本书书首有编者撰写的专题研究论文《肖形图案印的历史》、《各种肖形图案印的分类、题材和时代》、《各种图案印的艺术鉴赏》与《肖形图案印主要印谱收藏所在》。

50　丛翠堂藏印

印谱。清黄士陵刻，钱君匋辑拓。按创作时期先后为序，多系黄氏为江仁举、李茗柯、苏若瑚、欧阳务耘等人所刻之印。共二册，每页一印，有边款，收印159方。经柯文辉、许振轩两先生努力，由安徽美术出版社易名为《钱君匋藏印谱》，于1998年起先后出版了黄士陵、赵之谦、吴昌硕三种印谱。

六十五、千万莲花院印话

以下内容录自作者平时与学生、友人谈艺以及有关文稿，多少反映了作者的艺术观、人生观。纯属一家之言，仅供读者参考。

◆　创新、求变是不可动摇的法则，但如跳过学习传统这一关，就会变成无根之木、无源之水。一定要接受传统的洗礼，先要学习前人在章法、篆法、刀法上的处理手法，然后化为自己的血肉，进而结合个人气质、学养，创出自己的风格。这一关克服了，就所向无敌。

◆　工作、学习再忙，也不要间断翻阅印谱、习写篆字，哪怕一二十分钟也好，久而久之，会对你的创作起到不可估量的作用。

◆　临摹名印、写篆字、读印谱，从半创作到创作，这四个环节的关系要扣得紧，花的时间多多益善。这样，就能花最小的代价，收最大的功效。

◆　基本功靠"练"，怕"练"就不要来碰艺术。"练"就要池水尽墨、指肘生茧、口舌生疮，就要滚瓜烂熟，就要如痴如呆，就要"亡命"；不如此，就不能掌握基本技能。但肯这样做的人极少，一个成功者的后面，有几百个"逃兵"。

◆　平时摹刻过多少秦汉印、名家印，读过多少印谱，都会储存在你头脑的"仓库"里，一点一滴都在。一旦要使用，就会在那记忆的仓库里，从容地挑选你所需要的原材料。量的积累是日后质变的基本保证。所以，尽量多给知识的储存库添一些有用的东西，是会受用一生的。

◆　我的学刻道路大抵是浙派——赵之谦、吴熙载——秦汉印——吴昌硕、来楚生——秦汉印。秦汉玺印是取之不竭的源泉。

◆　花时间多的人不一定比花时间少的人学得好。学习，不但是时间的比赛，而且是智慧的比赛，后者很大程度上取决于学习方法和总结经验。要做到一印一得，即刻一方印，有一点体会，有一点提高。

◆　要解剖名家的作品，就要从基本笔画起，研究作者的章法及线条组合规律。掌握了作者的特色，就能理性地吸收。比如来看楚生的作品，可以把他的朱、白文分别集中欣赏，看看他怎么留空、怎么处理印边、怎么把笔画处理得粗细有致。同样是直线条，看他是怎么变化的。

◆ 篆书要选定一本碑帖连续写它一二年，印谱要选定一本认真临摹、消化。要各个击破，不要打阵地战，面切不可铺得太开，要一个一个地解决。

◆ 认识不可能一次完成，要逐步深化，一般都会自然地循环，逐步加深认识。临摹名印要重记忆、默背，读印谱要重理解、有悟性。特别要从作品的共性中，有心区别并发现个性。作品有个性是最了不起的。

◆ 人弃者有所取，人取者有所弃。

◆ 意到笔随。这里的笔也可指铁笔，仅仅有"意"而无过硬熟练的刀法来加以表现就不能笔随，但心中没有"意"，刀就失去统帅，也就无所适从了。

◆ 学习别人主要在于学习处理手法，研究其"营养"渊源，吸收其立意、构思、处理之内在精髓，融而化之，来滋养我之肌体。如单单学其笔墨线条、结字、残边等外在皮毛，追而摹之，务求乱真毕肖，此乃学习之末路，不足效法。

◆ 要不间断地进行艺术实践，这是提高的唯一途径。要安排好临刻计划，要多多精读秦汉玺印和晚清名家印谱，要研究别人心得体会，要翻烂手头印谱，要消灭"库存"的石头。

◆ 毋躁、毋骄、毋惰、毋中断，这是学习进步的保证。

◆ 最有效的途径是经常跟比自己"高一着"的人一起交流、创作，眼追手摹，很快就能提高。

◆ 印谱要精读，观察要细，可备一个倍数大一点的放大镜。所谓"于细微处见精神"，微小处恰恰是重要处，名家高手总在些微处显示其功力、巧思。

◆ 要大胆舍弃一些"俗"的东西。"去俗"是一种升华，但功力不到，眼界不高，雅俗不分，可能会把好的东西也一起舍去。有些人的学习如滤豆浆，滤掉的是精华，留下的是糟粕；有些人的学习则如漏斗，好坏一起抛弃，辛苦一场，什么也没得到。聪明人如入山捡宝石，除了宝石，别的不屑一顾。

◆ 不动脑筋，不停地刻，犹如旗杆，再高也高不到哪里去；眉毛、胡子一把抓，什么都花精力，犹如筹建一大片广场，广则广矣，可一定无所建树。书画篆刻、文学诗词、考古、文字学、音乐、舞蹈、戏剧、美学、哲学，全面提高艺术修养，一切为篆刻创作服务，则犹如有深厚基础的巍巍金字塔，那光辉的顶端正在向你闪烁着光芒。

◆ 产生质的飞跃要通过痛苦的反复探索、寻求、彷徨和咬紧牙关。在质的飞跃未临之前，一如孤身行走在沙漠之中，举目四顾，尽皆茫然。其时虽然自感痛苦，但往往能促使你开动机器，苦思苦练。待到量的积累一到火候，探索的机钮一被揿到，就会豁然开朗，"柳暗花明又一村"，其时则如茫茫的沙漠之中,忽现葱茏之绿洲。

◆ 量的积累是质的飞跃的基础,不要厌烦微小的积累;火候一到,飞跃就来了。但要完成飞跃,还得有一个十分重要的条件,那就是必须多思。若看轻这"多思",则量虽然积累甚多,却仍如探索于暗室,纵使辗转万周也无效。唯有细心探索、推求、多方实践,才能完成质的飞跃。故"苦学"还得加上"巧思",缺一不可。

◆ 不要企图一蹴而就,新的、好的作品,只有在大量的实践之后,才可能奔来腕下。望石兴叹、退而措手的人,只会眼高手低。有人问我:"我怎么刻来刻去总刻不好?"我反问他:"你果真做到'刻来刻去'了吗?"他只好默然了。

◆ 一种风格、一种手法在形成之初,大都是幼稚的,它有自己的产生、发展、成熟的过程。不要自惭形秽,只要方向对头,加上勤学苦练,总有瓜熟蒂落的时候。

◆ 从习惯手法的反面找找途径,或许会开拓出新的领域。一个阶段后,从相反处找找蹊径,即俗云"矫枉必须过正"。经年累月习惯于一家之法,易生积习,提高也慢。而一涉及生疏的技法,从心理上产生一种新鲜感、兴奋感,往往吸收极快。

◆ 自己找一些成组成组的题材,在纸上认真设计印稿,然后听取行家的批评意见再修改,如此长期"纸上谈兵",可以使你的创作思路锻炼得异常活跃,创作能力必然会大大提高。

◆ 秦汉以来的玺印,为篆刻艺术提供了取之不竭、用之不尽的源泉。明清两代先贤继承秦汉玺印的优良传统,自出新意,流派纷呈,大家辈出。历代名作成为我们学习篆刻艺术的优秀典范。

◆ 杰出的篆刻家往往能在方寸之间,表现出卓越的艺术技巧、高度的美学修养、独特的审美情趣,从而达到共性和个性的完美统一。一种丰富的艺术养分,无疑是每一个有志于篆刻艺术学习的朋友们都应该努力汲取,然后通过理解来化为自己的血肉的。

◆ 篆刻这一门视觉艺术,就其入门的初级阶段来说,有着很强的技术特性。如最初阶段的刻回文训练,以及临刻训练,都要求奏刀沉着、稳练,把线条刻得平直光洁、匀称饱满。实践证明,这一阶段的练习并不需要太久时间,几乎所有的人为时不久即能做到操刀自如。然而,作为一个篆刻艺术上心摹手追的实践者来说,属于艺术范围里的学习只是刚刚学步。只有具备了必不可少的书法、文字学、美学、绘画构图和有关音乐、舞蹈、戏剧等各类文学艺术方面的知识,以及具备一定的生活经验、想象力、思想水平、艺术感觉(即具有丰富的文化心理结构)以后,才谈得上对刀法、笔意的鉴赏和对章法设计的心领神会——这才是篆刻艺术的真趣所在。

◆ 在具备了一定的基本功以后,鉴赏能力的高下直接关系到艺术水平的提高,因为艺术家全部的技巧、学养和个性,往往都通过他的精心之作化成最为形象、具体的艺术语言,而不通晓这种语言,是难以与先贤进行心灵的对话的。所谓"心摹手追"之"心摹",就是赏析上达到的理解和沟通，它是应该永远走在实践之前的。

◆ 我最讨厌看那些年复一年、长篇累牍重复谈执笔、用笔、中锋、偏锋、切刀、冲刀……的文章。我看书画篆刻展览，大多是一走而过。只有在少数独具个性、能动人心弦的作品面前，才"不得不"停步细细品味，琢磨其中有否可供自己参考、借鉴的东西。展品如能迫使观众停下来多看几眼，说明作品自有其独特的魅力，这是一种成功。可惜，这样的作品毕竟太少了。

◆ "妙手偶得"来自长期积累，绝非天外飞来的。"风格独创"来自个人气质、学养和对艺术的独立思考能力，既不能预先设计好该创什么风格，也不会凭空冒出新风格来。这种人，百不能一。

◆ 雕刻家盖卢瓦说过："你看见的是我已经做到了的，可是你没看见我心里的、我所追寻的东西。"但如果心里没有追寻的东西呢？

◆ 只要立得高，想得宽，善于提炼，勤于探索，那就会点石成金，化腐朽为神奇。而要做到这一点，先得具备一双慧眼，就得印外求印，就得提高文学、美学、哲学等方面的修养，与时俗保持一定的距离感，才能创造出具有自己独特个性的东西。

◆ 在国画创作中，为达效果，中锋、偏锋、皴擦、顺逆按捺、转回……皆可参而用之。同时，为丰富表现力，可与墨之干、湿、浓、淡相结合。在篆刻创作中，为达目的，冲切、敲击、研磨、点凿、披削，也皆可为我所用。

◆ 风格的形成有多种因素，与个人气质、学养有极大关系，往往由于长年积累，渐入佳境，由量变到质变。一觉醒来形成了"风格"是自欺欺人，艺术上的懒汉永远不会有成就，艺术上的"近视眼"也绝对创不出什么"风格"来。

◆ 立意要深，章法要新，运刀要精。

◆ 刻印时须心中闲适，腕下从容，快慢有致，冲切结合，疾而不疾，缓而不缓，不期而成，不待而至，不求而工，此为极境。

◆ 运刀要表达墨稿的笔意，要起落分明，要一举成功。在临摹中，可以通过修改对照来体会名作的技法，但在创作中，切不可把效果期待在刻好后反复的修改中，一经反复修改，会把最生动的刀法改得索然无味。

◆ 学刻者专门在冲刀、切刀之类刀法上兜圈子是入魔道，篆刻艺术以印蜕的效果为标准，并非看操刀表演。

◆ 在纸上设计好印稿，在石上写好墨稿，一方印已成功了一大半，这就是前人说的"小心落墨，大胆奏刀"。大部分学刻者不重视写稿，信刀妄为，尚未动刀就可知其必败无疑。

◆ 管它南宗与北宗，吾以吾笔写吾胸；各家理具生花笔，逐一搜来心底融。

◆ 要在自己习惯的手法上渐渐融化、吸收新东西，创造一个新"我"。

◆ 不究于篆，无由得隶，没有五十年的篆

刻经历，我绝对写不出现在这样的汉简。说句老实话，光研习汉简写坏的毛笔，就有两大捆，使一个学书青年着实吃了一惊。

◆ 艺术创作的大敌是"重复"。学生重复老师，自己重复自己，读者重复出版物所公布的模式。等到大家重复来重复去，重复着同一种面目，千人一面，万人一腔，你的创作也就失去了新鲜感。

◆ 学习祖国的传统艺术，无论是书法、绘画、篆刻，必须经过一个扎实临摹的阶段。想使自己的作品有特色，须得靠个人深厚的内涵。没有传统根底的"创造"，实际上是"捏造"。虚张声势，忸怩作态只会令人生厌；哗众取宠或可得逞于一时，却断不能长久。造作的高深使人不堪其俗，率真的浅白，有时却反能使人倍觉其雅。任何艺术无特色则不能夺人，但要创一种风格又难乎其难。

◆ 也许我永远达不到理想境界，但是一个人总得在不断的希望与追求中奋争，才能使自己的作品离"真、善、美"近一点，再近一点。

◆ 人品第一，学问第二，书法第三，刻印第四。要刻好印，第一步先要学会尊师，先要学会做人。读书再多，艺品再高，如果人品低劣，留给人们的只能是感叹号。哀莫大于良心的死灭。

◆ 因为工作忙、学习忙而停止学习，一碰到困难就找借口，这种人别指望能学习到真本领，也根本不可能有成功的一天。回避困难，减少基本功训练，只会养成投机取巧的坏习惯，意志也得不到锻炼。别人在享受、娱乐、休息，你在挑灯夜战，看来吃亏了，实则便宜了。得便宜处失便宜，失便宜处得便宜，这是生活的辩证法。

◆ 困难，可以使一个人不成功；成绩，也可以使一个人不成功。未出道时，肯日夜苦干，临摹印成百上千，练篆书盈箱累箧，看到别人有好作品立刻勾描，一有资料则啃个够。一旦稍有成绩，如发表几方印、在大赛中得个什么奖，就怠惰滋生，看别人作品专门挑眼，看自己作品则"王婆卖瓜"，碰到人迫不及待先自我吹嘘，唯恐别人不知道站在他面前的就是一个"天才"；精力放到了参加什么协会、钻营结识什么名人上去，其结果必然成不了真正的"才"。

◆ 对于初涉印艺的朋友来说，"实临"能使我们最大限度地吸收名作的精华，完整地领略作为一门艺术整体的形和神的各个方面。科学地说，任何艺术精品也不可能没有一丁点儿缺点，但由于我们的鉴赏能力是随着实践提高的，因此，初学者往往很难作出去芜存菁的选择，这就要求我们不仅需要选择公认的名作作为范本，更要在追求形神兼得的艰苦劳动中，捕捉名作的神韵。这对于锻炼我们的心、眼、手的统一和运刀的敏感，具有相当重要的意义。"实临"既是对章法、刀法等技巧的练习，又是鉴赏能力的强化过程。初学者只有力求酷肖原作，在"形似"的基础上，再深入一步，"神似"才成为可能。

◆ 目前，全国大小书法、篆刻比赛多如牛毛，有些注重于举办者的广告效应，有些则纯粹是为了经济效益，更甚者是为了骗钱。有些大赛办请的评委本身艺术素养不高,其中也有些不会刻印、不会写字。何况,从没有哪一个大赛敢公布评选的详细标准,比如刻将军印一路与刻玉印一路的,如果同样出色,谁该得第一?也难有标准。不少大赛全凭主评者的偏爱或以一个小圈子里的人审美倾向作标尺,未免带有少数"权威"或地域性的门户之见,甚至还有由朋党作庸俗的划界的。总之,在一定程度上,这些评选还有片面性、局限性。在这些非纯粹学术交流性质的展览或比赛中崭露头角或榜上有名,当然值得高兴,但更应该以清醒的头脑对待之。因为对一件作品的品评,除了内容上的标准以外,一般还有两个艺术衡量标准:一个是放到历史的背景下去看,是否符合传统古制,即是否具有扎实的传统功力;二是放到现实的背景下来看,有无个人风格的时代气息,即有否创新精神和时代气息。显然,得过什么奖、参加过什么展览是不能作为炫耀自己学有成绩的资本的。

六十六、学刻参考书目

为满足广大读者的要求,介绍一些近年来出版的有关篆刻的专著和有关报刊。这些资料,有些虽然已很难买到,但写信到有关出版社去询问一下,或许尚有存书。至少为你买书可以起一点参谋作用。没有录入的书籍名目,一可能是信息不灵而遗漏;二是虽已出版,但对初学者参考价值不大而从略,请读者见谅。

有关篆刻总集及谱录、篆字工具书、篆刻工具书及理论著作、篆书参考著作及碑帖、篆刻报刊等资料见下诸表。

表1 篆刻总集及谱录选载

《古玺汇编》	文物出版社
《故宫博物院藏古玺印选》	文物出版社
《秦汉南北朝官印徵存》	文物出版社
《罗福颐印选》	文物出版社
《齐白石书法篆刻》	人民美术出版社
《钱君匋篆刻选》	人民美术出版社
《荣宝斋藏三家印选》	荣宝斋
《黄牧甫印影》	荣宝斋
《齐白石印影》	荣宝斋
《陈师曾印谱》	荣宝斋
《鹤庐印存》	荣宝斋出版社
《韩天衡篆刻精选》	荣宝斋出版社
《赵叔孺印存》(舒文扬编)	上海辞书出版社
《简琴斋印存》(舒文扬编)	上海辞书出版社
《吴颐人百印集》	上海辞书出版社
《中国篆刻全集》	上海书画出版社
《上海博物馆藏印选》	上海书画出版社
《十钟山房印举选》	上海书画出版社
《明清篆刻流派印谱》(方去疾编)	上海书画出版社
《现代篆刻选辑》	上海书画出版社
《汪关印谱》	上海书画出版社
《吴让之印谱》	上海书画出版社
《赵之谦印谱》	上海书画出版社
《吴昌硕印谱》	上海书画出版社
《朱复戡篆刻》	上海书画出版社
《兰沙馆印式》(沙孟海刻)	上海书画出版社
《来楚生印存》	上海书画出版社
《毛主席诗词刻石》(韩登安刻)	上海书画出版社
《静乐簃印稿》	上海书画出版社
《朴堂印稿》	上海书画出版社
《瞿秋白笔名印谱》(方去疾、单晓天、吴朴刻)	上海书画出版社

《当代著名篆刻家作品集》（吴瓯编）	上海书画出版社	《潘主兰印选》	上海书店出版社
《玺印集林》	上海书店出版社	《石开印存》	上海书店出版社
《古封泥集成》（孙慰祖编）	上海书店出版社	《吴子建印集》	上海书店出版社
《澂秋馆藏古封泥》	上海书店出版社	《吴颐人印存》	上海书店出版社
《湖南省博物馆藏古玺印集》	上海书店出版社	《陈茗屋印存》	上海书店出版社
《乐只室古玺印存》	上海书店出版社	《童衍方印存》	上海书店出版社
《魏石经室古玺印景》	上海书店出版社	《黄惇印集》	上海书店出版社
《古玉印精萃》（韩天衡、孙慰祖编）	上海书店出版社	《刘一闻印稿》	上海书店出版社
《共墨斋汉印谱》	上海书店出版社	《孙慰祖印稿》	上海书店出版社
《唐宋元私印押记集存》（孙慰祖主编）	上海书店出版社	《瓦当汇编》（钱君匋等编）	上海人民美术出版社
《秦汉鸟虫篆印选》（韩天衡编）	上海书店出版社	《中国古代瓦当艺术》（杨力民编）	上海人民美术出版社
《吉金斋古铜印谱》	上海书店出版社	《安持精舍印冣》	上海人民美术出版社
《齐鲁古印攈》	上海书店出版社	《钱君匋长跋巨印选》	上海人民美术出版社
《续齐鲁古印攈》	上海书店出版社	《长征印谱》（钱君匋刻）	上海人民美术出版社
《十六金符斋印存》	上海书店出版社	《钱瘦铁印存》（吴颐人、钱大礼编）	上海三联书店
《赫连泉馆古印存》	上海书店出版社	《来楚生印存》（张用博、吴颐人编）	上海三联书店
《伏庐藏印》	上海书店出版社	《福寿印谱》（吴颐人刻）	上海三联书店
《丁丑劫馀印存》	上海书店出版社	《封泥汇编》	上海古籍书店
《丁敬印谱》	上海书店出版社	《中国篆刻全集》	黑龙江美术出版社
《邓石如印谱》	上海书店出版社	《邓散木印谱》	哈尔滨地图出版社
《赵之琛印谱》	上海书店出版社	《一足印稿》（邓散木刻）	哈尔滨地图出版社
《钱松印谱》	上海书店出版社	《中国肖形印大全》（温廷宽编）	山西古籍出版社
《徐三庚印谱》	上海书店出版社	《鲁迅作品印谱》（吴颐人刻）	山西人民出版社
《黄士陵印谱》	上海书店出版社	《秦汉瓦当》（傅嘉仪等编）	陕西人民美术出版社
《澂秋馆印存》	上海书店出版社	《古图形玺印汇》（康殷编）	河北人民出版社
《乐只室印谱》	上海书店出版社	《李刚田篆刻选集》	河南美术出版社
《双虞壶斋印存》	上海书店出版社	《鲁迅笔名印谱》（钱君匋刻）	湖南人民出版社
《方介堪印选》	上海书店出版社	《茅盾笔名印谱》（钱君匋等合作）	湖南人民出版社
《钱君匋印存》	上海书店出版社	《钱君匋藏印谱·赵之谦》	安徽美术出版社
《叶潞渊印存》	上海书店出版社	《钱君匋藏印谱·吴昌硕》	安徽美术出版社
《矫毅生肖印选》	上海书店出版社	《钱君匋藏印谱·黄士陵》	安徽美术出版社
《单晓天印选》	上海书店出版社	《齐白石印汇》	巴蜀书社
《韩天衡印选》	上海书店出版社	《中国历代印风系列·先秦印风》	重庆出版社
《江成之印谱》	上海书店出版社	《中国历代印风系列·秦代印风》	重庆出版社

《中国历代印风系列·汉晋南北朝印风》	重庆出版社	《陈巨来印存》	西泠印社
《中国历代印风系列·隋唐宋印风（附辽夏金）》	重庆出版社	《钱君匋刻书画家印谱》	西泠印社
《中国历代印风系列·元代印风》	重庆出版社	《晓天印稿》	西泠印社
《中国历代印风系列·明代印风》	重庆出版社	《茅盾笔名印谱》（郁重今刻）	西泠印社
《中国历代印风系列·清代印风》	重庆出版社	《鲁迅笔名印谱》（钱君匋刻）	广东人民出版社
《中国历代印风系列·历代印匋封泥印风》	重庆出版社		
《中国历代印风系列·历代图形印吉语印风》	重庆出版社		

表2　篆字工具书选载

《中国历代印风系列·明清瓷器押印风》	重庆出版社		
《中国历代印风系列·清代徽宗印风》	重庆出版社	《说文解字》（许慎编）	中华书局
《中国历代印风系列·清代浙派印风》	重庆出版社	《甲骨文编》（考古研究所编）	中华书局
《中国历代印风系列·赵之谦印风（附胡钁）》	重庆出版社	《金文编》（容庚编）	文物出版社
		《古玺文编》（罗福颐编）	文物出版社
《中国历代印风系列·吴昌硕流派印风》	重庆出版社	《汉印文字徵》（罗福颐编）	文物出版社
《中国历代印风系列·黄牧甫流派印风》	重庆出版社	《玺印文综》（方介堪编）	上海书店出版社
《中国历代印风系列·齐白石、丁二仲、经亨颐、简经纶、来楚生印风》	重庆出版社	《鸟虫篆大鉴》（徐谷甫编）	上海书店出版社
		《汉印分韵合编》（清人集编）	上海古籍书店
《中国历代印风系列·赵叔孺、王福庵流派印风》	重庆出版社	《金石大字典》（汪仁寿编）	天津古籍书店
《君匋艺术院藏印集》	浙江人民美术出版社	《古籀汇编》（徐文镜编）	武汉古籍书店
《齐国古陶文五十品》（梁章凯编）	西泠印社	《甲金篆隶大字典》（徐无闻主编）	四川辞书出版社
《藏传铁印五十品》（梁章凯编）	西泠印社	《清代书家篆隶字集》（北川邦博编）	西泠印社
《西泠印社古铜印选》	西泠印社		

表3　篆刻工具书及理论著作选载

《范曾捐赠宋元古印五十品》（梁章凯编）	西泠印社		
《顾氏集古印谱》	西泠印社	《古玺印概论》（罗福颐编）	文物出版社
《二百兰亭斋古铜印存》	西泠印社	《篆刻学》（邓散木编）	人民美术出版社
《西泠四家印谱》	西泠印社	《汉字例话》（左安民编）	中国青年出版社
《西泠后四家印谱》	西泠印社	《汉字的结构及其流变》（梁东汉编）	中国青年出版社
《西泠印社社员作品集》	西泠印社	《印章艺术概说》（韩天衡、孙慰祖编）	高等教育出版社
《晚清民国六家印谱》	西泠印社	《玺印源流》（钱君匋、叶潞渊合著，钱君匋、舒文扬增补）	北京出版社
《吴让之印存》	西泠印社		
《黄牧甫印存》	西泠印社	《篆刻大辞典》（韩天衡主编）	上海辞书出版社
《赵古泥印存》	西泠印社	《中国美术大辞典·篆刻》（邵洛羊总主编）	上海辞书出版社
《个簃印存》	西泠印社	《文化生活小百科·篆刻》	上海辞书出版社
《韩登安印存》	西泠印社	《篆刻法》（吴颐人编著）	上海辞书出版社
《王福庵印存》	西泠印社		

书名	出版社
《可斋印学新稿》（孙慰祖著）	上海辞书出版社
《中国篆刻艺术》（韩天衡等编）	上海书画出版社
《散木印艺》（张用博、单晓天编）	上海书画出版社
《中国印学年表》（韩天衡编）	上海书画出版社
《近代印人传》（马国权著）	上海书画出版社
《中国古代印论史》（黄惇著）	上海书画出版社
《历代印学论文选》（韩天衡编）	上海书画出版社
《小篆习法举要》（林子序编著）	湖北美术出版社
《古文字演变趣读》（夏渌著）	文物出版社
《古肖形印臆释》（王伯敏编）	上海书画出版社
《中国印章鉴赏》（刘一闻编）	上海书画出版社、香港三联书店
《两汉官印汇考》（孙慰祖主编）	上海书画出版社、香港大业公司
《中国文字学》（唐兰著）	上海古籍出版社
《印章》（刘一闻编）	上海古籍出版社
《汉字学》（蒋善国著）	上海教育出版社
《字源》（约斋编）	上海书店出版社
《常用汉字演变图说》（吴颐人编著）	上海书店出版社
《篆刻入门》（孔云白编）	上海书店出版社
《印钮艺术》（施宝霖著）	上海书店出版社
《印章名作欣赏》（吴颐人编）	上海书店出版社
《孙慰祖论印文稿》（孙慰祖著）	上海书店出版社
《印里印外》（孙慰祖著）	上海书店出版社
《怎样刻印章》（陈寿荣编）	上海人民美术出版社
《印章》（孙慰祖编）	上海人民美术出版社
《篆刻五十讲》（吴颐人编）	上海三联书店
《古今百家印章名作欣赏》（舒文扬编）	学林出版社
《书法知识千题·篆刻部分》（吴颐人编）	河南美术出版社
《古文字学导论》（唐兰著）	齐鲁书社
《民国篆刻艺术》（孙洵著）	江苏美术出版社
《篆刻丛谈》（叶一苇编）	西泠印社
《字源谈趣》（陈政著）	广西人民出版社

表4　篆书参考著作及碑帖选载

书名	出版社
《邓石如篆书》	文物出版社
《康殷书释说文部首》	荣宝斋
《吴让之篆书墨迹》	荣宝斋
《钱君匋篆书千字文》	中国和平出版社
《两周金文选》	上海书画出版社
《秦铭刻文字选》	上海书画出版社
《吴昌硕书石鼓文墨迹》	上海书画出版社
《章太炎篆书千字文》	上海书画出版社
《商甲骨文选》	上海书店出版社
《篆法辨诀》（韩天衡书）	上海书店出版社
《来楚生篆书千字文》	上海画报出版社
《吴让之篆书两种》	上海古籍书店
《字宝·篆书》	吉林人民出版社
《殷周金文字帖》	四川美术出版社
《王福庵说文部首》	西泠印社
《吴让之篆书字帖》	西泠印社

表5　有关篆刻报刊选载

刊名	出版社
《文物》	文物出版社
《中国书画》	人民美术出版社
《中国书法》	北京中国书法杂志社
《书法》	上海书画出版社
《书法研究》	上海书画出版社
《篆刻》	黑龙江美术出版社
《书法赏评》	黑龙江省书法家协会
《青少年书法报》	书协黑龙江分会
《中国书画报》	天津中国书画报社
《青少年书法》	河南美术出版社
《书法导报》	书法导报社
《书法报》	书法报社

《书法世界》	安徽美术出版社
《西泠艺报》	西泠印社
《西泠艺丛》	西泠印社
《香港书画报》	香港书艺出版社

表6　推荐的篆刻参考书目（增补条目）

《韩天衡印谱》(韩天衡著)	上海人民出版社
《韩天衡鸟虫丽印》(韩天衡著)	上海画报出版社
《篆刻三百品》(韩天衡著)	上海书画出版社
《中国篆刻流派创新史》(韩天衡、张炜羽著)	上海书画出版社
《韩天衡篆刻新作集粹》(韩天衡著)	上海辞书出版社
《中国印章：历史与艺术》(孙慰祖著)	外文出版社
《印中岁月：可斋忆事印记》(孙慰祖著)	吉林美术出版社
《可斋论印三集》(孙慰祖著)	上海辞书出版社
《可斋问印》(孙慰祖著)	西泠印社出版社
《古封泥集成》(孙慰祖主编)	上海书店出版社
《秦汉金文汇编》(孙慰祖、徐谷甫编著)	上海书店出版社
《陈鸿寿篆刻》(孙慰祖编著)	上海书店出版社
《邓石如篆刻》(孙慰祖编著)	上海书店出版社
《孙慰祖印选》(孙慰祖著)	上海辞书出版社
《孙慰祖印谱》(孙慰祖著)	西泠印社出版社
《古玉印集存》(韩天衡、孙慰祖编)	上海书店出版社
《茅大容印集》(茅大容著)	上海书画出版社
《徐云叔印集》(徐云叔著)	上海书画出版社
《陈茗屋印集》(陈茗屋著)	上海书画出版社
《陆康印集》(陆康著)	上海书画出版社
《钱君匋印存》(舒文扬编)	吉林美术出版社
《吴颐人篆刻·印跋新作》(吴颐人著)	上海人民出版社

六十七、学刻参考资料

学习篆刻必须要重视对传统的学习，即必须大量地临刻名作，能同时做一点"画印"作业更好。这是一个必不可少且十分枯燥的学习过程。鉴于觅集各种古印印谱及流派印印谱，对于中、小城市与农村或边远地区的学刻者来说，的确是十分困难的事。这需要有一笔不小的开支，但即使有一定经济能力，也难以买到需要的印谱资料。为此，在本书新版时，特别精选了大量的、较工整的、宜于初学的古铜印，以及赵之谦、吴熙载、黄士陵、王福厂、罗福颐、陈巨来、吴朴堂、韩登安、叶潞渊、钱君匋等名家名作。学刻者如能对这些珍贵的资料认真画印、摹写、临刻、消化一番，并结合创作活学活用，必将受用终生。

1　白文刻法资料

学刻宜先从白文入手，由单字印、二字印、三字印、四字印、多字印逐步由浅入深，由简单到复杂。在本书"初学者的基本训练"一章中，所附供篆书填空的每一个篆字均可作为单字白文印刻制出来。多加一个边框，为的是增加一些用刀的机会，注意边框要略细于印文，或与印文同粗，并要注意四个角的方圆适度。

工整的印刻到有一定的基础后，不妨试刻一些古印中风格更率意、用刀更生辣的凿印。临刻名家印也是这样。因工整一类的易于上手、便于入门，故吴昌硕、来楚生一路印要放在稍后的阶段接触。

（除部分资料外，基本截止于1990年12月）

篆刻法

　　基本功当以多练白文印始。以下的白文单字印,宜一一画出或临刻之。注意线条的头尾收笔及转折处。然后再刻多字印必有好处。

　　(1)单字印:

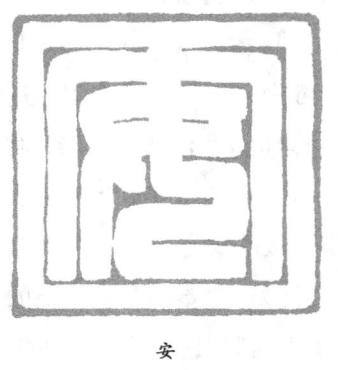
安

安2

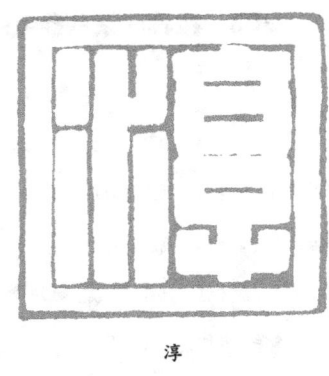
淳

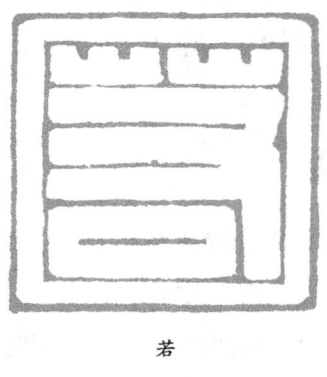
若

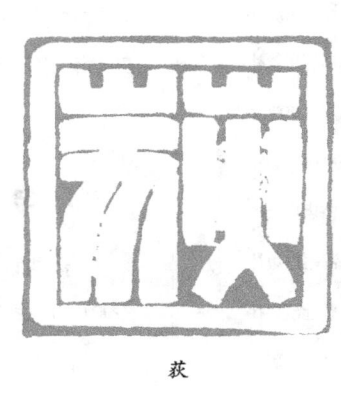
获

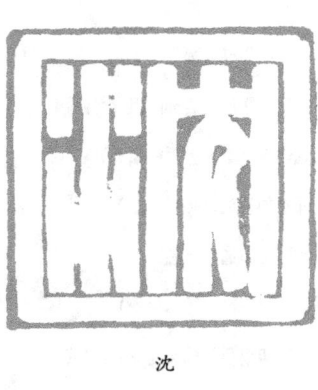
沈

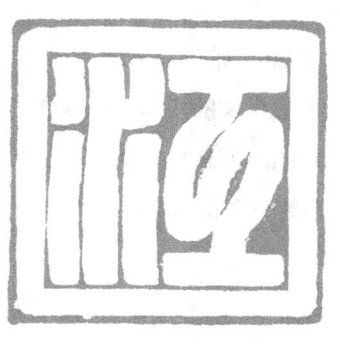
江

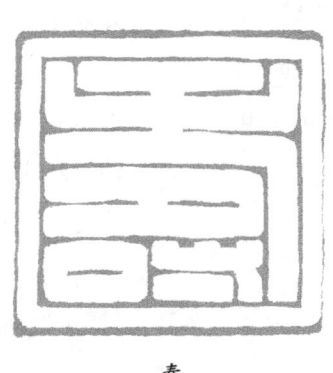
寿

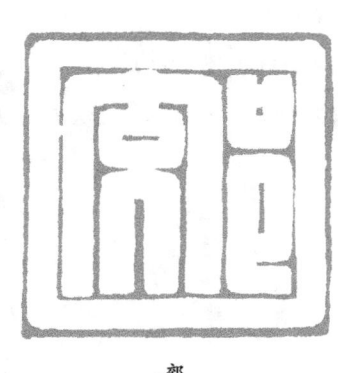
郊

◎六十七、学刻参考资料

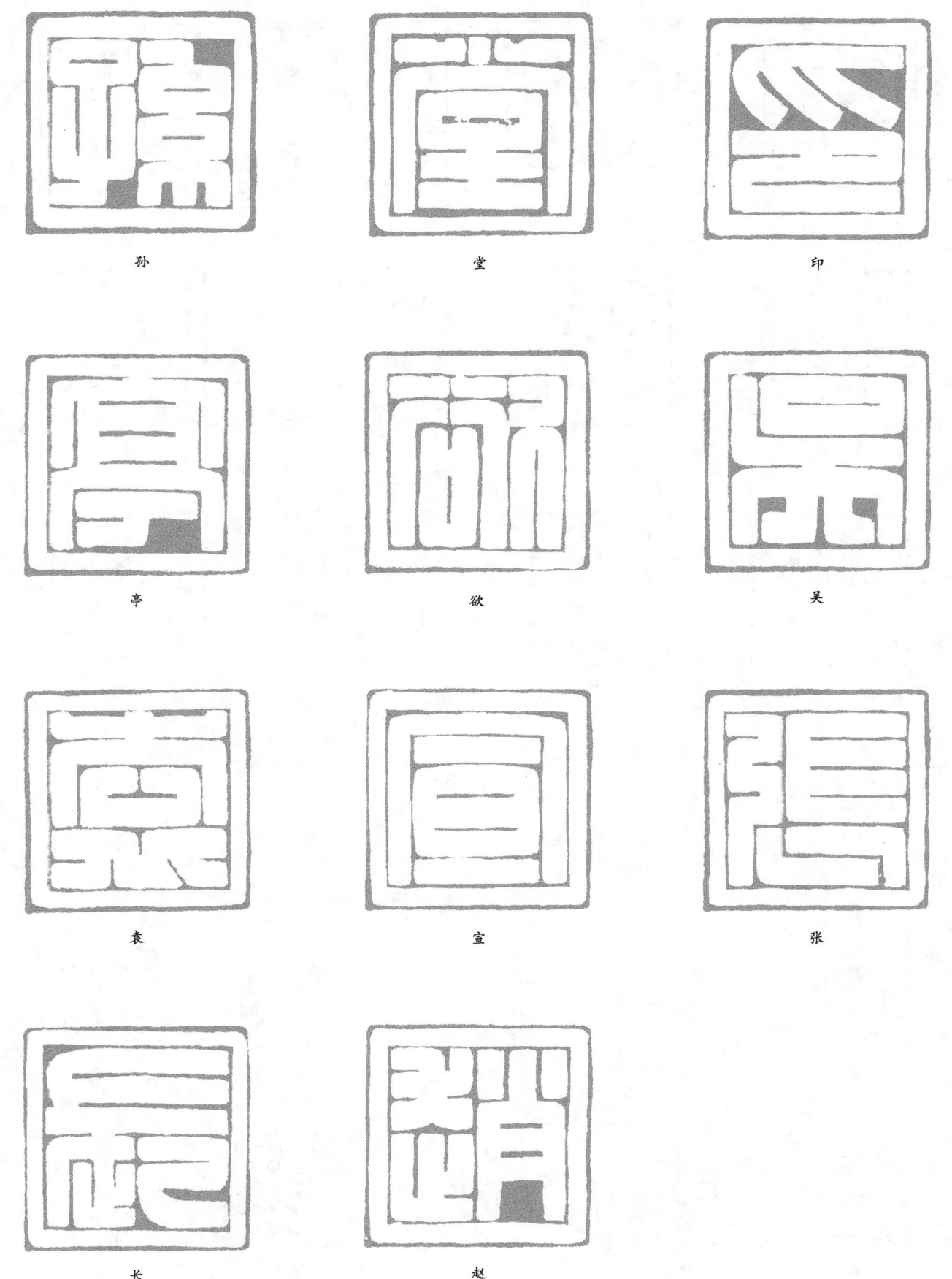

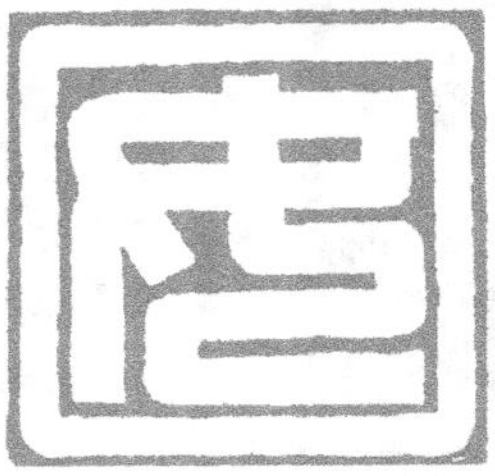

篆刻法

女	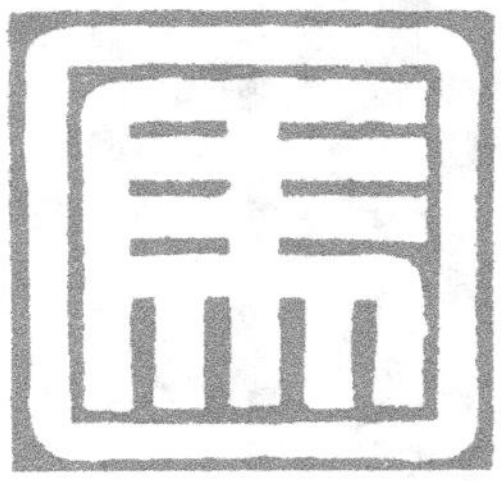 马	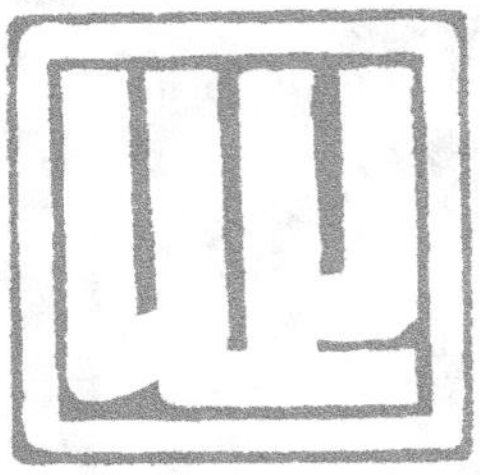 心	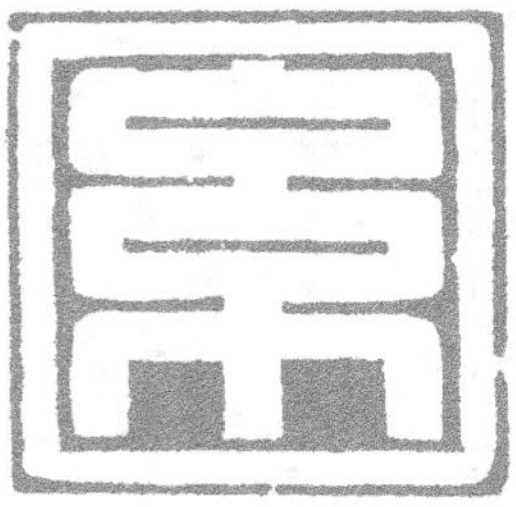 糸
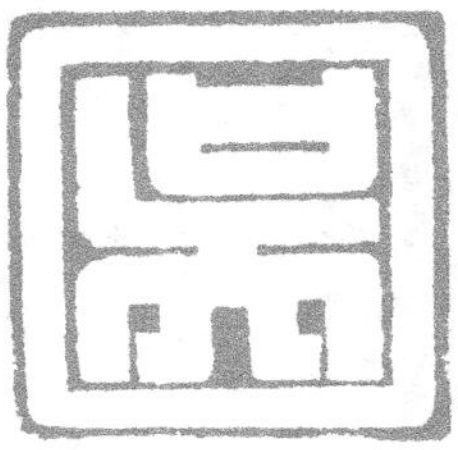 吴	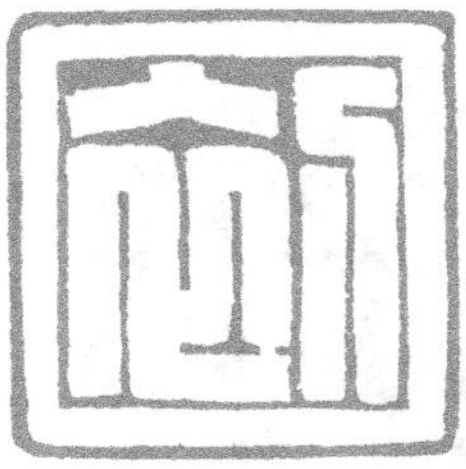 初	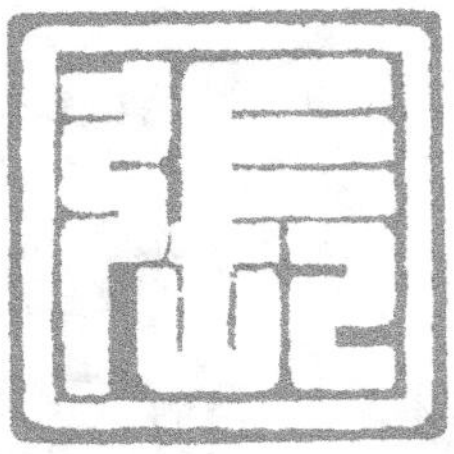 张	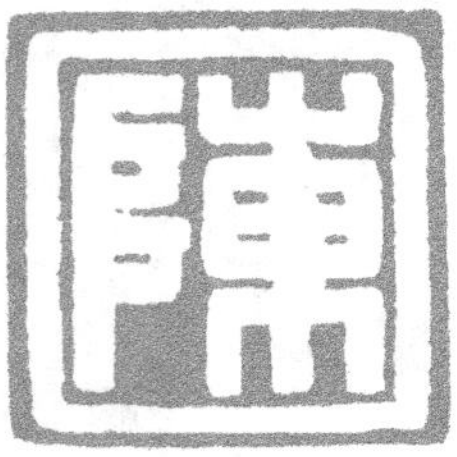 陈
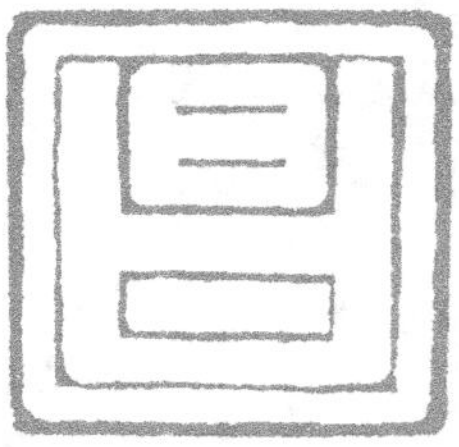 昌	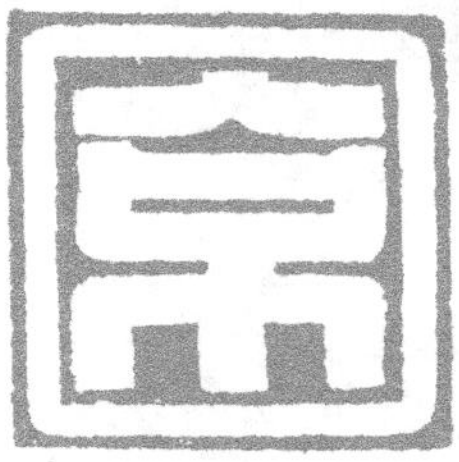 京	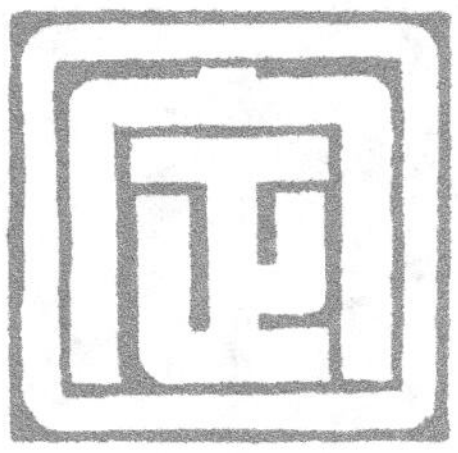 定	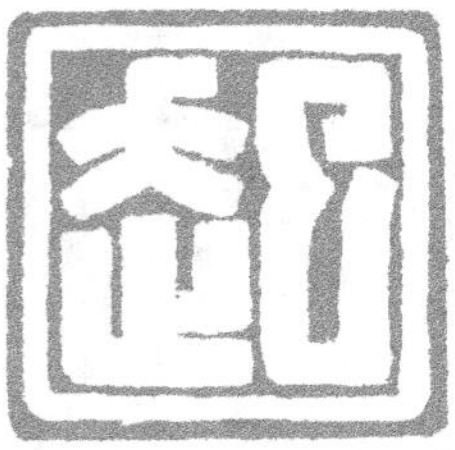 起

(2) 二字印：

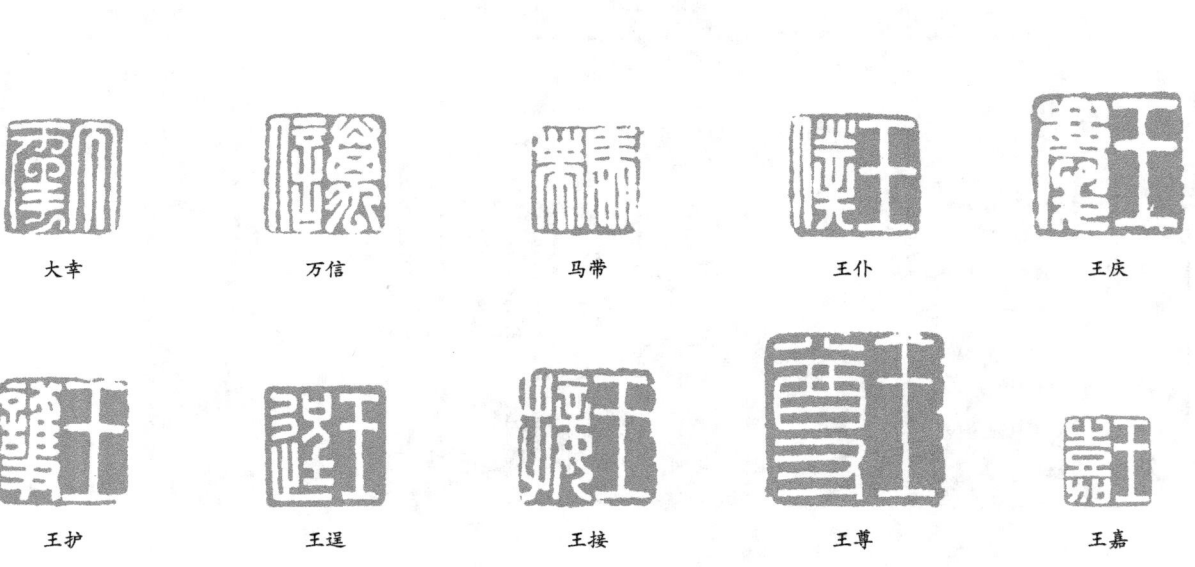

大幸　　万信　　马带　　王仆　　王庆

王护　　王逞　　王接　　王尊　　王嘉

◎ 六十七、学刻参考资料

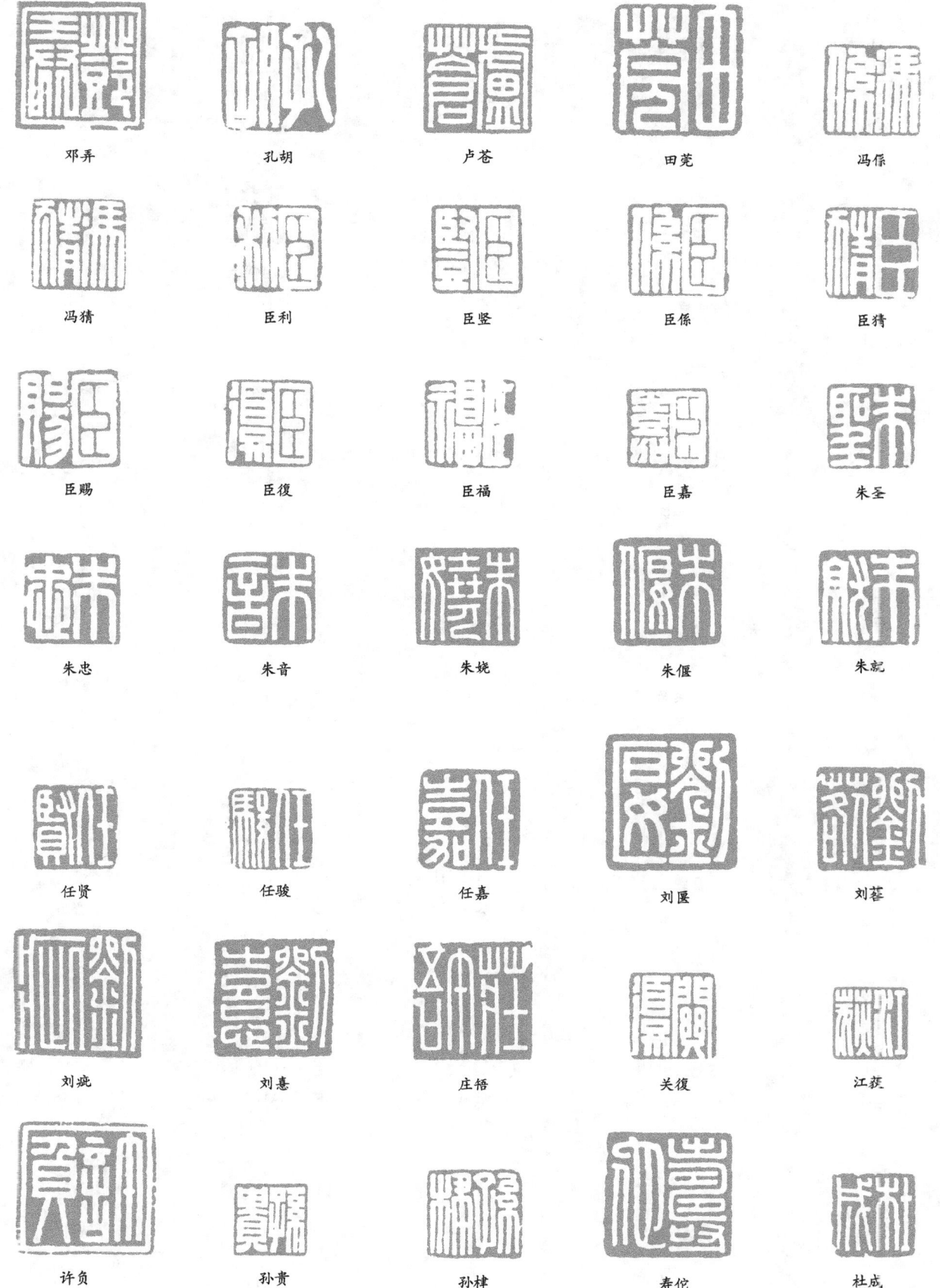

篆刻法

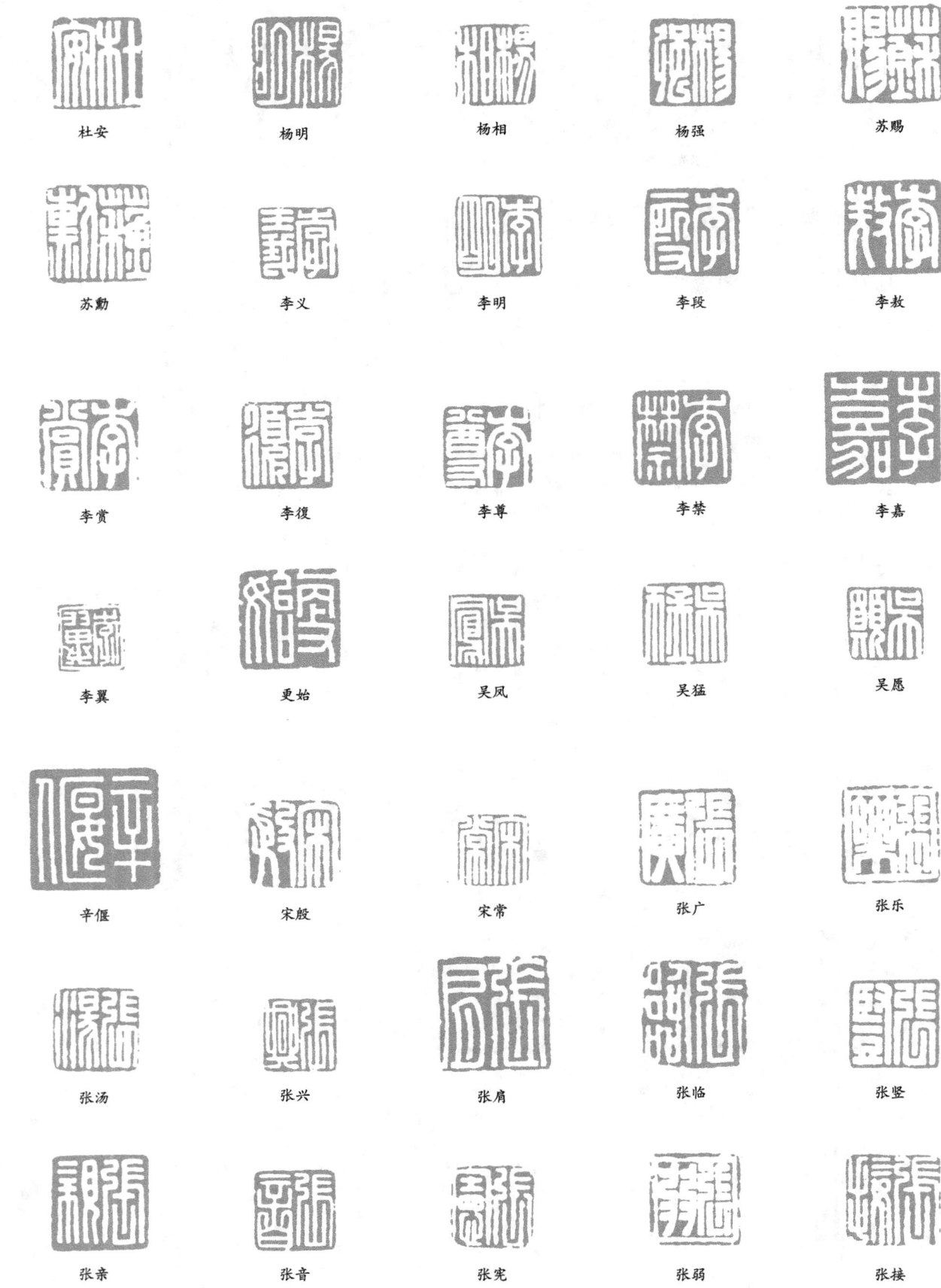

◎六十七、学刻参考资料

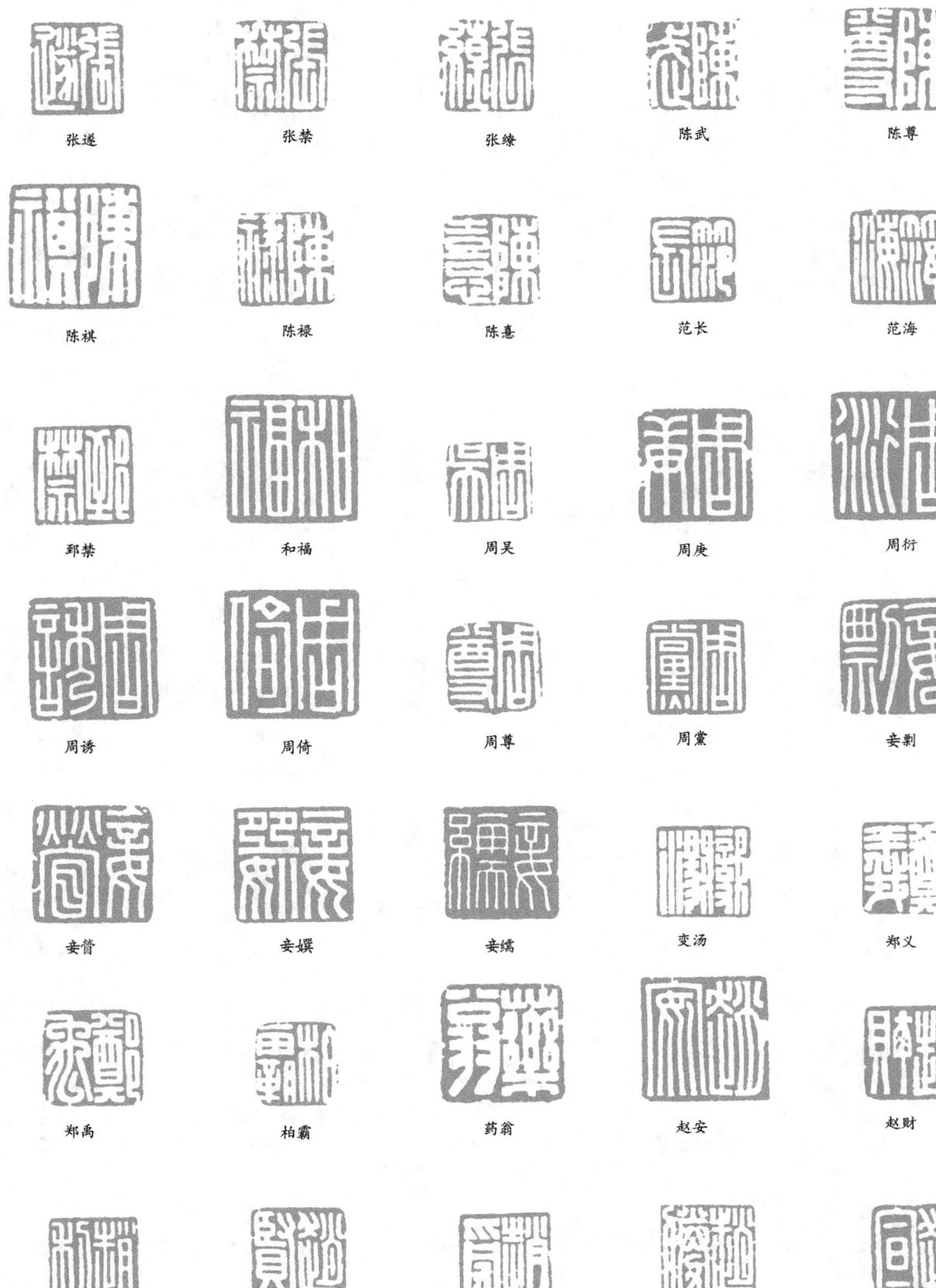

篆刻法

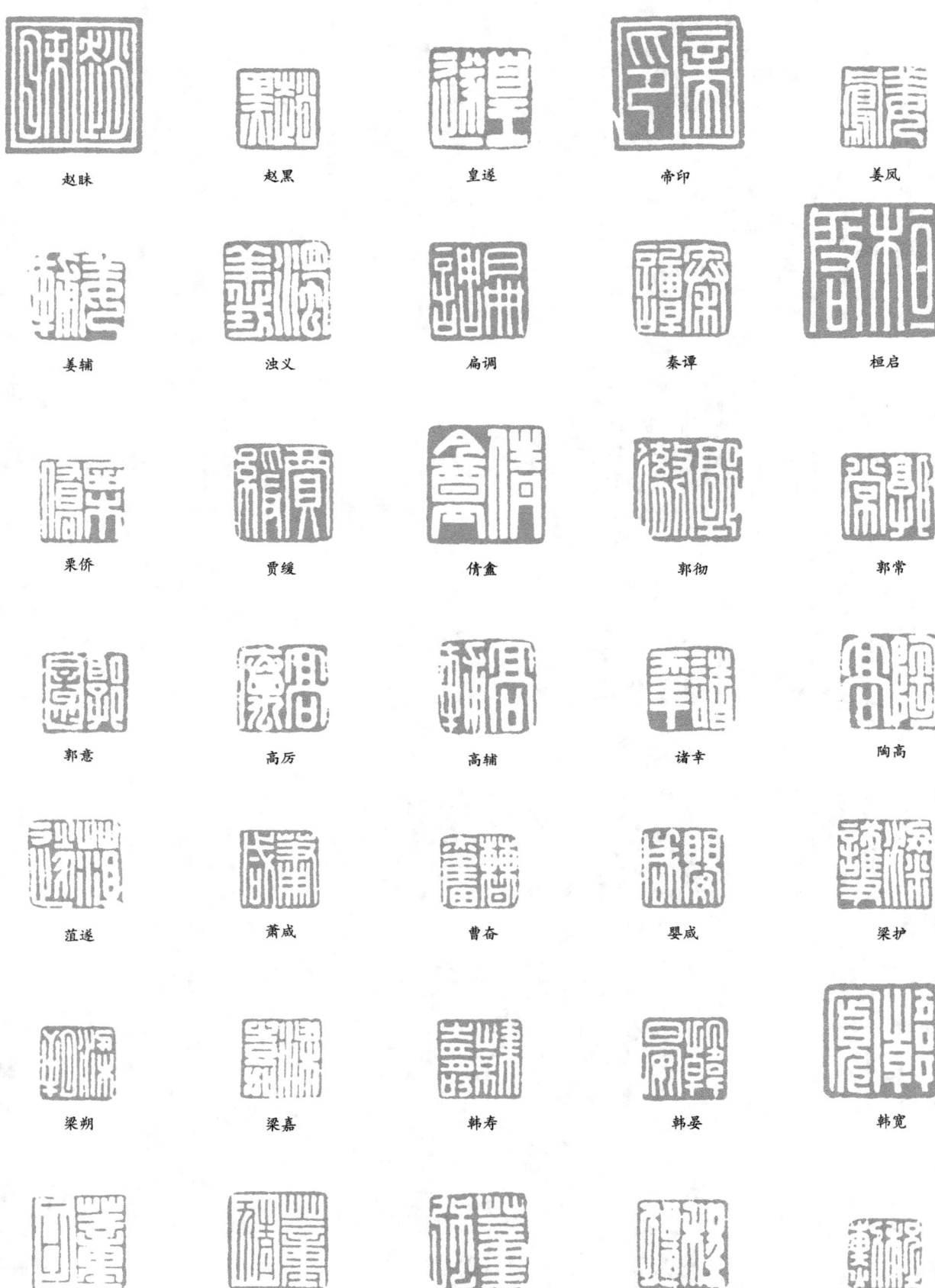

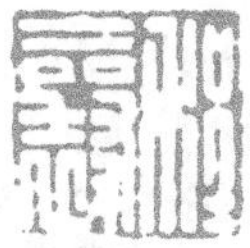

程襄	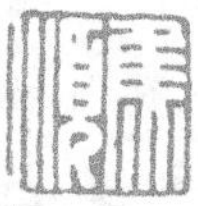 焦顺	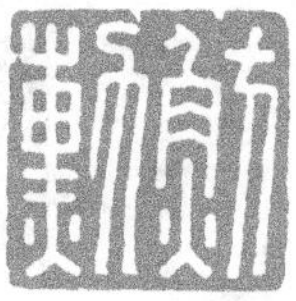 鲂勋	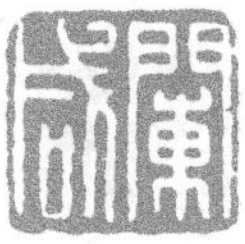 阑咸	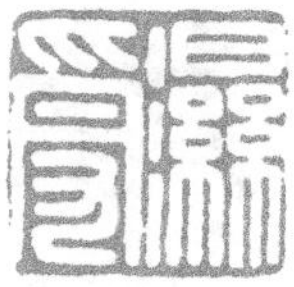 湿受
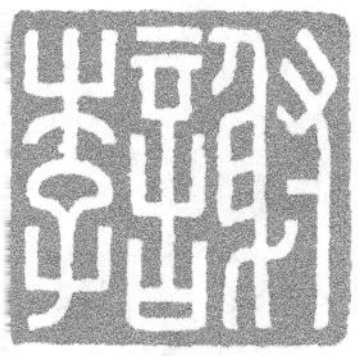 谢李	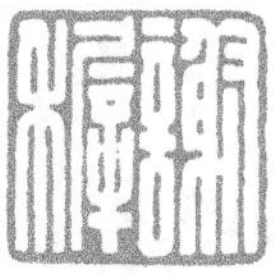 谢稹（稚）	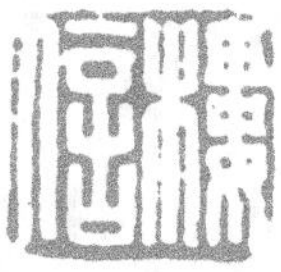 楼信	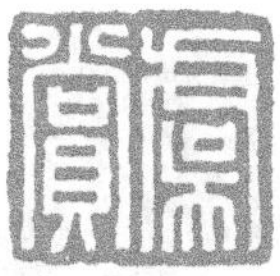 虞赏	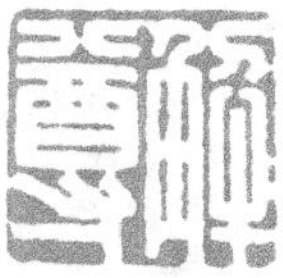 解尊
脊乡	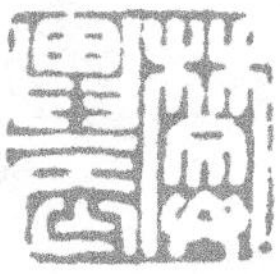 樊农	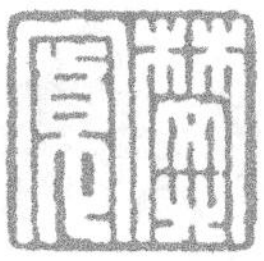 樊宽	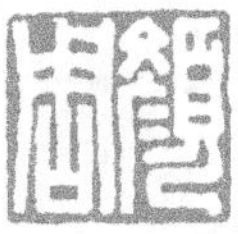 颜周	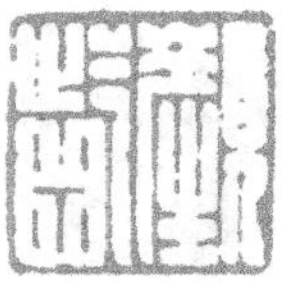 颜齙
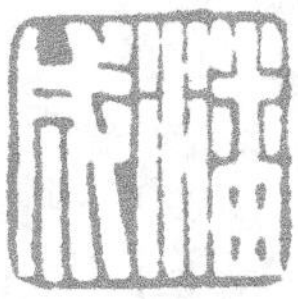 潘成	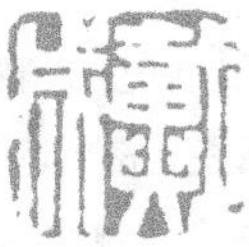 戴成	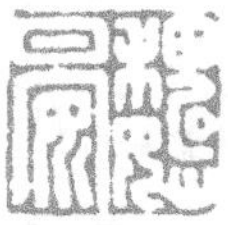 魏晏		

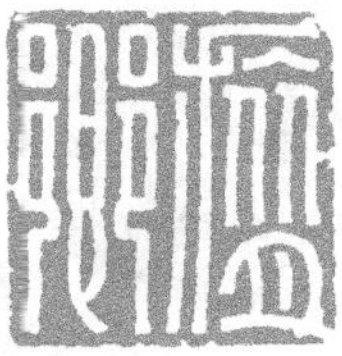

(3) 三字印：

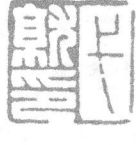 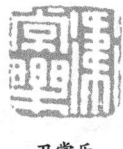 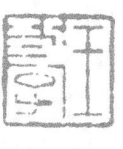 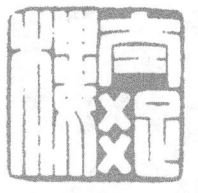 

| 弋就印 | 卫常乐 | 王功子 | 太疏楼 | 凤翁儿 |

  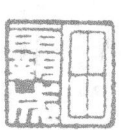 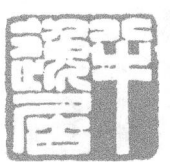 

| 旧王孙 | 田辅印 | 田霸成 | 半逸居 | 司马纵 |

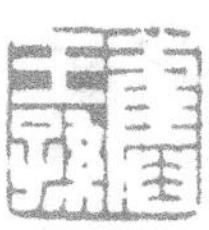

篆刻法

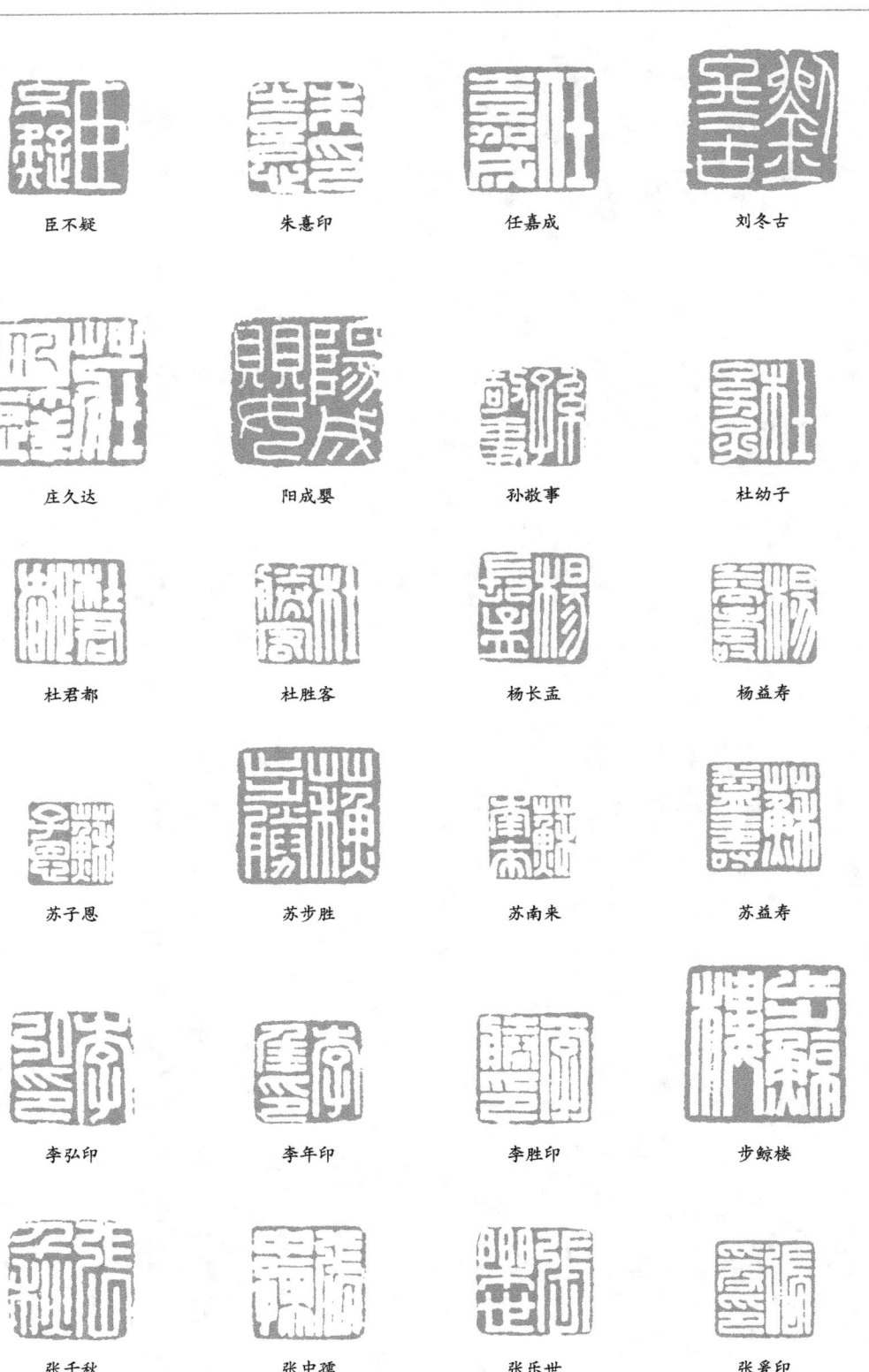

臣不疑　朱憙印　任嘉成　刘冬古　刘恩印

庄久达　阳成婴　孙敬事　杜幼子　杜安居

杜君都　杜胜客　杨长孟　杨益寿　苏广汉

苏子恩　苏步胜　苏南来　苏益寿　李友印

李弘印　李年印　李胜印　步鲸楼　吴作人

张千秋　张中孺　张乐世　张爱印　张虞人

张稺（稚）主　陆俨少　陈延年　陈甫始　陈翁孟

◎六十七、学刻参考资料

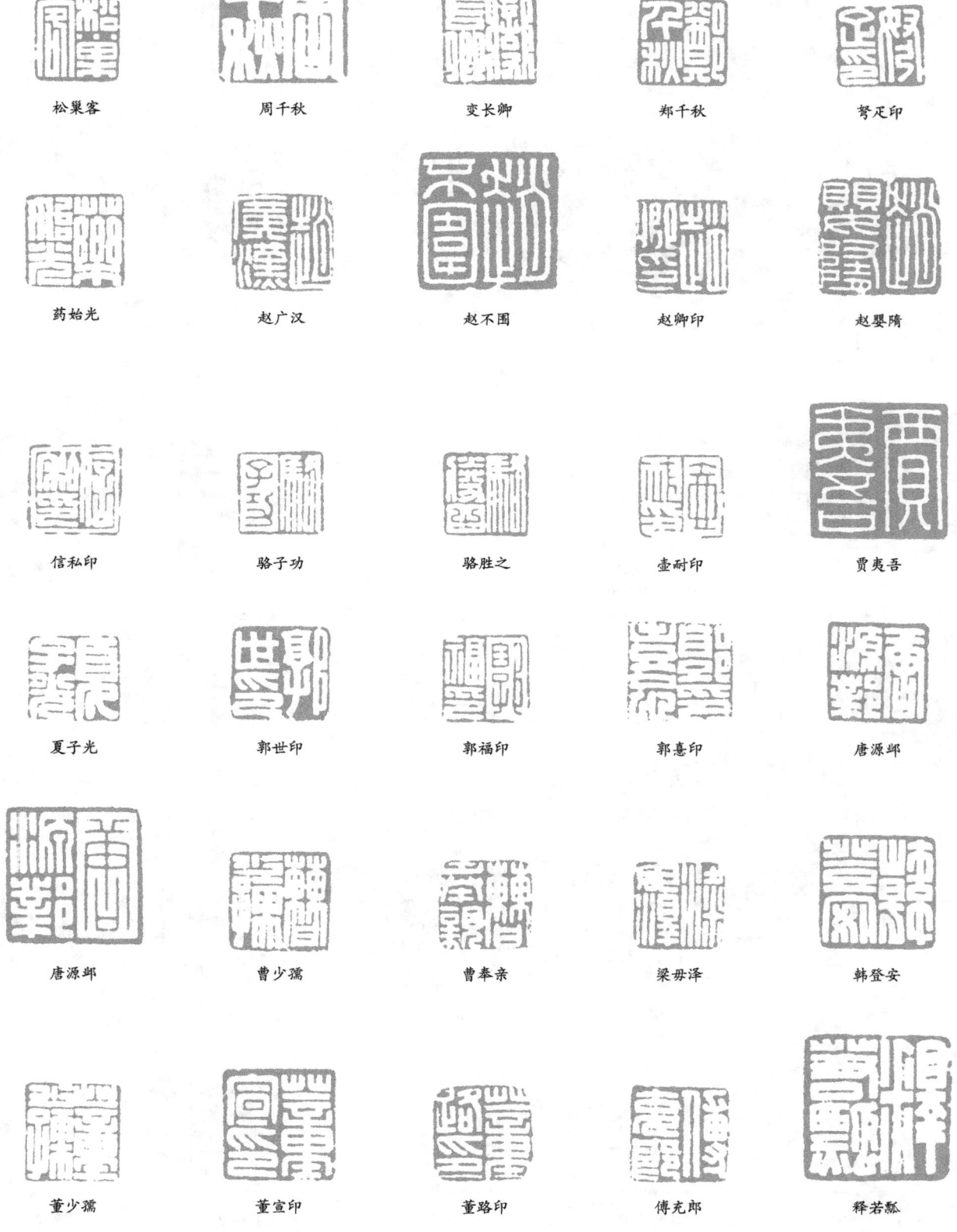

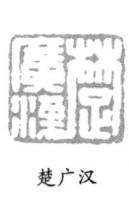  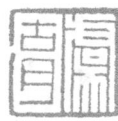  

楚广汉　　　虞长宾　　　虞古月　　　箸胥欴　　　樊少孙

 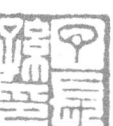   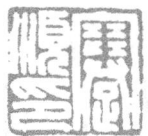

樊莫如　　　滕宫印　　　颜长公　　　魏充印　　　寋顺印

（4）四字印：

 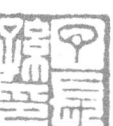  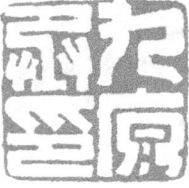 

二灯精舍　　丁长孙印　　丁苍之印　　九原丞印　　工倩私印

 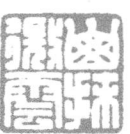 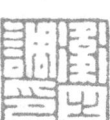 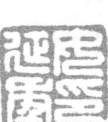 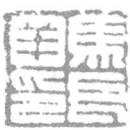

山阳尉丞　　山抹微云　　卫之调印　　女延年印　　马长羊印

马充私印　　马调之印　　马黛私印　　王广之印　　王乐之印

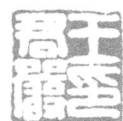 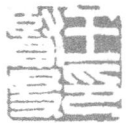   

王君严印　　王贤友印　　王骏之印　　王萌私印　　王常之印

○ 六十七、学刻参考资料

王赏信印　　　王鄢之印　　　王裒私印　　　天慵自纵　　　太医司马

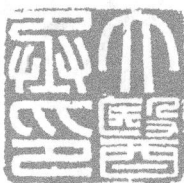 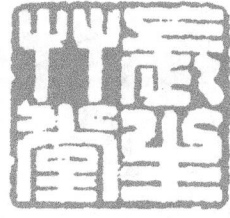 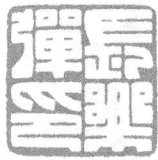 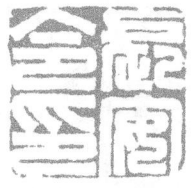 

太医丞印　　　长生草堂　　　长乐弹印　　　长安令印　　　长贵亭侯

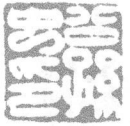  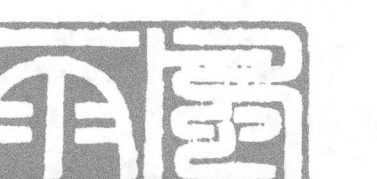 

公孙中印　　　公孙喜印　　　风娇雨秀　　　文常私印

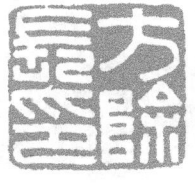  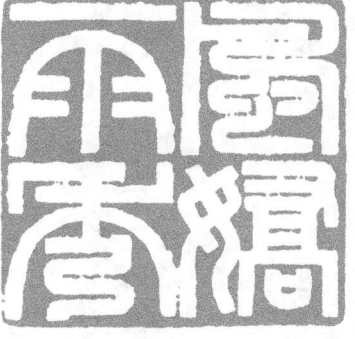 

方除长印　　　尹立私印　　　　　　　　　　尹充私印

   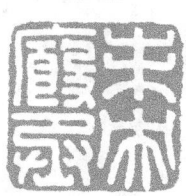 

尹禄之印　　　尹默之印　　　以豫白牋　　　未央厩丞　　　甘承私印

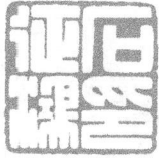  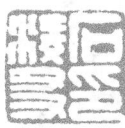 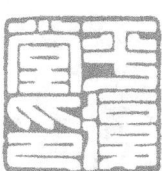 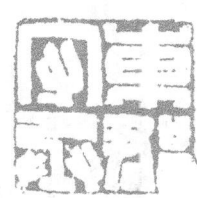

石征鸿印　　　石易之印　　　石凌友印　　　平復堂印　　　东郡守丞

篆刻法

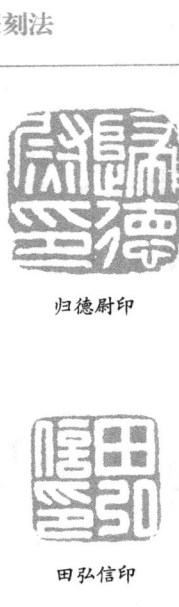  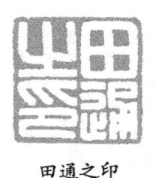 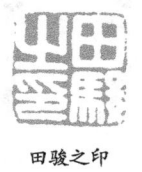 

归德尉印　　叶氏遐庵　　田子光印　　田长卿印　　田龙私印

  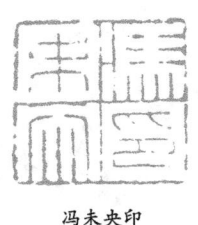  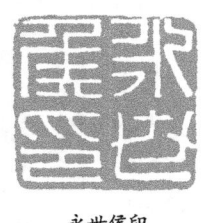

田弘信印　　田破石子　　田通之印　　田骏之印　　史成私印

 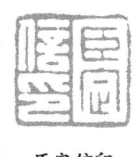   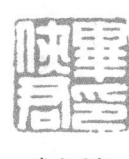

史当私印　　冬谭私印　　冯未央印　　冯彭私印　　永世侯印

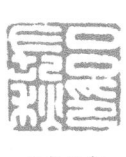    

司马纶印　　臣定信印　　成皋丞印　　邢千秋印　　毕侠君印

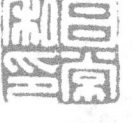  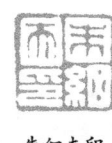 

吕长秋印　　吕弘之印　　吕忠之印　　吕常私印

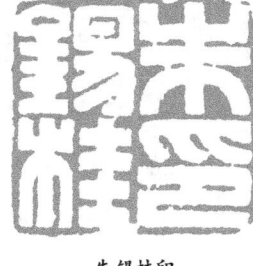

朱锡桂印

 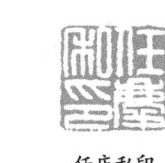 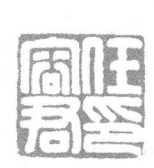 

曲昭私印　　朱万岁印　　朱未央印　　朱细夫印

朱萌私印　　任充汉印　　任庆私印　　任容君印　　刘义之印

◎六十七、学刻参考资料

  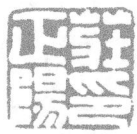 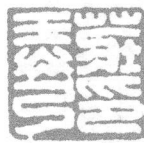 

刘永信印　　　刘林私印　　　庄正阳印　　　庄弄弓印　　　庄武私印

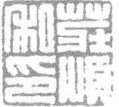    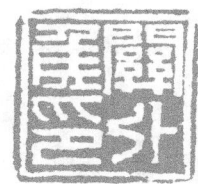

庄顺私印　　　庄宣之印　　　关内侯印　　　关内侯印　　　关外侯印

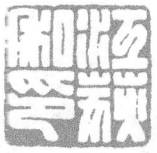  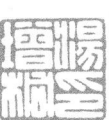 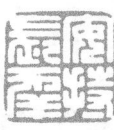 

江荻私印　　　池阳家丞　　　汤增桐印　　　安持长年　　　安持精舍

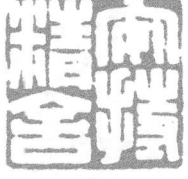 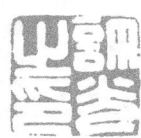  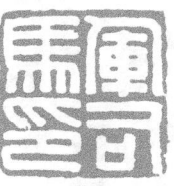 

安持精舍　　　许光之印　　　许敞私印　　　军司马印　　　军司马印

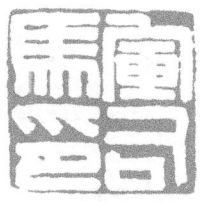 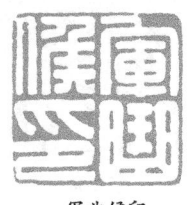   

军司马印　　　军曲候印　　　军曲候印　　　阳平家丞　　　阳乐侯相

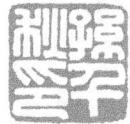  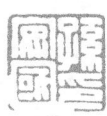  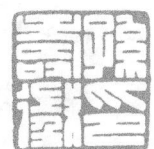

孙千秋印　　　孙义之印　　　孙安国印　　　孙如私印　　　孙寿徵印

233

篆刻法

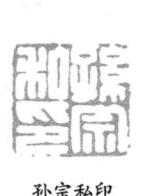 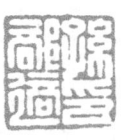 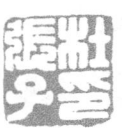  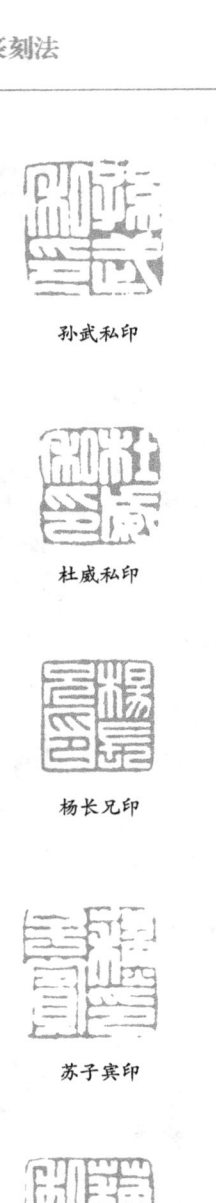

孙武私印　　孙宗私印　　孙部适印　　杜张子印　　杜忠私印

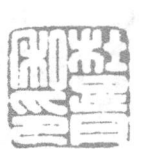 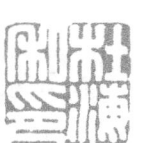 

杜威私印　　杜信德印　　杜胥私印　　杜海私印　　杜福之印

杨长兄印　　杨宣之印　　杨宣明印　　杨胥私印　　杨霸之印

 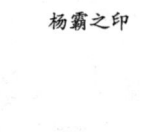

苏子宾印　　苏冰私印　　苏汤私印　　苏勃私印　　苏南来印

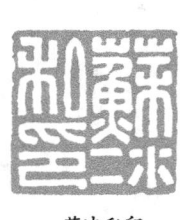 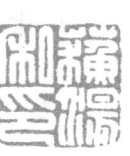  

苏就私印　　苏襄私印　　李由之印　　李延寿印　　李自为印

李安乐印　　李奉世印　　李顺之印　　李宣倜印　　李常私印

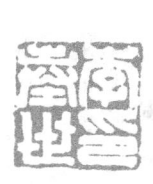  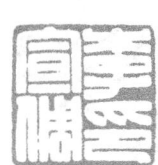  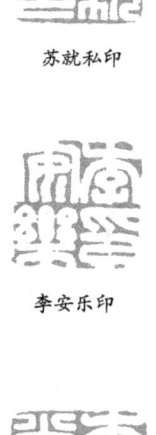

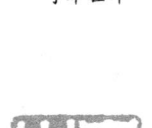    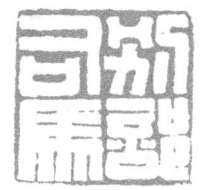 

李常喜印　　李云之印　　护军印章　　别部司马　　别部司马

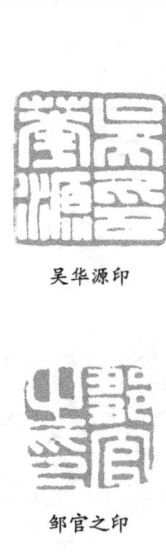

| 吴华源印 | 吴湖飒（帆）印 | 吴湖飒（帆）印 | 何澄私印 | 伯郊所藏 |

| 邹官之印 | 序文得意 | 沈尹默印 | 沈钧儒印 | 沈德镛印 |

| 宋次君印 | 宋贤私印 | 宋忠私印 | 宋相信印 | 宋贺私印 |

| 诏假司马 | 诏假司马 | 诏假司马 | 张山拊印 | 张子功印 |

| 张戎私印 | 张守成印 | 张君宪印 | 张林私印 | 张宗祥印 |

| 张学良印 | 张音私印 | 张珩私印 | 张捐之印 | 张辅私印 |

篆刻法

张野私印	张寄之印	张隆私印	张毅印信	张懿印信
即此是学	阿阳长印	陈韦私印	陈襄私印	奉车都尉
武陵尉印	武猛校尉	武猛校尉	武猛都尉	武德长印
林森之印	范昌之印	欧阳驹印	郅通私印	叔得意印
秉德侯相	周君严印	周昌之印	周翁孺印	周霸私印
郑博士印	郑襄之印	郑襄私印		

◎ 六十七、学刻参考资料

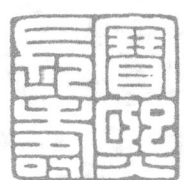
宝熙长寿

宜春禁丞

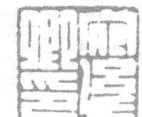
宛幼卿印

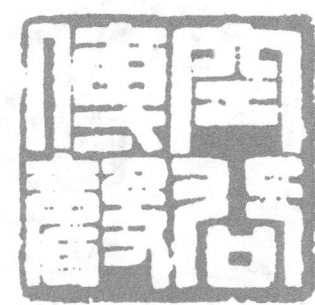
空谷传声

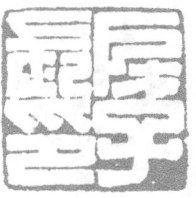
房子长印

驸马都尉

柏有遂印

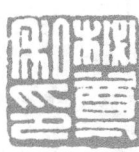
柲尊私印

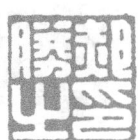
郝胜之印

南乡左尉

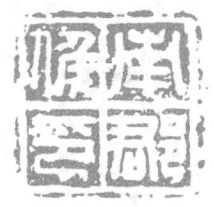
南郡候印

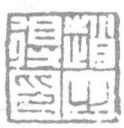
赵之得印

赵之谦印

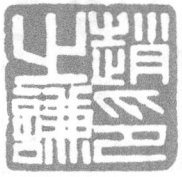
赵之谦印

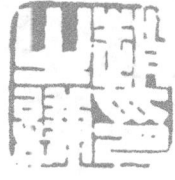
赵之谦印

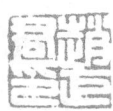
赵巨君印

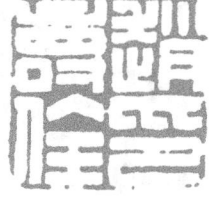
赵寿佺印

赵讷私印

赵音私印

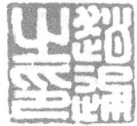
赵通之印

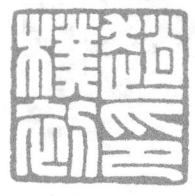
赵朴初印

赵雍节印

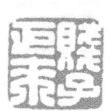
贱子巨来

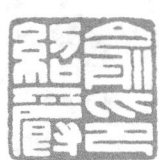
俞绍爵印

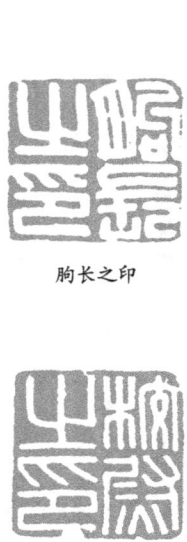 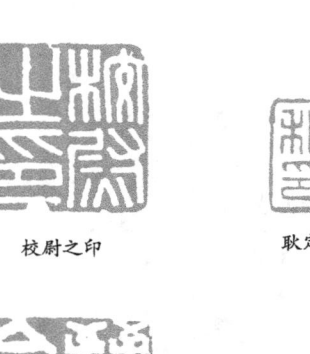 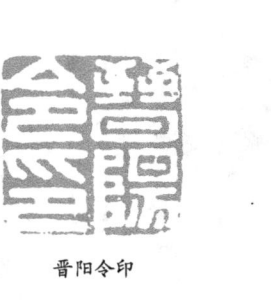  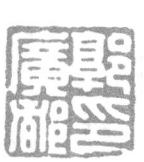 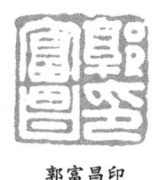   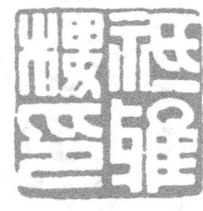 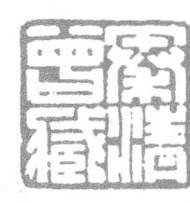 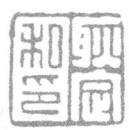 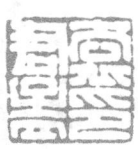   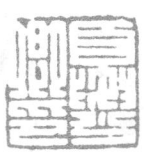 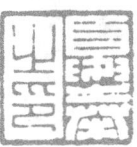 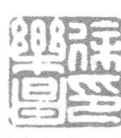  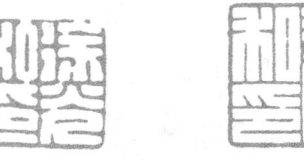 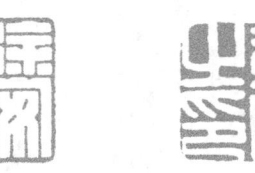  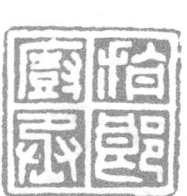      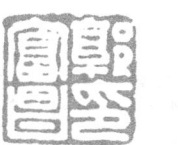   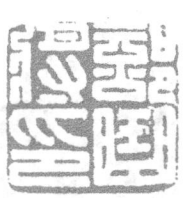 

朐长之印	将兵都尉	音强之印	祇雅楼印	秦清曾藏
校尉之印	耿定私印	袁君孟印	袁仆之印	袁樊之印
晋阳令印	夏少卿印	夏奉之印	徐乐昌印	徐弘私印
徐光私印	徐安私印	徐骏之印	旗郎厨丞	郭广印信
郭广都印	郭安年印	郭偃之印	郭博德印	郭敞之印
郭富昌印	部曲将印	部曲将印	部曲将印	高功之印

◎ 六十七、学刻参考资料

    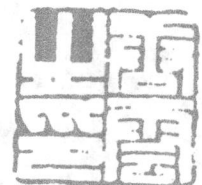

| 高吉私印 | 高起之印 | 高登之印 | 高霸之印 | 唐云之印 |

| 唐云私印 | 唐襄之印 | 朔方长印 | 益甫手段 | 涉修之印 |

 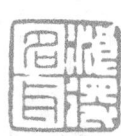 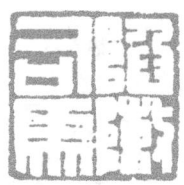 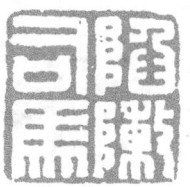 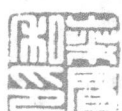

| 海陵长印 | 浪得名耳 | 陷阵司马 | 陷阵司马 | 桑肩私印 |

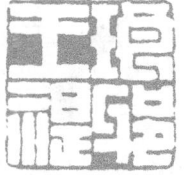  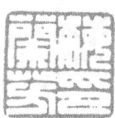 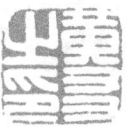 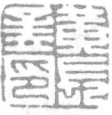

| 琅邪王禔 | 琅邪尉丞 | 梅兰芳印 | 黄友之印 | 黄长孟印 |

| 黄利上印 | 黄武之印 | 票军库丞 | 曹辟兵印 | 硕果亭长 |

  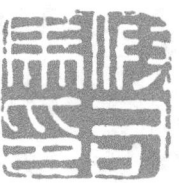  

| 戚斋私印 | 常建德印 | 假司马印 | 假司马印 | 假司马印 |

篆刻法

 商禹之印
 阎元德印
 淮阳王玺
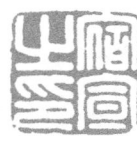 宿宣之印
 梁厩丞印

 骑司马印
 骑都尉印
 骑部曲将
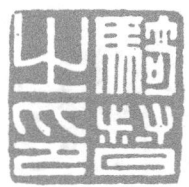 骑督之印
 朝那左尉

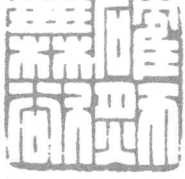 确然无欲
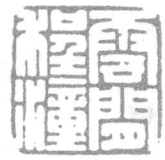 云间程潼
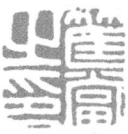 筐当之印
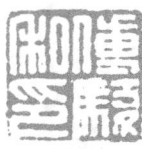 傅骏私印
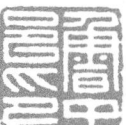 鲁中邑印

 敦辅贤印
 湖驷（帆）长寿
 渭成令印
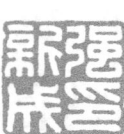 强新成印
 登逊之印

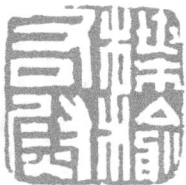 楪榆右尉
 虞成之印
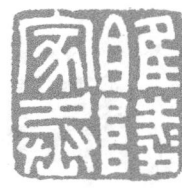 睢陵家丞
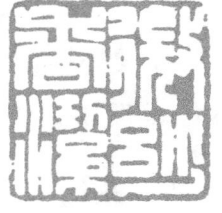 微妙香洁
 解莫如印

 新阳长印
 新郑邑长
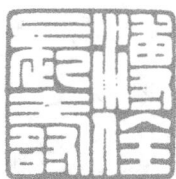 薄佺长寿
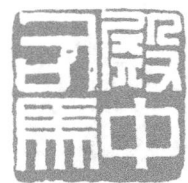 殿中司马
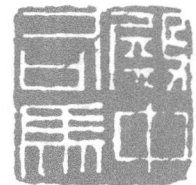 殿中司马

◎六十七、学刻参考资料

殿中司马　　　　殿中都尉　　　　嵩泠长印　　　　舞阳丞印

雏阳令印　　　　熊禄私印　　　　杨禁私印

   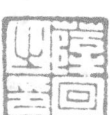 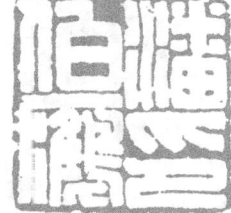

勒右尉印　　　虢寿私印　　　颜舜私印　　　薛回之印　　　潘伯鹰印

 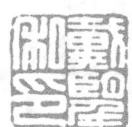 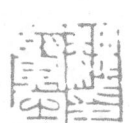  

燕安年印　　　戴望私印　　　魏贤之印　　　雍禹私印　　　霸成印信

（5）五字印及多字印：

 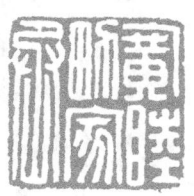  

广武将军章　　　广睦男家丞　　　中部护军章　　　安昌侯家丞

241

 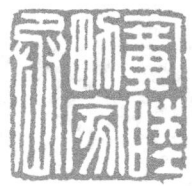  

广武将军章　　　广睦男家丞　　　中部护军章　　　安昌侯家丞

  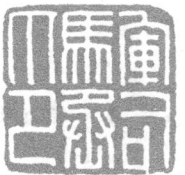 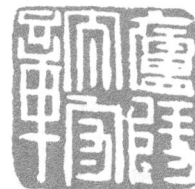

设屏农尉章　　　军司马之印　　　军司马丞印　　　庐陵太守章

  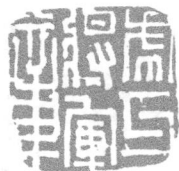 

灵武尹丞印　　　武威后尉丞　　　虎牙将军章　　　明义侯家丞

昌县马丞印　　　昭城门候印　　　原都马丞印　　　脩合县宰印

凌江将军章　　　琅邪相印章　　　营军司马丞　　　偏将军印章

◎ 六十七、学刻参考资料

得降却胡候

康武男家丞

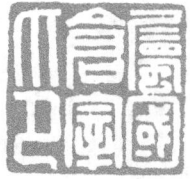
属国仓宰印

蒙阴宰之印

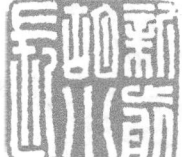
新前胡小长

历口男典书丞

孝弟单右史诩

尚书散郎田邑

常乐苍龙曲候

集降尹中后候

敦德尹曲后候

殿中中郎将印

长寿万年单左平政

(6)黄土陵印：

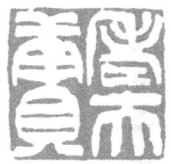   

老夫赓　　　　　元晖画印　　　　　长生极乐　　　　　长善长寿

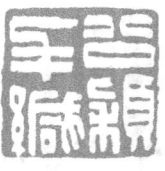 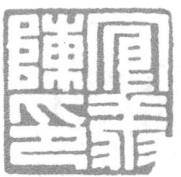 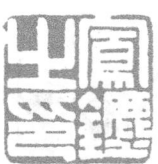 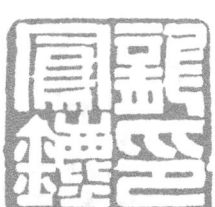

公颖手缄　　　　　凤翔陈印　　　　　凤镛之印　　　　　龙凤镛印

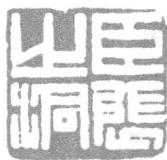 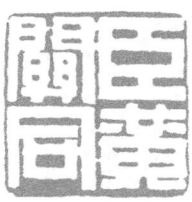 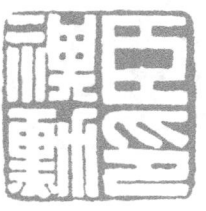 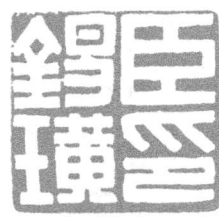

臣张之洞　　　　　臣黄关同　　　　　臣祺勋印　　　　　臣锡璜印

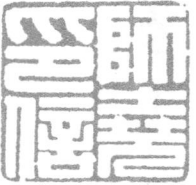  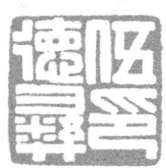

师尧印信　　　　　师实私印　　　　　伍德彝印

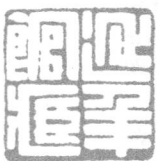 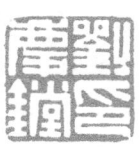 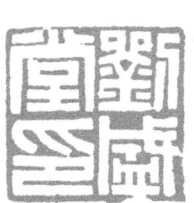 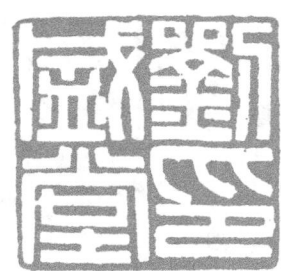

延年馆藏　　　　　刘庆镗印　　　　　刘盛堂印　　　　　刘盛堂印

◎ 六十七、学刻参考资料

江懋勋印

杨士骧印

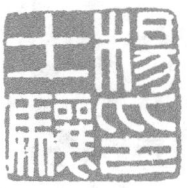
杨士骧印

苏若瑚印

苏若瑚印

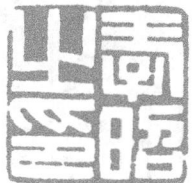
孝昭之印

何昹之印

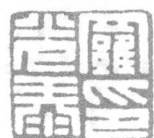
罗光泰印

金庆慈印

茗柯翰墨

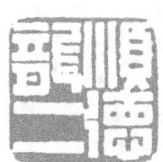
顺德龙二

俞允印信

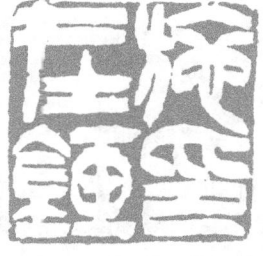
施在钰印

闽县董二

黄遵宪印

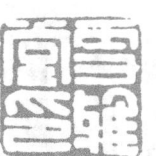
雪雅堂印

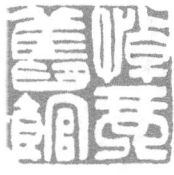
悼琴旧馆

梁麟章印

蒋乃勋印

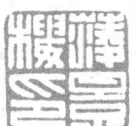
菠景楼印

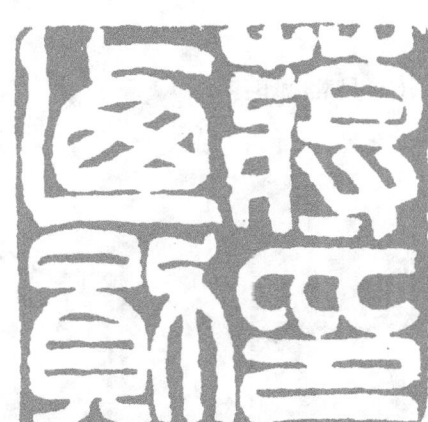
蒋乃黻印

瑞佺印信

嗣伯言事

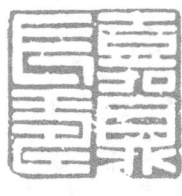
嘉鼎长寿

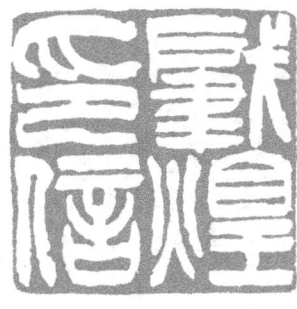
肇煌印信

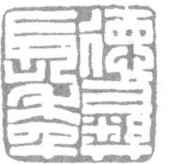
德彝长年

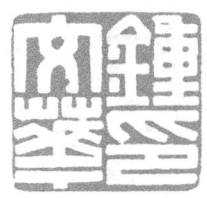
钟文华印

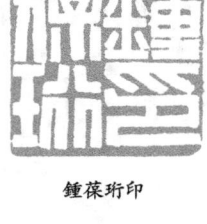
钟葆珩印

长生极乐老夫妇印

必遵修旧文而不穿凿

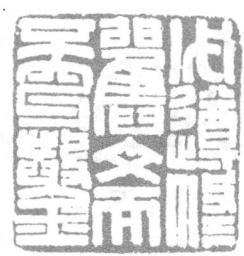
必遵修旧文而不穿凿

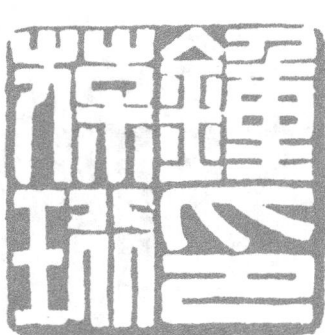
钟葆珩印

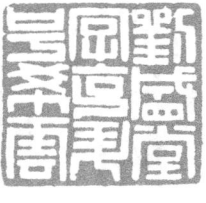
刘盛堂字克升号希雲

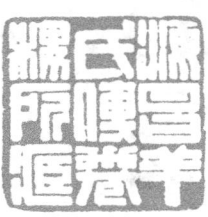
海昌羊氏传卷楼所藏

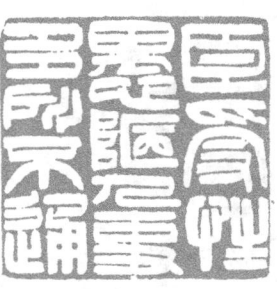
臣受性愚陋人事多所不通

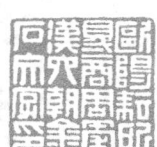
欧阳耘所得商周秦汉六朝金石文字印

(7) 吴熙载印：

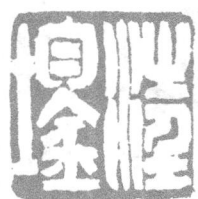
汪鋆

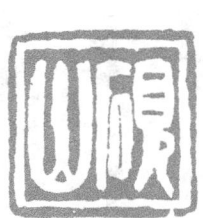
砚山

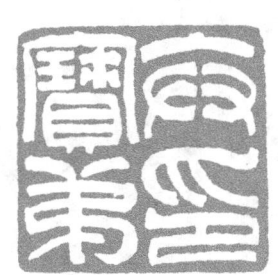
卞宝弟印

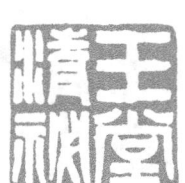
玉堂清秘

◎ 六十七、学刻参考资料

包诚私印

臣镕私印

臣镕私印

兴言画印

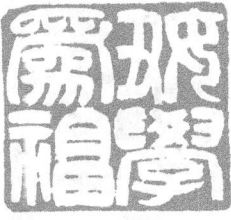
好学为福

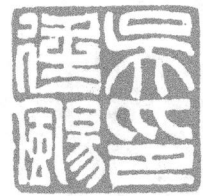
吴廷飏印

吴熙载印

岑镕私印

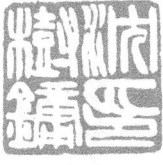
沈树镛印

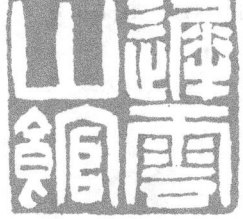
迟雲山馆

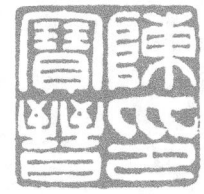
陈宝晋印

郑斋藏本

封完印信

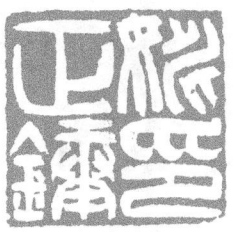
姚正镛印

晋唐镜馆

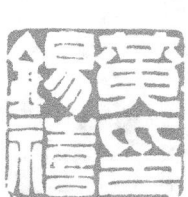
黄锡禧印

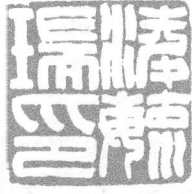
凌毓瑞印

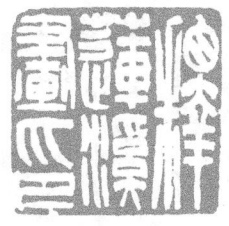
释莲溪画印

魏锡曾私印

包兴言书画记

姚正镛书画记

丹青不知老将至

只愿无事常相见

迟云山馆书画记

梅花东阁竹西亭

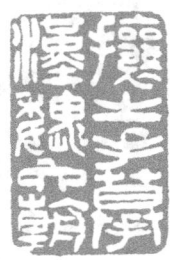
攘之手摹汉魏六朝

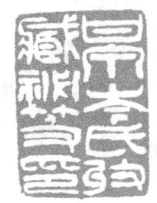
甘泉岑氏收藏秘笈印

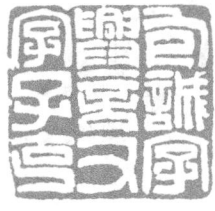
包诚字兴言又字子克

盖平姚氏种松堂印章

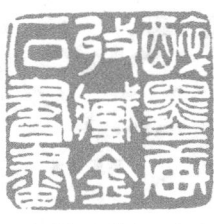
醉墨轩收藏金石书画

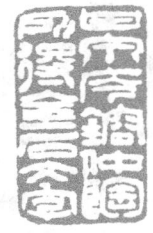
甘泉岑镕仲陶所得金石文字

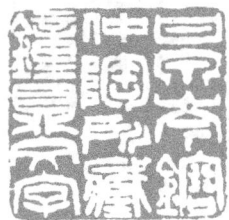
甘泉岑镕仲陶所藏钟鼎文字

(8) 赵之谦印：

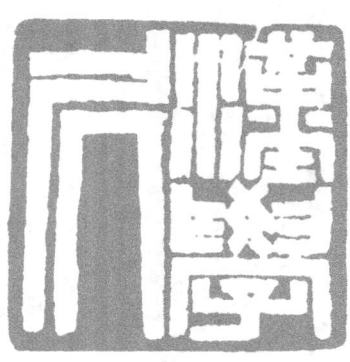
汉学居

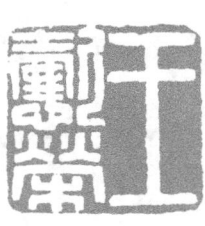
王懿荣

茶梦轩

赵之谦

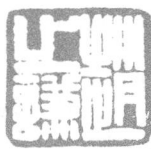
赵之谦

赵㧑叔

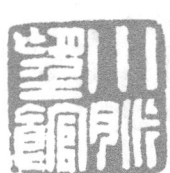
小脉望馆

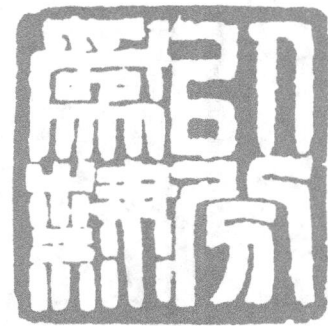
以分为隶

◎六十七、学刻参考资料

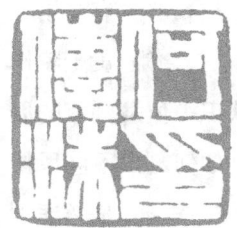
何传洙印

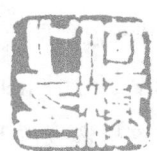
何澂之印

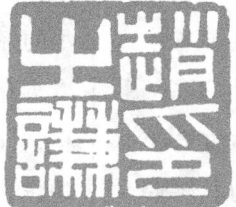
赵之谦印

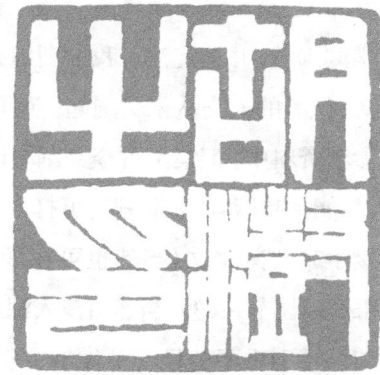
胡澍之印

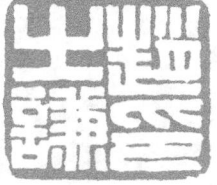
赵之谦印

竟山画记

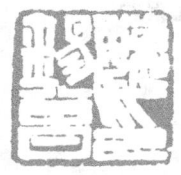
魏锡曾印

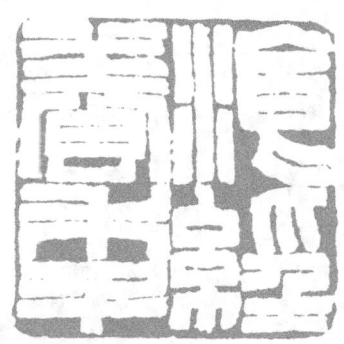
餐经养年

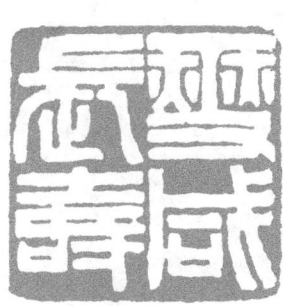
燮咸长寿

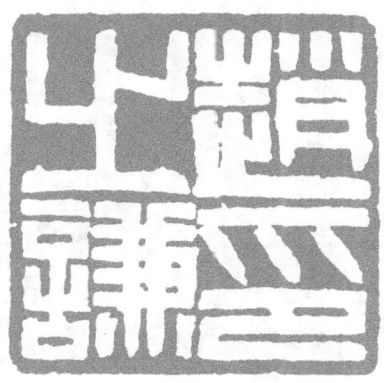
赵之谦印

吴潘祖荫章

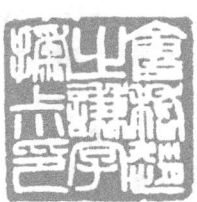
会稽赵之谦字撝叔印

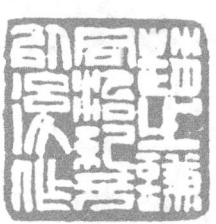
赵之谦同治纪元以后作

2 朱文刻法资料

学刻入门,并无定法。我的训练办法主张先刻满白文,但有的人先从朱文刻起,照样也刻得不差。以上参考资料中,汇集了古今篆刻名印中的白文印精华,如能择其精者摹刻一遍,可打下一定的学刻基础。接下来要刻朱文(当然也可在学刻白文时,穿插刻朱文以调节兴趣),当然由浅入深地先从字数少的刻起。特别重要的是要求你带有研究性地临刻,一方印一经认真临刻过,其章法、篆法、刀法就能大致记住,如在今后的创作中学用结合,必会有受用不尽的好处。对一些大家如吴熙载、赵之谦、黄士陵作专页介绍,是考虑到便于集中认识一位篆刻家的风格,让你领略一下不同的大家是如何刻出不同风格的作品的。这里选载黄士陵的作品较多,是考虑到其作品线条平直,初学者较易接触。其实一旦深入学习后,再回头审视他的作品,就会觉得这些初看平常的作品,实则在章法、刀法上极具个性,在貌似无意中包含着无尽的变化。

(1)单字印:

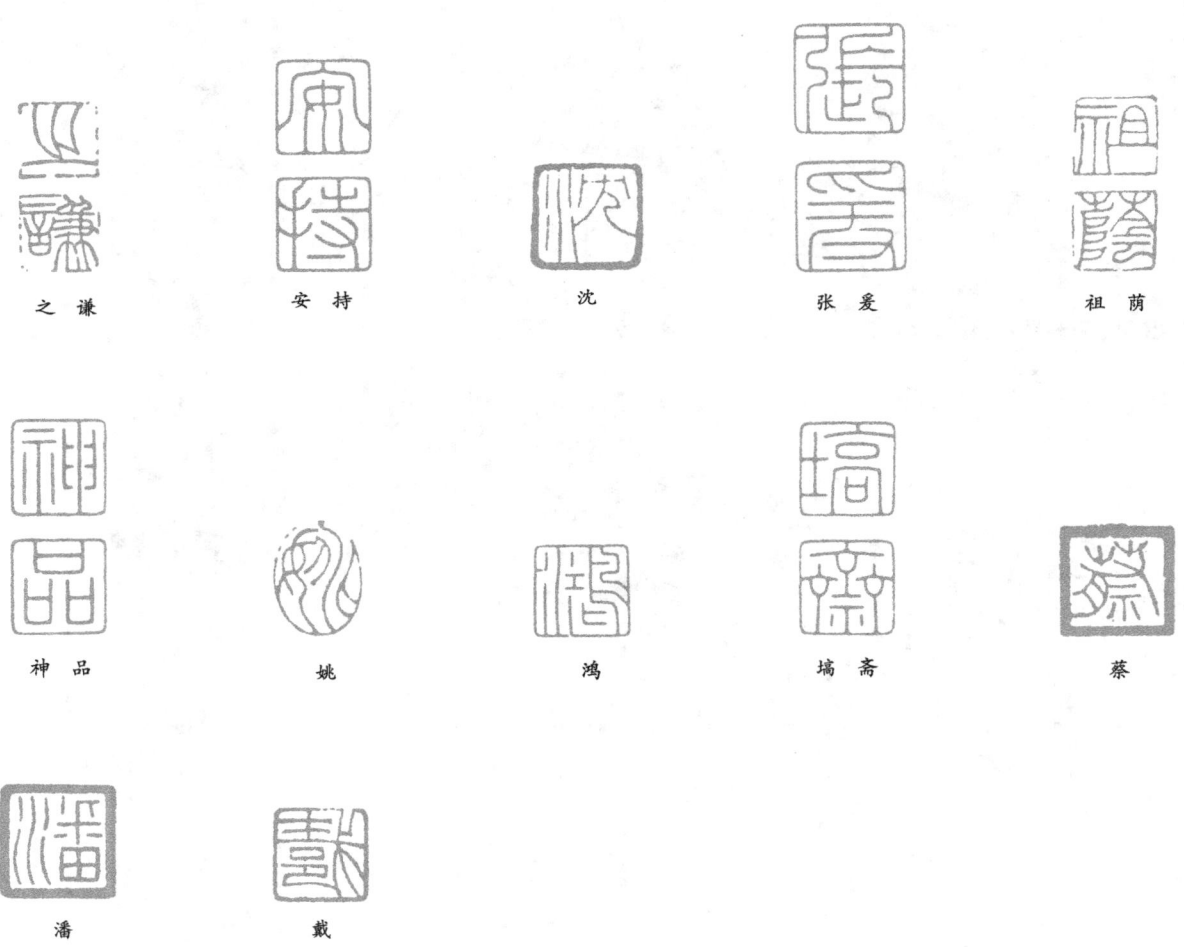

之谦　　安持　　沈　　张爰　　祖荫

神品　　姚　　鸿　　堉斋　　蔡

潘　　戴

(2) 二字印：

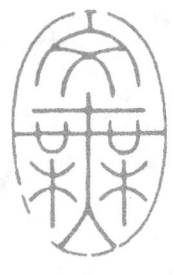 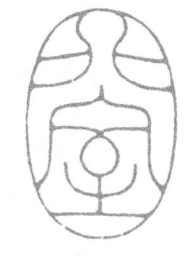 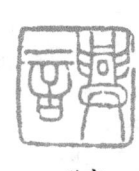 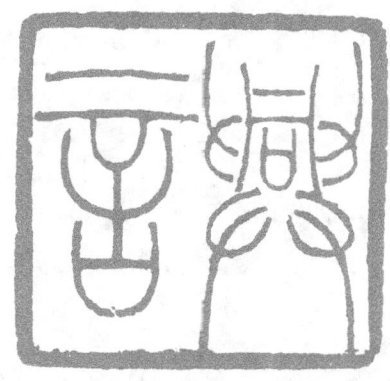

文无　　　　　北室　　　　　兴言　　　　　　　　兴言

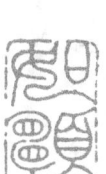 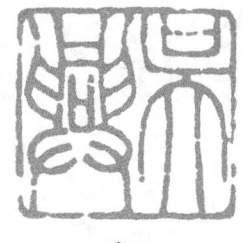 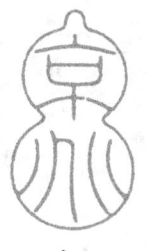 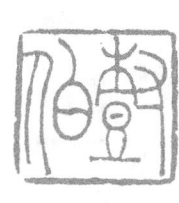 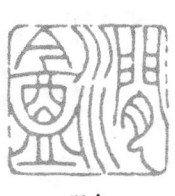

如愿　　　吴兴　　　　京兆　　　　树伯　　　　涧盦

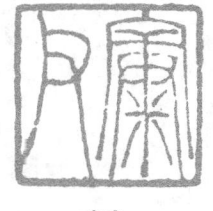 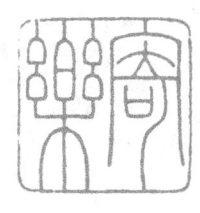 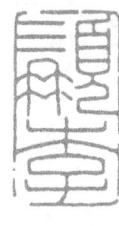 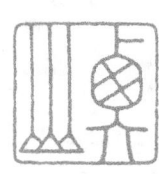

寀父　　　　寄乐　　　　顗李　　　　衡山

(3) 三字印：

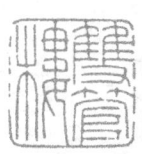 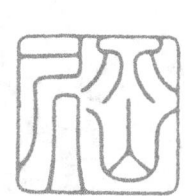  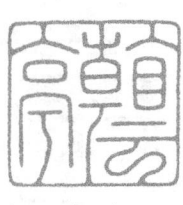 

双管楼　　　北山居　　　休景斋　　　看云亭　　　郭尚斋

唐源邺

(4) 四字印：

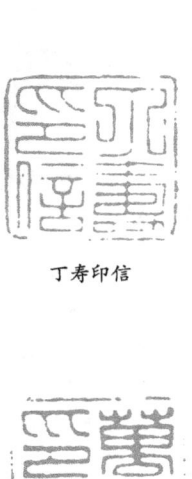

丁寿印信　　八求精舍　　力敏私印　　下里巴人　　大千居士

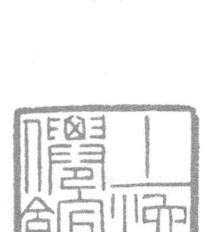

万敔印信　　上池仙馆　　山乔印信　　马骏印信　　王育印信

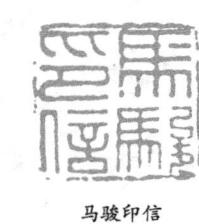

王闰印信　　王亮印信　　巨来珍藏　　长陵旧学　　叶氏恭绰

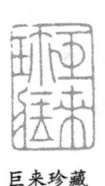
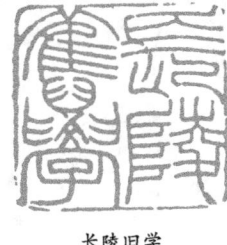
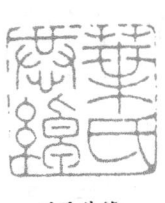

成性存存　　任国印信　　刘奉印信　　刘辩印信　　如饮玉露

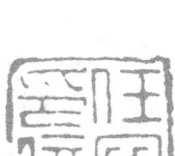

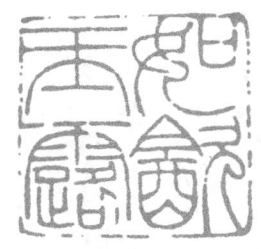
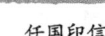

◎六十七、学刻参考资料

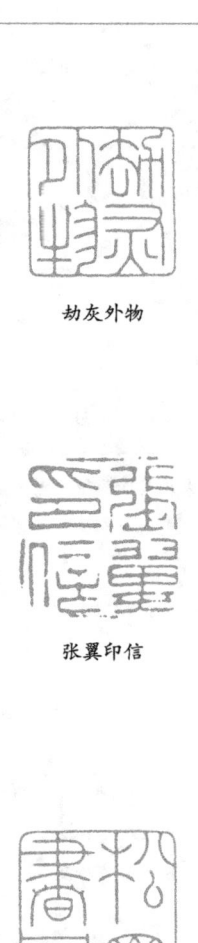

| 劫灰外物 | 吴带当风 | 宋斌印信 | 张国印信 | 张宫印信 |

张翼印信　迟燕草堂　陆骏印信　邵谦之印　武续印信

松冈书屋　周笃印信　宝石浮图　某景（梅影）书屋

赵氏书印　崇兰草堂　清曾心赏　谦斋藏印　虞康印信

蔡种印信　藏之大千

253

(5)五字印及多字印：

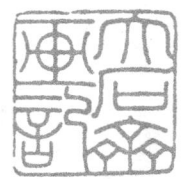  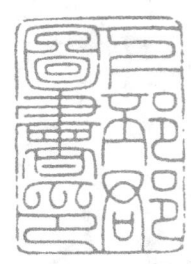 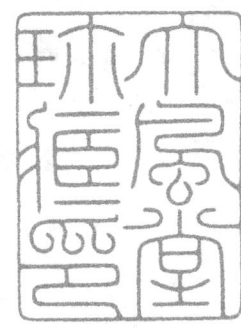

　　大石斋画记　　　　　仆尊朱佛斋　　　　　下邳郡图书印　　　　大风堂珍藏印

   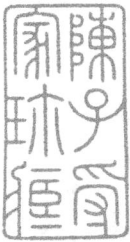

　　木石居书画记　　　　风景这边独好　　　　冷香室书画记　　　　陈子受家珍藏

 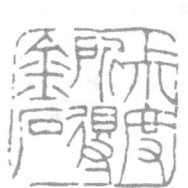 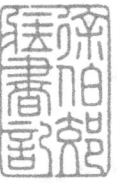 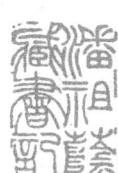

　　杭州西泠印社　　　　叔度所得金石　　　　徐伯郊藏书记　　　　潘祖荫藏书记

 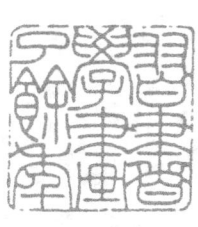  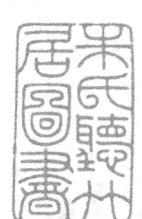

　　七十二峰凌紫烟　　　习书学画了馀年　　　老董风流尚可攀　　　朱氏听竹居图书

侣竹亭诗文字记

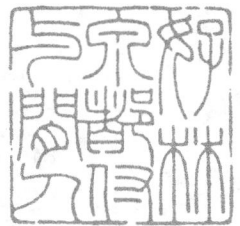
好林泉都付与闲人

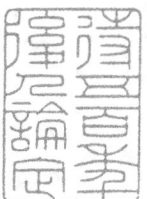
待五百年后人论定

山东大学图书馆藏书

吴湖飒（帆）潘静淑珍藏印

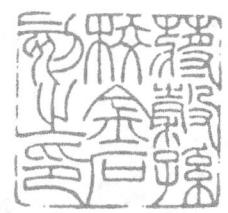
蒋毅（谷）孙校金石刻之印

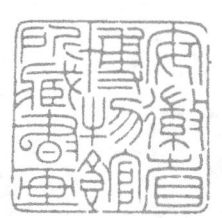
安徽省博物馆所藏书画

苏南区文物管理委员会藏

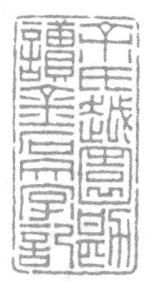
佘氏越园勘读金石文字记

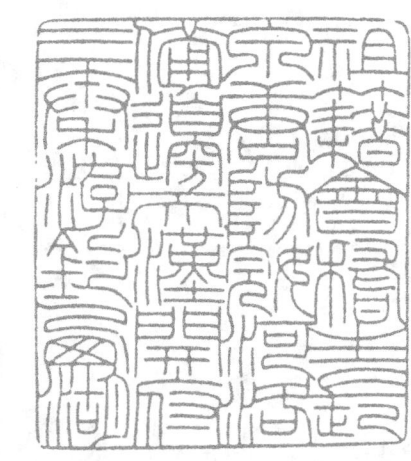
祖籍会稽生长泉唐防寇河洛备边天汉开府三秦游钓西湖

(6) 黄土陵印：

山农

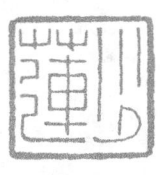
少莲

介盦

凤荪

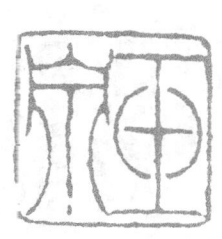
玉泉

篆刻法

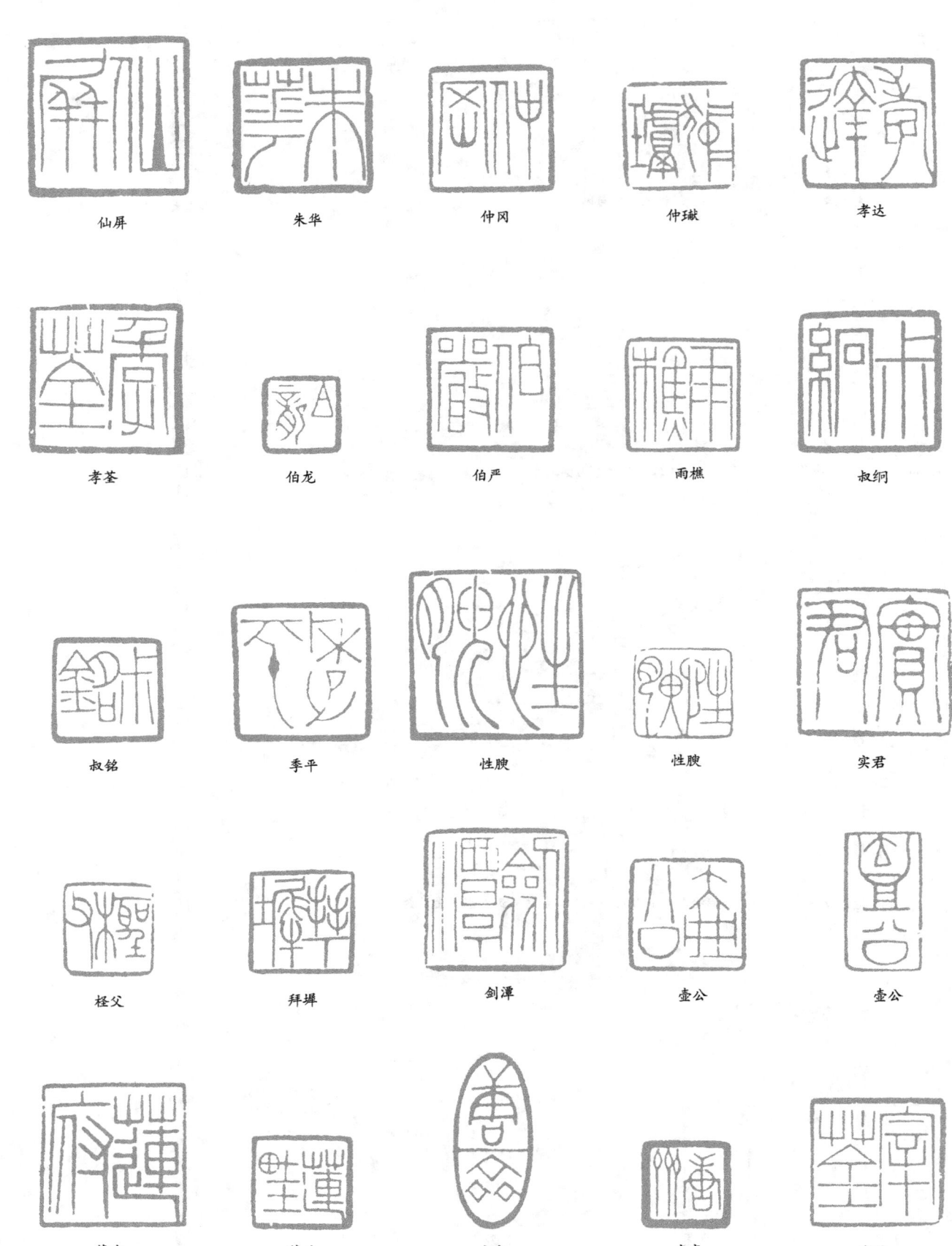

◎六十七、学刻参考资料

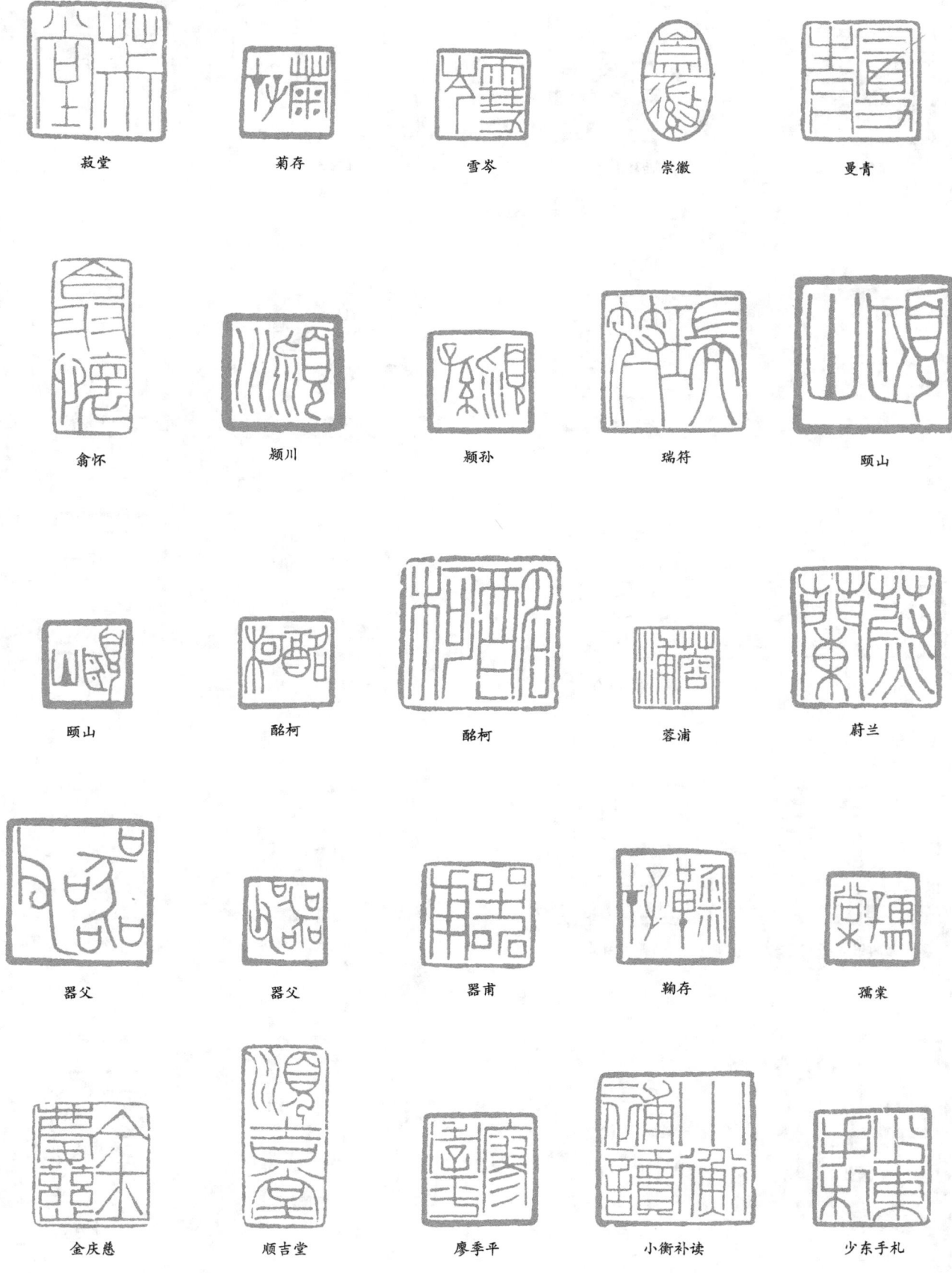

篆刻法

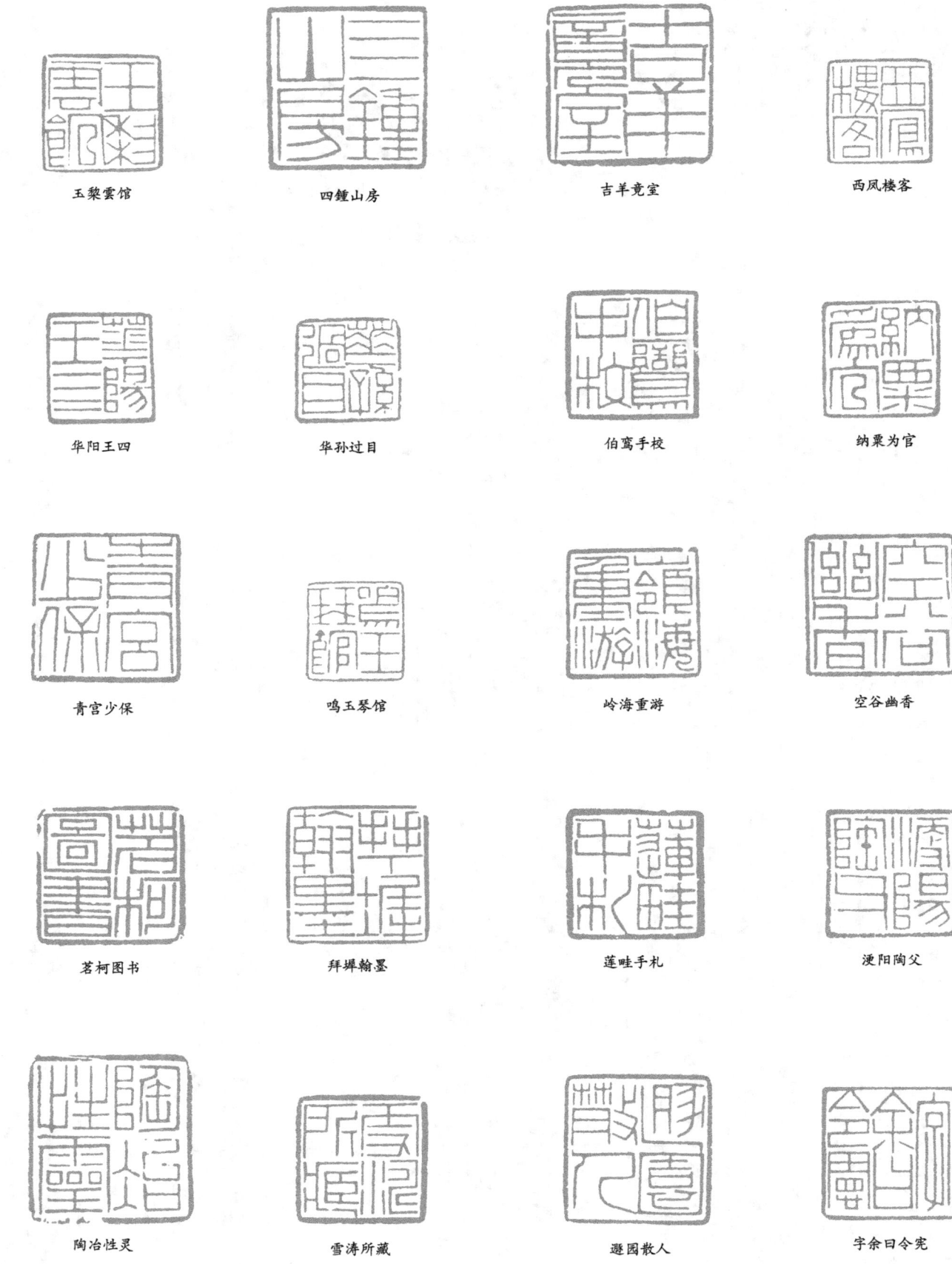

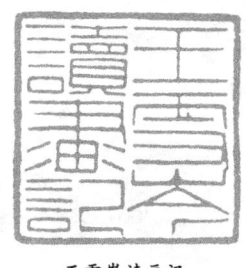
王雪岑读画记

王雪澂经眼记

季荃一号定斋

荃孙所得金石

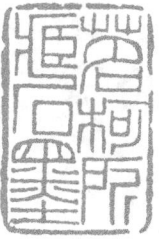
茗柯所藏石墨

帝高阳之苗裔

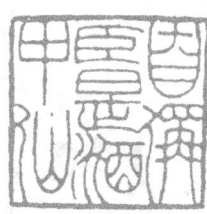
自称臣是酒中仙

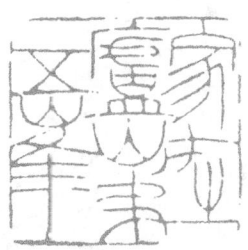
家在庐山弟（第）五峰

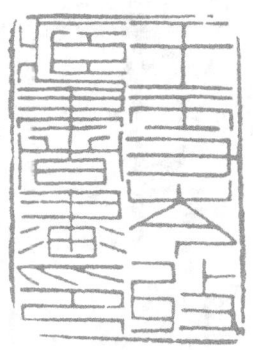
王雪岑收藏书画印

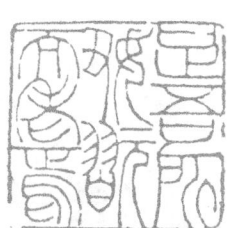
足吾所好玩而老焉

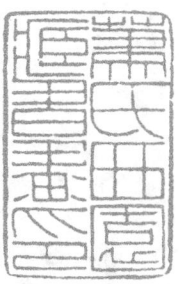
萧氏西园藏书画印

顺德何氏廉训楼收藏

雪岑审定金石文字印

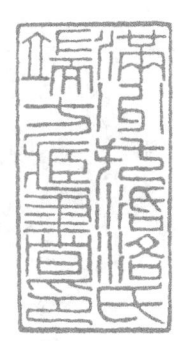
满州托活洛氏端方藏书印

（7）吴熙载印：

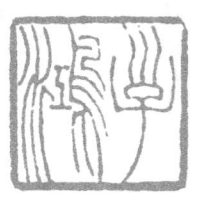
子鸿

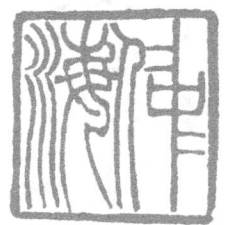
仲海

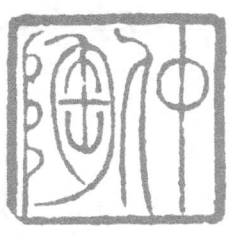
仲陶

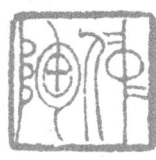
仲陶

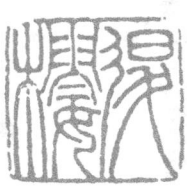
退楼

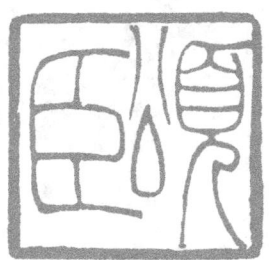
颂臣

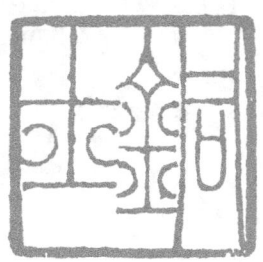
铜士

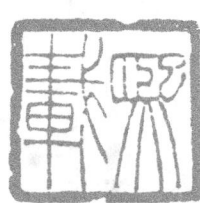
熙载

攘之

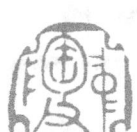
仲陶父

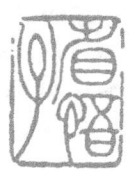
省悟子

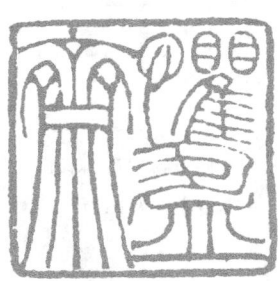
惧盈斋

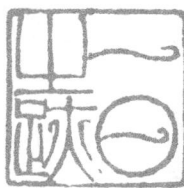
一日之迹

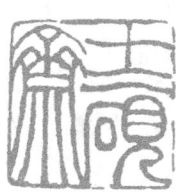
十二砚斋

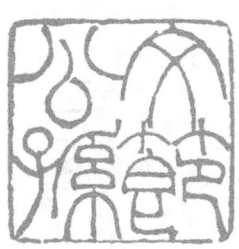
文节公孙

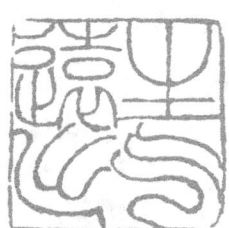
生气远出

六十七、学刻参考资料

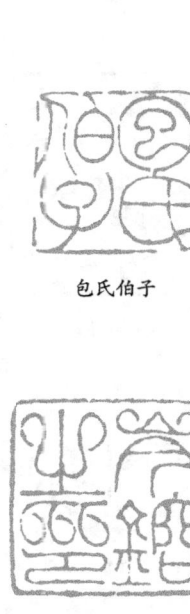
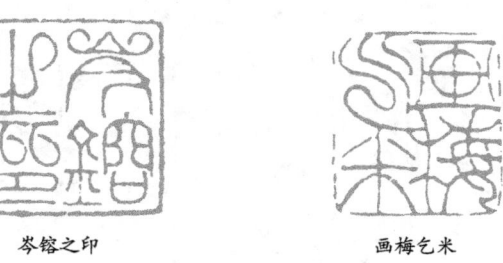

包氏伯子　　仲海书画　　仲海所作　　仲陶手书

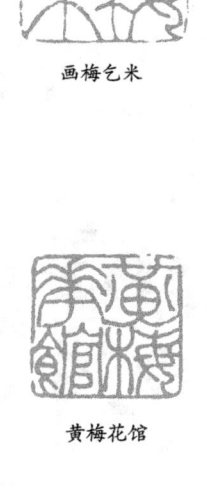

岑镕之印　　画梅乞米　　实事求是　　郎官列宿

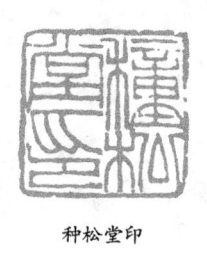
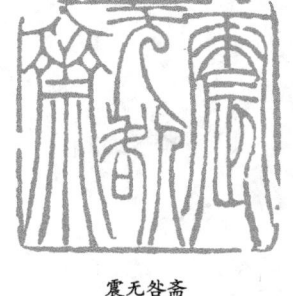

栖云山馆　　黄梅花馆　　得者宝之　　盖平姚氏

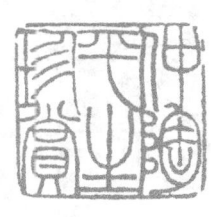
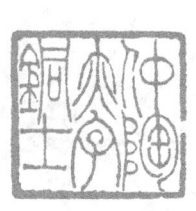
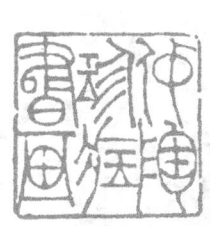

惧盈斋主　　种松堂印　　震无咎斋　　壤室凌氏

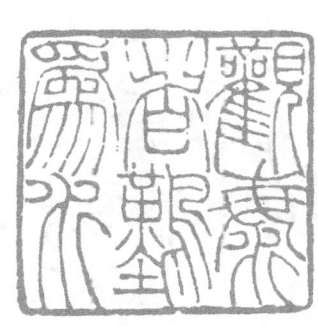

仲陶平生珍赏　　仲陶亦字铜士　　仲陶珍藏书画　　观海者难为水

篆刻法

观海者难为水

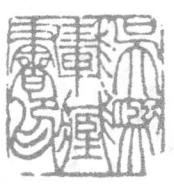
吴熙载藏书印

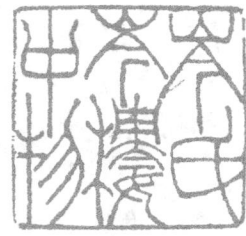
岑氏岑楼中物

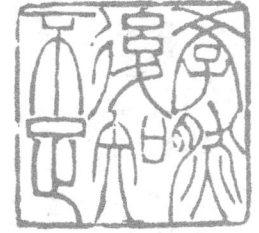
学然后知不足

砚山丙辰后作

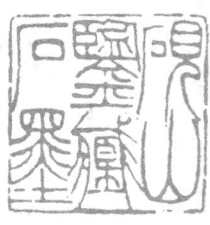
砚山鉴藏石墨

逃禅煮石之间

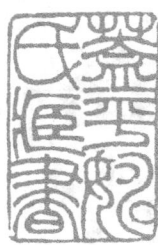
盖平姚氏藏书

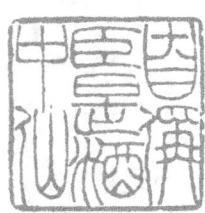
自称臣是酒中仙

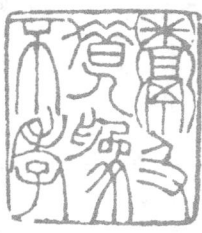
鬻及借人为不孝

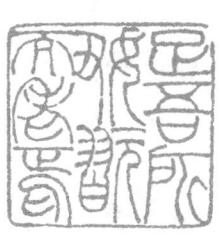
足吾所好玩而老焉

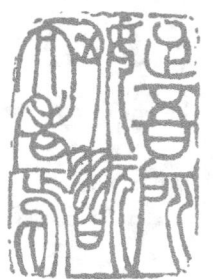
足吾所好玩而老焉

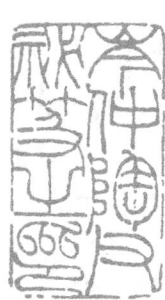
岑仲陶父秘笈之印

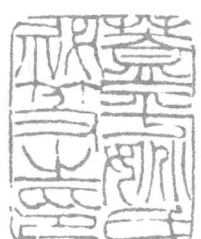
盖平姚氏秘笈之印

汪砚山癸丑以后珍藏

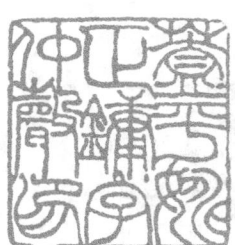
盖平姚正镛字仲声印

盖平姚正镛仲声诗词书画之章

◎六十七、学刻参考资料

(8)赵之谦印：

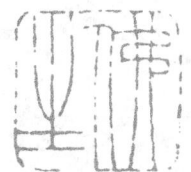
佛生

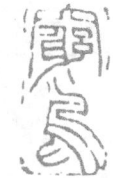
穷鸟

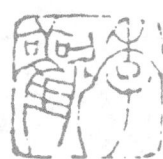
季欢

郑斋

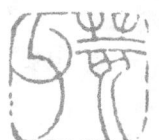
菱父

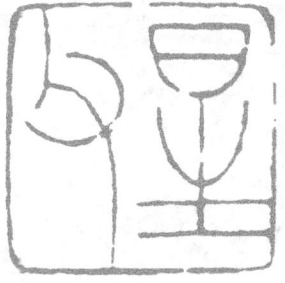
星父

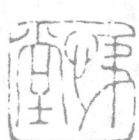
悌堂

竟山

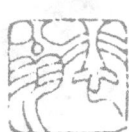
悲翁

遂生

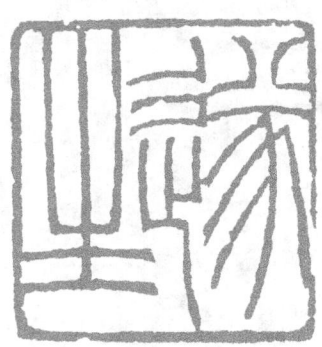
遂生

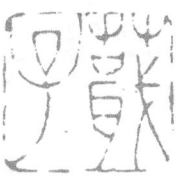
戬子

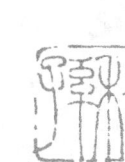
稼孙

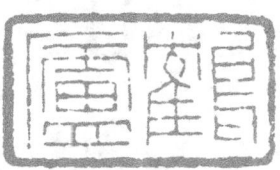
鹤庐

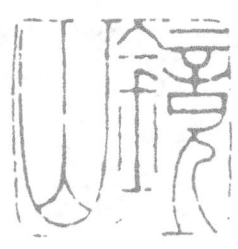
镜山

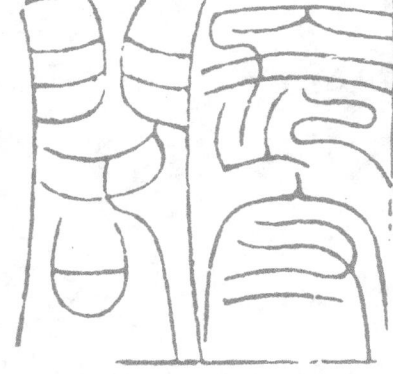
长守阁

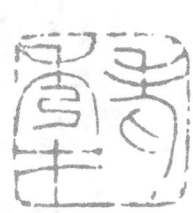
老秀才

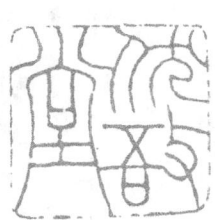
伏敌堂

263

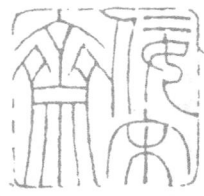
佞宋斋

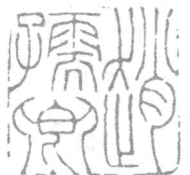
赵孺卿

思悲翁

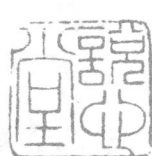
说心堂

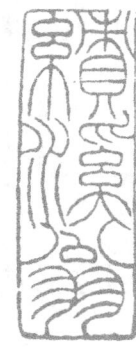
绩溪翁

赐兰堂

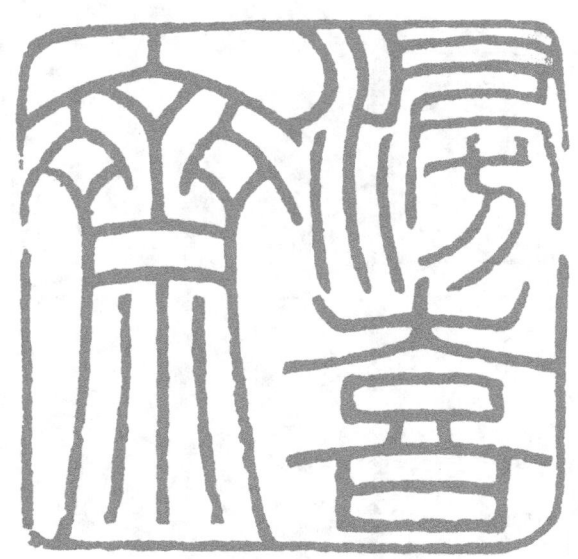
滂喜斋

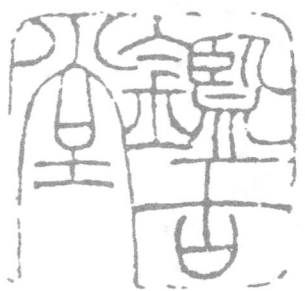
鉴古堂

谱麑堂

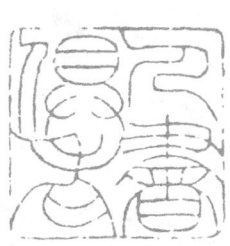
人书俱老

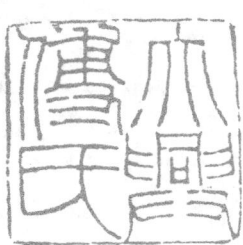
大兴傅氏

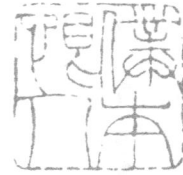
仆本恨人

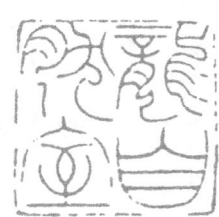
龙自然室

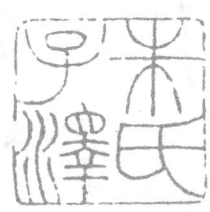
朱氏子泽

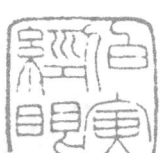
伯寅经眼

◎ 六十七、学刻参考资料

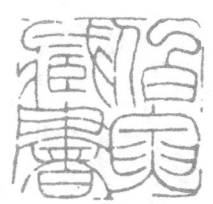
伯寅藏书

灵寿花馆

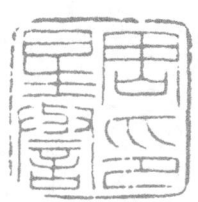
周星誉印

郑斋所藏

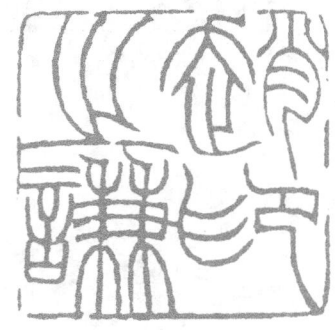
赵之谦印

赵之谦印

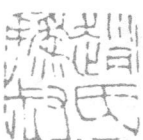
赵氏㧑叔

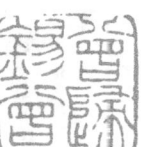
曾归锡曾

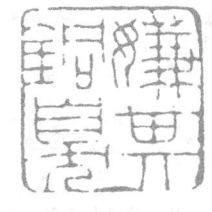
嫌其铜臭

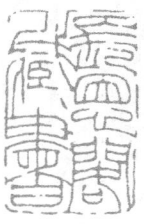
长恩阁藏书

二金蝶堂藏书

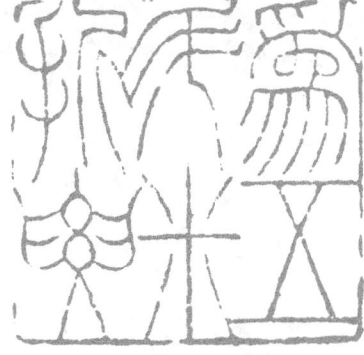
为五斗米折腰

已为朱志復有

汉后隋前有此人

金石录十卷人家

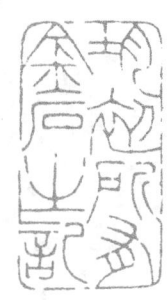
均初所有金石之记

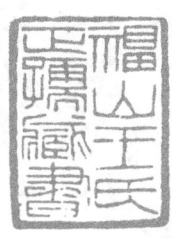
福山王氏正孺藏书

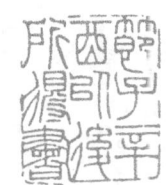
节子辛酉以后所得书

华延年室收藏校订印

扬叔居京师时所买者

吴县潘伯寅平生真赏

灵寿花馆收藏金石印

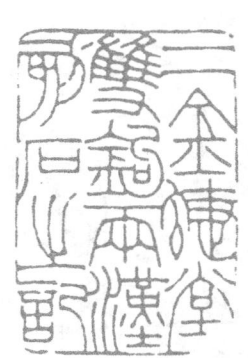
二金蝶堂双钩两汉刻石之记

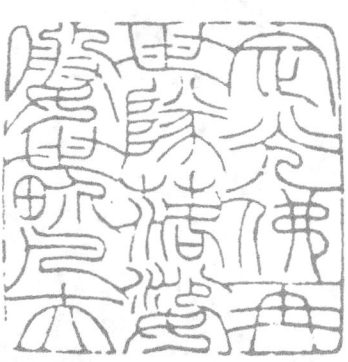
定光佛再世队（坠）落娑婆世界凡夫

六十八、两天晒网斋篆刻（创作参考）

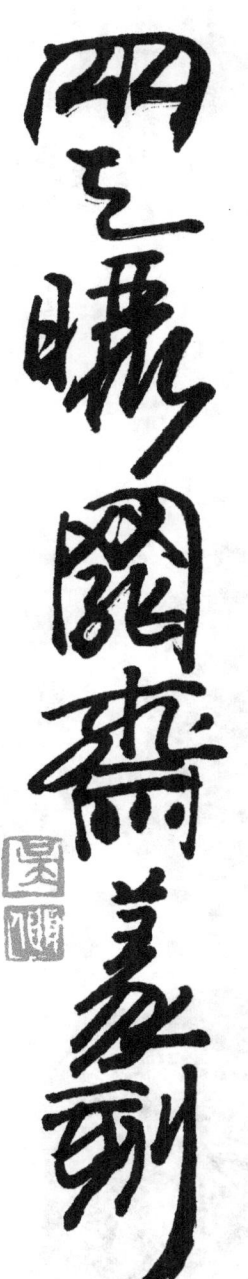

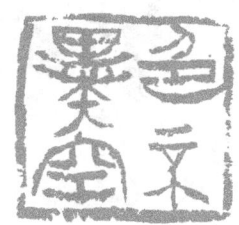

色不异空

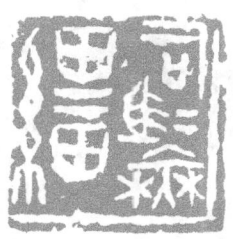

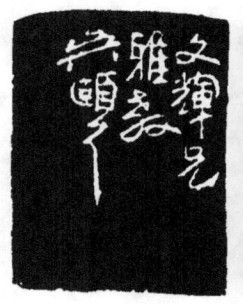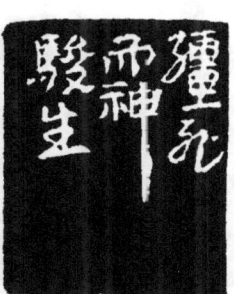

司马无疆

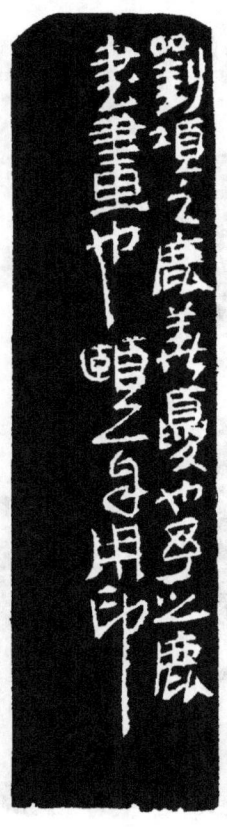

逐鹿子

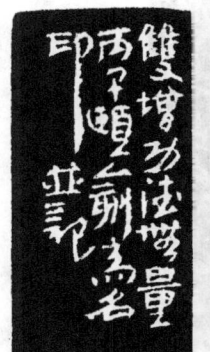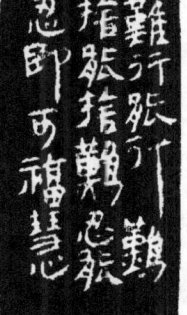

三难堂

篆刻法

山阴道上

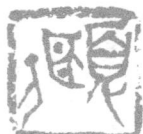
颐人

壬壶之钵

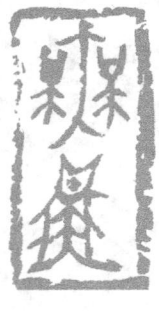
无鱼

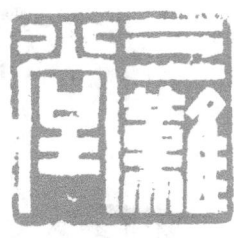
三难堂

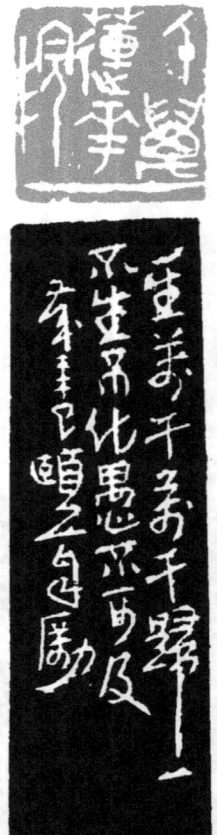
千万莲花院

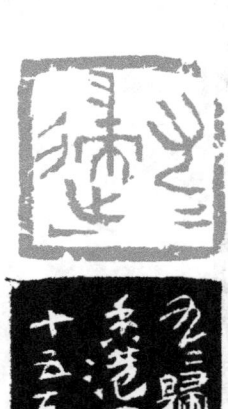
九九归一

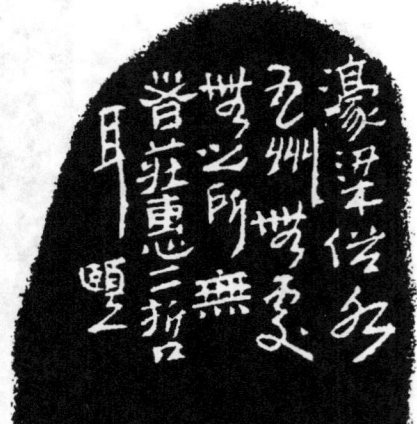
濠梁之乐

◎ 六十八、两天晒网斋篆刻（创作参考）

长寿（东巴文）

合家欢乐（东巴文）

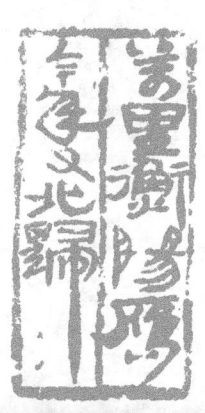

三难堂

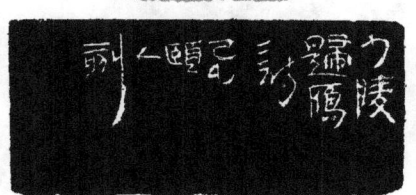
万里衡阳雁今年又北归

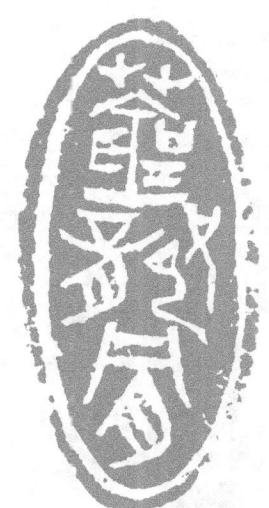
苍龙骨

健碧

出浴

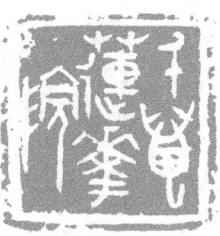
千万莲花院

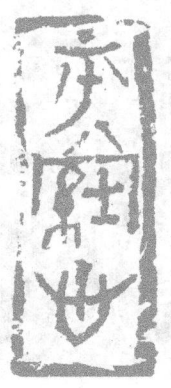
平常心

乐哉鱼也

石禅

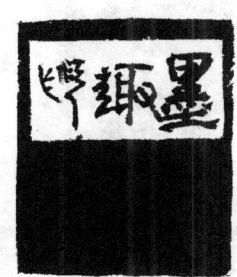
墨趣

篆刻法

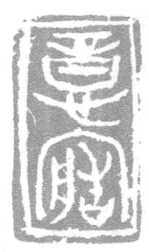
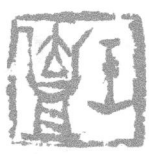
壬壶

颐人之钵

慰祖之钵

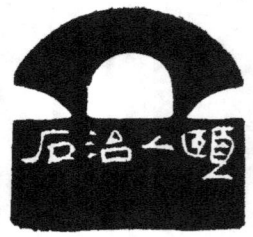
意造

钟爱一生（东巴文）
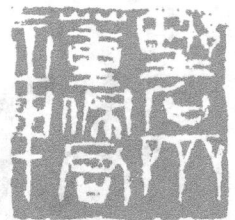
野石斋董佩君章

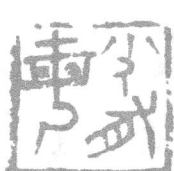
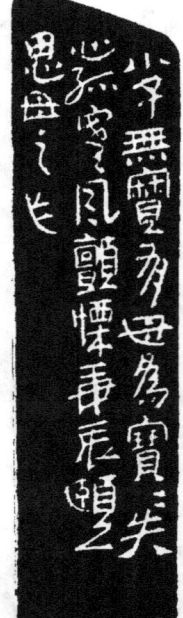
小人有母
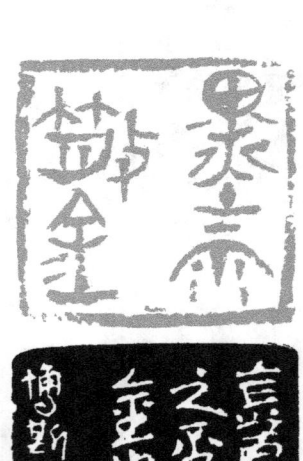
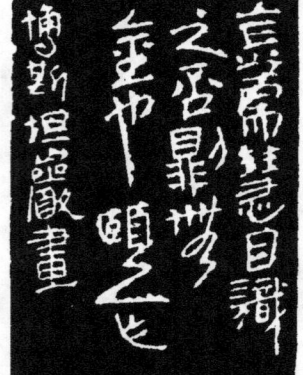
墨雨散金
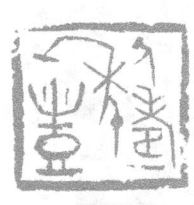
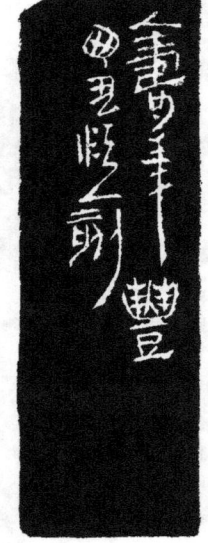
人寿年丰

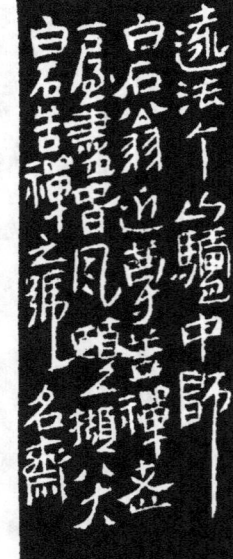
白驴禅屋

六十八、两天晒网斋篆刻（创作参考）

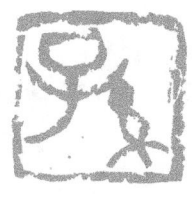
孙

雪春

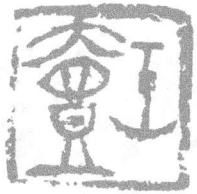
壬壶

颐人之钵

过眼三千年

画而不食

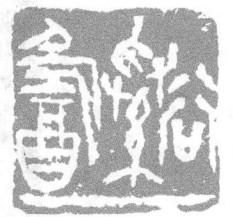
豁饮

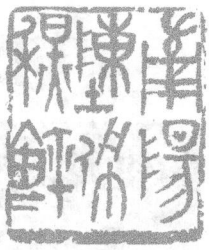
南阳陈佩秋钵

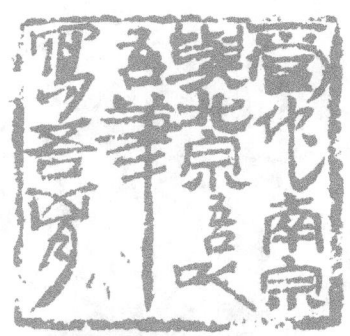
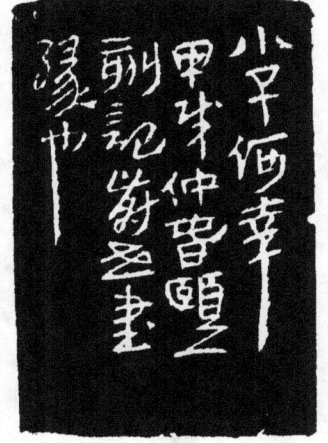
管他南宗与北宗吾以吾笔写吾胸

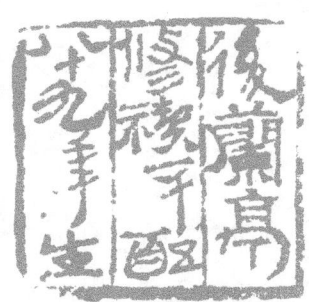
后兰亭修禊一千五百八十九年生

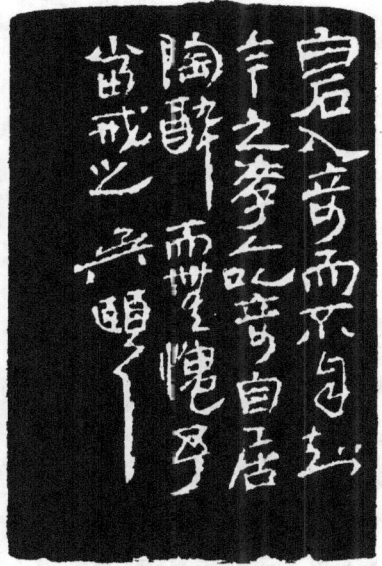
岁岁无奇汗满颜

篆刻法

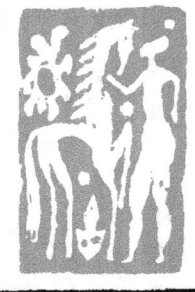
相马图

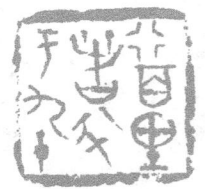
行百里者半于九十

临风吟

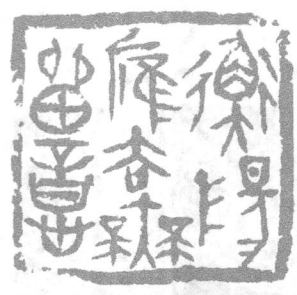
衡阳雁去无留意

三难堂

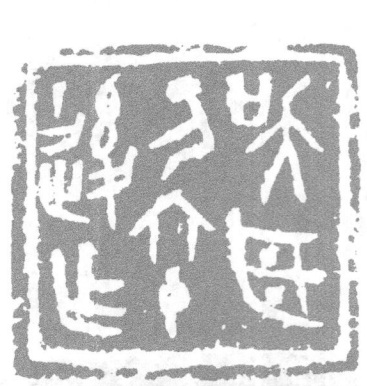

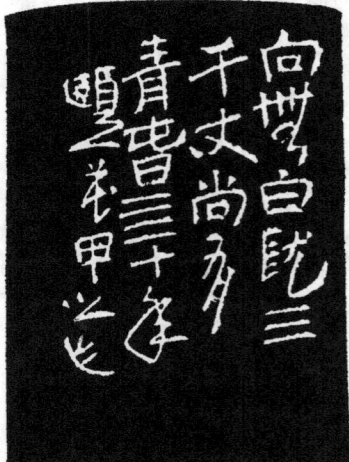
吴颐人六十后作

◎ 六十八、两天晒网斋篆刻（创作参考）

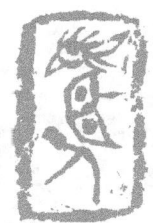
颐人

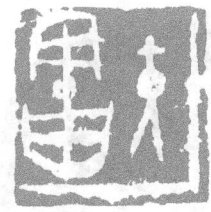
舒

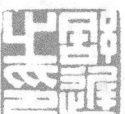
舒迟之印

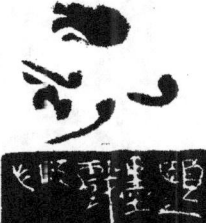
颐人墨戏

群贤毕至

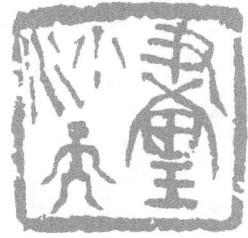
画沙子

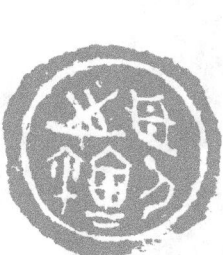
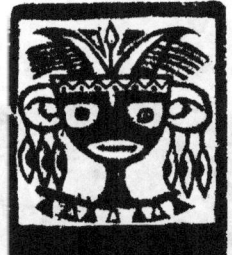

颐人之钵

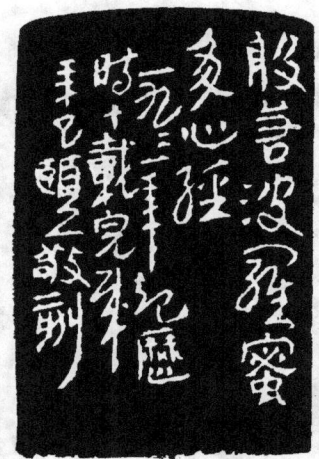
般若波罗蜜多心经

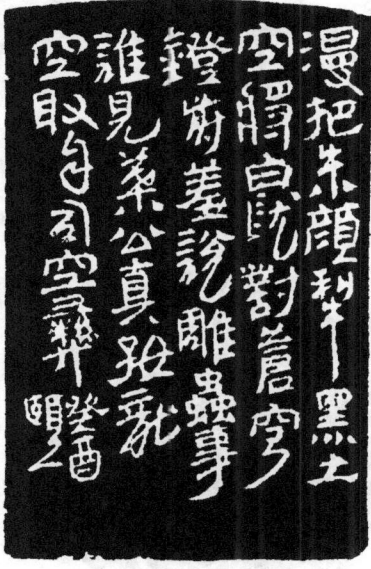
空将白发对苍穹

273

篆刻法

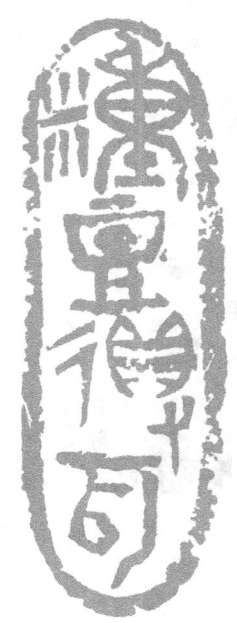

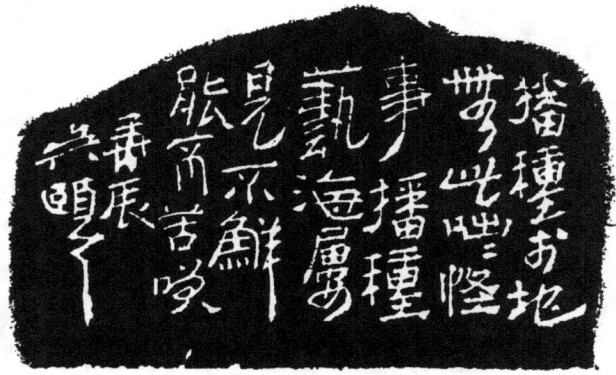
种豆得瓜

欢乐一家人（东巴文）

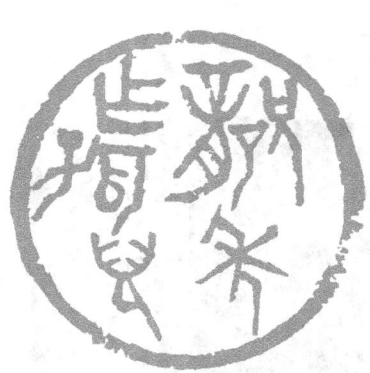

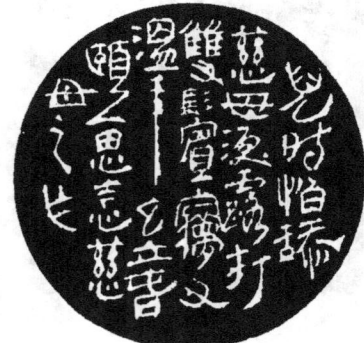
龙年作孤儿

吴颐人游德卢荷比法挪丹瑞八国归后作

六十九、长跋序八方

逐鹿者不顾兔

逐鹿者不顾兔,见《淮南子·说林训》语。庚寅重刻此印,兼得美国加州印第安人岩画,曾在加州展出。吴颐人并记。

此美国加利福尼亚州岩画「争战图」,其夸张之头发,乃异邦独有。(4×4×18 cm)

篆刻法

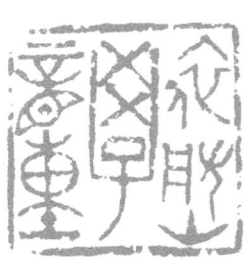

依然学童

敢于自新，读人、观造化，永葆童心，转益多师，其乐无穷。庚寅重阳后二日拜婴楼主，吴颐人刻以自勉。

内蒙古磴口县托林沟北山青铜时代马车和猎羊。（4×4×18cm）

◎ 六十九、长跋序八方

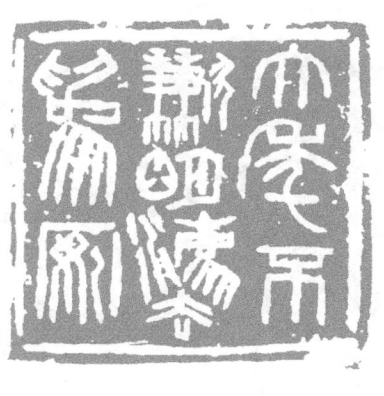

大年不欺明法为安

廿六年皇帝尽并兼天下诸侯，黔首大安，立号为『皇帝』。乃诏丞相状绾，法度量则不一，歉疑者，皆明一之。橅秦诏版，庚寅初二，吴颐人。（5×5×19 cm）

篆刻法

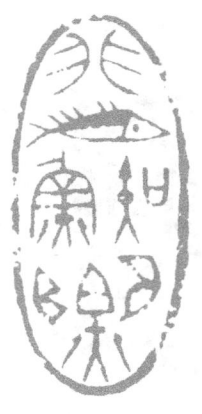

非鱼知鱼乐

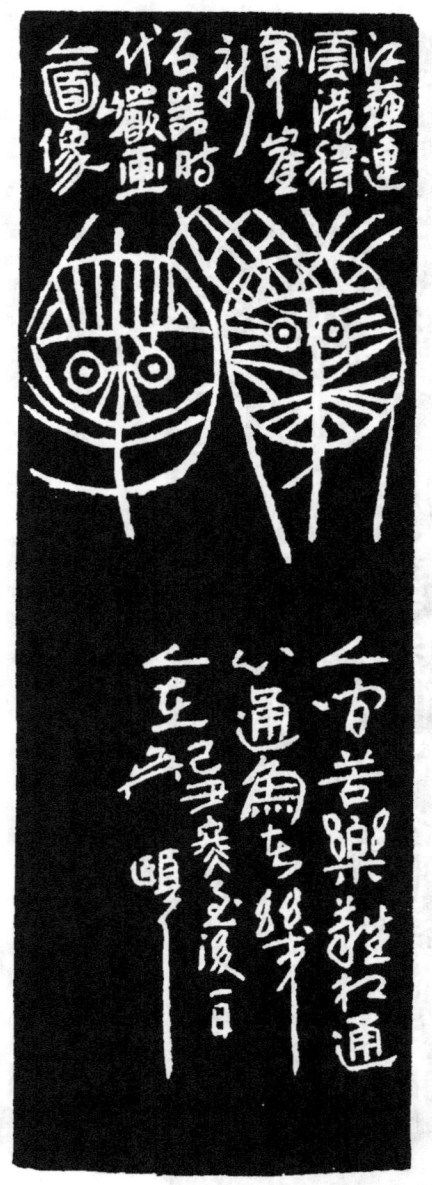

人间苦乐难相通，心通鱼者几人在？己丑冬至后一日，吴颐人。江苏连云港将军崖新石器时代岩画「人面像」。（6×2.5×18 cm）

◎ 六十九、长跋序八方

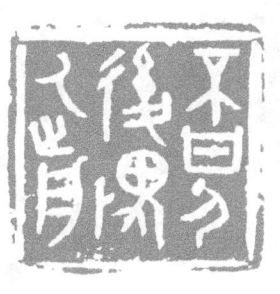

不甘人后畏人前

杨炯耻在王后,愧在骆前,余非人杰,有为有不为。己丑,星照一心园主吴颐人。新疆木垒县博斯坦牧场早期铁器时代岩画。(3.5×3.5×18cm)

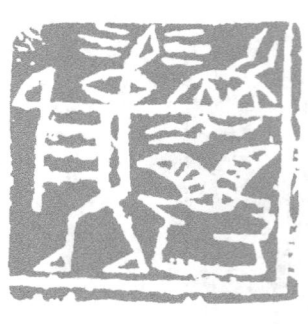

人生快乐

乐也一生，苦亦一生，在人自择。欲海无涯，知苦何益，心闲常乐。庚寅重刻东巴文「人生快乐」，颐人并记。

新疆天山唐宋时代狩猎岩画。（4×4×18 cm）

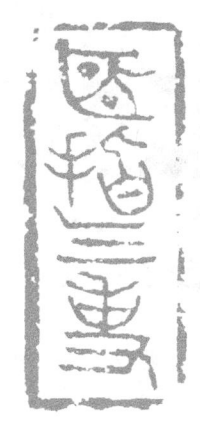

颐指气使

俗人颐指气使,吾民不堪。颐人运指腕为图印,旧语翻新,可发大笑。辛卯盛夏吴颐人记。西藏夏桑「马车」岩画。(4×4×18.5 cm)

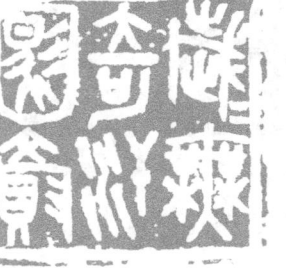

岁岁无奇汗满颜

白石入奇而不自知。今之学人以奇自居,陶醉无愧,予当戒之。庚寅盛夏,吴颐人复刻,聊破署威。宁夏贺兰山青铜时代岩画『鹿和羊』。予曾两度赴银川考察,感触良多。颐人又记。(4×4×18cm)

七十、明天,你会选择什么样的篆刻风格

学习篆刻这一门视觉艺术,就其入门的初级阶段来说,有着很强的技术特性。如本书开始要求你进行刻回文的训练,以及临刻一字印、二字印之类的训练,都要求奏刀沉着,把线条刻得平直光洁、匀称饱满。实践证明,这一阶段的练习并不需要太久时间,几乎所有的人为时不久即能做到操刀自如。然而,作为一个篆刻艺术上心摹手追的实践者来说,属于艺术范围里的学习只是刚刚学步。只有具备了必不可少的书法、文字学、美学、绘画构图和有关音乐、舞蹈、戏剧等各类文学艺术方面的知识,以及具备一定的生活经验、想象力、思想水平、艺术感觉以后,才谈得上对刀法、笔意的鉴赏和对章法设计的心领神会——这才是篆刻艺术的真趣所在。

在具备了一定的基本功后,鉴赏能力的高下,直接关系到艺术水平的提高,因为艺术家全部的技巧、学养和个性,往往都在他的精心之作中化成最为形象、具体的艺术语言。而不通晓这种语言,是难以与先贤进行心灵的对话的。所谓"心摹手追","心摹"就是赏析上达到的理解和沟通,这是应该永远走在实践之前的。学刻者最终的理想都希望自己的作品具有独特的风格,但这说起来容易,做起来极难,甚至一生也难以做到。那是因为风格的形成有多种因素,与个人气质、学养有极大关系,往往通过长年积累,渐入佳境,由量变到质变。一觉醒来形成了"风格"是自欺欺人。艺术上的懒汉永远不会有成就,艺术上的"近视眼"也绝对创不出什么"风格"来。

我想说的是跟着本书学刻,由于只选择了部分有代表性的作品,即使做完全部作业,也只是初入门而已。起初几年,还是应该再多临工整一路的古印与名家印,可按本书所附资料选择经过长期历史考验,为多数专家所公认的相关内容,继续认真临刻,同时结合一点创作。如果你问我到底要临刻多少方才算打好基本功,"学海无涯",我可能无法回答你具体数字;你真要"逼"我说,如果你真的有志于学刻,我想临刻加"画印"总不能少于500—1000方。你可能认为要求过高了一点,但我却认为,这是一个起码的数字。完成了这一定的量以后,可以允许你按自己的喜好,选择工整或粗放一路的印风,结合个人气质继续摹刻相关的范本,并以这一类印风进行半创作或正式的创作。这里,我的确比较强调学习的基础性、正规性,同时探索自己的可持续发展性。有些学刻朋友急功近利,忽视基本功训练,一味求奇,什么风格易获奖就学什么。殊不知,在学习的道路上如要成功,基本训练这一关是逃不过的。历数中国篆刻史上明清以来所有成功的篆刻家,没有不跳开时人的影响而直溯本原的,只有近视的学习者才只学时髦的印风而轻视传统基本功。

那么,怎样确定自己今后该选择的印风呢?这取决于自己究竟爱好哪类风格的作品。以风格而论,不外乎两大类:

工整一路:

1. 汉印中工整的 2. 王福厂 3. 赵叔孺

4. 罗福颐 5. 陈巨来 6. 韩登安

粗放一路:

1. 汉将军印 2. 秦汉封泥 3. 吴昌硕

4. 齐白石 5. 钱瘦铁 6. 来楚生

7. 陈师曾

还有介于二者之间的一路:

1. 赵之谦 2. 吴让之 3. 黄士陵

4. 钱君匋 5. 叶潞渊

你的个人气质属于哪一类,可以按我为你设计的心理测试题的积分来判断。这仅是我的一种借鉴方法,你不妨一试(书画均适用)。我们应该懂得,书画、篆刻这些传统的艺术实在是充满强烈个性的艺术,艺术家的作品里承载着作者自己的个性,透露出画家、书法家、篆刻家们对艺术的不同感悟方式。不注意运用、修炼和发挥个人的气质特长,即使你有丰富的学识、扎实的基本功,也很难成为艺坛高手。只是当个人气质未能被准确识别出来时,每个人都会为此感到困惑。

巴甫洛夫认为:"气质是每一个个别人的最一般的特征,是他的神经系统的最基本的特征,而这种特征在每一个人的一切活动中都打上一定的烙印。""气质"不是我们以自己的力量能控制的。无视个人的先天性,于学习,特别是于艺术风格的追求,是十分无益的。气质特征越明显,越有利于你的学艺。

凡是在艺术上卓有成就的艺术家,必定是气质特征十分突出的人。所以,我们应该认识到个人的气质特征,把握好并自觉地扬长避短,使先天的气质特长向高级完善的方向升华。但要注意,一味沉浸在个人气质相近的范本中经久不离,忽视了向那些虽然风格相近却面目各异的作品借鉴学习,产生顽固的排外性,会因"偏食"而"结壳",以致泯灭了自身的气质。

我们的尝试灵不灵,这要以实践来证明。从我几十年所接触的师友、学生来看,基本上是符合这些特征的。下面这一简单的测试,只需选择最适合你个性的答案,然后将分数累加,就能测出结果。如其中有你从未经历过的,那就请选一个在这种情景下你最有可能作出的反应。因为,你只有回答所有的问题,才能确保阅读判断的有效性。

心理测试(编号即分值)

一、假如手绢、钱包、钥匙是你出门必带之物,你会:……………………………(　　)

　1. 没有固定安放口袋,甚至有时会忘记。

　2. 偶然不放在固定口袋。

　3. 永远固定放在某个口袋中。

二、你会多次丢失钱包、钥匙吗?………(　　)

　1. 已多次丢失。

　2. 只丢过一次,之后就吸取教训。

　3. 从未丢失过。

三、对待书架上的藏书,你的习惯是:
　………………………………………(　　)

　1. 只有大致的安排,并会随意在书上题写、划线。

　2. 安放基本整齐。

　3. 各类书安排整齐,每本书四角笔挺,不喜在书上题写,有用书签夹页和包书的习惯。

四、拉开你的抽屉:………………………(　　)

　1. 很杂乱,要翻找一样东西常不易找到。

　2. 大体有点规律,有时会找不到东西。

　3. 整理得井井有条,记得每件资料或东西放在什么地方。

五、当你用好毛笔,钤盖好印章后:
　………………………………………(　　)

　1. 无洗笔、揩净印章的习惯。

　2. 不忙时会洗笔、揩净印章,一忙便会对此毫不在意。

　3. 每次都洗笔、揩净印章,再放在固定的地方。

六、你记得第一天上小学的情形吗?
　………………………………………(　　)

　1. 记不清了。

　2. 有点记得。

3. 清楚地记得是谁陪我上学,路上碰到谁,甚至这天的天气,穿了什么衣服。

七、你在学习、工作时看手表吗?
…………………………………( )
1. 没想到要看,或不戴手表。
2. 不忙时偶然看。
3. 有看表的习惯。

八、你会记得父母或爱人的生日吗?
…………………………………( )
1. 记不得,自己也不过生日。
2. 不全记得,有时为他们或自己过生日。
3. 对此很在意,清楚地记得家庭成员的生日,常起劲地操办。

九、晚上十点钟,你回家时:………( )
1. 顺手拉上门,打开电视机,并不注意音量的大小。
2. 轻轻拉上门,即使看电视也会注意音量大小。
3. 特地旋转把手,无声地拉上门。考虑到邻居或家人已睡觉,不开或把电视机音量调到特别轻。

十、节日,你给好朋友寄贺卡吗?……( )
1. 虽然相互关系不差,但想不到要寄贺卡。
2. 偶尔也寄过几次。
3. 节日前早就开列好名单,并到商店一一选择贺卡了。

十一、与同学、朋友约会,你通常会:
…………………………………( )
1. 早几分钟晚几分钟都无所谓。
2. 一般准时到。
3. 基本喜欢早到五至十分钟。

十二、盛夏酷暑,作为一个男子,你会:
…………………………………( )
1. 光着膀子,穿着塑料拖鞋写字、刻印。
2. 至少穿件汗背心。
3. 穿汗衫或T恤衫,出门总穿薄袜子、风凉皮鞋。

十三、除了炎热的夏天,在其他季节里:
…………………………………( )
1. 换洗衣服无规律,通常时间较长。
2. 要家人催了才换洗。
3. 有规律,定时换洗。

十四、与友人在外进餐时点菜,你会选择:
…………………………………( )
1. 带麻辣味的川菜。
2. 广东菜或上海本帮菜。
3. 带甜味的无锡菜。

十五、与友人在外进餐时点饮料,你会选择:
…………………………………( )
1. 白酒或低度酒。
2. 干红葡萄酒。
3. 绿茶或矿泉水。

十六、如果你患了感冒,伴有咳嗽、咽喉疼痛,你的反应是:………………( )
1. 没当一回事,嫌到医院看病麻烦。
2. 随便服点现成的感冒药。
3. 找时间去看看医生,即使煎服中药也不嫌麻烦。

十七、若是让你去菜场或商店购物,付款时你会:………………………( )
1. 爽快地付钱走人。
2. 自己预先心算一遍,早备好款子。
3. 买好菜会到公平秤上去复验。

十八、如果有三类民歌,允许你自选其中一种的话,你会选择:…………( )
1. 高昂悠远的蒙、藏民歌。
2. 来自黄土高原上的陕北民歌。
3. 婉转清丽的江浙民歌。

十九、如果让你去当一次体育观众,你会选择：……………………………………（   ）

1. 拳击、散打、足球。
2. 乒乓球。
3. 自由体操、高低杠。

二十、让你在下列旅游点选一处游览,你会选择：……………………………………（   ）

1. 敦煌的大漠风光或内蒙草原景色。
2. 深圳或广州的南国都市风光。
3. 以小桥流水园林著称的苏州或杭州。

附心理测试标尺,看你的总分大致属于哪一类：

（1）粗放一类（20—30分）
（2）界于粗放与工整之间（30—50分）
（3）工整一类（50—60分）

七十一、作者别号、斋名小引

取字号、斋名历来是中国传统文人的习惯,无非是寄托情思、表达艺术观点及人生态度。另外在书、画、印作品落款时也可以多一点变化。在当今出版的一些古代名人辞典里,同名同姓的文人书画家重复者颇多,有时也全凭不同的字号、斋名才能区别。但拟一个好的名号或斋名也并非易事,有时也真要好几年才偶然拟得一个。作者自认为所拟自用别署不失含蓄、幽默,签署书写及入印文字也颇能变化,今不揣简陋,一一列出供读者参考：

忘我庐、越斋、强之

"忘我庐"乃作者早期所用斋名,钱君匋、钱瘦铁两位恩师均为我刻过印,用意是勉励我以忘我的精神献身艺术。早期曾用过的斋名还有"越斋",借用润之先生词句"从头越",希望自己不断进取,超越自我,"强之"也有此含意,但此号及一些别的名号用过一个短阶段或很少用。

壬壶、宁邬

作者生于1942年,为农历壬午年,肖马。由于生性好静,又爱好宜兴紫砂壶,故有此谐音别号。

司马由缰

"司马"复姓在古玺中甚多,是我较喜爱的复姓。作者肖马,个性素忌约束,我想,如果我是个司马者,一定纵马由缰、驰骋广野。柯文辉兄比我更为奔放,废弃缰绳,曾有名"司马无缰"。

绿云楼

作者爱用没骨法写芭蕉,芭蕉又雅称"绿云",故名。

谿饮庐、谿饮散人

"谿、溪"二字相通,只是前者书写出丰富变化。作者生于农历三月初三,可称黄道吉日。这一天也正是一千五百八十九年前王羲之与好友在山阴（今绍兴）兰亭修禊之日。惠风和畅,曲水流觞,似有前世书缘。

逐鹿山房、逐鹿子

"逐鹿者不顾兔"语出《淮南子·说林》,其意正符合作者的"主攻方向论"。一艺之长,无不需要付出毕生心血。妥善安排好时间是一大决窍,时间安排得巧妙,可以事半功倍；若安排不当,则事倍功半。不分主次,没有重点,学一样丢一样,则决无成功之日。

两天晒网斋

年轻时学艺,见缝插针,全身心投入。因作者爱好众多,体育、文学、书画、篆刻、音乐、舞蹈无不痴迷。中年后,艺术研究重心悟,书画印创作全凭一时激情,兴来如潮涌,兴尽数月不作一字一印,而今目疾渐甚,操刀刻印为艰。故撷"三天打鱼、两天晒网"之后四字为斋名,藉此自我调侃。

三难堂

行菩萨道要尽力做到"难行能行,难舍能舍,难忍能忍",即可福慧双增,功德无量。好友柯文辉公认为"做人难、难做人、人难做"亦可作"三难堂"注释。

白驴禅屋

作者自幼即喜水墨写意画,上年纪的老人均清晰地记得作者旧宅多面粉墙上,均有我的涂鸦"佳作"。60年代初得以请教当时还错打成"右派分子"的刘海粟、钱瘦铁等国画大师。在风格上,出于个性尤其钟情于齐白石、八大山人(驴屋)、潘天寿、李苦禅等大师大写意一路风格,遂取三位大师名号中之一字成"白驴禅屋"斋名(惜潘天寿先生之大名无法列入),义兼表达了作者对菩萨之崇敬心情。

千万莲花院

莲花,俗称荷花,出污泥而不染。"一花一世界,一叶一如来",莲花也是佛的象征,菩萨宝座即称"莲花宝座"。曾见他人有"百莲斋"、"万荷堂",作者则希望自己的书斋处在千千万万的莲花丛中。而且,作者作画又最爱作莲花,配以自由自在的游鱼,自署"千万莲花院主"或"千万莲花院长"。

醉汉

作者因醉心于汉简、汉画像石,自号"醉汉",其乐不在酒也。并刻有"神游两汉"、"醉我汉魂"、"追汉魂"、"书乡醉汉"、"醉汉无心最有情"、"梦中犹是汉衣冠"等印,其中有边款一则可以明志:"酒醉心暗;书醉心明。汉画汉简,养我汉魂。"

天马行地厩、嘶云阁、嘶云山民、追风子、追风草民

作者生肖属马,自觉天马行空太张扬,且行空飘忽,不若奋蹄吻大地,擂鼓助童叟。世界上并无嘶云山,也无嘶云阁,这些斋名、别号均与"马"有关,随意用以自娱的。

候补愚叟居

六十岁后撰此斋名,候补官每思转正,候补叟唯恐转正。然岁月无情,唯将勤补拙,以颐天年。

星照一心园

人生孤独,习惯孤独、享受孤独,先刻有"美哉孤独"、"偏爱一星孤"闲章,自感一星不孤,有光便足也。

拜婴楼

莫谓老夫多傲骨,童稚面前肯折腰。人生

一过半百，倍感人情险恶，唯有童子之纯真无邪难得。

雷聋山房

有三重含义。一、崇拜前辈吴昌硕（大聋）、潘天寿（雷婆头峰寿者），二者各撷一字成之。二、"雷聋"二字与沪语"烂弄"、"乱弄"谐音，表示作艺无所家法。三、艺界杂乱，炒作、作假之风令人作呕，为求清净，不屑与之为伍，喻即使打雷，我亦聋而听不见也。

嘶云阁

此为作者之官网名。爱汉简的作者肖马，巧合的是汉简出土的地点，竟有四处含"马"字：长沙马王堆、长沙走马楼、敦煌马圈湾、天水放马滩。驿动之马充满生命活力，长嘶一声，天马行空，寄托作者内心的希望。

观蚁亭长

静观艺界，虚张声势，自我炒作，争名夺利之辈，素为作者所不齿。远离喧嚣、躁动，自娱自乐，追求宁静、恬淡的每一天。悟出世上之人类，无不如同尘埃一般微不足道的蚂蚁。且观蚂蚁世界有礼有仪，有勤有勇，当今不少七尺男儿见之无愧乎。

倚塔吟雁堂

是因为父母在日寇侵华逃难时生作者于湖南衡阳，该地有来雁塔、回雁峰。并多次刻范仲淹诗句"衡阳雁去无留意"。2013年作者首访出生之地，登上来雁塔，承诺捐赠楹联、匾额予来雁塔。联曰：塔影雁韵八千里路云和月；稻香枫舞一片乡心水与山。并附款：余生衡岳下，幼时不知雁声，今头白矣，闻雁思乡。何日登岳麓，观雁绕塔舞，余当奏琴伴之，岂非韵事也。岁在癸巳之秋，倚塔吟雁堂主吴颐人。匾题五个人字"倚塔盼雁来"。

千里散骑司马

散淡自在也。余生肖为马，甲午为本命年，思忖本人个性散淡，不善驰骋。起此名号，非慕高爵，自嘲而已。据考，唐白居易时代，"司马"乃一小官，而在汉代，"司马"是大将军也，一笑。

雷聋山房

有二重含义：一，崇拜前辈吴昌硕（大聋）、潘天寿（雷婆头峰寿者），二者名中撷一字成之。二，"雷聋"二字与沪语"烂弄"、"乱弄"谐音，表示作艺无所家法。三，艺界杂乱，炒作、做假之风令人作呕，为求清净，不屑与之为伍，喻"即使打雷，我亦聋而听不见也"。

倚塔吟雁塔

因为父母在日寇侵华逃难时生作者于湖南衡阳，该地有来雁塔、回雁峰，且作者多次刻过范仲淹词句"衡阳雁去无留意"。2013年作者初访出生之地，登来雁塔，承诺捐赠楹联、匾额予来雁塔。联曰："塔影雁来千秋胜景云和月；稻香枫舞一片乡心山和水。"并附款：余生衡岳下，幼时奏琴伴之，岂非韵事也。岁在癸巳之秋，倚塔吟雁堂主吴颐人。匾题五个大字："倚塔盼雁来"。

观蚁亭长

极言追求宁静、恬淡、远离烦躁、虚妄艺界的愿望,与其耳闻目睹众"大师"证明夺利。不如闲看蚂蚁运粮之忙。

(以上多数斋号、别署已选入江西美术出版社朱亚夫编著《名家斋号趣谈》)

七十二、逐鹿于方寸之间
——关于《两天晒网斋印跋书法选》的对话

孙慰祖　舒文扬

孙：吴颐人数十年从艺的性格有独特性,他喜欢做别人没有做过的事,寻找别人没有好好利用的空间。东巴文入印,汉简入印文,选择汉简加以个性化的改造,这都是他在艺术道路中上下求索,左冲右突的表现。边款创作上演变到这样一个面目,创造这样一个形式和他总是要寻找个性表现的突破口的性格是一脉相承的。

舒：他立意于走新路、开新风,以重复别人为不屑,如以东巴文创作书法篆刻作品,别人肯定与否,他并不在意。记得吴颐人早就刻过一方印"逐鹿者不顾兔",他的艺术探索也属于这种状态,这当是一个艺术大家必备的素质。如果艺术创作处处要去看人颜面,以别人的臧否来左右自己创作的话,一个艺术家的个性就很可能因此而泯灭。

孙：搞艺术是有风险的,创造新风格更加有风险。我记得吴颐人有"三难堂"一印的边款:"难行能行,难忍能忍,难舍能舍",这充分表现了他的艺术主张。

舒：吴颐人一直在追求印章边款艺术的创新,这和前辈篆刻家钱君匋先生的长跋边款创作理念多少有点渊源关系,吴颐人在边款字体的表现方面则完全强化他个人鲜明的书法风格,这一点又和篆刻大家吴让之颇为相似。

孙：听说,他近期有《两天晒网斋印跋书法选》出版,作为边款作品的专著,很令人关注。其实,从明代开始,文人在印石上留款的风气逐步形成后,边款书体的个性表现并不是一下子凸显出来,直至清代中期这种显示个性的努力才出现新局面,这种努力包括书体、书风、用刀等技术层面的个性差别。以浙派与邓石如派为例,邓石如、吴让之的行书、草书边款,表现出流动的感觉,以丁敬为首的浙派印人的楷书边款,则表现出拙的一面。吴昌硕、赵之谦的独特表现,标志着边款艺术个性化走向了一个新阶段。

舒：印人对边款创作一定会有自己的用刀特点和书法特点,总体上会把边款创作作为篆刻创作中的一道程序,自然也会注入个人的书风、刀法,这种创作意识一定会有,但一开始并不一定具备主动性的追求。吴颐人的边款创作特点是特别重视个人书体在边款这一方寸之间的表现,这在当代印人中是很突出的。

孙：他对边款创作的关注决不亚于对印面创作的关注。他喜欢长跋形式,字体上为了达到强化的效果甚至不惜对字形大小作了适度的夸张,而从传统眼界来看是突破通常比例的。

舒：边款字体则选用他最为擅长的书法字体——汉简,他研究自己独特的刻法,用刀来表现汉简书风,正如他的艺术个展,展品中除了篆书就是汉简,在单一字体中追求形式变化与艺术表现力,将这片天地发挥到了极致。

孙：从毛笔到铁笔,并不是一种简单的转换,他对汉简书法趣味的表现力进行了再创造。汉简边款的成就是在他书法艺术的基础上生发出来的,为求重点突破,他对汉简书风作出长久不懈的研究,进而引入边款中去。这是他对以书入印理论的可贵实践。他的汉简书体入款成为当代印人群体中独标的风格。

舒：他经常提醒周围的人要注重边款艺术的独特性，强调边款艺术的创意，强调边款风格鲜明的个性。但对后学者来说恐怕重要的是借鉴他的理念，而很难去复制他的风格。

孙：这一理念相当重要。中国印章已经成为一个立体艺术。边款艺术作为艺术发挥的独立空间是逐步被认同的，历代印人对边款空间艺术因素的发掘也是一点点强化起来的。当代印人对此的关注显然超过了过去任何一个时代，吴颐人是其中走得比较远的一位印人。

舒：走到这一步，给人的启示就是：印章印面的空间和印身的空间相比，后者的"疆域"来得更大。对于独具慧眼的印人而言，与印面密切相关的空间如同良田万顷，如果不去开掘耕耘，是一件无比遗憾的事。他恰恰看中了这一天地，在边款这一印面延伸出来的广阔天地中大有作为。

孙：汉简书风纵向取势，据说吴颐人为此煞费苦心地寻觅了一批款面硕大的印材，将印款的艺术表现可能拓展到最大程度，可见他对边款这一空间的看重到了分寸必争的程度。

舒：他对这一空间倾注了极大的热情，从章法、书法、文字结构到用刀、使转、收放都进入了十分精熟的境界，刀石与笔墨意趣的结合发挥得淋漓尽致。从创作过程来看，他的这些长跋是一次有规模的专题创作，并结集成册。过去将边款作为缩小的碑刻来看待，他是将边款作为一个书法创作的造型单元来看待，打破原来的比例。前人将边款作为印面的附属部分，吴颐人更加强调它的独立性。这也应是他将边款印跋作为书法作品单独出版的理由，使之成为一个独立体，继而将这个独立体融汇在他的整个创作中，使得作品的个性化在四面八方都被表现出来。

孙：这部书的题材除了文字之外，还有岩画。将岩画吸收到印章中也是有点风险的。因为岩画不单是线条化的东西，还有点、块、面，在印章上对古代岩画进行再创作，必须进行抽象化、线条化的再度思考。他创作岩画的造型特点是用刀笔恰到好处，人类童年稚拙的一面得到了强化，有一种生气勃勃的意象。

舒：他寻找的题材和他原先所具备的素养是密切相关的，这也反映了他的艺术创作中的改造能力、捕捉能力、选择能力得到了很好的融合，这些岩画小品即使作为独立的作品也是可以成立的。晚清以来对印款题材的开拓，扩大了篆刻的表现范围。风气所及，影响了民国印坛，篆刻款识的探索在近三十年的印坛十分活跃。吴颐人的岩画入印，在题材上开风气之先，同时通过富有表现力的艺术手段，将先民遗存的原始素材移入篆刻艺术，有水乳交融之感。此外，印款内容上表现出来的对人生的感悟，对亲情的思念，对创作理念的阐述等等，也构成他印款艺术的重要亮点，这在他以往的创作中很受读者欣赏，文学性和思想内容的加入，对于当代篆刻边款的创作，无疑提供了极好的范例，读者在多侧面的艺术元素中获得了对篆刻创作的完整解读。

孙：他的为人风格，同样也有独特、鲜明的一面。他有许多与人不同的个性，与他艺术性格天然合一，这也是吴颐人在当代令人瞩目，且在诸多领域里都有独创、并为人们高度认同的重要因素。他四面八方寻找艺术享受、艺术表现，这从他诸多爱好中可以看到某种内在的一致性。他的书法、篆刻、绘画创作中，都表现出鲜明的个性色彩，同样，他的边款艺术也必将成为吴颐人新的艺术标签。

初版后记

　　拙作《青少年篆刻五十讲》[①]出版之后,我收到了很多青少年朋友的来信,给了该书以热情的赞誉,海内外印坛也对此作出了肯定的评价。许多前辈则希望我就篆刻艺术深层次的问题撰写续篇,以满足当今篆刻艺术普及提高的需要。青少年朋友的热忱期待和师友的鼓励,常常使我想起自己早年苦学摸索的经历,使我无法辜负他们的厚望。前年初夏,我应三秦出版社之约完成了《中国古今名印欣赏》[②]一书之后,不久又接受了上海师大全国篆刻艺术函授中心初级、中级班函授教材的编写工作。这本《篆刻法》,就是以上海师大的函授教材为主干,又用积累的一些阅读笔记及旧稿加以充实编写而成,以此奉献给广大的篆刻爱好者。

　　我爱好篆刻,三十年来未尝稍懈,艺术探索虽艰难困苦,但我又庆幸自己得到过当代诸位艺术大家如罗福颐师、钱瘦铁师、钱君匋师的悉心教诲,给我以指南金针,使我终生受益。同时又感到有一种责任,要把自己在耳濡目染中的心得体会和教学实践中已经证明了的切实可行的方法写出来,以我之所见、所闻、所思、所感,为爱好篆刻的朋友特别是难以获得前辈名家面授亲炙的学刻朋友,以及我因杂事繁忙而实在无法一一复信指导的篆刻爱好者们,提供一些借鉴参考。在本书即将出版之际,姑且让我借此来感谢读者朋友的厚爱和师辈们对我多年的不倦教诲吧!

　　《青少年篆刻五十讲》一书,虽然在形式上有简明扼要、图文对照的优点,但限于篇幅及阅读对象,很难对篆刻艺术一些较为复杂的问题作详细的阐述。本书试图在保留《青少年篆刻五十讲》原有特色的基础上,就篆刻艺术创作中的典型问题作一些探讨,兼及基本理论,在技法及源流知识的介绍方面也务求详尽完善。为减少青少年朋友搜求资料的不便,本书还选用了图例数千余方,力求显示各个阶段各家各派的风格特征。此外,为能具体反映编撰者在理论实践上的相互关系,也就不揣愚陋,附录了作为一家之言的"印话"数十则,及历年创作数十方。鉴于《中国古今名印欣赏》一书已经由三秦出版社出版,所以关于印章欣赏的章节本书就予以从简,读者如能将两书对照阅读或许会获得更加完整的印象。相信本书对有志于自学篆刻艺术的朋友们会起到一点引路指迷的作用,姑且以《篆刻法》作为书名。

我在初涉艺事的时候,确实梦想做一个篆刻家,却未曾奢望写出一本书来。就入门的第一步来说,虽然与整个艺术历程相比是微乎其微的,但如果努力方向有了偏差,则必然流于俗野,甚至终生不能自拔。所以基础入门的内容必须提供读者必备的、准确的,且又切实可行的知识技能以及可资临摹的优秀范本,因此对编撰者理论与实践两方面的要求反而更高。唯自知学识浅陋,恐有负雅望,敬希印坛前辈、同仁及广大读者时赐教言,匡我不逮。由于版面及欣赏等多种原因,对一些官印、烙马印等尺寸较大的印有所缩小,而有些过小的印又略作放大,有别于文物资料,这是要顺便说明的。

本书承恩师钱君匋先生亲自设计封面并赐序,郑佳矢君插图,舒文扬君等对本书的成稿多有协助,谨致谢忱。

谿饮庐主人　吴颐人
1989年5月26日于北戴河

注释:
① 《青少年篆刻五十讲》现名《篆刻五十讲》,上海三联书店出版。
② 《中国古今名印欣赏》现名《印章名作欣赏》,上海书店出版社出版。

2004版《篆刻法》后记

2004年本书出版后,颇得社会好评。书后的20道心理测试题"明天,你会选择什么样的篆刻风格",不仅有不少学刻者认为极有新意,而且还告诉我按题测试基本符合。全国首家书法专业报刊《书法报》也全文转载。书不久即售罄,恰在这市场的真空期,盗版商来凑热闹了。

一直在听说"盗版",这次竟盗到我头上来了。2006年初,友人在大超市书架上,买到了一本署名吴颐人编著、西泠印社出版的32开本的《教你怎样篆刻》。开本缩小了,纸张及印刷质量极差,但从2004年至今已重印多次,后来我在另一家私营店也买到一本。这使我十分震惊,因为我从未编过这本书,但其中内容,又确实系出自我的《篆刻跟我学》。本人出书近30本,但这算是首次在西泠印社"出版"了一次书。

全书443页,其中320页的确来自我在2004年上海辞书出版社出版的16开本的《篆刻跟我学》中的内容,其余100多页模糊不清的照片及所附印章,均非原著所有。这些黑白照片及内容与原著太不协调,属于生硬加入。经查,这些内容大多来自杭州一作者所编72页的《怎样学篆刻》。

盗版猖獗,竟然还有"双胞胎"奇案。2007年夏天,我在一家卖折扣书、盗版书的私人小店中竟又发现了一本冒名上海辞书出版社出版、"中国篆刻协会隆重推荐"的《篆刻技法》。与上一本盗版书不同的是,内容全部摘自我的《篆刻跟我学》。看来,生意好,是因为学刻者与盗版商都青睐我的这本书。友人调侃我说,这应引为"骄傲"。我想自己学刻五十多年,还不知中国有一个"中国篆刻协会",能被它"隆重推荐",照例应该是值得自傲的。对此,只好苦笑而已。

盗版本印刷拙劣,为迷惑读者,骗取读者上当,在上述第一本盗版书中,照样按我的习惯,在书的正文前附拙作书法两件、"千万莲花院"斋名印一方,书末照样有"后记"及《明天,你会选择什么样的篆刻风格》一文。盗版商目的在于赚黑心钱,只要此书好卖,他即开盗,根本不顾什么图书质量。现有专业维权法律人士在关注此事。以上所介绍的情况,为的是要告诉关心我的读者朋友,别一不小心买了署我名的盗版劣质书。

盗版猖獗,为不使市场空缺,使关心我的读者能买到我的正版书,我将书稿转请国内出版界享有盛名的吉林美术出版社出版。他们同意我以最快的速度，出版全新的正版书与热爱我的读者见面。

我的书易社出版并不少见，并无其他原因，因为读者喜欢我的书，出版社卖完了就该重印，不印，我便另找出路，总不能让市场上空着，使愿意跟我学刻的青年失望。在本书易社再版之际，正值戊子新春。写毕再版后记，作者愿与广大读者一起，在新的一年里，认真学习传统，共同参与保存篆刻这一祖国稀有艺术的火种。

戊子灯节

吴颐人于三难堂南窗

新版后记

吴颐人

上海书店出版社重版拙作《篆刻法》简直可以说是"回娘家"。原来,早在1989年就有北京出版界友人许延慈先生向我约编此稿。其时,作者正在北戴河避暑度假,恰逢"六·四"风波,不能乘火车返沪,而转道河北昌平县,候机回沪。延慈与我在昌平寓所里详议《篆刻法》具体内容而放弃了美好的旅游。本书标题因本人才疏学浅,原拟作《篆刻指南》,恩师钱君匋先生听说后立即否决,认为社会上的一切均应依法而为,学习篆刻也不可例外,还是名《篆刻法》为好。于是才有了这响当当的书名。几家出版社一印再印,至今已有二十多个年头了。

延慈的书尚未编定出版,一日我偶去上海书店出版社,遇见沈叶青主任,他劈头就友好地责问我:"出了几本书,为何未能给我们社出一本?"我听后顿觉十分愧歉,便告知在北京刚留下一稿,不妨派人前去协商试试。想不到叶青果真派人前往北京,并且一举协商成功。于是,我的这本《篆刻法》终于花落故乡。

若干年后,上海辞书出版社老总、四十年前的老友李伟国登门索稿,新著、旧稿满载而归。又过了若干年,该责编跳槽,带走了我的两本热门书《篆刻法》与《篆刻跟我学》到他的新东家——吉林美术出版社。一俟合同期满,我便坚决地将书稿取回,交给了初版我书的上海书店出版社。我的书稿如游子般,颇有些叶落归根的意味了。

幸好遇上热情爽朗的许社长,更有幸遇到武汉在沪的资深编辑、古文字学者林子序先生,以最严格的目光重审拙稿,提出了不少极有益的建议。在此一并致谢。

千里散骑司马吴颐人
2015年4月13日于灯下

图书在版编目(CIP)数据

篆刻法/吴颐人著. —上海：上海书店出版社，
2015.7
　ISBN 978-7-5458-1083-7

Ⅰ.①篆… Ⅱ.①吴… Ⅲ.①篆刻—技法（美术）
Ⅳ.①J292.41

中国版本图书馆CIP数据核字（2015）第148230号

责任编辑　彭亚星
特约编辑　林子序
技术编辑　丁　多
封面设计　郑邦谦

篆刻法

吴颐人　著

出　　版	上海世纪出版股份有限公司上海书店出版社
	（200001　上海福建中路193号　www.ewen.co）
发　　行	中国图书进出口上海公司
版　　次	2015年7月第1版

ISBN 978-7-5458-1083-7/J.297

www.ingramcontent.com/pod-product-compliance
Lightning Source LLC
Chambersburg PA
CBHW081813220526
45470CB00006B/2301